晚清时期三所同文馆研究

赵鲁平　著

山东大学出版社
SHANDONG UNIVERSITY PRESS
·济南·

图书在版编目（CIP）数据

晚清时期三所同文馆研究/赵鲁平著．—济南：
山东大学出版社，2021.12
ISBN 978-7-5607-7284-4

Ⅰ.①晚…　Ⅱ.①赵…　Ⅲ.①外语教学－学校－研究－
中国－清后期　Ⅳ.①G529.52

中国版本图书馆 CIP 数据核字（2021）第 254844 号

策划编辑　秦大忠
责任编辑　秦大忠
封面设计　王秋忆

出版发行　山东大学出版社
社　　址　山东省济南市山大南路 20 号
邮政编码　250100
发行热线　(0531)88363008
经　　销　新华书店
印　　刷　济南华林彩印有限公司
规　　格　720 毫米×1000 毫米　1/16
　　　　　21 印张　355 千字
版　　次　2021 年 12 月第 1 版
印　　次　2021 年 12 月第 1 次印刷
定　　价　68.00 元

目　录

绪　论

语言是人类沟通交流的主要工具。作为群居动物，人类在集体活动中最直接、最有效的沟通方式就是语言交流。

古往今来，由于时间和空间的隔离，居住在不同空间的人类群体形成了各自的语言。随着人类社会的发展演变，不同群体之间相互接触的机会大大增加，如何识别与理解不同语言的声音和文字成为一个重要问题。

在人类进入大规模有组织社会以后，特别是国家和城邦建立以后，这个问题变得更加重要和紧迫。这个问题如果处理得好，可以帮助不同群体开展交流，达成共识，促进相互信任；如果处理不好，则会让交流各方产生误解，出现矛盾，甚至引发战争。

自古以来，为了解决语言交流这个难题，世界各地的通行做法是寻找能够听懂双方语言、理解双方文字的人，通过翻译中介来保证沟通的延续性。如果需要沟通的时间较长或规模较大，不同国家和城邦还会开设专门的外语学校，培养翻译人才，从而提高沟通交流的正确性和有效性。

在一个国家内，采用同一种语言文字可以解决这个难题。纵观中国历史，统一是主旋律，而“书同文”则形成了文化凝聚力。公元前 221 年，秦始皇统一中国，结束了春秋战国以来的混乱局面，真正实现了四海归一的宏伟梦想。为了追求国家的长治久安，秦始皇把儒家经典著作《中庸》里所描述的“车同轨，书同文，行同伦”的伟大梦想转换为“车同轨，书同文，度同制”的国家政策，促进了国家的规范治理，让天下统一的观念在中国人心里扎下了根。尤其值得关注的是秦朝的汉语文字标准化政策。正是因为国家有了统一的汉字标准，所以才有了全国公认的文字书写规范。这大大降低了中国不同地域和民族之间的语言沟通的难度，有效地增强了文化凝聚力和民族向心力，对中华民族长远发展具有不可低估的作用。

在国与国之间，外语翻译必不可少。从秦汉、隋唐至明清，中国不但与罗马帝国、波斯帝国、阿拉伯帝国、吐蕃、新罗、日本、高丽等国家建立了外交联系，而且通过张骞出使西域、玄奘西行取经、郑和下西洋等方式与世界各国在政治、经济、军事、文化和科技等方面进行了广泛的交流。这些对外交流活动，不论是政府交流、商人贸易还是文化学习，都需要语言文字的沟通。因为不同国家和民族语言不通、文字难辨，所以各国都会需要大量懂外语、会翻译的人才，以便建立沟通桥梁，传递双方思想。

在中国历史上，明确记载外来文化翻译和交流的历史资料至少可以追溯到汉朝时期。据文献记载，东汉桓帝建和二年（148），安息国人安世高曾在中国传播佛教。这是史料最早记载的在中国举办的外语翻译活动。佛教自东汉时期传入中国以后，历代王朝曾经多次鼓励僧人开展佛经翻译、抄写、传播活动。

毕乃德认为："在中国教授外国文实际上是由来已久的主张。至少早在唐代就有了官办的通译局。"[①] 据史料记载，唐朝设置鸿胪寺负责各国外交事务，接待外宾。外交过程中自然缺少不了翻译人员。唐太宗在唐朝都城长安修建了大雁塔，设置专门场所开展佛经翻译，委派玄奘担任寺庙住持，弘扬佛法。玄奘精通梵语等多种外语，不仅能够用梵语讲经说法，而且还和弟子一起翻译了《大般若经》《心经》等梵文佛经，为佛教在中国的翻译和传播作出了重要贡献。宋朝时的枢密院掌管外交事务，不仅安排鸿胪寺等机构负责具体外交事务，而且安排市舶司负责对外贸易。元朝的外交事务归礼部管理。礼部及其下属分支机构负责处理各类对外业务。实际上，宋朝和元朝的这些外交机构都有大批懂外语的翻译人员负责外交文字处理和语言沟通工作。由此可见，在中国历史上，历代政府都有建立外语学校、培养翻译人才、处理外交事务的措施。学习外来文化并不是什么新鲜事。

明朝时期，为了接待外国使节，开展外交活动，同时方便周边藩属国的朝贡，朝廷曾设置四夷馆组织学生学习外国语言文字。据《明史》记载，"自永乐五年（1407），外国朝贡，特设蒙古、女直、西番、西天、回回、百夷、高昌、缅甸八馆，置译字生、通事（通事初隶通政使司），通译语言文字。正德中，增设八百馆（八百国兰者哥进贡）。万历中，又增设暹罗馆"。"初设四夷馆隶翰林院，选国子监生习译。"[②]《明会典》也提及四夷馆："凡四方番夷翻译文字。永乐五年，设四夷馆，内分八馆：曰鞑靼、女直、西番、西天、

---

① ［美］毕乃德：《记俄罗斯文馆》，彭宪译自 K. Biggerstaff，*The Earliest Modern Government Schools in China*（英文原版），第 96～97 页，转引自朱有瓛：《中国近代学制史料》第一辑上册，华东师范大学出版社 1983 年版，第 4 页。

② 朱有瓛：《中国近代学制史料》第一辑上册，华东师范大学出版社 1983 年版，第 1 页。

回回、百夷、高昌、缅甸。选国子监生习译。……正德六年，增设八百馆；万历七年，增设暹罗馆。取本国人为教师，选世业子弟习学。”①

明朝时期，中西合作翻译的许多西方经典文献共同促进了中国古代科学事业的发展。“明代徐文定译泰西诸书，能以说代图，详核有法，为翻译鼻祖。”② 此处所说的“徐文定”即徐光启，出生于南直隶松江府上海县（今上海市），明朝著名农学家、天文学家、数学家。上海的徐家汇这个地名就是为了纪念他而命名的。他不仅撰写了《农政全书》等书，还主持编译了《崇祯历书》等天文学著作。明朝万历三十四年（1606），他与外国传教士利玛窦合作翻译了《几何原本》（前 6 卷）。今天我们使用的“几何”等数学专业术语都来自他的翻译。

除此之外，明朝时期中西交流也很密切。王韬指出：“自明季利玛窦入中国，始知有东西两半球，而海外诸国，有若棋布星罗。”③ 为了促进中外交流，郑和七下西洋时不仅有众多官员随行，还配备了许多了解外国语言的翻译人员，为他的海外交流访问提供支持。

清朝沿用了明朝的许多制度，设置翻译学校是其中之一。“顺治元年，会同四译分设二馆。……四译馆隶翰林院……分设回回、缅甸、百夷、西番、高昌、西天、八百、暹罗八馆，以译远方朝贡文字。……乾隆十三年，省四译馆入礼部，更名会同四译馆，改八馆为二，曰西域，曰百夷。”④

那么，晚清时期，官办外语翻译学校的具体情况究竟是怎样的呢？

在 18 世纪中期，随着与俄罗斯交往的增加，清政府建立起了一所官办外语翻译学校——俄罗斯文馆。毕乃德在他的《记俄罗斯文馆》一书中写道：“俄罗斯文馆是在内阁的支持下成立于 1757 年，以训练俄罗斯语口译和笔译人员。学生以二十四人为限，专从八旗选拔。每五年考试一次，成绩优异者授予官衔，或派往理藩院，或派赴需要俄文知识的边疆任职。”⑤ 不过，到了

① 朱有瓛：《中国近代学制史料》第一辑上册，华东师范大学出版社 1983 年版，第 1～2 页。

② 冯焌光、郑藻如：《同治九年三月初三日（1870.4.3）总办机器制造局冯、郑上督抚宪禀》，转引自朱有瓛：《中国近代学制史料》第一辑上册，华东师范大学出版社 1983 年版，第 231 页。

③ 王韬：《变法中》，载璩鑫圭、童富勇：《中国近代教育史资料汇编》（教育思想），上海教育出版社 1997 年版，第 50 页。

④ 朱有瓛：《中国近代学制史料》第一辑上册，华东师范大学出版社 1983 年版，第 2～3 页。

⑤ ［美］毕乃德：《记俄罗斯文馆》，彭宪译自 K. Biggerstaff, *The Earliest Modern Government Schools in China*（英文原版），第 96～97 页，载朱有瓛：《中国近代学制史料》第一辑上册，华东师范大学出版社 1983 年版，第 4 页。

19世纪中期，在同治元年（1862）京师同文馆成立以前，俄罗斯文馆已经基本上名存实亡了。曾经担任京师同文馆总教习长达25年的丁韪良在他的《同文馆记》一文中写道："在一世纪以前，理藩院便设了一个俄罗斯馆，表示中国已经知道它的北邻的地位之重要了。那个学校正式并入了同文馆；但是里面一无教员，二无学生，真不知道凭着什么来归并。他的资产只是一些章程先例而已。"①

19世纪60年代初期，为了与西方列强打交道，清政府先后在北京、上海、广州设立了三所官办翻译学校，分别称为京师同文馆（1862）、上海同文馆（1863）和广东同文馆（1864）。后世专家学者在研究中经常将这三所同文馆连在一起称为"同文三馆"。本书也沿用了"同文三馆"这个说法。②

清政府设立同文三馆出于明确的现实目的和深远的战略考虑。清政府为什么选在这个时间设立这些学校？办学目的是什么？这些学校有什么性质和特点？这些学校是如何发展演变的？学校的管理、教学和师生是什么情况？这些学校是否达到了清政府的预期目的和办学效果？这些学校在中国教育史上具有什么样的地位、作用和影响？本书试图通过对同文三馆的研究回答上述问题并引发读者和研究者进一步的思考。从以史为鉴这个角度来说，同文三馆的研究对于当代的教育改革也具有很大的现实价值和社会意义。

本书的研究方法主要是文献研究法和对比分析法。通过对历史文献的梳理和分析，找出问题的线索，剖析历史事件发生的条件、发展的因素和终结的原因。

本书第一章是文献综述。这一部分文献可以分为两大类：研究类文献和史料类文献。通过对文献的分析和研究，帮助读者了解学术界对同文三馆的研究状况，进一步拓宽思路，挖掘更多成果。第二章介绍了创办同文三馆的背景、原因、沿革与争论。本书厘清了一些模糊的说法，让读者对同文三馆的创立、发展和结束有一个比较清晰的认识。第三章是关于同文三馆的比较和分析。本书从学校管理、教学和师生等方面，对具体的情况进行了认真的分析和比较。第四章是对同文三馆的评价。本书指出了同文三馆的教育目的、

---

① 丁韪良：《同文馆记》，傅任敢译，载朱有瓛：《中国近代学制史料》第一辑上册，华东师范大学出版社1983年版，第160页。

② 上海同文馆1867年更名为"上海广方言馆"。为了防止读者在阅读时产生混乱或不必要的误解，本书一般都会使用"上海同文馆"，而不是"上海广方言馆"，以保持研究的一致性。而且，本书认为如果频繁使用"上海广方言馆"则会使"同文三馆"一词失去了依据。

学校性质与三者差异，介绍了与同文三馆有关的历史人物，揭示了同文三馆的作用与影响，分析了同文三馆存在的问题与主客观原因。本书认为，同文三馆是在内忧外患严重、西方列强步步进逼的背景下创办的，其教育目的、办学理念、实际作用、相关人物等方面都备受争议，不仅在当时引起了广泛关注，时至今日也未必有完全统一的定论。

本书最后作出了结论。近代中国变革的根本原因是以中国为代表的亚洲农业文明与以欧美为代表的西方工业文明的冲突。同文三馆只是近代中国在教育方面进行改革的最初尝试。尽管同文三馆所处地域不同，发展要求不同，教学质量不同，存在诸多问题和不足，也没有完全达到富国强兵的目的，但其历史地位是无法否定的。同文三馆抛开了传统的中国教育模式，建立了新的教育体系，培养了中国近代最早的一批了解西方文化并走向世界的人才，传播了西方工业文明成果，播撒了教育改革种子，对后续的中国教育现代化起到了重要作用。尤其需要指出的是，京师同文馆是近代中国第一所脱离中国传统教育体系，仿照西方现代教育标准创办的官办学校，是清政府开始兴办洋务、寻求自强的教育改革标志，在中国教育史上具有里程碑式的地位。因此，吴宣易认为："同文馆可以说是中国新教育的始祖。"[①] 丁韪良断言："同文馆将来的影响一定是很大很永久的。"[②]

---

① 吴宣易：《京师同文馆略史》，载朱有瓛：《中国近代学制史料》第一辑上册，华东师范大学出版社1983年版，第197页。

② 丁韪良：《同文馆记》，傅任敢译，载朱有瓛：《中国近代学制史料》第一辑上册，华东师范大学出版社1983年版，第189页。

第一章　文献综述

本书研究的三所同文馆包括京师同文馆、上海同文馆和广东同文馆，合称“同文三馆”。毕乃德称：“研究同文馆而不及上海、广州两同文馆，则研究为不完全。”①

从文献的类型上划分，关于同文三馆的文献可以分为两类：第一类是研究类文献，第二类是史料类文献。

研究类文献是众多专家学者分析和研究同文三馆的成果。它不但凝聚了作者的大量心血，体现了专家学者对此类问题的认识高度和研究深度，而且有助于启发读者和后续研究者加深理解和进一步思考同文三馆的历史问题。

史料类文献是原始资料，是同文三馆的实证研究来源，没有史料就没有依据，也就无法分析、研究同文三馆的历史并得出一定的结论。

上述这两类文献都涉及同文三馆的发展、中国教育现代化、“西学东渐”和晚清社会变迁。虽然这两类文献类型不同，作用不同，但它们都是研究同文三馆的基础。研究者应该互相参照使用，不可厚此薄彼。

第一节　研究类文献

截至 2021 年 7 月 16 日，笔者在中国知网（CNKI）上查询到以下数据：自 1980 年 1 月至 2021 年 7 月，国内有关同文三馆的研究文献超过 700 篇。其中，国际会议论文 6 篇，国内会议论文 32 篇，博士学位论文 6 篇，硕士学位论文 32 篇，期刊论文 686 篇。另有若干学术研究著作。笔者愿把尽可能多的学术论文信息罗列在参考文献中，方便更多的读者和研究者参考或进一步开展专题研究。

---

① ［美］毕乃德：《同文馆考》，傅任敢译，载朱有瓛：《中国近代学制史料》第一辑上册，华东师范大学出版社 1983 年版，第 206 页。

一、会议论文

（一）国际会议论文

在国际会议上发表论文的 6 位作者都是国内有影响的专家。他们的论文集中发表在 2000～2010 年，包括左玉河（2000）的《移植与转化：晚清中国现代学术门类的初建》、林家有（2001）的《辛亥革命与中国教育的近代化》、高瑞泉（2004）的《近代价值观变革与晚清知识分子》、周萍萍（2005）的《近代来华传教士丁韪良与宁波——读〈花甲记忆〉》、任天豪（2006）的《清季使臣群体的变迁及其历史意义》和熊月之（2010）的《晚清西学东渐过程中的价值取向》等。

在这些国际会议论文当中，熊月之的《晚清西学东渐过程中的价值取向》先在“第三届近代中国与世界国际学术研讨会”公开宣讲，后发表在《社会科学》2010 年第 4 期。作者认为：“晚清输入西学的主体为传教士及其他来华外国人及相关机构、清政府官办机构、中国民间知识分子及民办机构。”“官办机构中的译员，在一定程度上也会影响西学传播的内容，但比较有限。”[①]作者提出晚清时期同文三馆翻译的内容主要为国际法、外国历史地理和其他西学知识，目的是满足外交谈判需要。其他官办和民办机构翻译的书籍也大多以军工、航海等科技类图书为主，目的在于快速应用。相比之下，传教士团体构成的广学会、益智书会翻译书籍的积极性更高，数量和种类更多，传播的范围更广，也更好地满足了中国人对西学的需求，但他们传播西学只是手段，最终目的仍然是传教。

（二）国内会议论文

在国内会议上发表的论文时间跨度较长，从 1989 年延续到 2015 年。这些论文基本上都在重要的国内会议上公开宣读，有些论文后来还在期刊上发表。这些论文包括赵蕙蓉（1989）的《百年前北京中西文化的一场冲突对我们的启示》，魏开肇（1989）的《晚清北京城市发展中几个新型项目的基本特点与启示》，张静（1991）的《洋务教育研究》，魏开肇（1993）的《慈禧太后和古都北京早期现代化》，戴东阳（2001）的《关于晚清驻外使臣出身的地域分布问题》，赖铮（2002）的《从历史的观点看中国的英语教育》，罗获发、叶按（2002）的《略论京师同文馆》，林友华（2003）的《船政学堂历史地位

① 熊月之：《晚清西学东渐过程中的价值取向》，载《社会科学》2010 年第 4 期。

再认识》，吴玉亚（2004）的《宋朝接待高丽使臣之流变》，段琪（2005）的《从〈花甲忆记〉看丁韪良在中西文化交流中的作用》，刘学礼（2006）的《中国近代生物学教育的萌芽与发展》，邹小站（2007）的《自由主义若干思想观念的早期输入》，张以诚、胡红拴（2007）的《中国近代矿学之父和中国近代矿学的开山之作——关于王汝淮及其所著〈矿学真诠〉的评论》，傅海伦（2009）的《李善兰与中国数学教育近代化》，唐燕（2009）的《洋务运动与中国近代职业教育的兴起》，张晓洪（2009）的《清朝末年高等教育改革的历史窥探》，陈冠英、刘发强（2009）的《从回回国子学到京师同文馆》，刘清华（2009）的《试论传教士对晚清教育改革的参与及影响》，夏辉映（2009）的《论洋务运动时期西学的演进》，潘懋元、刘海峰（2009）的《同文馆与中国近代海关的关系》，高慧斌（2009）的《京师同文馆"馆政"与"掌教"制度研究》，陈向阳（2009）的《京师同文馆制度分析》，任智勇（2009）的《三成船钞与同文馆》，吴艺（2011）的《京师同文馆海关洋员研究初探》，张美平（2011）的《京师同文馆与晚清翻译事业》，邱志红（2011）的《京师译学馆英语教育初探——兼论清末民初国人英语观的嬗变》，李亦婷（2013）的《晚清上海的外语培训班——以英华书馆和上海同文馆为个案的研究》，郑颖慧（2013）的《中国近代法学教育肇兴及反思》，杨文珊（2013）的《论晚清洋务派的翻译政策与京师同文馆的翻译活动》，陈海燕（2013）的《晚清同文馆从"西文"向"西学"的转变——晚清同文馆设立天文算学馆的争议》，盛华（2015）的《论清政府对基督教在公立学校传播的政策》。

在这些国内会议论文当中，李亦婷的《晚清上海的外语培训班——以英华书馆和上海同文馆为个案的研究》具有一定的典型性。该文收录于《都市文化研究——城市史与城市社会学》（第8辑）。作者以英华书馆和上海同文馆为例探讨了两所外国人开办的外语培训班对于上海城市文化的影响。作者指出，成立于1893年的上海同文馆不是1863年李鸿章创办的原上海同文馆（即后来改名的上海广方言馆），但它与后者有一定的关系。该校创始人布茂林曾经任职于广东同文馆，后与曾任职于京师同文馆、原上海同文馆的傅兰雅合作为张之洞编辑《洋务辑要》丛书。作为成功的短期速成培训班，该校虽然借用了上海同文馆原来的校名，但它并不是培养外交翻译的官办学校，而是面向大众的平民外语培训班。它以短、平、快的教学特点满足了社会需求，为上海海关、邮政、银行等行业提供了众多毕业生，取得了良好的社会和经济效益。

二、学位论文

根据中国知网（CNKI）相关数据统计，有关同文三馆研究的博士、硕士学位论文均发表于 2001 年以后。这表明，进入 21 世纪以后，各高校培养的高层次人才已经认识到同文三馆的重要性，开始加入到该领域开展研究工作。

（一）博士学位论文

有关同文三馆研究的博士学位论文有 6 篇：顾卫星（2001）的《明清学校英语教学研究》，李青（2001）的《综论洋务派的法律思想与实践》，孙青（2005）的《晚清之“西政”东渐及本土回应——中国现代“政治学”形成的前史研究》，胡宗仁（2007）的《变迁社会中的晚清教育——学校化转向的困局》，陈海燕（2015）的《同文馆外语人才培养困境与破解途径的研究》，王颖琴（2019）的《中法文化交流视域下的晚清洋务学堂》。

在这些博士学位论文当中，顾卫星的《晚清学校英语教学研究》比较典型。作者指出了晚清时期各类学校创立的原因和发展过程，分析了京师同文馆等学校的英语教学状况，讨论了英语教材、书籍翻译、英语教师、学生来源等问题，并对各类学校英语教学情况进行了评论。作者认为，京师同文馆等学校虽然开展了英语教学，也取得了一定成绩，但在洋务派和顽固派的斗争中发展得并不顺利，最终结果也只能沦为维护封建统治阶级利益的工具。

（二）硕士学位论文

有关同文三馆研究的硕士学位论文有 32 篇，包括王全来（2001）的《同文馆毕业生杨兆鋆及其数学工作》，崔跃峰（2002）的《西学东渐与中国高等教育中近代学科的设立》，欧阳艳（2003）的《清末民初双语教学研究》，刘中猛（2003）的《晚清新学堂与中学堂历史教育研究》，陈江（2007）的《洋务教育再思考——从中学历史教材的叙述论起》，徐保安（2004）的《清末开官智问题研究》，张国柱（2004）的《洋务运动时期新式教育的萌芽与初步发展》，苏肖（2004）的《清末同文馆英语教育之研究》，赵海亮（2004）的《京师同文馆与中国近代化》，吴建章（2005）的《试论同文三馆洋教习与中国教育近代化的关系》，韩礼刚（2006）的《〈格物入门〉和〈格物测算〉的物理学内容分析》，许海华（2007）的《清末官办日语教育之研究》，何琳（2008）的《民国初年中国英语教学的历史考察》，徐兆强（2009）的《丁韪良对京师同文馆发展的贡献》，李悦民（2010）的《晚清学堂洋教习探析》，李桂琴（2010）的《晚清译著〈化学入门〉研究》，张路莹（2010）的《洋教习与晚清新式学堂的建立》，张哲慧（2010）的《传教士与洋务运动时期科学建制萌芽》，赵凤霞（2011）的《清末民初（1902～1922年）英语教育研究——以〈东方杂志〉为切入点》，张彦芝（2011）的《晚清洋务学堂（1862～1901）教育经费研究》，云利英（2011）的《〈弧三角阐微〉的数学内容与意义》，索晓晨（2011）的《洋务运动时期英语课程研究——以圣约翰大学和京师同文馆为例》，陈媛媛（2012）的《同文馆的翻译教学及其对MTI教学的启示》，石明利（2012）的《京师同文馆译书活动研究》，张艳（2012）的《晚清出使日记对西学的记载与传播（1875～1895）》，王文宾（2012）的《宋代外事馆驿考》，邓夏妍（2013）的《洋务运动时期的英语教学研究》，汪莹（2014）的《福建船政学堂洋教习的聘用与管理研究》，白新萍（2014）的《晚清士大夫的英国观》，王栋栋（2016）的《京师同文馆与近代中国科学建制化》，钟孝贤（2018）的《晚清外语教育与学制管理述论》，王正宇（2020）的《晚清化学教育管理述论》。

在这些硕士学位论文当中，吴建章的《试论同文三馆洋教习与中国教育近代化的关系》比较具有代表性。该文讨论了同文三馆中的75名洋教习，分析了他们的不同背景和教学情况，认为洋教习虽然带来了西方的先进教育理念，推动了中国教育近代化，但也产生了一些问题，需要在当今社会加以关注。

三、期刊论文

根据中国知网（CNKI）统计，自1980年1月至2021年7月，国内有关同文三馆研究的期刊论文已达686篇。从研究时间看，1980～1990年发表的论文有81篇，约占11.8%；1991～2000年发表的论文有115篇，约占16.8%；2001～2010年发表的论文有226篇，约占32.9%；2011～2021年发表的论文有262篇，约占38.2%。从研究内容看，在北京、上海和广州同文三馆中，专门研究京师同文馆或与之相关的论文最多，数量超过了640篇，约占94.5%。专门研究上海同文馆（上海广方言馆）的论文有32篇，约占4.7%；专门研究广东同文馆的论文有6篇，约占0.8%。

这些期刊论文研究的内容主要集中在以下几个方面：第一，同文三馆的专题介绍；第二，同文三馆的办学政策争论；第三，同文三馆的课程设置；第四，同文三馆的外语教学和翻译实践；第五，同文三馆与“西学东渐”；第六，同文三馆和中国近代社会发展的关系；第七，与同文三馆有关的人物研究。

(一) 关于同文三馆专题介绍的论文

关于同文三馆专题介绍最早的论文，笔者在中国知网（CNKI）上能够查找到的是苏渭昌（1980）的论文《也评京师同文馆——兼与郑登云同志商榷》，1980 年 8 月刊登在《华东师范大学学报》（自然科学版）上。在该文中，作者对郑登云刊登在《华东师范大学学报》（自然科学版）1979 年第 2 期上的论文《评京师同文馆》观点进行了质疑和反驳。作者针对郑文探讨了京师同文馆的性质，反对郑文过度夸大同文馆的影响和地位，指出了郑文中的一些不够准确的说法，也肯定了郑文的某些观点。总体来看，这篇论文对于京师同文馆的性质、影响和地位的评价是比较客观的。

除此之外，较早介绍京师同文馆的论文还包括邱雁（1981）的《京师同文馆》，群懿（1982）的《京师同文馆——我国最早的外国语学校》，吕景琳（1985）的《同文馆述评》，王大明（1987）的《京师同文馆及其历史地位》，郑登云（1986）的《同文馆与京师大学堂——我国近代高等教育的发轫与确立》，宋忠民（1987）的《洋务运动期间的新式学堂》，吕景琳、张德信（1988）的《略论京师同文馆与人才培养》，汪家熔（1988）的《同文馆与丁韪良——同文馆出版物》，王作仁（1989）的《洋务运动时期的教育》，黄忠（1990）的《同文馆述评》，张雪蓉（1992）的《论洋务教育及其历史命运》，邹红霞（1993）的《试论京师同文馆的历史地位和作用》，王学太（1996）的《中国第一所官办的外国语学校——同文馆》，胡代聪（1997）的《中国近代第一所外语外事学校同文馆——兼论围绕它的文化、政治冲突》，乌尔沁（1999）的《京城学堂回眸》等。

曾钜生（1986）在《略论上海广方言馆》一文中专门介绍了上海广方言馆（原上海同文馆，参见本书第二章有关同文三馆校名分析部分）。该文发表在《杭州大学学报》（哲学社会科学版）1986 年第 1 期。该文讨论了该馆创办的原因，讨论了其开设的课程，总结了其主要特点与成就，比较了北京和上海两地同文馆的人才培养要求。总之，这是一篇较早全面介绍上海同文馆的论文。另外，曾钜生（1993）还翻译了美国人毕乃德（Knight Biggerstaff）的专著《洋务学堂》。该书对于了解同文三馆也有较大帮助。

熊月之（1988）的《上海广方言馆史略》发表在学林出版社 1988 年出版的《上海史研究》（第 2 编）。该文对该馆的诸多方面进行了考证，提出了一些比较明确的观点，澄清了一些比较模糊的说法。该文对研究上海同文馆具有较高的参考价值。

除此之外，有关上海同文馆的论文还包括汤才伯（1983）的《近代上海教育的兴起和发展》，钟祥财（1987）的《钟天纬的教育思想》，李长莉（1987）的《晚清同文三馆对人材的培养》，周振鹤（1992）的《书同文与广方言》，陈志科（1993）的《李鸿章的教育思想》，王扬宗（1996）的《一部瑕瑜互见的西学东渐史——评熊月之〈西学东渐与晚清社会〉》，黄新宪（1996）的《传教士与洋务运动时期的同文三馆》，茅家琦（1997）的《可贵的“追求”与“兼容”传统》，刘正伟（1998）的《论冯桂芬的教育思想》，马树德（2001）的《洋务运动与中西文化交流》，田正平、杨云兰（2004）的《李鸿章与中国近代科学技术教育》，邹振环（2004）的《晚清同文馆外语教学与外语教科书的编纂》，佘烨（2007）的《中国专业英语教学之历史溯源》，田小亮（2008）的《上海广方言馆》，石建国（2010）的《刘式训：上海广方言馆出身的新式外交官》，成晓军（2010）的《论冯桂芬对李鸿章的影响》，张美平（2010）的《翻译一事，系制造之根本——江南制造局的翻译及其影响》，王亚敏（2011）的《近代外语学校的教学研究》，仇云龙、张绍杰（2011）的《晚清外语人才培养特色及其当下启示》，宋枫霞、徐文军（2013）的《浅论李鸿章与洋务教育的发展》，张美平（2014）的《略论上海广方言馆的翻译教学》，阎莉、朱梅红（2015）的《上海广方言馆教学发端及特色探源》，沈红（2015）的《晚清官办英语教育中的商务英语教学》，章朝红（2015）的《洋务运动时期上海广方言馆外语教学考论》，张江华（2018）的《精英与地方公共性：芝英祠堂建筑的背后》，夏冰（2019）的《文理全才龚子英》，夏军、余文都（2019）的《“同文三馆”外语人才培养的经验与启示》，刘晓琴（2020）的《出身与出路：晚清上海广方言馆学生述论》等论文。

郭维勇（1985）在《广州同文馆的历史作用》一文中专门介绍了“广州同文馆”（注：应该是广东同文馆，参见本书第二章有关同文三馆校名分析部分）。该文 1985 年 7 月发表在《岭南文史》杂志上。文章讨论了广东同文馆创办的原因，分析了广州办学的优势，介绍了该校的沿革和规制，讨论了广东同文馆的历史地位和作用。

除此以外，研究广东同文馆的论文还包括周德昌（1995）的《近代广东的洋务学堂》，刘泽生（2002）的《哈巴在广州》，雷雨田、陈建林（2009）的《广州同文馆探源》，曹磊（2014）的《同文异彩　百年沧桑——广州同文馆创建 150 周年纪念》，周晓楠（2018）的《同治年间的广州教育及影响》等。

（二）关于同文三馆的办学政策争论的论文

刘广京（1982）的《一八六七年同文馆的争议——洋务运动专题研究之一》刊登在《复旦学报》（社会科学版）1982年第5期上。在该文中，作者提出了“政治和思想对于接受西洋科学与技术的障碍”[①] 的论点，并对京师同文馆开设天文算学馆引发的争论进行了分析和评论。作者认为，慈禧是暗中反对改革的幕后老板。她不仅唆使倭仁发表反对观点，影响了天文算学馆的招生质量，而且还利用不同政治派别破坏奕䜣的威望，目的就是削弱奕䜣的权力。应该说，刘广京的论文代表了一些海外研究者的观点。

钱远镕（1983）的《奕䜣与倭仁围绕同文馆问题的一场斗争》1983年6月发表在《青海社会科学》上。作者认为，奕䜣与倭仁的斗争是洋务派与顽固派的斗争。洋务派的胜利推动了同文馆的发展，具有进步作用。在该文中，作者介绍了这场斗争的来龙去脉，分析了斗争双方的主要观点。他认为，真正的幕后操控者是慈禧太后。慈禧是为了消除异己、掌握权力才拉一派、打一派，并不是真正支持洋务派。在文章最后，作者还对京师同文馆的改革成效作出了较高的评价，指出了改革的必要性。

除此之外，有关同文三馆争论的论文还包括金福（1992）的《京师同文馆开设天文算学始末》，史革新（1997）的《倭仁与晚清理学》，李细珠（1999）的《倭仁史实考证二则》，贾永堂（2001）的《我国教育改革中教育观转变难的文化原因探析——以京师同文馆加设天文算学馆引起的争议为例》，顾卫星、杨才元（2005）的《京师同文馆增设天文算学馆与教会学校英语教学争论之比较研究》，刘华（2007）的《中国近代科学教育体制形成的认知逻辑基础——重评京师同文馆的创立及1866～1867年关于添设天文算学馆的争论》，林健、顾卫星（2008）的《京师同文馆增设天文算学馆评析——中国英（外）语教学首次改革研究》，陈海燕（2015）的《晚清同文馆从“西文”向“西学”的转变——晚清同文馆设立天文算学馆的争议》，李欣然（2015）的《争于庙堂的道器与中西——同治五、六年间的天文算学馆之争》等论文。

（三）关于同文三馆的专业设置和课程安排的论文

吕达（1988）的《京师同文馆与我国近代课程的萌芽》发表在《教育评

---

① 刘广京：《一八六七年同文馆的争议——洋务运动专题研究之一》，载《复旦学报》（社会科学版）1982年第5期。

论》1988 年第 6 期。该文将京师同文馆的课程演变分为两个阶段。同治元年（1862）至同治八年（1869）是第一阶段，同治八年（1869）至光绪二十七年（1901）是第二阶段。作者认为，我国近代分年课程设置开始于京师同文馆推行的八年制课程和五年制课程。作者指出，这些课程具有西方中学性质兼负小学启蒙责任，还以京师同文馆的考题为例分析了该校的课程内容。作者称赞京师同文馆增设天文、算学馆是一个重要突破，还提出西学课程的引入对于废除科举制起到一定作用。

阎广芬（1991）的《中国近代学校课程发展述评》指出，中国近代学校课程设置经历了从“西艺”到“政艺兼收”到建立完整体系三个发展阶段。作者分析 1889 年江苏蒋同寅提出的“当自中学为纲，而以西学为目”是这一时期课程的特点。作者认为，自然科学课程引入、理论课和实践课并重、基础理论课和专业技术课的设置等做法改变了中国传统单一的课程结构，促进了中国课程改革。

有关同文三馆的学科建设的其他论文包括王祖陶（1984）的《中国近代的化学教育》，郑登云（1986）的《我国历代授课形式考索》，王祖陶（1987）的《中国近代学制变革与早期化学教育的发展》，高晞（1990）的《京师同文馆的医学讲座》，吴晞（1992）的《论中国图书馆的产生》，陈辉（1993）的《论近代初期我国普通中学历史课程设置》等。这些论文分别讨论了化学、医学、历史等课程的设置在中国教育现代化过程中的发展和演变。

有关同文三馆的教学管理，较早的论文包括罗苏文（1988）的《论圣约翰模式》，李彦荣（1997）的《我国近代中学行政职官沿革》，何茂广（1997）的《我国高校教师职称的历史沿革》，李彦荣（1998）的《中国近代中学的师资管理问题》等。

（四）关于同文三馆的外语教学和翻译实践的论文

陈冠商（1981）的《略谈我国外语教学的历史》1981 年 4 月发表在《外语界》上。作者指出，同治元年（1862）创立的京师同文馆从教英文到成为综合性大学经历了一个过程。作者认为：“从同文馆起，我国正式有了一所现代意义的外语学院。”①

徐百康（1983）的《从教学资料和教材看我国法语教学历史》1983 年 2 月发表在《外语界》上。作者指出，京师同文馆起初只是一个外语学校，教

① 陈冠商：《略谈我国外语教学的历史》，载《外语界》1981 年第 2 期。

学内容侧重于翻译。作者还分析了该校的八年制课程设置，认为到了这个时候京师同文馆已经从外语学校变成了“既学外语又学实用科学的高等学校”①。

有关同文三馆外语教学的其他论文还有袁荻涌（1987）的《曾朴与法国文学》，张放（1992）的《法语教学在中国》，刘庆宇（1993）的《我国中学英语课程探源》，杨敏（1999）的《世纪回眸：中国英语教学百年史观》，周流溪（1999）的《介绍三位福建籍的外语教育家》，吴振明（1997）的《前事不忘，后事之师——从中国英语教学史的角度看素质教育》等。

在同文三馆的翻译实践方面，研究者也作出了探讨。黎难秋（1981）的《清末科技资料翻译初探》1981 年 3 月发表在《中国翻译》上。在探讨清末科技资料翻译的发展历程中，作者指出京师同文馆师生除了外语学习，还要翻译西方书籍。作者认为，当时的一些翻译学馆并不是单纯的外语学校，“它们不但为我国培养了第一批翻译人才、外交人才，同时也培养了第一批科技人才”②。另外，作者分析和评论了清朝末期的翻译机构、翻译书刊、翻译标准和著名翻译家。

钱锺书（1982）的《汉译第一首英语诗〈人生颂〉及有关二三事》1982 年 4 月发表在《国外文学》上。作为著名作家和翻译家，作者本人讨论外国文学翻译故事时谈笑风生，驾轻就熟。作者用大量实例分析了原诗的出处、翻译的背景、过程和结果，指出住在中国管理京师同文馆而且不懂外语的董恂居然翻译出英语诗歌，而出访国外的官员却对外国充满了恐惧，对英国文学也不感兴趣。当然，董恂翻译的《人生颂》并非直接来自郎费罗的原诗，而是威妥玛的译文。这就直接导致其翻译内容并非忠实于原文，有很多再造和臆想成分。即使如此，作者依然认为董恂是“具体介绍近代西洋文学的第一人”，“《人生颂》是破天荒最早译成汉语的英语诗歌”③。

除此之外，有关同文三馆翻译实践的其他论文还有赵靖（1980）的《经济学译名的由来》，潘吉星（1981）的《谈“化学”一词在中国和日本的由来》，黎难秋（1982）的《清末译书数字及有关史实》，陈麦青（1982）的《惠氏〈万国公法〉的由来及其历史作用》，黎难秋（1982）的《我国早期的兵工专业情报翻译机构——江南制造局翻译馆》，戴金珊（1984）的《〈富国

① 徐百康：《从教学资料和教材看我国法语教学历史》，载《外语界》1983 年第 1 期。

② 黎难秋：《清末科技资料翻译初探》，载《中国翻译》1981 年第 2 期。

③ 钱锺书：《汉译第一首英语诗〈人生颂〉及有关二三事》，载《国外文学》1982 年第 1 期。

策〉的版本》，黎难秋（1984）的《清末科技文献翻译大事举要》，潘吉星（1984）的《明清时期（1640～1910）化学译作书目考》，徐英（1986）的《同文馆的翻译考试》，李喜所（1987）的《洋务运动时期的翻译》，黎难秋（1992）的《近代教育与科学翻译》，周振鹤（1992）的《书中自有富强术?》等。

（五）关于同文三馆与“西学东渐”关系的论文

曹世铉（1998）的《最近五年来关于晚清时期“西学东渐”问题的研究略述》发表在《近代史研究》1998年第1期。在文中，作者对1994～1998年之间的“西学东渐”问题研究成果进行了分析和总结。他指出，胡滨主编的《西方文化与近代中国》、陈绛的《西学传播与晚清社会的蜕变》、王骏的《论近代中国社会的科学观之演变》中关于“西学东渐”问题的论述都是正统的中西文化冲突和融合观点。同时，他称赞了熊月之的《西学东渐与晚清社会》，认为该书是近年“西学东渐”研究的代表性著作之一，因为熊月之不仅批评了正统观点，而且还区分了近代中国人在物质文化和精神层面上的西化程度差异。除此之外，他还对西学输入中国的许多研究成果进行了分析，指出了自然科学与社会科学、传教士与留学生、中学与西学以及西学对中国的影响等几个“西学东渐”问题研究的代表性观点，提出了从世界史角度看待中国问题的建议。

除此以外，有关同文三馆与“西学东渐”问题的研究论文还包括黎难秋（1981）的《我国国外科技情报工作渊源初探》，叶晓青（1982）的《近代西方科技的引进及其影响》，叶晓青（1983）的《西学输入和中国传统文化》，史革新（1985）的《十九世纪六十至九十年代西学在中国的传播》，周辉湘（1987）的《洋务思潮对中国传统文化的冲击》，徐启彤（1988）的《洋务教育与“中体西用”》，郑永福（1989）的《晚清近代自然科学的输入及其影响》，吴孟雪（1989）的《近代译书的变迁及其影响》，桑兵（1991）的《文化分层与西学东渐的开端进程——以新式教育为中心》，熊越（1992）的《西方法文化在近代中国的早期传播及其效应》，徐友春（1993）的《晚清政府机构改革述评》，刘云波（1994）的《近代中国西学输入特点初探》，田正平（1994）的《论中国近代留学教育的兴起（续完）》，高晞（1994）的《晚清政府对西医学的认知过程》，刘绍春（1998）的《中国近代科技教育和人文教育的撞击与融合》。这些论文从西方科学技术成果引进和翻译、西学的传播、西方思想对中国文化的影响、政府机构改革等方面探讨了同文馆与“西学东渐”

之间的关系。

（六）关于同文三馆和中国近代社会发展关系的论文

田正平、肖朗（1998）的《论中国教育近代化起步阶段的成就、特点与问题》发表在《教育研究》1998年第10期。在文中，作者将1862年京师同文馆成立到1895年甲午战争结束这段时间称为“中国教育近代化起步阶段”，分析和总结了该阶段的教育成就、发展特点和存在问题。作者认为，清政府在此期间所采取的教育决策与“采西学制洋器”有关，“教育近代化，是在世界资本主义潮流冲击下，伴随着工业近代化的追求而起步的”①。这个研究观点具有一定的代表性。

陈月清（1983）的《洋务运动时期与明治维新时期教育改革之比较》1983年3月发表在《文史哲》上。在文中，作者讨论了中国洋务运动与日本明治维新时期的教育改革异同。作者认为清政府采取的办学堂、派遣留学生、翻译西书等措施都没有动摇传统教育基础，因此也没有大的成效。与之相反，日本则是由上而下的全面教育改革，普及初等教育、建立教育体系、派遣留学生、重视大学教育、培养高科技人才，取得了巨大进步。在此基础上，作者还从教育改革的基础和思想准备、推动改革的阶级力量和目的、思想体系和指导方针、教育改革的重点和范围以及教育改革阻力等方面分析了中日之间教育改革的差异，指出了清政府教育改革失败的必然原因。

除此之外，有关同文三馆和中国近代社会发展的关系的研究的其他论文包括郭永芳（1983）的《中国近代科学落后与科举制的关系》，王余光（1984）的《浅论中国近代书史研究中的几个问题》，李泽彧（1988）的《中国高等教育近代化历程及其发展迟缓原因分析》，蒋立文（1989）的《在文化立体网络中不能搞单层次嫁接——洋务运动失败原因新探》，任复兴（1992）的《晚清士大夫对华夷观念的突破与近代爱国主义》，李泽彧（1993）的《简论近代中国高等学校的历史地位》，周溯源（1993）的《洋务运动给近代中国提供了哪些新的东西》，李彬（1996）的《洋务运动与中国教育近代化》，杜文锢（1997）的《洋务运动与教育改革》，赵浦根（1999）的《洋务运动与中国教育近代化》，黄书光（1999）的《论中国早期教育现代化的艰难探索》和丁钢（2004）的《早期教育现代化的选择与失落：一个比较视角》等论文。

---

① 田正平、肖朗：《论中国教育近代化起步阶段的成就、特点与问题》，载《教育研究》1998年第10期。

这些论文都认为中国的新式教育与中国近代社会发展具有一定的关系。

(七)与同文三馆有关的人物研究论文

与同文馆有关的人物研究，主要涉及三类人群。第一类是政府官员，如奕䜣、李鸿章、赫德、徐继畬等。第二类是中外教师，如丁韪良、李善兰、傅兰雅等。第三类是学生，如张德彝、汪凤藻等。

关于政府官员的研究论文，比较典型的是章鸣九（1989）的《海关总税务司赫德与洋务运动》。该文 1989 年 10 月发表在《上海社会科学院学术季刊》上。作者从海关、海务近代化以及邮政、同文馆、北洋海军的近代化等五个方面探讨了赫德与洋务运动的关系。作者指出同文馆与赫德的关系体现在两个地方：一是把海关的三成船钞作为同文馆的办学经费，促进了同文馆的发展；二是推荐了丁韪良等洋教习，为同文馆聘请了一些学术水平较高的外籍教师。作者认为赫德对洋务运动有帮助作用，但不应过高估计其影响。

关于政府官员的其他研究论文包括陈秉仁（1987）的《〈辞海〉中三个中国近代人物释文订讹》，肖晓（1989）的《说说恭亲王奕䜣》，章鸣九（1989）的《海关总税务司赫德与洋务运动》，董守义（1990）的《奕䜣是第一次近代化运动的倡导者》，殷俊玲（1992）的《〈瀛寰志略〉二题》，丁伟志（1993）的《〈校邠庐抗议〉与中国文化近代化》，任复兴（1995）的《热心引入西方文化的清末巡抚徐继畬》，魏开肇（1995）的《慈禧太后和古都北京早期现代化》，胡忠明（1998）的《文祥略论》，刘纬毅（1999）的《徐继畬〈瀛环志略〉和早期中美友谊》等。

关于同文三馆教师的研究论文，比较典型的是邹振环（1986）的《丁韪良译述〈万国公法〉在中日韩传播的比较研究》。该文 2000 年 9 月发表在《韩国研究论丛》辑刊上。作者指出丁韪良翻译的《万国公法》1864 年出版后不仅给他带来了良好的声誉，同时也为他 1865 年进入京师同文馆担任英文和国际法教师提供了便利。更重要的是这为他后来长期担任京师同文馆总教习铺平了道路。而且，丁韪良还主持、指导同文馆学生翻译了一些西方著作。“丁韪良译述的国际法著作是近代中国士大夫最初了解西方法律知识的主要来源。”“在近代输入国际法方面作出了突出的贡献。”[①]

关于同文三馆教师的其他研究论文包括王渝生（1983）的《李善兰：中

① 邹振环：《丁韪良译述〈万国公法〉在中日韩传播的比较研究》，载复旦大学韩国研究中心编《韩国研究论丛》第七辑，中国社会科学出版社 2000 年版，第 261 页。

国近代科学的先驱者》，邹振环（1986）的《傅兰雅与江南制造局的译书》，张子荣（1986）的《西方传教士对近代中国教育的影响》，汪家熔（1988）的《同文馆与丁韪良——同文馆出版物》，梁碧莹（1989）的《美国传教士与近代中西文化交流》，张子荣（1986）的《西方传教士对近代中国教育的影响》，胡思庸（1985）的《西方传教士与晚清的格致学》，陈绛（1991）的《在华西人与中国早期近代化》，黄新宪（1996）的《传教士与洋务运动时期的同文三馆》，吴洪成（1997）的《传教士与中国教育的近代化》，田淼（1998）的《清末数学教师的构成特点》，田正平（1999）的《中国近代教育家群体特征综论》，田涛（1999）的《丁韪良与〈万国公法〉》，吴洪成（2009）的《试论洋务派教师聘任的思想》等。

关于同文三馆人才培养研究，比较典型的是吕景琳、张德信（1988）的《略论京师同文馆与人才培养》。该文1988年10月发表在《近代史研究》上。作者回顾了同文馆的发展历程，分析了同文馆的实质和特点，认为同文馆“很不像个学校，倒是一个名副其实的衙门”。作者还指出：“建馆近40年，总括北京、上海、广东三处，却没有培养出几个有影响的科学技术专门家。最有成就的是翻译官和外交官，其次是某些洋务的管理官员和学堂教习。”“同文馆学生在清末外交界占有重要地位。”①

关于同文三馆人才培养的其他研究论文包括王涤庸（1982）的《近代中国派遣首批官费留学生情况浅析》，赵光文（1986）的《同文馆学生崭露头角者简介》，李长莉（1987）的《晚清同文三馆对人材的培养》，李霞（1992）的《张德彝和德国》，黎难秋（1996）的《清末译学馆与翻译人才》，邱巍（1999）的《清末教育变革中的奖励出身制度》等。

四、学术著作

关于同文三馆的研究成果不仅有论文，还有一些著作。这些著作中有的是研究同文三馆的专著，还有一些著作较大篇幅涉及同文三馆。

苏精（2018）的《清季同文馆及其师生》是较早研究同文馆及其师生的专著。该书1985年在中国台湾印刷发行，2018年6月由福建教育出版社出版发行。该书上编讨论了京师同文馆、上海同文馆（上海广方言馆）与广东同文馆三馆的整体情况，下编分析了三馆的中外教习和学生情况。这些研究与

① 吕景琳、张德信：《略论京师同文馆与人才培养》，载《近代史研究》1988年第5期。

笔者的研究在专题领域上非常接近，在研究思路上也提供了一些借鉴。需要特别指出的是，该书作者苏精是英国伦敦大学图书馆专业博士，对近代中西文化交流有比较深的研究。《清季同文馆及其师生》是其早期研究成果，具有一定的代表性。

据说还有另外一部研究同文馆的专著《清代同文馆之研究》是由孙子和（1977）撰写的。书中收录了《齐如山：同文馆之回忆》等同文馆毕业生回忆同文馆的文章等材料。不过，笔者没有见到此书，也不便妄加评论。

鉴于同文三馆的主要性质是外语翻译学校，因此，一些外语研究专著也用一定篇幅介绍了同文三馆。

付克（1986）的《中国外语教育史》由上海外语教育出版社出版。该书用两个篇章讨论了1919年以前的中国外语教育。在该书第二章，作者重点讨论了京师同文馆、上海同文馆与广东同文馆等中国近代的外国语文学校和外语课在近代各类学校的开设，提出了自己的观点。他认为："在中国近代教育史上，最先创办的新式学校大多是外国语文学校。最早的新式学校是1862年建立的京师同文馆。"[①]

李良佑（1988）的《中国英语教学史》由上海外语教育出版社出版。在该书第二章，作者重点讨论了京师同文馆、上海同文馆与广东同文馆及各类洋务学堂，分析了这些学校的办学背景、原因和过程，提出了"同文馆具有鲜明的双重性——封建性和半殖民地性"的观点。他认为："京师同文馆是我国近代史上第一所官办的新式学校。""它也正是我国学校正规英语教学的正式开端。"[②]

赵鲁平（2016）的《解读上海外语教育：历史与文化语境的嬗变》由山东人民出版社出版。在该书第三章"上海外语教育典型案例"中，作者讨论了京师同文馆、上海同文馆与广东同文馆的办学历史，比较分析了同文三馆在地理位置、学生来源、社会环境等方面的差别。作者认为："这种差别既是不同地域历史、文化语境的差别，也是市民社会生活态度、价值观念的具体体现。""它实际反映了不同时期、不同地点人们对中国教育现代化的认识差异和参与程度。"[③]

---

① 付克：《中国外语教育史》，上海外语教育出版社1986年版，第15页。

② 李良佑等：《中国英语教学史》，上海外语教育出版社1988年版，第15页。

③ 赵鲁平：《解读上海外语教育：历史与文化语境的嬗变》，山东人民出版社2016年版，第114、117页。

除此之外，还有一些重要著作涉及“西学东渐”与同文三馆及其时代环境变迁的研究，包括顾长声（1981）的《传教士与近代中国》，夏东元（1982）的《洋务运动史》，顾长声（1985）的《从马礼逊到司徒雷登》，费正清（1985）的《剑桥中国晚清史1800～1911》（上、下卷），顾卫民（1996）的《基督教与近代中国社会》，穆雷（1999）的《中国翻译教学研究》，熊月之（1999）的《上海通史》第6卷“晚清文化”，霍益萍（1999）的《近代中国的高等教育》等。

第二节 史料类文献

一、史料类文献的来源

史料是开展历史研究最重要的文献。没有实物和文字等确凿证据，研究人员就不能还原历史的真相，也无法给某个历史问题下定论。即使面对同样的历史问题、掌握同样的史料证据，由于个人素养、学术背景、研究方向等方面存在着巨大差异，每个研究者都可能根据自己的判断得出不同的结论。这是历史研究的难题，也是考验研究能力的考题。

史料类文献的获取来源主要分两类：一类是获取史料原件；另一类是获取史料原件的替代品。一般来说，研究者需要亲自到考古现场、案件发生地实地考察，提取实物，或者到博物馆、图书馆、档案馆等专业机构查阅档案原件，掌握真实的第一手资料。例如，有关同文三馆的记载，不仅涉及大臣奏折与皇帝批复、官方文件与学校章程等官方史料，也涉及个人回忆录、杂志文章、报纸采访、新闻报道等民间史料。这些都是还原这一历史事实的证明材料。当然，最真实的史料还是清朝皇室保存的《筹办夷务始末》等外交档案。根据故宫博物院网站朱赛虹（2021）介绍，《筹办夷务始末》（同治朝）是晚清政府的对外关系档案，合计100卷，编纂者为清宝鋆等。该书收录了1861年7月至1875年1月中外交往的历史档案，完整记述了咸丰十一年七月至同治十三年十二月之间发生的各类事件。该书尽管不是专门记载同文三馆的档案，但它详细记录了同文三馆设立与发展过程中的各类史料，包括大臣奏折与皇帝批复，官方文件与学校章程，办学政策与教学管理等。这些史料详实、珍贵，具有重要的参考价值，是研究同文三馆真实、丰富而且必不可少的文献资料。

然而，随着国家文物保护力度的加大和社会人员使用频率的增高，越来越多的史料原件已经成为历史文物，对外出借受到种种限制。在这种情况下，各类真实文献的复印件，专家学者搜集、整理、校对过的原始资料就成为原件的替代品，提供了与原件一样的阅读功能。例如，在上海图书馆，曾经发行过百年的上海老报纸《申报》原件已经成为国家文物，普通人无法接触，但复印后的《申报》可以公开借阅，让包括笔者在内的众多读者获得了与阅读原件类似的阅读体验。当然，由于耗费成本巨大和整理工作烦琐等问题，除了极少数面向大众的文献资料可以通过这种方式公开，绝大多数面向少数学习者和研究者的学术资料很难这样操作。因此，众多原始资料的胶片版、复印版、印刷版史料就成为原件的替代品，构成了非原件的原始资料。例如，涉及同文三馆的原始资料集中收录于《筹办夷务始末》《光绪朝东华录》《清朝续文献通考》《同文馆题名录》《京师同文馆学友会第一次报告书》《洋务运动》等史料汇编著作中，为研究者提供了宝贵的学术资源。

在当今社会，由于印刷业的发展，特别是电脑和互联网的普及，教育历史问题研究手段比以往更加方便和快捷，获取史料的渠道也更加多样化。除了博物馆、图书馆、档案馆等传统的史料储存固定场所以外，网络上的各类数据库储存的海量信息也为研究者提供了更多的学术信息来源。

二、史料类文献的利用

从历史传承来看，舒新城、张静庐、朱有瓛、陈学恂、陈元晖等许多专家学者在非原件的原始资料基础上又进行了二次分类。他们将分散在不同史料汇编著作中的各类资料重新编辑，出版了专题性的教育史料汇编著作。尽管这些资料可能因为编写者的爱好、学识、选择角度和认识深度不同带来了原始资料的全面性、学术性等方面的争议，但毫无疑问这些资料不仅解决了研究者无法接触史料原件的难题，而且能够帮助更多的人快速掌握某个领域的主要教育历史资料，极大地节省了研究者、教育者和学习者的时间和精力。

根据笔者体会，在研究某个教育专题时，专家学者二次分类后编写的原始资料汇编能够为研究者、教育者和学习者提供诸多便利和帮助。笔者在研究过程中经常把不同书籍当中记载的史料相互参照，以便获取更多信息。在同文三馆的研究中，笔者就从这些二次分类后编写的原始资料中受益匪浅。没有前辈专家学者搜集、整理、校对过的这些教育史料类文献，笔者仅仅在原始资料搜集这一点上就会花费更多的时间，投入更大的精力。为此，笔者非常感激这些前辈所作的辛苦努力和卓越贡献，愿意向他们致以崇高的敬意。

在同文三馆的研究中，笔者引用较多的教育史料类文献主要来自朱有瓛主编的《中国近代学制史料》，陈学恂主编的《中国近代教育史资料教学参考资料》和陈元晖主编的《中国近代教育史资料汇编》。

朱有瓛主编的《中国近代学制史料》是笔者得益最多、引用最多的教育史料类文献。该书分为四辑八册，由华东师范大学出版社出版。从 1983 年出版第一辑上册到 1993 年出版第四辑下册，编者整整花费了 10 年时间。该书记录了从 1862 年京师同文馆成立到 1922 年壬戌学制公布整整 60 年的教育历史。

在涉及同文三馆的原始资料中，笔者主要参考了《中国近代学制史料》第一辑上册。该书分册征引书目多达 72 种，包括《筹办夷务始末》同治朝一百卷，咸丰朝八十卷；《光绪朝东华录》（一）～（四）；《清朝续文献通考》四百卷，以及《同文馆题名录》《京师同文馆学友会第一次报告书》《洋务运动》等诸多教育史料汇编著作。在该书分册，涉及同文三馆的各类文献包括奕䜣、李鸿章、曾国藩、倭仁、奕劻等晚清重臣以及地方官员有关同文三馆的奏折、批示、请示等 87 篇，同治、光绪皇帝下达的上谕 9 篇，历年堂谕 74 篇，《同文馆题名录》记载的官员、教师、学生、专业设置、书籍翻译等史料 14 篇，《明史》《明会典》记四夷馆和《清史稿》《清会典》记四译馆 4 篇，《清会典》有关同文馆记载 3 篇，《上海县续志》《万国公报》等社会机构记录 2 篇，丁韪良、吴宣易、吴宗濂、甘作霖、毕乃德、徐一士、许銮等人对同文馆的回忆或评论 7 篇，冯桂芬、郑观应、马建忠、梁启超等人教育评论文章 11 篇，以及有关同文馆规章、校历、课程表、考试题、试卷、作业、学生名单等其他内容的资料 21 篇。这些原始资料散见于不同地域、不同档案之中，很难集中到一起。多亏了朱有瓛等前辈专家学者慧眼识珠，从浩如星海的教育史料堆中将这些宝贵的资料汇集起来，让笔者得以管中窥豹，有幸从中了解到教育历史的片段，并对同文三馆的研究作出了点滴的贡献。

陈学恂主编的《中国近代教育史资料教学参考资料》也是笔者的重要参考资料。该书分为上、中、下三个分册，1986 年由人民教育出版社出版，记录了从 1853 年太平天国颁布的《天朝田亩制度》到 1922 年民国颁布各项教育政策为止整整 69 年的教育历史。

笔者主要参考了《中国近代教育史资料教学参考资料》上册。该书分册记录了从1853年直至1911年的教育历史资料，时间跨度达58年。书中的最后一篇文献是清朝灭亡前学部颁布的《会奏设立中央教育会拟具章程折》。该书分册提供了一些有关同文三馆的文献。在“新式学堂的创办”一章中，该书关于同文三馆的文献有12篇，其中京师同文馆7篇，上海同文馆4篇，广东同文馆1篇。在“洋务运动期间教育问题上的争议”一章中，该书关于京师同文馆开设天文算学馆争论的文献有10篇，代表了奕䜣、倭仁、张盛藻、杨廷熙和同治皇帝的言论和态度。

陈元晖主编的《中国近代教育史资料汇编》也很有参考价值。该书由上海教育出版社出版，1997年出齐。全书共10卷，分为鸦片战争时期教育、洋务运动时期教育、戊戌时期教育、学制演变、教育行政机构及教育团体、留学教育、高等教育、普通教育、实业教育师范教育和教育思想10个分卷。

笔者主要参考了璩鑫圭、童富勇主编的《中国近代教育史资料汇编》（教育思想）分卷。该书1997年由上海教育出版社出版，记录了从1840年前龚自珍到1927年李大钊等42位著名历史人物发表的各类文章218篇，附录54篇，较好地体现了他们的教育思想。笔者也从中引用了魏源、冯桂芬、王韬、郑观应等人讨论西学的资料。

除此之外，其他许多专家学者的资料汇编著作也值得认真拜读。舒新城1928年出版的《近代中国教育史料》（4册）等著作是较早记录中国近代教育的书籍，保留了很多珍贵的近代教育资料。张静庐主编的《中国近代出版史料》《中国现代出版史料》《中国出版史料补编》史料集共7编8册，收录的原始资料记录了中国近现代出版业的各个时期的重要出版物。记载的内容开始于1862年京师同文馆创办，结束于1949年中华人民共和国成立，时间跨度达到87年。《中国近代出版史料》（初编）1953年由群联出版社出版，1954年再版。这些珍贵的历史资料都是前人呕心沥血搜集起来的学术成果，值得每一位读者和研究者感谢和尊重。

第二章　同文三馆的创办原因、沿革与争论

同文三馆的命运与清政府的命运息息相关。在国内外复杂严峻的形势下，清政府为了富国强兵、救亡图存而开展了洋务运动。由于政治立场和思想认识不同，参与其中的统治阶级和大众精英在同文三馆的生存和发展过程中进行了激烈的交锋。双方既有斗争，又有妥协，充分反映出社会的复杂性和多变性。

同文三馆是洋务运动的重要组成部分，对中国近代发展起到了一定作用。同文三馆是晚清政府的另类写照，它们应急而生，命运多舛，仓促落幕。它们的创立和发展，既体现了改革派的进取精神和无奈选择，同时也证明了保守派反对势力的强大和国内外形势的复杂。在西方列强群狼环伺、虎视眈眈的形势下，晚清政府虽竭尽全力挣扎自强，救亡图存，然而，新的时代并没有给它足够的时间和机会去更新续命，而且它自身已经病入膏肓，难以挽救，最终只能轰然倒地、烟消云散。

第一节　同文三馆的创办原因

同文三馆是时代的产物，是在国内外形势不断变化、清政府被迫应对时代变革的背景下出现的新事物。它们的创办不是偶然，而是历史的必然，充分反映了晚清时期统治阶级改革派与保守派对于时代变革的态度和观念。

一、同文三馆创办的背景

（一）国际背景

1. 工业革命成果增强了西方国力

同文三馆创办于 19 世纪 60 年代初期。此时距离 18 世纪中期首先发生在英国的第一次工业革命大约 100 年。

在 18 世纪上半期至 19 世纪上半期这段时间，世界发生了天翻地覆的改

变。首先，纺织工业技术不断更新。1733 年，约翰·凯伊发明了飞梭，提高了织布效率。1765 年，詹姆士·哈格里夫斯发明了珍妮手摇纺纱机，提高了棉纱生产率。1785 年，卡特莱特发明水力织布机，极大地提高了织布效率。很快，英国棉纺业基本实现了机械化。其次，蒸汽机代替了传统动力。1785 年，瓦特将其改良的蒸汽机投入实际使用。使用了蒸汽机的轮船、火车等设施相继出现。随着煤炭的大规模生产和使用，棉纺织业、交通运输业、机器制造业相继以煤炭为动力的蒸汽机代替了传统动力。它意味着人类社会只能单纯使用人力、畜力和自然力时代的结束。这是人类使用工具的划时代变革，标志着人类社会开始进入了“蒸汽时代”。最后，大机器生产促进了社会生产力高速发展，生产形式和社会结构发生巨大改变。煤炭、钢铁生产技术提高和蒸汽机的使用引发了工业革命加速发展。工业生产逐渐减少了手工操作，改用大机器生产，生产效率和生产规模大大提高，而工业产品成本则大幅度下降。受资本利润驱使，大机器的使用首先传播到紧邻英国的法国、德国等其他欧洲国家，后来又传播到与英国有历史渊源的美国。这些国家相继采用了蒸汽机等大机器生产并不断加以改进。随着生产力的提高，拥有资本的资产阶级和出卖体力的工人阶级形成了资本主义国家的重要力量，改变了封建时代地主和农民、手工业者的二元结构。生产力的提高促进了社会财富增加，城市人口增长，更使得西方国家经济实力获得飞速提高。总之，以蒸汽机为动力的大机器的发明和使用促成了第一次工业革命，极大地改变了整个世界的生产形式和社会结构。

在第一次工业革命中，英国表现得最为突出。第一，通过政治变革，英国完善了君主立宪制度。第二，通过长期的海外贸易和殖民掠夺，英国积累了足够的原始资本。第三，通过圈地运动，英国拥有了丰富的劳动力资源，细化了社会分工，扩大了国内市场。第四，通过工业革命，英国建立了强大的工业生产基地，拥有了完整的工业生产技术体系。第五，通过殖民扩张，英国占领了广阔的海外市场和原材料基地。经过一系列工业、科技和军事变革，率先完成工业革命的英国拥有了强大的政治、经济、科技和军事实力，一跃成为世界霸主。

第一次工业革命不仅让英国成为世界第一工业强国，而且极大地提高了以英国为首的资本主义国家殖民扩张的能力和动力。为了争取海外市场，扩大原材料基地，除了原有的美洲和非洲以外，英国、法国等西方列强还开始了对亚洲的疯狂扩张和殖民活动。西亚、南亚和东南亚相继遭到荼毒。在这种情况下，西方列强开始觊觎中国市场和资源。英国利用东印度公司开始了对东亚尤其是中国的试探。

2. 西方崛起并没有引起清朝政府警觉

在清朝前期的历史上，统治者一直认为中国是世界的中心。清朝上下各级机构和官员对于国家间外交关系的理解和处理始终停留在“朝贡”层面。在清朝统治者眼中，国家之间的关系就是礼尚往来。所谓的“外交”不过是臣服于中国的周边小国向中国朝贡，同时中国赏赐给进贡者礼物作为回馈而已。现代意义上的国家、国家与国家间的外交关系是不存在的。

正因为有了这种心理，所以在西方工业革命高速发展的时候，清朝政府对世界范围内的改变并没有产生足够的警觉。当时，沉浸在“康乾盛世”的清朝统治者对于中国以外的西方世界毫不了解，也不关心。乾隆皇帝对资本主义国家发生的第一次工业革命一无所知，仍然觉得自己是世界的中心，沉醉于自给自足的自然经济，享受着万国来朝的荣耀。

1792 年，为了开拓中国市场，获取在华利益，英国派遣马戛尔尼假借为乾隆 83 岁生日祝寿的名义，率领一支庞大的船队来到中国。在献给乾隆皇帝的礼物中，英国特意展示了该国最新的科技、军事产品。英国的“君主号”军舰是英国当时最大的军舰，安装有 110 门威力巨大的火炮。马戛尔尼特意将该战舰模型献给乾隆皇帝。这既是一种炫耀，也是一种震慑。他带来的 600 多箱礼物中还包含榴弹炮、迫击炮等重武器，以及手枪、步枪和卡宾枪等轻型武器。这些精心挑选的产品无一不是为了证明其科技水平和军事实力。

在马戛尔尼面见乾隆皇帝以前，英国先安排英属东印度公司致函两广总督郭世勋和粤海关监督盛住，提出了英国外交建议。郭世勋和盛住两人并不了解英国的真实情况，马戛尔尼假借为乾隆 83 岁生日祝寿的名义更让他们误以为这不过是传统的朝贡形式，是一种小国屈从大国，表达顺从恭敬的象征。因此，他们在上奏给朝廷的报告中依照惯例将代表英国国王提出的对等外交谈判活动表述为自下而上的小国朝贡。

清朝上层社会也持有相同观念。以乾隆皇帝为首的清朝上层社会坚持朝贡体制和祖宗信条，对于西方社会高速发展视而不见，听而不闻。他们不仅将英国献上的代表西方最新科技成果的礼品束之高阁，而且拒绝让有识之士了解这些成果，错过了中国赶上甚至超越西方列强获取世界工业革命成果的机会。

由于对外交谈判的理解和认识不同，在经历了是否跪拜乾隆皇帝、如何称呼英国大使等外交礼仪问题后，中英双方也未能就贸易、市场等方面达成共识，双方均不肯让步。中国骨子里的世界中心意识与英国强硬的殖民世界霸权政策产生了极大的矛盾。这种观念上的巨大差异为两国关系蒙上了阴影，导致中英两个大国在第一次正式外交活动中就产生了误解，遭遇了冲突。

当乾隆皇帝及其统治集团还沉浸在大国荣耀的光环之中时，狡猾的英国人利用方便船只补给、参观中国成就等借口，要求从中国内河返程。好面子的清政府爽快地答应了英国人的请求。在沿大运河南下的过程中，英国使团广泛接触各地官员和普通百姓，借机刺探中国国情并侦查中国内陆虚实。他们发现现实中的中国与传说中的中国有着很大的反差。与英国相比，中国社会存在着非常严重的社会问题。清王朝对外自大闭塞、贫富差距巨大、官民对立严重、工业生产落后，整个社会呈现出一种日益僵化的状态，与迅速崛起的英国形成了鲜明的对比。这次在中国的所见所闻彻底改变了英国人对中国强大、富裕、文明的固有观念。他们在中国大陆所搜集的政治、经济、文化、军事情报增强了他们用鸦片、宗教、商品、军舰和火炮等其他手段逼迫中国打开大门的决心。这也为40多年后发生的中英鸦片战争埋下了伏笔。

（二）国内背景

1840年中英鸦片战争以来，中国陷入了空前的危机。1860年的第二次鸦片战争更加深了国内外矛盾。对外，西方列强从海外包抄围堵，咄咄逼人，中国被迫割地赔款，开放口岸，国家主权严重受损。对内，太平天国运动在国内风起云涌，攻城拔寨，势如破竹。清政府无力应对，四处告急，军力、财力捉襟见肘。正如吴宣易在《京师同文馆略史》一文中指出的那样："咸丰末年，中国内有太平天国的战争，外受英法联军的迫胁，中国国际地位，非常的低落。"①

1. 西方列强大肆掠夺中国财富

乾隆时期，马戛尔尼带领的外交使团没有取得外交上的胜利。在随后的中英贸易当中，由于中国普遍的经济形态是自给自足的自然经济，英国输入的高附加值工业品同样没有获得期盼的经济利益。英国不仅没有打开中国市场，反而因为大量进口中国的丝绸、茶叶、瓷器等商品造成了大幅度贸易逆

① 吴宣易：《京师同文馆略史》，载朱有瓛：《中国近代学制史料》第一辑上册，华东师范大学出版社1983年版，第189页。

差。在这种情况下，英国商人在英国政府的默许下做起了非法的鸦片（烟土）生意。据统计，19 世纪初期，英国向中国贩卖的鸦片超过 4000 箱。这种非法贸易不仅摧残了国民的身体和精神，而且扰乱了中国经济，导致中国工商业衰落，白银大量外流。为此，清政府派遣林则徐作为钦差大臣赴广东控制鸦片销售和使用。在 1839 年虎门销烟等禁烟活动过程中，林则徐与英国商人产生了冲突。因为中国政府正当的禁烟行动损害了英国商人的非法利益，所以，英国以此为借口发动了侵略中国的战争。

1840 年的中英第一次鸦片战争以中国失败而告结束。战后，清政府与西方列强签订了《南京条约》等一系列不平等条约，租借了香港，开放了广州、厦门、宁波、上海、福州五个口岸，支付了 2100 万两白银的战争赔款，损害了中国主权和经济利益，给中国带来了极大的耻辱和沉重的负担。中国从此陷入了半殖民地半封建的状态。

第一次鸦片战争以后，西方列强凭借不平等条约从政治、经济、文化、宗教各方面对中国进行了渗透和压榨。通过军事侵略、宗教传播、商品生产与贸易等行为，以英国、法国等为首的西方殖民者不仅在通商口岸建立了租界，形成了不受中国行政、司法控制的“国中之国”，而且利用商务和传教活动大肆拉拢社会各界人士，培养了各类买办，贿赂中国政府官员，勾结黑恶势力，推广其价值观，维护其在华利益，强行把殖民主义扩张至东方古国。通过一系列不平等条约和各种不正当行为，以及信息、生产和技术优势，西方国家迅速占领了中国的市场和原材料基地，大量倾销外国工业品并形成了事实上的垄断局面。这严重影响了中国民族商品的生产、流通与销售，导致大批农民和手工业者破产，引发了严重的经济危机和社会危机。

2. 太平天国运动极大动摇了清政府统治基础

与此同时，为了支付战争赔款，弥补白银外流亏空，清政府大肆增加税负，地主阶级趁机兼并土地，社会底层饥寒交迫。随着民族矛盾和阶级矛盾迅速激化，社会对立情绪逐渐积累并加以放大。天灾人祸、民不聊生的状况导致人民反抗斗争日益激烈。仅 1840 年至 1850 年的十年间，各地爆发的起义就超过了 100 起。道光三十年（1851），洪秀全在广西金田起义。他领导的太平天国运动成为近代历史上影响力最大的农民运动。

自 1851 年广西起义以后，洪秀全领导的太平军先后攻占广西、广东、湖南、湖北、江西、安徽、江苏、浙江等省多个城市，1853 年定都南京，改名为“天京”。从 1853 年占领南京至 1864 年天京陷落，洪秀全曾占据大半个中国，多次派兵北伐、西征，与清军激战并一度接近北京，引发了清政府的政治、经济和军事危机。

太平天国运动持续了14年，发展至17个省，沉重打击了清政府的封建统治，反抗了西方殖民者的侵略，也让西方列强认识到了中国人民的不屈斗志。

3. 清政府被迫启用汉族精英

在历史上，清朝满族势力崛起以后，通过武力夺取了明朝汉族政权。入主中原后，作为少数民族执政的政权，清政府非常担心政权的合法性，一直重点防范和打压在人口中占绝对多数的汉族人。为了巩固政权，压制汉族人反抗，清政府采取了依靠八旗、镇压反抗等许多非常极端的政策，从肉体和精神上对汉族人进行了残酷的迫害，犯下了滔天罪行。无论是灭绝人性的“扬州屠城”还是精神虐待的“文字狱”，都反映了这些政策的荒诞与残酷。

从清朝建立到1840年鸦片战争以前，清政府沿用了明朝的科举制度，录取了一些汉族子弟。尽管它暂时缓和了民族矛盾和阶级矛盾，但并没有从根本上消除满族优先意识。从统治阶级人员所占比例来看，清政府更信任八旗子弟，很少提拔和重用优秀的汉族精英。然而，19世纪中期的国内国际形势迫使清政府改变了原来的民族政策。

1851年至1864年，洪秀全领导的太平天国运动席卷了大半个中国，沉重打击了清政府。面对太平军的凌厉攻势，八旗子弟不堪大用，清政府难以招架，狼狈不堪。在镇压太平军过程中，曾国藩组建的湘军、李鸿章组建的淮军展现出强大的实力，为维护清王朝统治起到了保驾护航的作用。

1856年至1858年，西方列强以《南京条约》等条约期满换约等借口要求清政府给予更多政治和经济利益。遭到拒绝后，英法联军挑起了第二次鸦片战争。1860年，英法联军攻占北京。咸丰皇帝狼狈逃窜到热河。奕䜣等代表清政府与侵略者签订城下之盟。清政府割地赔款，丢人现眼，威风扫地。

在这种内外交困的情况下，清政府不得不转而提拔重用曾国藩、李鸿章、左宗棠等汉族人才，请他们帮助清政府稳定政权。自此，汉族政治精英开始登上政治舞台，在洋务运动中参与制定国家大政方针。随着汉族政治精英人数在清政府各部门所占比例逐渐增加，实力不断增强，满、汉政治领袖共同执掌国家重要权力的局面开始形成。

二、同文三馆创办的原因

（一）中国传统教育模式遇到了挑战

1. 清王朝的教育政策

清王朝是满族为主构成的封建政权。然而，同样是少数民族掌握政权，清王朝和元朝采用了不同的民族政策。入主中原以后，清王朝吸取了元朝灭亡的教训，对人口占绝对多数的汉族人民采用了区别对待、刚柔并济的方式。一方面，对于坚决反抗的社会群体进行坚决镇压。无论是在扬州、嘉定屠城等事件上，还是在文字狱、奴才制等政策制度上，清政府都展示了冷酷、残忍、野蛮的统治手段。另一方面，对于顺从的社会大众则使用怀柔政策。清政府采用了拉拢、腐蚀和欺骗等手段，诱惑原明朝百姓放弃抵抗，归顺清朝。

在政治上，清政府实行了分化战术，提供优厚待遇引诱社会精英。清王朝没有推行元朝区分民族、打压汉族的政策，而是倡导满汉一家、实行满汉共治的方针，目的是拉拢汉族精英，巩固清朝统治。清朝初期，顺治皇帝设立汉八旗，要求各地不惜代价搜寻明朝遗老遗少和文人学士，推荐他们到新政权做官。尽管王夫之、黄宗羲等社会名流拒绝与清政府同流合污，但还是有钱谦益等人响应了清王朝的号召，成为新政府的官员。

在教育上，清政府沿用明朝旧制，推行科举制，尊孔读经，提倡教化。众所周知，中国自汉代开始推行“罢黜百家，独尊儒术”的教育政策，至今已经有2000多年。在漫长的历史长河中，以孔子、孟子为代表的儒家思想在中国社会一直占据主导地位，对中华文明和民族文化产生了巨大的影响。儒家经典受到历代统治阶级的推崇，也成为科举考试中唯一的指定教材。自隋唐至清末的1300多年间，中国一直采用了科举制选拔人才。隋、唐、宋、元、明、清多个朝代沿用这个制度，充分证明它具有相对的公平性和有效性。科举制不但巩固了儒家地位，而且也促进了教育的普及和儒家经典的推广。正因为如此，在政权基本稳定以后，不仅恢复了科举取士制度，而且扩大了科举招收范围，号召各地举荐精英人才。这个方针吸引了很多汉族知识分子参加考试考取功名，参与清政府管理。当然，清王朝在拉拢汉族精英的同时，也制造了大量的“文字狱”。它通过文化专制高压政策迫害了许多不配合清政府的知识分子，其目的是禁锢人民思想，阻止人民反抗。

在教育政策方面，清王朝采取了以下措施：第一，尊崇孔子、孟子等儒家代表人物。顺治元年（1644），顺治皇帝将孔子第65代孙孔衍植封为世袭

“衍圣公”，第二年又封孔子为“大成至圣文宣先师”。康熙二十二年（1683），康熙亲自为孔庙大成殿书写了“万世师表”匾额。不仅如此，康熙、乾隆还多次到山东曲阜祭祀孔子。第二，要求全民学习“四书五经”等儒家经典。康熙在《日讲四书解义序》中称《论语》是圣人孔子的集大成之作，又说孟子为普及圣人之道作出了卓越贡献。第三，加强古籍整理，束缚文人头脑。从康熙二十四年（1685）到乾隆二十七年（1762），清政府组织大量专家学者编纂了《康熙字典》《古今图书集成》《大清会典》《四库全书》等流传至今且非常重要的图书资料，促进了中国古代文化的延续和传承。然而，清政府在保存和整理古代文献的同时，也销毁、焚烧、篡改了500多种、共14000多部不利于其政权统治的历史资料。第四，宣扬程朱理学，强调忠君爱国。清政府不仅封赏朱熹后人，而且重新编辑、印刷《朱子全书》，推行“三纲五常”，加强文化控制和思想奴化。尽管这些做法并非完全都是好意，但它的确起到了笼络汉族知识分子人心、提高教育覆盖面和影响力、促进社会阶层流动的作用。因此，一直到晚清时期，“修身、齐家、治国、平天下”的信念，也就是学习儒家经典、培养个人品德、建立和谐家庭、参加科举考试、获得朝廷功名、成为国家栋梁、参与国家治理的信念依然是很多人的奋斗过程和人生梦想。

2. 清王朝的教育管理制度与教学内容

在教育制度上，清朝沿用了明朝的旧制，由礼部负责全国的学校管理和科举考试。礼部尚书和左右侍郎是教育界最高领导。这个制度一直沿用到光绪三十一年（1905）才告结束。当时，清政府实行新政，废除科举制，全国教育机构统统从礼部划归学部管理。学务大臣成为教育界最高领导。

从学校制度来看，清王朝基本上也是采用了明朝的制度。“中央设立的有为一般性质的国子监及特殊性质的宗学、旗学、觉罗学、算学馆及俄罗斯学馆等；地方设立的有府学、州学、县学、社学，统称儒学。”“礼部直接管理的教育机构尚有会同四译馆。”“国子监亦有一定的行政机构性质，尚负责管理俄罗斯文馆、算学馆、八旗官学、琉球官学。”①

清朝时期，尽管思想上有颜元等人反对死读经书，倡导“经世致用”，反对专制制度；科学上有戴震等人潜心钻研，开展医学、数学等学术研究；文学上有曹雪芹的《红楼梦》、蒲松龄的《聊斋志异》、吴敬梓的《儒林外史》等文学名著，但这些探索都属于小众文化，社会影响力有限。主流社会真正推崇的行为还是读

---

① 李材栋等：《中国教育管理制度史》，江西教育出版社1996年版，第464、458页。

孔孟之书，参加科举考试，成为各级官吏和社会贤达，实现光宗耀祖的梦想。

从教学内容来看，龚自珍认为："古者八岁入小学，教之数与方名，与其洒扫进退之节。保氏掌国子之教，有书有数。六书九数，皆谓之小学。由是十五入大学，乃与之言正心诚意，以推极于家国天下。壮而为卿大夫、公侯，天下国家名实本末皆治。"[①] 然而，到了后世，随着科举制的发展，教育走上了歧路，偏离了教学规律。孩子们没有按照年龄大小和课程深浅分段学习小艺和大艺，而是跳过了小学阶段，从入学开始就直奔词章帖括的科举考试目标。这种做法导致孩子们偏离了教育本质。许多人虽然学了很多知识和理论，但他们既不了解自然科学常识，也不掌握传统文化精髓，更不能融会贯通。

龚自珍的这个论述对于清朝教育确实是一语中的。学习内容固定、考试形式僵化、限制进步思想是整个清王朝时期教育的主要特征。为了在科举考试中取得好成绩，学生就必须熟读清政府指定的各类教学资料。当时，各地学校教材主要是儒家经典"四书五经"等。"根据《大清会典》记载有：《御纂注解》《性理》《诗》《古文辞》及校订'十三经''二十二史''三通'等书。又据《皇朝文献通考》所载为：'四子书''五经'《性理大全》《资治通鉴纲目》《大学衍义》《历代名臣奏议》《文章正宗》等书。……至于其他书籍，绝对不许诵习。"[②]

从教育目的来看，清王朝的各级学校和科举制密切相关。学校主要是为了培养能够遵守儒家思想、恪守皇家教条的学生，科举考试也是为了选拔能够顺从政府意志、维护清王朝统治的奴才。

按照以往经验，读圣贤书、做皇家奴这个做法对于维护封建统治是极其有效的。然而，面对西方列强侵略这样的新形势，原有的教育制度似乎变得不堪一击。1840 年的第一次鸦片战争和 1856 年的第二次鸦片战争暴露了清王朝教育体制偏重思想灌输、轻视科技进步的弊端。奕䜣指出："溯自洋务之兴，迄今二、三十年矣。始由中外臣僚未得窾要，议和议战大率空言无补，以致酿成庚申之变。彼时兵临城下，烽焰烛天，京师危在旦夕，学士大夫非袖手旁观，即纷纷逃避。"[③] 奕䜣这番话表明：第一，当时的人才培养体系存

---

① 龚自珍：《陈硕甫所著书序》，载璩鑫圭、童富勇：《中国近代教育史资料汇编》（教育思想），上海教育出版社 1997 年版，第 7 页。

② 李材栋等：《中国教育管理制度史》，江西教育出版社 1996 年版，第 479 页。

③ 奕䜣：《同治六年三月初二日（1867 年 4 月 6 日）总理各国事务奕䜣等折》，载朱有瓛：《中国近代学制史料》第一辑上册，华东师范大学出版社 1983 年版，第 553～554 页。

在缺陷，士大夫只知道中国古代文化，热衷于理学、考据、八股、词章等，真正懂现代外交和军事的人才短缺。第二，很多官员读了许多圣贤书，自视颇高，但却在西方列强的军事侵略面前露出了自身的短视和愚蠢。第三，众多官员根本不知道外交事务的深浅和军事斗争的残酷，一旦遇到问题，他们要么不知轻重，胡说八道；要么不知所措，无计可施，经常犯战略性错误。

其实，曾经接触过西方列强的知识分子早已发现，文明的礼仪和圣人的训导并不能阻止侵略者的狼子野心。面对科技、军事领先，拥有坚船利炮的侵略者，中国人如果故步自封、不思进取只能落后挨打。在这种情况下，道光二十二年（1842），魏源出版了《海国图志》。这本书的特点是："何以异于昔人海图之书？曰：彼皆以中土人谭西洋，此则以西洋人谭西洋也。是书何以作？曰：为以夷攻夷而作，为以夷款夷而作，为师夷长技以制夷而作。"①

魏源提出的"师夷长技以制夷"的观点虽然在当时并没有得到清政府的认可，但两次鸦片战争之后，一部分率先清醒过来的政府官员和社会精英开始接受这个观点。奕䜣、李鸿章等开明官僚意识到了西方列强侵略问题的严重性。他们尝试把魏源的观点运用到实践当中，从而开展了洋务运动。

（二）国内形势发生了变化

众所周知，1840 年的第一次鸦片战争是中国历史的转折点。战争的结果促使中国和西方世界对彼此都有了全新的认识。

1. 中国人重新认识了西方

从清政府统治者的角度看，大清王朝居然在战争中败给一个历来瞧不起的小国，这实在是令人恼羞成怒、颜面扫地。"中国之可羞可耻者，未有大于西洋之流毒、西人之倡乱矣。"② 在遭遇到前所未有的耻辱时，清政府猛然发现自己面临新的威胁，开始意识到自己并非世界上唯一的强国，居然还有比自己更厉害的敌人，掌握着更先进的武器和航海工具。

从中国普通民众的角度看，西方列强不仅打败了清政府的虚假繁荣和强盛，而且暴露了清政府的虚弱本质。这就直接导致社会各界减弱了对清政府的恐惧，开始挑战清政府的权威。鸦片战争后的十年间，各地爆发的 100 多起农民起义就是非常明显的信号。1851 年以洪秀全为首的太平天国运动更是

① 魏源：《筹海篇三议战》（节录），载璩鑫圭、童富勇：《中国近代教育史资料汇编》（教育思想），上海教育出版社 1997 年版，第 9 页。

② 杨廷熙：《同治六年五月二十二日（1867.6.23）奏请撤销同文馆以弭天变折》，载陈学恂：《中国近代教育史资料教学参考资料》上册，人民教育出版社 1986 年版，第 196 页。

以实际行动印证了这一认识。

尽管太平天国运动最终失败，但清政府的统治受到了严重威胁，中国的人力、物力和财力受到了极大的消耗。尽管同治时期清朝开展洋务运动，鼓励学习西方科学技术，改善中国落后局面，实现了“同治中兴”，但清政府对中国社会政治、经济、文化甚至军事等方面的控制能力比清朝中期以前大大降低了。这也为40多年后清王朝的覆灭埋下了伏笔。

2. 西方人变得更加贪婪

从西方列强的角度看，以英国为首的西方列强也意识到中国并不是看起来那样文明发达、繁荣富强、坚不可摧。因为近代中国很少有人关注自然科学研究和其他国家变化，对西方外交礼仪、社会规则、自然科学知识知之甚少，所以西方列强想当然地认为中国人没有文化，缺乏文明。他们要从实力的地位出发，凭着坚船利炮的优势占领中国的领土，用他们的宗教改变中国人的传统信仰，用他们的手段剥削中国的廉价劳动力，垄断中国的经济，迫使中国成为他们的原料供应基地和商品销售市场。在他们的眼中，清政府昏聩平庸，官员奢靡贪婪，百姓无知胆怯。他们完全可以通过军事侵略、政治讹诈、宗教渗透和外交威胁，在政治、经济和宗教等方面得寸进尺，攫取更大的利益。

在殖民心理支配下，西方列强虽然通过第一次鸦片战争获得了许多特权，包括战争赔款、协定关税、五口通商、领事裁判权和片面最惠国待遇等，但他们并不满足于此，还想获得更多的好处。1854年，清政府与太平军在全国多地激烈交战，整个国家陷入混乱。此时，英国见清政府经济困难、军事软弱，无力管控外国势力，便趁火打劫致函清政府，要求修改《南京条约》的有关条款，遭到清政府拒绝。随后，美国和法国也以同样的理由要求修改条约规定，也被清政府拒绝。1856年，英、美、法又要求“修约”，再次被拒。在这种情况下，英、法等西方列强密谋使用武力手段干涉中国内政，逼迫清政府就范。“各夷以英国为强悍，俄国为叵测，而法美从而阴附之。”① 英国借口“亚罗号事件”，法国借口“马神甫事件”挑起争端，发动了又一次侵华战争。

1856年10月，英军开始进攻广州，挑起了第二次鸦片战争。1857年，英法联军占领广州。1858年，英法联军到达天津并扬言进攻北京，清政府派大学士桂良、吏部尚书花沙纳等钦差大臣前去天津议和，代表中国分别与英

① 奕䜣：《咸丰十年十二月初三日（1861.1.13）恭亲王奕䜣等奏》，载朱有瓛：《中国近代学制史料》第一辑上册，华东师范大学出版社1983年版，第5页。

国、法国、俄国、美国签订了《天津条约》。1858 年 11 月 8 日，为了补充《天津条约》，英国全权代表额尔金与清政府全权代表桂良和花沙纳在上海签订了《中英通商章程善后条约》，强迫中国海关聘用英国人帮办进出口税务，允许鸦片贸易合法化。从此，中国海关失去控制，害人的鸦片四处泛滥，严重损害了中国的主权和国家利益。

3. 火烧圆明园与后续处理

1859 年，英法公使率领各自的舰队抵达天津，准备到北京更换新的条约。然而，他们不按清政府规定的路线从天津北塘的陆路赴京，反而开动军舰从海路强闯清政府的军事重地大沽口，遭到大沽口清军炮击后退出。在通州谈判开始后，清政府拒绝了英法代表巴夏礼等人提出的众多无理要求，扣押了包括疑似间谍在内的 39 名人质，将他们关押在圆明园。1860 年 8 月，英法两国以清政府违反外交规定为借口进攻并占领了北京。咸丰皇帝携带家眷及文武百官狼狈逃往热河。1860 年 10 月 6 日至 18 日，在英国全权大臣额尔金的纵容和鼓励下，英法联军占领、抢劫、破坏了北京西郊的三山五园皇家园林（“三山”是指香山、万寿山和玉泉山，“五园”是指圆明园、静明园、清漪园、畅春园和静宜园）。为了掩盖盗窃和抢劫罪行，英法联军纵火焚烧了闻名世界的皇家园林圆明园。

在占领北京期间，英法联军横冲直撞，胡作非为，不仅犯下了滔天罪行，而且在外交谈判中蛮横无理，狂妄至极。奕䜣作为“钦差便宜行事全权大臣和硕恭亲王”奉咸丰皇帝命令留在北京与英法联军进行和谈。鉴于首都被占，军事斗争失败，缺乏讨价还价资本，“不得不俯徇舆论，保全大局”[①]，奕䜣最终被迫答应了英法侵略者提出的一切条件，分别与英国、法国、俄国签订了《北京条约》。除此之外，奕䜣还与英国全权代表额尔金交换了中英《天津条约》，与法国全权代表葛罗交换了中法《天津条约》。

负责与西方列强谈判的恭亲王奕䜣深感外交处境艰难。英法联军退兵后，奕䜣对整个谈判过程进行了反思和总结。他先后上书咸丰皇帝、同治皇帝，建议清政府进行改革，开展洋务运动，从长期战略角度出发制定专门的改革措施，以便应对未来西方列强的侵略。这些思考成为他接下来筹建总理各国事务衙门、创办京师同文馆、开展洋务运动的思想基础。

---

① 奕䜣：《同治六年三月初二日（1867.4.6）总理各国事务奕䜣等折》，载朱有瓛：《中国近代学制史料》第一辑上册，华东师范大学出版社 1983 年版，第 554 页。

（三）中国外交出现了新的问题

1. 中外双方信息不对等问题

与明朝相比，清朝对于海外世界的认识不仅没有增加，反而有了很大的退步。整个社会对西方充满了无知和偏见，“内中国而外夷狄”是社会大众的普遍共识。中国社会绝大多数人还是以藩属国的眼光看待西方列强，认为英国、法国等国家只不过是蕞尔小国，坐落于偏远的不毛之地。当地人红发绿眼，面目狰狞，胡言乱语，举止怪异，类似于中国神话中的妖魔鬼怪。丁韪良说：“同文馆初成立的时候，中国并无外交之可言。它只知道接见藩属的贡使；除了派人赐封或训导藩属以外，从来没有派人出使过外国的。”①

与此同时，朝廷和社会大众也非常鄙视为西方人服务的中国人，认为他们卑躬屈膝，厚颜无耻，丢了祖宗的脸面。

清政府各级官员不仅在思想认识上跟不上形势，而且对西方列强的情报搜集行动也颇为迟缓。第二次鸦片战争结束 10 年后，同治九年三月初三（1870 年 4 月 3 日），总办机器制造局冯焌光、郑藻如曾经指出：“昔林文忠采录香港新闻纸，颇知彼国情形，徐氏《瀛寰志略》，魏氏《海国图志》，亦多采取其说，则各国新报亦周知情伪之一助也。”② 事实上，冯焌光、郑藻如不仅看到了问题，而且还曾提出过以下建议：第一，查询外文报纸。在中国通商口岸，英国、法国和美国等每个月都有新报纸。不过，因为报纸是外文写的，中国人读起来可能很不方便。第二，统计海关货物和车船信息。虽然那些翻译成中文的消息不太可信，但进出海关的货物和占用港口数量，各国制造的各种机器以及车船信息却都是真实存在、有据可查的。通过及时了解各类信息并加以验证，清政府完全可以掌握真实情况。第三，组织人员编制信息简报。有心人可以把各个国家的真实信息搜集起来，删繁就简，分类编制，方便有关人员参考。第四，发现问题，早做准备。清政府高层官员应该像林则徐、徐继畬、魏源等人一样放眼世界，认真搜集敌方信息，研究敌方动向，早做战争准备或及时开始工业革命。这样，清政府或许能够减少很多损失，避免许多悲剧。

1840 年鸦片战争前，林则徐曾经得到一条非常重要的情报：居住在澳门

---

① 丁韪良：《同文馆记》，傅任敢译，载朱有瓛：《中国近代学制史料》第一辑上册，华东师范大学出版社 1983 年版，第 163 页。

② 冯焌光、郑藻如：《同治九年三月初三日（1870.4.3）总办机器制造局冯、郑上督抚宪禀》，载朱有瓛：《中国近代学制史料》第一辑上册，华东师范大学出版社 1983 年版，第 230 页。

的外国人发现了清政府的一个致命弱点，即中国政府居然不知道西洋的基本情况，更没有采取针对性措施做好对外战争准备，完全违背了《孙子兵法》中"知己知彼，百战百胜"的战争法则。他将这些从海外搜集到的珍贵情报汇聚在《夷情备采》中附奏给道光皇帝，但皇帝并没有给予应有的重视，从而错过了详查敌情、抓紧备战、了解西方、迎接挑战的大好时机。鸦片战争后，朝廷上下仍然没有清醒。他们对于英国的胜利不以为意，认为英国人与清军的交战纯属侥幸取胜。道光皇帝不仅没有认真反思傲慢轻敌、准备不足、忽视情报作用的责任，反而怪罪钦差大臣办事不力，引发祸端，将所有罪过都推到林则徐身上，将他革职查办，流放新疆。

与之相反，西方列强为了知己知彼，已经对中国开展了各类形式的研究和侦查活动，掌握了大量中国信息。然而，一直到第二次鸦片战争发生，清政府从上到下的各级官员都没有意识到问题的严重性，更没有主动去掌握西方语言和文化。冯桂芬指出："夫驭夷为今天下第一要政，乃以枢纽付之若辈，无怪彼己之不知，情伪之不识，议和议战，汔不得其要领。此国家之隐忧也。"①

在中外交涉中，西方列强仗着自己的坚船利炮往往信口开河，随意要价，胡搅蛮缠。与此同时，清政府负责外交事务的官员对西方知之甚少，更不懂外语，只能任人宰割，屡遭洋人及其翻译人员欺骗，受尽了欺侮和羞辱。恭亲王奕䜣指出："自各国换约以来，洋人往来中国，于各省一切情形日臻熟悉，而外国情形，中国未能周知，于办理交涉事件，终虞隔膜。"② 时任江苏巡抚李鸿章指出："互市二十年来，彼酋之习我语言文字者不少，其尤者能读我经史，于朝章宪典吏治民情言之历历，而我官员绅士中绝少通习外国语言文字之人。"③ 作为李鸿章的幕僚，冯桂芬在《采西学议》一文中指出："且也通市二十年来，彼酋之习我语言文字者甚多，其尤者能读我经史，于我朝章、吏治、舆地、民情，类能言之。而我都护以下之于彼国，则懵然无所知，相形之下，能无愧乎？"④ 他还在《上海设立同文馆议》一文中说："互市二十年

① 冯桂芬：《采西学议》，载璩鑫圭、童富勇：《中国近代教育史资料汇编》（教育思想），上海教育出版社 1997 年版，第 25 页。

② 奕䜣：《同治五年正月初六日（1866.2.20）总理各国事务奕䜣等折》，载朱有瓛：《中国近代学制史料》第一辑上册，华东师范大学出版社 1983 年版，第 43 页。

③ 李鸿章：《同治二年二月初十日（1863.3.28）江苏巡抚李鸿章奏》，载朱有瓛：《中国近代学制史料》第一辑上册，华东师范大学出版社 1983 年版，第 214 页。

④ 冯桂芬：《采西学议》，载璩鑫圭、童富勇：《中国近代教育史资料汇编》（教育思想），上海教育出版社 1997 年版，第 25 页。

来，彼酋类多能习我语言文字之人，其尤者能读我经史，于朝章国政吏治民情，言之历历；而我官员绅士中，绝无其人。”[①] 同治九年五月初六（1870 年 6 月 4 日），直隶总督曾国藩批示：“今中国事无大小，西人无不周知，而彼中情势，华人无能言其梗概者，何以觇国。”[②] 光绪二十一年十二月二十四日（1896 年 2 月 7 日），总理各国事务衙门奏：“臣等以为寻流溯源，必先自语言文字为始。从未有语言不通，文字不解，而能窥其底蕴者。”[③]

从上述观点可以看出，奕䜣和李鸿章等人还是比较了解中外双方现状的。他们认识到了外语的重要性，对西方列强也作出了比较准确的判断。这种认识是他们推行洋务运动的思想基础。

同治九年三月初三（1870 年 4 月 3 日），总办机器制造局冯焌光、郑藻如曾经对于西方列强的阴谋和中国的无知作过以下描述：“查耶稣教之流行中国也，往往借传教以为名，实则觇我虚实，为彼间谍，中外偶有举动，不逾月而播闻彼都。闻每月阁钞，在外国已有寄阅者。夫我国之实，尽输于人，彼国之情，何至懵然不觉。通商已经百余年，岂无人知其情伪者。”[④]

多年来，西方传教士和各类来华商人利用传教、经商、办学、行医等方式对中国进行了广泛的侦查，熟悉了中国各地的风土人情，掌握了中国语言和文化，随时可以充当翻译或成为间谍为本国政府效力。例如，第二次鸦片战争期间，英国传教士李泰国利用自己掌握的中国社会信息和汉语知识，接受了英国全权代表额尔金的邀请充当中英外交谈判翻译。他撕下了传教士的伪装，完全站在英国的立场上，摆出一副流氓无赖的架势，与英方谈判代表一起百般羞辱和大肆恫吓清政府谈判大臣，要求其无条件接受英国起草的条约，根本不允许更改一个字。这种咄咄逼人的霸权行为在外交场合产生了极坏的影响。

2.《天津条约》提出了外语要求

1858 年，为了获取侵略特权，英国、法国、俄国、美国强迫清政府分别签订了《天津条约》，再次严重破坏了中国主权和中国社会经济。这个条约不

① 冯桂芬：《上海设立同文馆议》，载璩鑫圭、童富勇：《中国近代教育史资料汇编》（教育思想），上海教育出版社 1997 年版，第 28 页。

② 曾国藩：《同治九年五月初六日（1870.6.4）直隶总督曾批》，载朱有瓛：《中国近代学制史料》第一辑上册，华东师范大学出版社 1983 年版，第 235 页。

③ 朱有瓛：《中国近代学制史料》第一辑上册，华东师范大学出版社 1983 年版，第 591～592 页。

④ 冯焌光、郑藻如：《同治九年三月初三日（1870.4.3）总办机器制造局冯、郑上督抚宪禀》，载朱有瓛：《中国近代学制史料》第一辑上册，华东师范大学出版社 1983 年版，第 230 页。

仅使英、法、美、俄扩大了政治影响，攫取了商业利益，扩张了侵略势力，增加了宗教传播，而且还为其推广西方文化、歪曲中国意图设下了陷阱。

中英《天津条约》第五十款规定："嗣后英国文书俱用英字书写，暂时仍以汉文配送，俟中国选派学生学习英文、英语熟习，即不用配送汉文。自今以后，遇有文词辩论之处，总以英文作为正义。此次定约，汉、英文书详细较对无讹，亦照此例。"[①]（All official communications, addressed by the Diplomatic and Consular Agents of Her Majesty the Queen to the Chinese authorities, shall, henceforth, be written in English. They will for the present be accompanied by a Chinese version, but it is understood that, in the event of there being any difference of meaning between the English and Chinese text, the English Government will hold the sense as expressed in the English text to be the correct sense. This provision is to apply to the Treaty now negotiated, the Chinese text of which has been carefully corrected by the English original.）

这意味着英国人为清政府设定了一个外交文书标准过渡期。三年过渡期以后，凡是中英之间产生的外交事务文件都必须用英文书写，由英国人用英文解释并判定是非曲直。同时，中国人丧失了用自己母语表达和解释的权利，凡事对错都必须服从英国人的标准。与此同时，中法《天津条约》也有类似的语言规定。丁韪良评论说："中英续约第五十款中，共有三项规定，其中虽无必要设立译员学校的明白规定，但就任何一项看来，译员学校的设置都是不可避免的。"[②] 考虑到外语在当时外交、商务的应用范围和签约后发生的实际作用，这个条款的险恶用心昭然若揭。

除此之外，"夷"字也是英国人特别讨厌的一个称呼。中英《天津条约》第五十一款规定："嗣后各式公文，无论京外，内叙大英国官民，自不得提书'夷'字。"[③]（It is agreed, that henceforward the character 'I' ['barbarian'] shall not be applied to the Government or subjects of Her Britannic Majesty, in any Chinese official document issued by the Chinese authorities, either in the capital or in the provinces.）有了这个规定，本来是中国人区分不同地域

① 王铁崖：《中外旧约章汇编》，三联书店 1957 年版，第 102 页。

② 丁韪良：《同文馆记》，傅任敢译，载朱有瓛：《中国近代学制史料》第一辑上册，华东师范大学出版社 1983 年版，第 159 页。

③ 王铁崖：《中外旧约章汇编》，三联书店 1957 年版，第 102 页。

人民的一个普通词“夷”字从此再也不能在有外国人出现的公开场合使用。在《天津条约》之前，中国总是以“天朝”自居，社会上下对外国人均以“夷”字相称，体现了对外国人的鄙视和不屑。在此之后，受到《天津条约》限制，“夷”字无法在官方文件和正式场合出现，涉及外国人只能用其他汉字代替。这导致“夷”字的应用逐渐减少。如果需要表达类似意思，只能用“洋”“西”“外”等字替代。

对于这一现象，方维规（2013）提出了一个观点。他以咸丰十年（1860）清政府确认《天津条约》作为一个分界点。这个时间点以前，中国人看不起外国人。这个时间点以后，中国人开始仰慕外国人。“从往昔之‘蛮夷’到近代之‘外国人’，这一语言用法的现代转型，足以见出深层的观念转变。‘夷’‘洋’‘西’‘外’之新旧递嬗，对那个时代具有典型意义。它不只是词语和概念的演变问题，更是彼时中国人变化了的精神状态和价值判断之体现。”[①]

不过，尽管在有外国人的场合，“夷”字不能够再公开使用，但在中国人内部，“夷”字的使用并未消失。例如，清政府从道光时期（1821～1851）开始就把处理与西方的外交事务称为“夷务”。咸丰时期（1851～1862）、同治时期（1862～1875）和光绪时期（1875～1908）编写的清朝外交档案就一直称为《筹办夷务始末》咸丰朝卷、同治朝卷和光绪朝卷。清政府这样做既是为了尊重历史，保证公文的延续性，同时也表现出不甘心被外来侵略者欺负的一种反抗态度。

3. 中国现有外交翻译人员短缺

清政府在外交场合屡屡受挫，除了涉事官员不了解西方情况以外，缺乏合格的翻译也是重要因素。这已经成为处理外交事务时一个棘手的问题。“互市二十年来，彼酋类多能习我语言文字之人，其尤者能读我经史，于朝章国政吏治国民，言之历历，而我官员绅士中，绝无其人。”[②] 因为清政府没有自己的外语人才，所以在与西方列强交涉时“不得不寄耳目于蠢愚谬妄之通事”[③]。

所谓“通事”，俗称“舌人”，其实就是外语翻译人员。鸦片战争后，英、

① 方维规：《“夷”“洋”“西”“外”及其相关概念——论19世纪汉语涉外词汇和概念的演变》，载《北京师范大学学报》（社会科学版）2013年第4期。

② 冯桂芬：《上海设立同文馆议》，载璩鑫圭、童富勇：《中国近代教育史资料汇编》（教育思想），上海教育出版社1997年版，第28页。

③ 冯桂芬：《采西学议》，载璩鑫圭、童富勇：《中国近代教育史资料汇编》（教育思想），上海教育出版社1997年版，第25页。

法等西方人在五口通商口岸聚集，需要当地人进行沟通，帮助解决衣食住行、经商传教等问题。这种需求自然促进了供给，吸引了许多中国人学习西方语言，为西方人服务。因为中国有身份和地位的社会贤达不屑于从事这项工作，所以帮助西方人在中外之间交涉的通事大多是社会下层百姓。虽然这些人在早期中外交往当中起到了一定的沟通作用，但他们的语言水平和综合素养普遍低下，不堪大用。

针对通事存在的问题，冯桂芬在《上海设立同文馆议》一文中专门作出了如下分析：

第一，通事数量虽多，但质量很差。他指出："上海通事，人数甚多，获利甚厚，遂于士农工商之外，别成一业。广州宁波人居多，其人不外两种：一为无业商贾……一为义学生徒。"[①] 他认为这些人都是卑鄙无耻之徒。其中一部分人是市井无赖、游手好闲之辈，在家乡被人瞧不起，又没有吃苦耐劳的勇气，只好跟随洋人四处游荡，狗仗人势，捞取好处。另一部分人则是英法两国以"办学"为名招收的流浪儿童。他们品德低下，吃洋人提供的食物，学洋人的语言，皈依洋人的天主教，与洋人狼狈为奸，沾染了各种不良习气，比无业游民和无耻商贾还要恶劣。

第二，通事心术不正，不能加以重用。他们"声色货利之外，不知其他，惟借洋人势力，狐假虎威，欺压平民，蔑视官长，以求其所欲……无非通事勾结洋兵，为分肥之计。欺我聋暗，逞其簧鼓，颠倒簸弄，为所欲为"[②]。也就是说，这些人除了搜刮金钱、坑蒙拐骗之外，没有任何做人的底线。为了满足贪婪欲望，他们依仗洋人势力欺压百姓，目无尊长。如果遇到清政府请他们协助参与谈判，他们往往勾结洋人，利用清政府官员不懂外语的弱点，巧舌如簧，颠倒黑白，欺上瞒下，做尽坏事，以便浑水摸鱼，从中牟利。

第三，通事智商低下，专业能力不足。冯桂芬认为："其人质性中下，识见浅陋，叩其所能，仅通洋语者十之八九，兼识洋字者十之一二。所识洋字，亦不过货名银数，与俚浅文理，不特于彼中致治张弛之故，瞢焉无知，即间有小事交涉，一言一字，轻重缓亟，辗转传述，往往影响附会，失其本指，

① 冯桂芬：《上海设立同文馆议》，载璩鑫圭、童富勇：《中国近代教育史资料汇编》（教育思想），上海教育出版社1997年版，第28～30页。

② 冯桂芬：《上海设立同文馆议》，载璩鑫圭、童富勇：《中国近代教育史资料汇编》（教育思想），上海教育出版社1997年版，第28～30页。

几何不以小嫌酿大衅。”① 也就是说，从专业水平来看，大部分通事只会用外语口头交流，极少数人能够阅读洋文，而且也仅限于商品名称、金钱数额和基本语法。他们对于语言中的细微词义根本不甚明了，无法区分。即使是遇到小的外交纠纷，他们也无法把握外交活动的节奏，更无法准确表达谈判者的本来意图，遇到不懂的问题只能穿凿附会，常常造成中外双方误解，很容易把普通小事酿成外交大事。《清史稿·选举志》指出：“自五口通商，英法联军入京后，朝廷鉴于外交挫衄，非兴学不足以图强。先是交涉重任，率假手无识牟利之通事，往往以小嫌酿大衅，至是始悟通事之不可恃。”②

由此可见，通事的危害在外交谈判中的确不容小觑。事实上，不光在19世纪60年代初同文馆创办以前存在这种情况，即使是同文馆创办若干年之后，通事的弊端仍然非常严重。同治十年十月二十一日（1871年12月3日），文渊阁大学士两广总督瑞麟等折：“各衙门每与洋人接晤，而总督事更纷繁，时有会商事宜。该洋人各带有通事人等，代传言语，往往颠倒错谬，或挟私自为增减其辞，以致彼此意见不洽，枝节横生，不可不虑及之。”③ 光绪五年七月二十二日（1879年9月8日），广州将军长善等奏：“缘通事皆汉民习商者为之，不过通晓言语，而不谙大体者居多，最易别生枝节。”④

根据以上分析，冯桂芬认为通事这些人根本不具备担任外交翻译的资格。清政府绝对不能依靠现有的通事开展外交活动。如果要在外交场合中获得主动，必须自己培养外语人才。“与其使市井无赖独能之，不若使读书明理之人共能之。”“募近郡年十五岁以下之颖悟诚实文童，聘西人如法教习……遇中外交涉事件，有此一种读书明理之人，可以咨访，可以介绍，即从前通事无所施其伎俩，而洋务之大害去矣。”⑤

不只是冯桂芬作出如此判断，奕䜣和李鸿章等人也持有类似观点。他们都认为清政府要想不被外人欺骗，就必须建立专门的外交翻译队伍，从而解

---

① 冯桂芬：《上海设立同文馆议》，载璩鑫圭、童富勇：《中国近代教育史资料汇编》（教育思想），上海教育出版社1997年版，第28～30页。

② 赵尔巽：《清史稿》卷一百七，志八十二，中华书局1977年版，第3121页。

③ 瑞麟：《同治十年十月二十一日（1871.12.3）文渊阁大学士两广总督瑞麟等折》，载朱有瓛：《中国近代学制史料》第一辑上册，华东师范大学出版社1983年版，第269页。

④ 长善：《光绪五年七月二十二日（1879.9.8）广州将军长善等奏》，载朱有瓛：《中国近代学制史料》第一辑上册，华东师范大学出版社1983年版，第273～274页。

⑤ 冯桂芬：《上海设立同文馆议》，载璩鑫圭、童富勇：《中国近代教育史资料汇编》（教育思想），上海教育出版社1997年版，第29页。

决外交中语言沟通的问题。奕䜣指出："查与外国交涉事件，必先识其性情。今语言不通，文字难辨，一切隔膜，安望其能妥协！"[①]"欲悉各国情形，必先谙其言语文字，方不受人欺蒙。"[②] 李鸿章也说："中国与洋人交接，必先通其志，达其意，周知其虚实诚伪，而后有称物平施之效。"[③]

作为同时代见证人，丁韪良曾长期担任京师同文馆总教习，对于该馆办学宗旨和办学动机有比较明确的认识。"大学最初设立的宗旨，是在训练青年，以为国家服务，尤其着重在国际交涉方面，最初的动机，（假如讲到它的设立史实）是出于中英条约，约中规定英方致送中国的文书，在三年以内暂用中文译本配送，以便中国及时养成翻译人才。"[④] 正是在这种思想观念引导下，奕䜣和李鸿章等人申请在北京、上海、广州创办同文馆，培养自己信得过的外交翻译人才。

第二节　同文三馆沿革

一、创办条件

（一）外交困局逼迫清政府改革

1. 有识之士建议成立外语学校

从1851年太平天国运动兴起，经过与太平军多次战斗，清政府国力受到极大消耗。与此同时，英法联军趁火打劫发动了第二次鸦片战争。清政府战败后割地赔款，人、财、物各方面都陷入了困境。西方列强的侵略已经成为清政府的心头大患。

由于缺乏合格的外语人才，1840年鸦片战争之后的十几年间，清政府在处理外交事务上非常被动，屡屡上当受骗，遭受了许多损失。民众思想认识

---

① 奕䜣：《咸丰十年十二月初三日（1861.1.13）恭亲王奕䜣等奏》，载朱有瓛：《中国近代学制史料》第一辑上册，华东师范大学出版社1983年版，第5页。

② 奕䜣：《同治元年七月二十五日（1862.8.20）总理各国事务奕䜣等折》（附章程），载陈学恂：《中国近代教育史资料教学参考资料》上册，人民教育出版社1986年版，第26页。

③ 李鸿章：《同治二年二月初十日（1863.3.28）江苏巡抚李鸿章奏》，载朱有瓛：《中国近代学制史料》第一辑上册，华东师范大学出版社1983年版，第214页。

④ 丁韪良：《同文馆记》，载朱有瓛：《中国近代学制史料》第一辑上册，华东师范大学出版社1983年版，第169页。

提高，一些政府官员和社会精英意识到了这个问题并提出了相应的建议。

最早倡导学习西学的人是魏源。道光二十二年（1842），魏源在《海国图志》一书中提出：“欲制外夷者，必先悉夷情始。欲悉夷情者，必先立译馆，翻夷书始。”① 应该说，这是个非常超前且具有战略眼光的建议。可惜的是，当时清政府并未有人认真看待这个建议，贻误了追赶英法等工业国的最佳时机。从同治七年（1868）清政府重刻《海国图志》并积极办学、大量翻译西方书籍来看，鸦片战争二十年后清政府创立京师同文馆学习西学，翻译西方书籍等洋务举措基本上就是魏源这个建议的具体实施。因此，同文三馆的创办应该与魏源观点的启发有很大的关系。

最早关注海外国情并汇集成册的人是徐继畬。在担任福建巡抚期间，徐继畬（1795～1873）在处理厦门、福州口岸通商的时候，广泛接触了包括外国人在内的各界人士。1848年，他把外国传教士等人亲口所述和阅读海外书籍中了解的世界各国信息汇总成一部《瀛寰志略》，详细介绍了许多国家的政治、历史、地理等情况。图书出版后，在中国反响平平。因为此书颠覆了清朝主流社会对西方社会的固有认知，所以徐继畬受到严厉问责，被罢官回乡。与之相反的是，1859年，日本人得到《瀛寰志略》后如获至宝，马上翻译刊印，极大地促进了日本各界对世界的认知。1866年，洋务运动开始后，《瀛寰志略》才重新受到重视，但已经比日本晚了整整七年。即使如此，由于清政府的限制，《瀛寰志略》的影响也仅限于某些官僚和社会精英阶层。普通民众依然无法受到启蒙，只能浑浑噩噩地生活。从这一点就可以看出，清政府的愚民政策和日本的开放态度形成了鲜明的对比。这也可以看作三十多年后中日甲午战争胜败的风向标。

最早提议设立外语学校，培养外语人才的高级官员是郭嵩焘。他曾经参加过1840年的第一次鸦片战争，亲眼见识了英国人的坚船利炮的威力。19世纪50年代，在镇压太平军期间，他在上海亲身接触了西方人士和西方科技，更了解了西方科技的先进之处。1859年，当西方列强逼迫清政府签订《天津条约》的时候，作为翰林院编修的郭嵩焘敏锐地意识到了问题的严重性。他非常关注外交事务，认为外语在对外交涉时具有重要作用，于是建议培养外语人才。他的想法与建议得到了曾国藩、李鸿章等人的赞同。“设立外语学校

① 魏源：《筹海篇三议战》（节录），载璩鑫圭、童富勇：《中国近代教育史资料汇编》（教育思想），上海教育出版社1997年版，第10页。

的主张，早由郭嵩焘（此人被顽固派目为汉奸）在咸丰九年（1859）提出，但是没有下文，三年后才由恭亲王奕䜣付诸实现，正式成立京师同文馆。”①

最早主张在广东、上海设立翻译学校，教授外语、经史和算学的人是冯桂芬。作为林则徐的弟子，冯桂芬很早就意识到中西方存在的差距，明确提出了外语学习的重要性和必要性。在洋务运动开始之前，作为李鸿章的幕僚，他就明确提出了建立翻译学校，培养外语人才的主张。1861 年，冯桂芬在《采西学议》中说：“今欲采西学，宜于广东、上海设一翻译公所，选近郡十五岁以下颖悟文童，倍具廪饩，住院肄业，聘西人课以诸国语言文字，又聘内地名师课以经史等学，兼习算学。”② 后来，冯桂芬积极帮助李鸿章成立了上海同文馆，实现了其培养外语人才的梦想。

2. 奕䜣提出筹办洋务六条

第二次鸦片战争期间，中外军事力量的对比让清政府的部分高层认识到了问题的严重性。在天津八里桥外，僧格林沁的骑兵部队使用传统的刀剑和弓箭等冷兵器对抗英法联军的大炮和机关枪等热兵器。这是近代以来东西方军队第一次在中国大规模的厮杀。尽管中国士兵勇气可嘉，但武器的不对等导致 14 万手持弓箭马刀的八旗军队被 2 万操弄枪炮的英法联军打得丢盔弃甲。清政府寄予厚望的蒙古精锐骑兵损失殆尽。随后，咸丰皇帝带领皇亲国戚逃往热河。战场失利造成外交谈判极其被动。清政府派出的谈判代表恭亲王奕䜣等人根本没有讨价还价的余地，只能签署了《北京条约》，更换了《天津条约》，答应了英法等西方列强提出的全部条件。

战争结束之后，咸丰皇帝和清政府高层急于消除丧国之辱和切肤之痛。作为负责处理第二次鸦片战争善后事务的官员，奕䜣对战败后的外交困局深有体会，也有清醒的认识。他认为清政府以前对付外国侵略者主要采取了剿灭和安抚两种方法。在第二次鸦片战争期间，清政府依然采用了相同的方法。在英法联军进攻大沽口之前，清政府使用剿灭和安抚两种方法都可以，最终强硬派占了上风，使用了正面对抗的方法。然而，工业革命的枪炮最终战胜了农业社会的刀剑。等到英法联军攻陷大沽口以后，特别是他们进占北京以后，清政府已经没有了讨价还价的砝码，无论是剿灭还是安抚都难以发挥作

---

① 周振鹤：《书同文与广方言》，载《读书》1992 年第 10 期。

② 冯桂芬：《采西学议》，载璩鑫圭、童富勇：《中国近代教育史资料汇编》（教育思想），上海教育出版社 1997 年版，第 24 页。

用，只能答应外国侵略者提出的全部条件。

条约签订以后，清朝政府与各国之间的外交事务日益增多，处理难度不断加大。为了解除当时的紧急状况，奕䜣等建议清政府采取新的改革措施。咸丰十年十二月初三（1861 年 1 月 13 日），奕䜣、桂良和文祥上奏咸丰皇帝，推出了《统筹洋务全局酌拟章程六条》①，主要包括六条建议：

第一，“京师请设立总理各国事务衙门以专责成也。”在清朝以往的各个时期，清政府对外交往较少，没有设立专门机构与西方列强打交道。第二次鸦片战争之后，鉴于朝廷与外国交涉事务急剧增加，奕䜣等提议成立一个新的政府部门——总理各国事务衙门，专门处理清朝政府与各国之间的外交事务。

第二，“南北口岸请分设大臣以期易顾也。”这个理由和第一个建议一脉相承。第一次鸦片战争之后，清政府开放了广州、上海等五个口岸允许外国人经商、办厂、传教等。但是，由于中国幅员辽阔，管理难度较大，各地政策不同，仅靠地方官员单独管理、各自为战，很难形成合力，而且容易引起外交纠纷。因此，中央与地方部门必须衔接。在这种情况下，他建议设立南北对外开放口岸大臣职位，专门管理与各国之间的外事工作。

第三，“添设各口关税，请分饬各省就近拣派公正廉明之地方官管理，以期裕课也。”中国对西方开放市场，必然要向西方征收关税。这是国家增收的重要渠道。因此，加强开放口岸管理，设立官员负责征收关税顺理成章。奕䜣建议在各个通商口岸设立关税征收机构，由各省就近选拔公正廉明的地方官员负责管理该机构，从而保证税款足额征收。后来，他还推荐赫德担任中国海关总税务司负责人，专门征收进出口贸易税。这也为清政府提供了稳定而巨大的税收来源。

第四，“各省办理外国事件，请饬该将军督抚互相知照，以免歧误也。”这条建议也是消除中外纠纷的重要方法。由于中国面积广大，各省情况千差万别，政府部门之间缺乏沟通，很可能出现各地、各部门互不通气的局面。然而，外事无小事。一旦中外之间发生纠纷，有关部门处理不及时或政策不一致，很容易导致信息传递和工作贻误。奕䜣知道以往涉及的外国事件中，外国人经常通过中国内奸利用信息不对等和国家政策的漏洞采取各个击破的方法，攫取不正当利益。因此，奕䜣建议各省将军督抚必须了解不同地方、

---

① 奕䜣：《咸丰十年十二月初三日（1861.1.13）恭亲王奕䜣等奏》，载朱有瓛：《中国近代学制史料》第一辑上册，华东师范大学出版社 1983 年版，第 4～5 页。

不同部门的外事工作进展，避免出现差错。

第五，“认识外国文字，通解外国言语之人，请饬广东、上海各派二人来京差委，以备询问也。”提出这条建议时，奕䜣并没有准备成立学校聘请外国人担任外语老师教授学生。他只是要求由各地派外语人才到北京以便遇到外事交涉的问题时可以有人出面沟通。鉴于开放通商口岸地区对外交往时间较长，外国人聚集较多，该建议要求由处理外事工作比较有经验的广东、上海两地政府部门安排认识外国文字、懂外国话的人到京城听候差遣，以便涉及外事工作时随时进行咨询。

第六，“各通商口岸各海口内外商情并各国新闻纸，请饬按月咨报总理处，以凭核办也。”该建议要求各地政府按月向总理各国事务衙门上报各通商口岸、各海口内外商情，以及各国报纸，以便随时了解各地的外国机构动向，从而作出相应决策。

表 2-1　　统筹洋务全局酌拟章程六条

事　项	内　容
制定者	奕䜣（恭亲王）
时间	咸丰十年十二月初三日（1861.1.13）
章程名称	统筹洋务全局酌拟章程六条
主要内容	1. 京师请设立总理各国事务衙门以专责成也。…… 2. 南北口岸请分设大臣以期易顾也。…… 3. 添设各口关税，请分饬各省就近拣派公正廉明之地方官管理，以期裕课也。…… 4. 各省办理外国事件，请饬该将军督抚互相知照，以免歧误也。…… 5. 认识外国文字，通解外国言语之人，请饬广东、上海各派二人来京差委，以备询问也。查与外国交涉事件，必先识其性情。今语言不通，文字难辨，一切隔膜，安望其能妥协！从前俄罗斯馆文字，曾例定设立文馆学习，具有深意；今日久视为具文，未能通晓，似宜量为鼓舞，以资观感。闻广东、上海商人，有专习英、法、美三国文字语言之人，请饬各省督抚挑选诚实可靠者，每省各派二人，共派四人，携带各国书籍来京，并于八旗中挑选天资聪慧，年在十三四以下者各四五人，俾资学习。其派来之人，仿照俄罗斯馆教习之例，厚其薪水，两年后分别勤惰，其有成效者，给以奖叙。俟八旗学习之人，于文字言语悉能通晓，即行停止。俄罗斯馆语言文字，仍请饬令该馆，妥议章程，认真督课。所有学习各国文字之人，如能纯熟，即奏请给以优奖，庶不致日久废弛。 6. 各通商口岸各海口内外商情并各国新闻纸，请饬按月咨报总理处，以凭核办也。……

资料来源： 奕䜣：《咸丰十年十二月初三日（1861.1.13）恭亲王奕䜣等奏》，载朱有瓛：《中国近代学制史料》第一辑上册，华东师范大学出版社 1983 年版，第 4～5 页。

继咸丰十年十二月初一（1861年1月11日）提出《统筹洋务全局酌拟章程六条》后不久，十二月十四（1861年1月24日），奕䜣等人又提出了《奏请八旗禁军训练枪炮片》，明确提出了自强的政策。“把‘自强’作为国策而见诸近代文献的大概以此为最早。”[①] 上述两个文件共同构成了洋务派的富国强兵纲领性文件。“第一，这套纲领的基本点是建立在崭新的外交思想上的，是中国历史上第一次放弃传统的华夷观，决定平等地处理中外关系，自觉地把国内问题与国际问题作通盘规划，统筹兼顾。第二，实施这套纲领的主要手段是推行近代化，这是中国历史上第一次放弃圣经贤传而向西方寻求富国强兵之术。”[②]

3. 总理各国事务衙门的作用

道光二十年（1840）以前，清朝并没有外交概念，只有朝贡意识。据丁韪良观察，“同文馆初成立的时候，中国并无外交之可言。它祇知道接见藩属的贡使；除了派人赐封或训导藩属以外，从来没有派人出使过外国的。”[③] 清政府是以居高临下的姿态，以接待外国朝贡的方式来处理外交事务的。乾隆与马戛尔尼的冲突就源于这个观念的不同。当时，理藩院负责接待俄罗斯外交使节，礼部负责接待其他国家外交使节。1840年后，清政府按照《中英南京条约》等条约要求开放了广州、厦门、福州、宁波、上海五个口岸，特命两广总督为钦差大臣，统一处理英美法等国在这五个通商口岸城市的各类外交事务。咸丰十年（1860），西方列强开始按照《北京条约》规定在华开设大使馆。各国外交使节常驻北京。从历史沿革来说，这种做法打破了清朝的规矩，迫使皇帝直接面对外交难题。

为了解决这个问题，奕䜣等人提议设立专门的外事机构处理各国在华外交事务。在奕䜣提出的外交六条建议当中，第一条就是在北京设立总理各国事务衙门。“总理各国事务衙门，初称总理各国通商事务衙门，简称总理衙门、总署或译署，为清政府办理洋务及外交事务、派出驻外国使节，并兼管通商、海防、关税、路矿、邮电、军工、同文馆、派遣留学生等事务而特设的中央机构。”[④] 经过咸丰皇帝批准，总理各国事务衙门于咸丰十一年正月二

---

① 董守义：《奕䜣是第一次近代化运动的倡导者》，载《社会科学战线》1990年第4期。

② 董守义：《奕䜣是第一次近代化运动的倡导者》，载《社会科学战线》1990年第4期。

③ 丁韪良：《同文馆记》，傅任敢译，载朱有瓛：《中国近代学制史料》第一辑上册，华东师范大学出版社1983年版，第163页。

④ 百度百科：“总理各国事务衙门”词条，https://baike.baidu.com/item［引用日期2021-7-14］。

十（1861 年 3 月 1 日）在北京成立了。这是清政府处理外交事务的转折点，主要体现在以下几个方面：

第一，打破了传统管理体制。按照清政府规定，在鸦片战争以前，理藩院和礼部负责外交。与西方列强冲突后，五口通商大臣负责管理西方列强的口岸外事工作。总理各国事务衙门成立以后，抛开了以上这些传统的管辖机构，直接划定了自身权力，将总税务司署纳入其下属部门，在天津设立了北洋通商大臣，在上海设立了南洋通商大臣，将全国上下所有的外交和对外通商事务都集中在自己手中。这实际上是在传统机构以外重新设立了新的管理体系，相当于否定了原有的官僚制度。这是一个划时代的变革。它标志着中国有了相对独立的近代外交机构。

第二，纳入了国际外交体系。总理各国事务衙门成立以后，逐渐按照国际惯例处理各类外交事务，形成了比较规范化的操作流程，摆脱了以往不懂国际外交规则的被动局面。例如，既然各国在华设立大使馆，派驻外交人员，那么，中国就应该对等派出驻外大使馆和驻外使节。在总理各国事务衙门的努力下，从光绪二年（1876）清政府在英国设立使馆、派遣公使开始，中国陆续在英、法、美、俄等多个国家设立了使馆，派驻了外交人员。这些外交工作在促进中国开放、开展国际合作、引进外国科学技术、保护海外华工权益、帮助海外留学生和华人华侨等方面发挥了积极作用。

第三，构筑了近代国家外交机构雏形。总理各国事务衙门成立以后，根据工作需要设定不同的司、股等部门，专门负责某一个或某几个国家，定向开展某种事务。抓住主线，兼顾其他。在所有国家中，英、法、美、俄是工作重点。各个部门面向不同国家开展工作。例如，英国重商务，经济最在乎；美国心最偏，利益要均沾；法国重传教，宗教到处闹；俄国抢领土，疆域受围堵。根据这些特点，各部门进行专业分工，有针对性地解决问题，提高了工作效率。这些部门分工和外交做法构成了近代外交的基本特点，在总理各国事务衙门 1901 年更名为外交部以后得到继续沿用。尤其值得一提的是海关的设立。“海关名义上是总理衙门下属的一个行政机构，但海关内部的一切事务由总税务司主政，地方督抚甚至总理衙门不得干预，从而基本上割断了海关与封建官僚体制的联系。”“这样就使关税不至被侵蚀，保证清朝政府有一笔较为可靠的财政收入。”①

① 章鸣九：《海关总税务司赫德与洋务运动》，载《上海社会科学院学术季刊》1989 年第 3 期。

第四，培养了外交翻译人才。总理各国事务衙门成立以后，奕䜣等人首先做的工作之一就是成立京师同文馆。他们安排八旗招收学生，要求广州、上海等开放口岸往北京派遣外语师资，准备培养自己的外交翻译人员，以便在处理外交事务时发挥作用。由于广州、上海没有合适的人选，奕䜣等人只得从外国人中寻找外语教师，从而开创了外国人用本族语教授中国人外语的教学模式。与此同时，作为总理各国事务衙门的下属机构，京师同文馆也的确在培养翻译人才、引进西方科技文化、翻译西方现代经典著作等方面作出了贡献。

另外，总理各国事务衙门在政治、经济、军事、科技等方面也做了很多工作，既维护了清政府的统治，也平衡了西方列强的利益。比起清政府其他部门，西方列强更愿意与总理各国事务衙门打交道，因为它更容易沟通和妥协，更有利于帮助西方人满足利益诉求。因此，尽管它在编制上是临时部门，但它却一直受到西方列强和主张西化的洋务派的支持，成为清政府另一个事实上的核心机构，在外交等方面起到了重要的决策作用。

除了设立总理各国事务衙门应对外交事务，洋务派还提出了办学校、建工厂、开矿山、造枪炮等一系列富国强兵的战略方针。“自强方略能被采纳，且成为普遍的行动纲领，标志着清王朝终于从‘天朝上国’的迷梦中走了出来，在中国近代史上具有重大意义。”[1]

二、办学准备

（一）同文三馆的办学理由

咸丰十年十二月初三（1861 年 1 月 13 日），恭亲王奕䜣等上奏咸丰皇帝提出了六条建议。其中，奕䜣特别强调了外语沟通的重要性。他指出：“查与外国交涉事件，必先识其性情。今语言不通，文字难辨，一切隔膜，安望其能妥协!”[2] 1840 年鸦片战争后，英国、法国等外国人在广州、厦门、宁波、上海、福州五个通商口岸大肆扩张，开工厂、做贸易、传教收徒，置办田产，引发诸多矛盾。在清朝政府处理与各国之间的冲突时，由于朝廷大臣往往对外国情况一无所知，听不懂外语口语，读不懂外国文字，无法与外国人沟通，从而

① 王艳玲：《奕䜣与清政府对外开放的蹒跚步履》，载《长沙电力学院学报》（社会科学版）2002 年第 3 期。

② 奕䜣：《咸丰十年十二月初三日（1861.1.13）恭亲王奕䜣等奏》，载朱有瓛：《中国近代学制史料》第一辑上册，华东师范大学出版社 1983 年版，第 5 页。

导致很难处理好外交事务。《孙子兵法》说："知己知彼，百战不殆。"奕䜣认为，朝廷除了设立专门处理外交事务的国家机构以外，还必须有从事外事翻译的人才，只有这样，才能做好清朝政府与各国之间的沟通工作。

本来，奕䜣只是想临时解决外交沟通问题，但因为外交事务急迫而外语人才匮乏，而上海和广州回复说没有外语师资人选，所以奕䜣才不得不提出设立外语学校，找外国人担任外文教习的建议。因此，同文三馆的创办和长期存在具有一定的偶然性。

在上奏咸丰皇帝的六条建议中，奕䜣指出："从前俄罗斯馆文字，曾例定设立文馆学习，具有深意。今日久视为具文，未能通晓，似宜量为鼓舞，以资观感。"① 奕䜣所说的俄罗斯文馆是清王朝为了与俄罗斯加强联系而建立的。1708年，中俄签订了《尼布楚条约》。为了解决中俄之间的外交沟通问题，康熙帝命令开设俄罗斯文馆，招收八旗子弟学习俄语。李材栋（1996）认为："雍正六年（1728），俄罗斯派遣其陪臣子弟鲁喀、佛多德……到京，恳请肄业。清廷即在北京国子监下设立'俄罗斯学馆'。乾隆六年（1741）又在理藩院下设立俄罗斯学堂。聘请驻京俄人教授汉、满贵族子弟学习俄文。国子监又于满、汉助教内简选1人，专管教事。"② 毕乃德提出："据说俄罗斯文馆是在内阁的支持下成立于1757年，以训练俄罗斯语口译和笔译人员。学生以二十四人为限，专从八旗选拔。每五年考试一次，成绩优异者授予官衔，或派往理藩院，或派赴需要俄文知识的边疆任职。"③

在京师同文馆创办以前，俄罗斯文馆已经有名无实。同治元年七月二十五（1862年8月20日），大学士贾桢等奏："总理各国事务衙门专司各国事务，所有俄罗斯馆章程请归并该衙门一体妥议办理，以昭划一……内额设学生二十四名……实到学生十三名，面加考试，该学生等并不熟习俄文……既学无成效，自未便虚糜廪饩，相应请旨裁撤……嗣后俄国文字，即归并英、法、美三学，由总理各国事务衙门随时酌核办理。"④

---

① 奕䜣：《咸丰十年十二月初三日（1861.1.13）恭亲王奕䜣等奏》，载朱有瓛：《中国近代学制史料》第一辑上册，华东师范大学出版社1983年版，第5页。

② 李材栋等：《中国教育管理制度史》，江西教育出版社1996年版，第474页。

③ ［美］毕乃德：《记俄罗斯文馆》，彭宪译自K. Biggerstaff：*The Earliest Modern Government Schools in China*（英文原版）第96～97页，载朱有瓛：《中国近代学制史料》第一辑上册，华东师范大学出版社1983年版，第4页。

④ 贾桢：《同治元年七月二十五日（1862.8.20）大学士贾桢等奏》，载朱有瓛：《中国近代学制史料》第一辑上册，华东师范大学出版社1983年版，第3页。

鉴于开办京师同文馆这样的创新举动很容易招致保守派反对，奕䜣很巧妙地利用原有资源解决了现在的问题。“有了俄罗斯文馆的先例，这对于新设语文学堂的创办人无疑是有好处的。”① 事实上，为了创办这所学校，奕䜣利用原有祖制来证明其合法性。对此，丁韪良曾做过分析。“他的资产只是一些章程先例而已。章程则常被抄引，先例则常被援用，借以避免攻击，以见同文馆之创设并非自我作古而已。”② 既然先祖皇帝前面有先例，那么，当今朝廷自然可以仿照俄罗斯馆文馆设立新的外语学校。这样，京师同文馆的创立就在皇室贵族层面减少了很多阻力。

奕䜣上奏咸丰皇帝：“闻广东、上海商人，有专习英、法、美三国文字语言之人，请饬各省督抚挑选诚实可靠者，每省各派二人，共派四人，携带各国书籍来京，并于八旗中挑选天资聪慧，年在十三四以下者各四五人，俾资学习。”“所有学习各国文字之人，如能纯熟，即奏请给以优奖，庶不致日久废弛。”③ 奕䜣的上述表述说明了以下情况：第一，北京本地没有合格的外语人才，只能求助外地。第二，要求广东、上海的总督、巡抚寻找懂外语的人携带外文书籍到京城担任老师。第三，选择十三四岁以下聪明的八旗子弟跟随老师学习外语。第四，如果这些人能够学好外语可以给予奖励让其继续学习，防止时间长了荒废学业。上述这四点是一个前后顺序依次相接的过程。由于奕䜣的建议有理有据，咸丰皇帝最终同意了该奏折，奕䜣得以“奉旨允准在案”。

咸丰十一年八月（1861 年 9 月），咸丰皇帝在热河病逝，同治皇帝登基。考虑到国家江山社稷的安全，同治皇帝继续支持奕䜣的建议，从而保证了原有政策的最终落实。不过，“各该旗陆续将学生送齐，而所请派委教习，广东则称无人可派，上海虽有其人，而艺不甚精，价则过巨，未便饬令前来，是以日久未能举办”④。这就是说，奕䜣的初衷是从外商云集的广东、上海两地

---

① ［美］毕乃德：《记俄罗斯文馆》，彭宪译自 K. Biggerstaff, *The Earliest Modern Government Schools in China*（英文原版）第 96～97 页，载朱有瓛：《中国近代学制史料》第一辑上册，华东师范大学出版社 1983 年版，第 4 页。

② 丁韪良：《同文馆记》，傅任敢译，载朱有瓛：《中国近代学制史料》第一辑上册，华东师范大学出版社 1983 年版，第 160 页。

③ 奕䜣：《咸丰十年十二月初三日（1861.1.13）恭亲王奕䜣等奏》，载朱有瓛：《中国近代学制史料》第一辑上册，华东师范大学出版社 1983 年版，第 5 页。

④ 奕䜣：《同治元年七月二十五日（1862.8.20）总理各国事务奕䜣等折》（附章程），载陈学恂：《中国近代教育史资料教学参考资料》上册，人民教育出版社 1986 年版，第 26 页。

选派适当人选到京城担任外语教师，在八旗子弟当中挑选聪明的年轻学生跟随他们学习外语。然而，就在奕䜣积极筹办学校期间，广东、上海都回复说没有合格的外语教师，这才导致京师同文馆迟迟没有开学。

（二）同文三馆的名称来源

关于同文馆的名称曾有许多不同的解释。人们很容易认为晚清时期用的这个名称来源于秦始皇“书同文”政策。事实上，同文馆并不是在清朝才出现，而是早已有之。北宋时期就已经有了同文馆这个名称。“北宋承隋唐之制，设有鸿胪寺执掌四夷贡使的各项事务。”“《东京梦华录》卷六《元旦朝会》也记载……辽使在都亭驿，西夏使节在都亭西驿，高丽使节在梁门外安州巷同文馆，回纥、于阗使节在礼宾院，诸蕃国使节在瞻云馆或怀远驿。”① “同文馆之得名，当出于高丽在文化上与中原同源的特点。”② 这些材料都说明同文馆在北宋时期已经出现，是接待青唐（吐蕃）和高丽两国使臣的馆舍。靖康二年（金天会五年，1127），北宋发生了靖康之乱。金兵攻占北宋京城开封，不但掠走了宋徽宗和宋钦宗二位皇帝和众多皇室贵族，而且还抢夺了大批金银财宝，焚毁了同文馆等建筑。后来，南宋在临安也建立过同文馆，但其规模和用途已经今非昔比。

晚清时期，奕䜣再次使用了同文馆这个名称。当时，伴随着西方列强对中国的侵略，国际交涉案件频发，语言交流的重要性日益凸显。咸丰十年十二月初三（1861 年 1 月 13 日），负责外交事务的恭亲王奕䜣在给咸丰皇帝的奏折中指出：“查与外国交涉事件，必先识其性情。今语言不通，文字难辨，一切隔膜，安望其能妥协！从前俄罗斯馆文字，曾例定设立文馆学习，具有深意。”③ 为了解决外交中的语言交流难题，清政府决定设立总理各国事务衙门负责处理外交事务；仿照原俄罗斯文馆建设外语学校，培养自己的翻译人才。由于新成立的外语学校位于京城，因此，后人将这所学校称为“京师同文馆”。

1. 京师同文馆

奕䜣创办的翻译学校叫京师同文馆。新学校有自己的办学特点。同治元年（1862），奕䜣在聘请京师同文馆教师时提出：“旋据英国威妥玛言及该国

---

① 王静：《宋代中央客馆制度》，载《史学月刊》2003 年第 4 期。

② 曾祥波：《宋代同文馆考》，载《中国青年政治学院学报》2013 年第 3 期。

③ 奕䜣：《咸丰十年十二月初三日（1861. 1. 13）恭亲王奕䜣等奏》，载朱有瓛：《中国近代学制史料》第一辑上册，华东师范大学出版社 1983 年版，第 5 页。

包尔腾兼通汉文，暂可令充此席。……先令挑定之学生十人来馆试行教习，并与威妥玛豫为言明，衹学语言文字，不准传教；仍另请汉人徐澍琳教习汉文，并令暗为稽察。即以此学为同文馆。”① 由此我们可以发现京师同文馆有两个不同于晚清时期其他学校的特点。第一，学校的英文教习是清政府聘请的英国人，汉文教习是中国人。第二，它要求学生在同一所学校既学英文，又学汉文。

当然，并不是所有人都认可同文馆这个名字。同治六年（1867），候补直隶州知州杨廷熙说：“同文馆三字系宋代狱名，考宋史蔡京等当权，残害忠良，排斥正士，有异己者即下同文馆狱。是同文馆之名，非美名也，今复袭之。”② 这个解释并非空穴来风。同文馆曾被当作监狱在历史上确有此事。“同文馆之狱是北宋后期党争引发的一次著名冤狱。”“后来史家言及宋代同文馆，基本上都指称此次同文馆党祸之狱。”③ 不过，历史上的同文馆背后其实不止有这一个事件，还有其他故事。由于北宋时期青唐、高丽使臣来的机会并不多，而同文馆的面积比较大，闲置时间比较长，因此，它经常会被临时挪作他用。在北宋历史上，同文馆不仅曾被当作临时监狱，还多次被用于朝廷宴会、典礼，以及官员临时办公、住宿等各类活动。“诸客馆不仅是各族使节居住的场所，还是周边各族与宋进行经济贸易的场所及周边各族了解华夏礼仪文化的场所。”④ 从晚清时期社会形势来分析，杨廷熙举出这个例子的时候正是奕䜣代表的洋务派与倭仁代表的保守派争论最激烈的时刻。他拿这个名称来指责奕䜣只是保守派攻击洋务派的借口。

光绪时期的文人许銮（1875～1894）曾解释了同文馆的由来：“中外文字不同，通商往来，文移必资通晓。因设此馆，选少年子弟送入，并习外洋文字。名曰：同文。”⑤ 从同文馆的设立目的和发展过程来看，这个解释应该比较接近清政府当初设立同文馆的想法。

其实，同文馆英文译名比较简单直白，既反映出了这所学校的性质，又比

---

① 奕䜣：《同治元年七月二十五日（1862.8.20）总理各国事务奕䜣等折》（附章程），载陈学恂：《中国近代教育史资料教学参考资料》上册，人民教育出版社1986年版，第26页。

② 杨廷熙：《同治六年五月二十二日（1867.6.23）奏请撤销同文馆以弭天变折》，载陈学恂：《中国近代教育史资料教学参考资料》上册，人民教育出版社1986年版，第201页。

③ 曾祥波：《宋代同文馆考》，载《中国青年政治学院学报》2013年第3期。

④ 王静：《宋代中央客馆制度》，载《史学月刊》2003年第4期。

⑤ 许銮：《咏同文馆新乐府》，载朱有瓛：《中国近代学制史料》第一辑上册，华东师范大学出版社1983年版，第575页。

较容易让人理解。下面两个英文译名分别体现出同文馆前期和后期的办学目标。

第一个英文译名是清朝历史档案中记载的名称。孙修福（2003）通过整理清朝历史档案查找到了同文馆的英文译名。他在《近代中国华洋机构译名大全》中给出的同文馆英文译名是 Interpreters College（T'ung-wen Kuan）①，即译员学校。这个名称可能比较符合同文馆创办人奕䜣的本意。光绪十二年五月二十（1886 年 6 月 21 日），总理各国事务衙门奕劻指出："臣衙门同文馆，系为边务储才之地。"② 这应该是京师同文馆前期培养外语翻译人才的真实目的。

同文馆的另一个英文译名也很有意思。曾经担任京师同文馆英文教习，后长期担任总教习的美国人丁韪良在他的《同文馆记》一文中指出："那时中国还没有什么'馆'，没有什么大学；只有一个译员学校……他的名字叫作同文馆，现在的大学还是用的这个名字，意思是'学习共同学问的学校'(School of Combined Learning)。"③ 从京师同文馆后来的发展情况来看，这个解释比较符合同文馆的后期发展目标。该校一开始只学外国语言文字，后来增加了算学、天文、格致等学科，已经从只学习外语和汉语的译员学校变成了培养复合型人才的综合学校。

2. 上海同文馆

上海同文馆的名称也很有讲究。同治二年（1863），李鸿章上奏同治皇帝，要求仿照京师同文馆在"上海设立同文学馆"。他在奏折中附上了"上海初次议立学习外国语言文字同文馆试办章程十二条"④。这个规定为学校确定了最早的校名上海学习外国语言文字同文馆，简称"上海同文馆"。不过，从办学历史上看，上海同文馆曾经还有上海同文学馆、上海学馆和上海广方言馆等多个不同的名称。1893 年，上海甚至还出现了一个由美国人布茂林开设的英语培训班，名称就叫"上海同文馆"。虽然该培训班与 1863 年成立的官办上海同文馆没有任何关系，但从借名这个事件来看，上海同文馆的影响力还是比较大的。

---

① 参见孙修福：《近代中国华洋机构译名大全》，中国海关出版社 2003 年版，第 465 页。

② 奕劻：《光绪十二年五月二十日（1886.6.21）总理各国事务奕劻等片》，载朱有瓛：《中国近代学制史料》第一辑上册，华东师范大学出版社 1983 年版，第 48 页。

③ 丁韪良：《同文馆记》，傅任敢译，载朱有瓛：《中国近代学制史料》第一辑上册，华东师范大学出版社 1983 年版，第 173 页。

④ 李鸿章：《同治二年四月二十九日（1863.6.15）江海关道详南洋通商大臣李鸿章》（附章程），载陈学恂：《中国近代教育史资料教学参考资料》上册，人民教育出版社 1986 年版，第 53 页。

上海同文馆在清政府的公文当中也出现过许多不同的称呼。同治七年五月二十三（1868 年 7 月 12 日）总理各国事务奕䜣等折称："窃查上海设立同文馆，学习外国语言文字，已届三年。"[①] 这说明，奕䜣等人似乎更喜欢同文馆这个名字。同治六年十一月十五（1867.12.10），上海通商大臣曾国藩送学生咨文称："伏查上海广方言馆肄业诸生……咨准总理衙门核覆，以新设同文馆考试天文算学……严良勋等九人应暂饬在上海学馆。""选定上海广方言馆肄习翻译洋文领会西语诸生年岁籍贯。"[②] 这份公文表明，到了 1867 年时，上海同文馆的名称已经变更为上海广方言馆。同治七年五月二十三（1868 年 7 月12 日），总理各国事务奕䜣称："据苏松太道应宝时详称：上海学馆肄业诸生已届三年。"[③] 在以上公文当中，曾国藩等人用了上海广方言馆、上海学馆两个名称来称呼上海同文馆。尽管上海学馆这个名称未必是正式名称，但它也说明学校名称有了新的变化。这表明，在涉及上海同文馆时，相关人员对该馆的名称使用并不严格。

比起李鸿章在制定章程时所用的上海学习外国语言文字同文馆的名称来说，上海同文馆、上海学馆、上海广方言馆的名称应该更加顺口和方便。事实上，上海同文馆创立四年后就更名为上海广方言馆并沿用至 1905 年改名消失。因此，上海广方言馆的名称比上海同文馆的名称更为长久。不过，为了避免产生混乱或误解，让读者更加清楚其历史发展脉络，笔者还是统一使用了上海同文馆这一名称。

从办学历史来看，上海同文馆之所以改用上海广方言馆这个名称，可能与多种因素有关。最有可能的是以下两种因素：

第一种因素可能是政治因素。据熊月之考证，该馆名称变更的时间大约是在 1867 年 4 月至 11 月之间。[④] 这个时间正巧是奕䜣为首的洋务派和倭仁为首的保守派因为天文算学馆招生问题争论最激烈的时刻。同治六年五月二十二（1867 年 6 月 23 日），直隶州候补知州臣杨廷熙越级上奏同治皇帝要求取

① 奕䜣：《同治七年五月二十三日（1868.7.12）总理各国事务奕䜣等折》，载朱有瓛：《中国近代学制史料》第一辑上册，华东师范大学出版社 1983 年版，第 219 页。

② 曾国藩：《同治六年十一月十五日（1867.12.10）上海通商大臣曾国藩送学生咨文》，载朱有瓛：《中国近代学制史料》第一辑上册，华东师范大学出版社 1983 年版，第 247～248 页。

③ 奕䜣：《同治七年五月二十三日（1868.7.12）总理各国事务奕䜣等折》，载朱有瓛：《中国近代学制史料》（第一辑上册），华东师范大学出版社 1983 年版，第 219 页。

④ 参见熊月之：《上海广方言馆史略》，载《上海史研究》第 2 编，学林出版社 1988 年版，第 72 页。

消同文馆，还说“同文馆三字系宋代狱名……非美名也，今复袭之”[1]。学校名称变更与政治斗争这两件事情在这个时间点上如此巧合，不能不让人产生联想。尽管没有史料明确证明这一点，但考虑到晚清时期政治斗争的残酷和古人顾忌名讳的观念，地方官员有可能因为担心受到牵连而更改学校名称。

第二种因素可能涉及办学理念问题。毕业于该校的吴宗濂在《上海广方言馆始末记》中对更改后的校名做了解释：“方言之名，始于汉博士所撰之《王制》。合寄、象、鞮、译，而通其语，达其志，必先究其方言。顾孝文之世，西域未开，四裔所及，不过匈奴、塝貊、九真、日南已耳。两千年来全球棣通，九州而外诚如谭天衍所称有大九州者，此上海广方言馆所以命名也。”[2] 从这段话可以看出，上海同文馆改为广方言馆的名称其实很有讲究。我们大概可以理解为办学者明白天外有天的道理，希望以古喻今，实现大千世界语言互通的美好愿望。

3. 广东同文馆

广东同文馆曾经有以讹传讹的情况。因为学校地处广州，所以很多人将其称为“广州同文馆”。然而，学校真实的名称应该是广东同文馆。以下三份政府公文可以证明这个观点。

第一份公文是两广总督毛鸿宾给同治皇帝的奏折。同治三年六月初十（1864 年 7 月 13 日），在申请开办广东同文馆的奏折和章程中，两广总督毛鸿宾说：“谨将广东省开设教习外国语言文字学馆，拟议章程，及需支经费各数，缮具清单，恭呈御览。学馆已租赁省城北门内朝天街房屋二所，作为广东同文馆。”[3] 从这份公文可以看出，学校创办人毛鸿宾明确提出学校的名称是广东同文馆。

第二份公文是两广总督瑞麟回复总理各国事务衙门奕䜣的报告。同治七年十月十八日（1868 年 12 月 1 日），两广总督瑞麟在奏折中写到总理各国事务衙门咨：“具奏广东同文馆学生蔡锡勇等六名到京考试，学有成效。”总督衙门回复的是：“广东同文馆自同治三年五月三十日开设以来，迄今四年有

① 杨廷熙：《同治六年五月二十二日（1867.6.23）奏请撤销同文馆以弭天变折》，载陈学恂：《中国近代教育史资料教学参考资料》上册，人民教育出版社 1986 年版，第 201 页。

② 吴宗濂：《上海广方言馆始末记》，载朱有瓛：《中国近代学制史料》第一辑上册，华东师范大学出版社 1983 年版，第 249 页。

③ 毛鸿宾：《同治三年六月初十日（1864.7.13）两广总督毛鸿宾折》（附章程），载陈学恂：《中国近代教育史资料教学参考资料》上册，人民教育出版社 1986 年版，第 60 页。

余，在馆诸生学有成效。”[①] 从这份公文可以看出，总理各国事务衙门要求广东同文馆派蔡锡勇等六名学生进京考试。两广总督衙门汇报广东同文馆建校以来学生成绩优秀。中央和省级两个政府部门咨询和回复的公文使用的学校名称都是广东同文馆。

第三份公文是总理各国事务衙门奕䜣给同治皇帝的奏折。同治八年二月二十五日（1869 年 4 月 6 日），奕䜣在奏折中声称：“据两广总督瑞麟等请将广东同文馆翻译生监派充翻译官。”“查广东同文馆，于同治三年五月间开设……钦奉谕旨允准在案。”“吏部查该督等所请广东同文馆汉文教习编修吴嘉善等奖励。”“兵部查该督等请将广东同文馆馆长蓝翎佐领谈广楠以协领即用。”[②] 这份公文可以证明以下观点：第一，同治皇帝批准备案的学校名称是广东同文馆；第二，吏部、兵部审核的汉文教习和馆长等人员都来自广东同文馆；第三，作为朝廷大臣，奕䜣等官员呈送给皇帝奏折时都会比较谨慎，不太可能多次写错学校的名称广东同文馆。

综上所述，以上三份公文均可以证明该学校的正式名称应该是广东同文馆。另外，苏精在 1985 年在中国台湾出版的《清季同文馆及其师生》一书中使用该校的名称也是广东同文馆。

（三）同文三馆的校址选择

同文三馆的选址暴露了清政府的随意性。创办初期，同文三馆都是临时选址，办学条件相对比较简陋。学校的教室和宿舍等基础设施基本上都采用了民房租用或旧房改造等方式。

1. 京师同文馆

京师同文馆的校址有很明显的特点：简陋、近便、急需。第一，简陋。所谓简陋是指京师同文馆设施非常简陋。奕䜣说：“复经声明铁钱局除改作衙署外，尚有炉房修葺堪作馆舍等因，均经先后奉旨允准在案。”[③] 总理各国事务衙门本身就是新成立的部门。衙署使用的房屋是由原铁钱局改建的。京师同文馆的馆舍则是由该处炉房修葺而成，教学条件之简陋可想而知。第二，

---

① 瑞麟：《同治七年十月十八日（1868.12.1）两广总督瑞麟等奏》，载朱有瓛：《中国近代学制史料》第一辑上册，华东师范大学出版社 1983 年版，第 263～264 页。

② 奕䜣：《同治八年二月二十五日（1869.4.6）总理各国事务奕䜣等折》，载朱有瓛：《中国近代学制史料》第一辑上册，华东师范大学出版社 1983 年版，第 264～267 页。

③ 奕䜣：《同治元年七月二十五日（1862.8.20）总理各国事务奕䜣等折》（附章程），载陈学恂：《中国近代教育史资料教学参考资料》上册，人民教育出版社 1986 年版，第 26 页。

近便。所谓近便是指翻译人员办事近便，外交部门可以随叫随到。丁韪良说："他是附设在总理衙门内的空屋里的，他的名字叫作同文馆。"[①] 京师同文馆校址在北京的核心区，离清政府权力中心的皇宫很近。校址之所以选择在此处，主要是与总理各国事务衙门一墙之隔，有利于安排学校的师生员工随时参加外事活动。第三，急需。所谓急需是指学校可以满足外交急需要求。校址之所以选择了这个地方，是因为1860年签订的条约允许外国使节常驻北京。作为最高外交机构，总理各国事务衙门经常有外事活动，随时需要外交翻译参与。如果有懂外语的人在附近，负责外交的政府官员就可以及时处理日常的外交活动或突发的外交事件。"倘无一八六〇年之役，为外使取得居住京师的权利，不复限于偶然到京觐见，则同文馆的馆址决不会近在辇前。"[②]

京师同文馆的校址带有很强的悲剧色彩，令人联想到它的命运。据丁韪良介绍，"同文馆的馆址曾经有过一段艳异的历史。馆址本来是蒙籍首相赛尚阿的财产。赛尚阿在太平天国之役，因失事被拘，这地方也就被没归公"[③]。既然此地曾经是首相官邸，想必它一定有过风光无限的时刻。然而，世事难料，天有不测风云。赛尚阿曾经贵为首相，一世英雄，但在战争当中兵败受到处分，转瞬间身败名裂，家破人亡，令人不胜唏嘘。"据说崇绮是生在这座屋内，那不幸的皇后也是在这里生的。"[④] 丁韪良所说的崇绮是赛尚阿的儿子，是个有名的孝子。他替父顶罪，后来成为满族第一位状元。不幸的皇后指的是阿鲁特氏（Lady Alena），是赛尚阿的孙女，后来成为孝哲皇后，但皇帝去世后绝食殉葬。正因为如此，丁韪良认为这个地方不像学校，反倒更像兵营或营幕。"整个看来，恰像一座兵房，或是一所营幕。"[⑤] 这些描述颇有些风云变幻、阴森恐怖的意味。从这个意义上说，京师同文馆的命运其实也和此地的主人公命运有些相像。

---

① 丁韪良：《同文馆记》，傅任敢译，载朱有瓛：《中国近代学制史料》第一辑上册，华东师范大学出版社1983年版，第173页。

② 丁韪良：《同文馆记》，傅任敢译，载朱有瓛：《中国近代学制史料》第一辑上册，华东师范大学出版社1983年版，第159页。

③ 丁韪良：《同文馆记》，傅任敢译，载朱有瓛：《中国近代学制史料》第一辑上册，华东师范大学出版社1983年版，第175页。

④ 丁韪良：《同文馆记》，傅任敢译，载朱有瓛：《中国近代学制史料》第一辑上册，华东师范大学出版社1983年版，第175～176页。

⑤ 丁韪良：《同文馆记》，傅任敢译，载朱有瓛：《中国近代学制史料》第一辑上册，华东师范大学出版社1983年版，第176页。

2. 上海同文馆

上海同文馆的校址设定在上海县的县学旁边。同治二年（1863），南洋通商大臣李鸿章指出："伏查上海设立同文学馆，前经札委上海县儒学章安行择定旧学地基，购备工料，督同董事举办在案。"[①] 据《上海县续志》记载：该校"原名广方言馆，在城南制造局西北隅（见前志）。同治二年巡抚李鸿章奏准先就城内老学前开办"[②]。《万国公报》指出："上海之广方言馆为西学而设也，昔在敬业书院之西偏，今在城南之制造局内。"[③] 这说明，上海同文馆刚开始建校时也没有什么长远规划，其校舍只是在上海县敬业书院西侧搭建的小房子。由此可见，创建时期的上海同文馆也是一个因陋就简的案例。

上海同文馆的校址后来发生过变动。同治九年三月初三（1870 年 4 月 3 日），总办机器制造局冯焌光、郑藻如指出："同治七年夏间……奉谕添购地基，建造学馆，并添建机器厂屋等……迨八年十二月，已将学馆造成。"在总办机器制造局翻译所开始运转的同时，他们将上海同文馆（已改名为"上海广方言馆"）一并迁入该局新建房舍之中。"至平房及楼下房屋，俱为广方言馆师生移驻之用。查广方言馆向设上海城内，去冬经江海关衙门禀蒙宪台批准，移驻卑局学馆讲习等因。本年正月底遵将该馆师生一律移至。"[④] 搬迁后的上海同文馆的办学条件得到了很大的改善，这可能与江南机器制造局财大气粗有直接关系。

3. 广东同文馆

相比前两所同文馆，创办之初的广东同文馆更显得寒酸。同治三年六月初十（1864 年 7 月 13 日），两广总督毛鸿宾在奏折中指出，广东同文馆"于省城大北门内朝天街，租赁房屋二所，稍加修葺，作为学馆，可省择地建筑之烦，并免再稽时日"[⑤]。为什么这样做呢？广东地方政府给出的主要理由是："粤省先因勘择地基，建筑馆舍，并筹经费，一时尚难集事，致缓举行。"[⑥] 由

---

① 李鸿章：《同治二年四月二十九日（1863. 6. 15）江海关道详南洋通商大臣李鸿章》（附章程），载陈学恂：《中国近代教育史资料教学参考资料》上册，人民教育出版社 1986 年版，第 53 页。

② 朱有瓛：《中国近代学制史料》第一辑上册，华东师范大学出版社 1983 年版，第 253 页。

③ 朱有瓛：《中国近代学制史料》第一辑上册，华东师范大学出版社 1983 年版，第 254 页。

④ 冯焌光、郑藻如：《同治九年三月初三日（1870. 4. 3）总办机器制造局冯、郑上督抚宪禀》，载朱有瓛：《中国近代学制史料》第一辑上册，华东师范大学出版社 1983 年版，第 220～234 页。

⑤ 毛鸿宾：《同治三年六月初十日（1864. 7. 13）两广总督毛鸿宾折》（附章程），载陈学恂：《中国近代教育史资料教学参考资料》上册，人民教育出版社 1986 年版，第 59 页。

⑥ 毛鸿宾：《同治三年六月初十日（1864. 7. 13）两广总督毛鸿宾折》（附章程），载陈学恂：《中国近代教育史资料教学参考资料》上册，人民教育出版社 1986 年版，第 59 页。

此可见，广东同文馆草率办学的原因主要是广东地方政府贪图方便和省钱。为了方便，广州将军选择离府衙不太远的省城大北门内朝天街作为该校校址。为了省钱，校舍只是租赁后略加修葺的两间民房。这样做一是不用规划建设，二是不需巨额花费，三是马上可以使用。处在繁华的广州城内，这样的校舍配置恐怕不是因为缺钱所致，只能有一个解释：那就是主办者态度不够积极主动，不愿意花时间、精力和金钱去做这件事情。

由此可见，同文三馆的校址选择具有很强的随意性和临时性，并不是政府有关部门深思熟虑、长期规划的结果。

同文三馆的校址见表 2-2 同文三馆校址统计表：

表 2-2　　同文三馆校址统计表

名称	馆址	资料来源
京师同文馆	馆址本来是蒙籍首相赛尚阿的财产。……同文馆的馆址……近在辇前。 附设在总理衙门内的空屋里。	丁韪良《同文馆记》
上海同文馆	原名广方言馆，在城南制造局西北隅（见前志）。同治二年巡抚李鸿章奏准先就城内老学前开办。 上海之广方言馆为西学而设也，昔在敬业书院之西偏，今在城南之制造局内。 查广方言馆向设上海城内，去冬经江海关衙门禀蒙宪台批准，移驻卑局学馆讲习等因。本年正月底遵将该馆师生一律移至。	《上海县续志》记广方言馆 《万国公报》记广方言馆 同治九年三月初三日（1870.4.3）总办机器制造局冯、郑上督抚宪禀
广东同文馆	于省城大北门内朝天街，租赁房屋二所，稍加修葺，作为学馆，可省择地建筑之烦，并免再稽时日。	同治三年六月初十日（1864.7.13）两广总督毛鸿宾折（附章程十五条）

三、学校沿革

同文三馆均创办于 19 世纪 60 年代初期，结束于 20 世纪初期，存在时间长达 40 多年。在这三馆当中，京师同文馆是最早成立的，招收的学生都是旗人。同治元年（1862），冯桂芬在《上海设立同文馆》一文中指出：“通商纲领，虽在总理衙门，而中外交涉事件，则二海口尤多，势不能以八旗学习之人，兼顾海口，惟有多途以招之，因地以求之，取资既广，人才斯出。愚以为莫如推广同文馆之法，令上海、广州仿照办理，各为一馆。”[①] 这也就是说，该文提出设立京师同文馆是一个很好的办法，应该在上海和广州也设立同文馆。不仅如此，该文还建议上海、广州招生范围不要仅仅局限于八旗子弟，还可以招收社会人员。从后来的历史进程看，这个建议应该是非常有远见的。

在办学过程中，清政府对于同文三馆重要性的认识是逐步加深的。最初，清政府设立同文三馆的起因是为了应对外交沟通困境。然而，随着办学时间的增加，清政府的办学意识逐渐得到提高。吴宣易指出：“有了同文馆，中国的学生才正式接受西洋的语言文字和各种的新科学。此后中国的教育，一步一步地走向新的途径了。”[②] 正是因为这些教育改革先行者的不断努力，同文三馆才根据时代的需要进行了多次改革，不断增加新的专业，调整课程安排，引进西方科学技术，翻译西方各类书籍，最终提高了学校的办学水平。同文三馆历史沿革见表 2-3：

表 2-3　　同文三馆历史沿革时间表

	创办人	创办时间	结束时间	存续时间（年）
京师同文馆	奕䜣（恭亲王）	1862 年	1902 年	40
上海同文馆	李鸿章（南洋通商大臣）	1863 年	1905 年	42
广东同文馆	毛鸿宾（两广总督）	1864 年	1905 年	41

（一）同文三馆的创办期

同文三馆共同见证了清政府的最后命运。既然它们是由清政府创办和资助的，它们的生存和发展自然要依赖清政府。从发展历程来看，同文三馆都经历了创办期、发展期和结束期三个阶段。19 世纪 60 年代初期是同文馆的创办期。在这个时期，同文三馆得到了以同治皇帝为代表的清政府的大力支持。

1. 京师同文馆的创办期

京师同文馆是由奕䜣提议，在同治皇帝大力支持下创立起来的，具有一

① 冯桂芬：《上海设立同文馆议》，载璩鑫圭、童富勇：《中国近代教育史资料汇编》（教育思想），上海教育出版社 1997 年版，第 29 页。

② 吴宣易：《京师同文馆略史》，载朱有瓛：《中国近代学制史料》第一辑上册，华东师范大学出版社 1983 年版，第 197 页。

定的象征意义。上海同文馆和广东同文馆都是仿照京师同文馆建立的。

京师同文馆是同文三馆中最早成立的。咸丰十年十二月初十（1861年1月20日），咸丰皇帝批准设立京师同文馆。然而，该馆并未如期开学。造成这个结果主要有两个原因：一是国家最高权力交接出现过渡问题。当时，咸丰皇帝因病去世，同治皇帝继位。两宫皇太后与恭亲王共同执掌政权，辅佐皇帝。“中英续约于一八六〇年秋天批准；但是整整过了一年，按之约文所需创立的学校，并无任何有效的进行。是时咸丰帝崩于出亡的行在；他的婴儿同治帝即位，由两太后摄政；恭亲王以大刀阔斧的手腕取得实质上与两太后分掌国政的地位，称为议政王。”[①] 由于国家大政方针事项众多，皇权过渡期间一切活动只能暂缓。类似于创办同文馆的这种小事自然不会成为国家高层主要考虑的事项。二是外语师资出现了问题。按照奕䜣的计划，京师同文馆的外语师资应该由广东和上海地区选派。奕䜣曾“行文两广总督、江苏巡抚，派委教习，并行文八旗，挑选学生”[②]，不过，虽然学生很快到位，但外语教师人选却都没有着落。“各该旗陆续将学生送齐，而所请派委教习，广东则称无人可派，上海虽有其人，而艺不甚精，价则过巨，未便饬令前来，是以日久未能举办。”[③] 最终，咸丰皇帝去世再加上外语师资欠缺这两个原因导致京师同文馆未能如期建成。

同治元年七月二十五（1862年8月20日），恭亲王奕䜣上奏同治皇帝，提出设立京师同文馆的奏折并附章程。由于“中国迄无熟悉外国语言文字之人，恐无以悉其底蕴。广东、江苏既无咨送来京之人，不得不于外国中延访。旋据英国威妥玛言及该国包尔腾兼通汉文，暂可令充此席”[④]。虽然奕䜣聘请洋教习为中国人上课属于无奈之举，但这个做法却实属创新，直接改变了外语师资的性质。这也开创了晚清时期官办学校聘请洋教习的先河，为其他官办学校聘请外籍教师提供了范例。

同治元年七月二十五（1862年8月20日），奕䜣提出从海关支取办学经

① 丁韪良：《同文馆记》，傅任敢译，载朱有瓛：《中国近代学制史料》第一辑上册，华东师范大学出版社1983年版，第159页。

② 奕䜣：《同治元年七月二十五日（1862.8.20）总理各国事务奕䜣等折》（附章程），载陈学恂：《中国近代教育史资料教学参考资料》上册，人民教育出版社1986年版，第26页。

③ 奕䜣：《同治元年七月二十五日（1862.8.20）总理各国事务奕䜣等折》（附章程），载陈学恂：《中国近代教育史资料教学参考资料》上册，人民教育出版社1986年版，第26页。

④ 奕䜣：《同治元年七月二十五日（1862.8.20）总理各国事务奕䜣等折》（附章程），载陈学恂：《中国近代教育史资料教学参考资料》上册，人民教育出版社1986年版，第26页。

费，创立京师同文馆，培养外语翻译人才。他制定了办学章程六条，包括聘请英国人包尔腾担任英语教习，由各地举荐学生入馆学习，安排提调管理学校事务等内容。

同治皇帝批准了奕䜣的奏折。就这样，同治元年（1862），京师同文馆正式成立。馆中开设了英文馆，由英国人包尔腾担任首任英语教师。

同治二年三月十九（1863 年 5 月 6 日），奕䜣上奏同治皇帝，恳请在英文馆的基础上，再开设法文馆、俄文馆。除了聘请英国人包尔腾担任英语教习以外，他提出再聘任法国人司默灵担任法语教习，俄国人柏林担任俄语教习。于是，京师同文馆扩大了外语学习范围。

同治四年十一月初五（1865 年 12 月 22 日），奕䜣提出在同文馆章程六条原来的基础上再补充六条，包括加强学生考勤、提高学生待遇、奖励学生成绩等内容。尽管这些要求增加了清政府的财政负担，但同治皇帝为了培养人才还是批准了奕䜣的申请。

2. 上海同文馆的创办期

上海同文馆是继京师同文馆之后成立的第二家官办外语学校。同治二年二月初十（1863 年 3 月 28 日），江苏巡抚李鸿章上奏同治皇帝，提出举办上海同文馆的奏折。

同治二年四月二十九（1863 年 6 月 15 日），已经担任南洋通商大臣的李鸿章再次上奏同治皇帝。他在附录的《上海初次议立学习外国语言文字同文馆试办章程十二条》[①] 中明确规定了办学目标、教学管理、经费使用、中外教师聘任、学生招生和分配等内容。《万国公报》指出："始创则李爵相主其议，冯中允桂芬定其规。"[②]

同治皇帝随后批准了李鸿章创办上海同文馆。原因主要有三点：第一，前面有京师同文馆的先例；第二，李鸿章奏折中的分析有理有据；第三，上海作为五口通商口岸之一，在对外交涉方面确实急需外语人才。

同治二年（1863），上海同文馆成立。馆中首先开设了英文馆，由英国人傅兰雅担任英语教师。该馆在很多方面都模仿了京师同文馆，但它一开始就开设了算学课程，比京师同文馆早了 4 年。

① 李鸿章：《同治二年四月二十九日（1863. 6. 15）江海关道详南洋通商大臣李鸿章》（附章程），载陈学恂：《中国近代教育史资料教学参考资料》上册，人民教育出版社 1986 年版，第 53～55 页。

② 朱有瓛：《中国近代学制史料》第一辑上册，华东师范大学出版社 1983 年版，第 254 页。

同治七年五月二十三（1868年7月12日），奕䜣调取上海同文馆学生赴京考核后指出："上海学馆肄业诸生已届三年，历经该道课试……该生严良勋等于经书文艺讲贯有年，复能兼习西文，学有成效，均堪造就。"①

3. 广东同文馆的创办期

广东同文馆是继京师同文馆和上海同文馆之后设立的近代中国第三所官办外国语学校。奕䜣说："同治二年二月暨三年七月，升任江苏巡抚李鸿章奏请仿京师同文馆之例，在上海设立外国语言文字学馆，臣衙门奏复广东开设教习外国语言文字学馆。"② 为了回复奕䜣和李鸿章的奏折，同治二年二月初十（1863年3月28日），同治皇帝给广州将军下达谕旨："前据总理各国事务衙门奏，遵议设立学习外国语言文字学馆为同文馆，当经照所议行，该衙门已行知该将军等遵照矣。因思总理衙门固为通商纲领，而中外交涉事件，则广东上海为总汇之所。现据李鸿章奏称，上海已议设立外国语言文字学馆；而广东事同一例，亦应仿照办理。"③ 就在同一天，同治皇帝还另下一道命令："李鸿章另折奏，请饬广东仿照同文馆设立学馆，学习外国语言文字等语，已谕令广州将军等查照办理。"④ 为了办一所外语学校，皇帝一天下两道圣旨，可见其重视程度。

两广总督毛鸿宾仿照上海同文馆章程制定了广东同文馆章程十五条。他在奏折中指出："遴派镶黄正白旗汉军协领王镇雄，为该馆提调。并委正白旗汉军防御谈广楠、候补县丞汤森为馆长。查有江西南丰县翰林院编修吴嘉善，品行端洁，文理优长，堪为汉文教习。又美国人谭顺，精熟西文，人亦体面，堪为西文教习。均已延聘在馆，分司训课。"⑤

同治三年七月十八（1864年8月19日），奕䜣等上奏同治皇帝，总理各国事务衙门已经审核了广州将军瑞麟提交的广东省开设学馆章程，认为此事可行。"查该将军所奏广东省设立教习外国语言文字学馆章程，系仿照臣衙门

---

① 奕䜣：《同治七年五月二十三日（1868.7.12）总理各国事务奕䜣等折》，载朱有瓛：《中国近代学制史料》第一辑上册，华东师范大学出版社1983年版，第219页。

② 奕䜣：《同治六年九月十五日（1867.10.12）总理各国事务奕䜣等片》，载朱有瓛：《中国近代学制史料》第一辑上册，华东师范大学出版社1983年版，第45页。

③ 同治皇帝：《同治二年二月初十日（1863.3.28）上谕》，载朱有瓛：《中国近代学制史料》第一辑上册，华东师范大学出版社1983年版，第256页。

④ 同治皇帝：《同治二年二月初十日（1863.3.28）上谕》，载朱有瓛：《中国近代学制史料》第一辑上册，华东师范大学出版社1983年版，第256页。

⑤ 毛鸿宾：《同治三年六月初十日（1864.7.13）两广总督毛鸿宾折》（附章程），载陈学恂：《中国近代教育史资料教学参考资料》上册，人民教育出版社1986年版，第60页。

同文馆及上海设立学馆各章程变通办理，尚属妥协，应即准其照办。”[①] 于是，“广东同文馆，于同治三年五月间开设”[②]。恭亲王奕䜣同意其先开设英文馆，由美国人谭顺担任英语教师。由于师资匮乏和社会需求不多，暂时“不必再设法俄文馆”。

同治六年十二月二十四（1868 年 1 月 18 日），总理各国事务奕䜣等折指出：“兹于同治六年十一月十二日，准署广州将军庆春等将该省同文馆学生蔡锡勇、那三、博勒洪武、韩常泰、左秉隆、坤扬等六名，咨送到臣衙门……逐日细加考察……该学生等文理俱各明顺，登答均无舛错。……学习有年，均堪造就。”[③]

同治七年十月十八（1868 年 12 月 1 日），两广总督瑞麟等奏，“广东同文馆自同治三年五月三十日开设以来，迄今四年有余，在馆诸生学有成效”[④]。

同治八年二月二十五（1869 年 4 月 6 日）总理各国事务奕䜣等折，“查广东同文馆，于同治三年五月间开设，所有肄业各生，前经臣等奏明在馆三年，学习有成，即派充各衙门翻译官，准其一体乡试”[⑤]。

上述公文表明，广东同文馆早期的办学成绩还是比较令人满意的。

（二）同文三馆的发展期

同文三馆成立之后都曾有过一些变动。引起变动的因素很多，有些是国内因素，如天文算学馆的争论、科学课程的引入、书籍翻译、戊戌变法等；有些是国际因素，如中法战争、中日甲午战争、八国联军侵华、出国留学、教会学校兴起等。这些因素都促使同文三馆作出了某些改变。

19 世纪 70～80 年代，洋务运动遭遇了一些挫折，同文三馆也受到一定影响。这种影响主要体现在以下几个方面：第一，权力变更引发教育政策变化。光绪元年（1875），同治皇帝驾崩，奕䜣、李鸿章等洋务派失去了最坚定的支持力量。新登基的光绪皇帝等人对同文三馆的办学效果持观望态度。第二，

---

① 奕䜣：《同治三年七月十八日（1864.8.19）总理各国事务恭亲王等奏》，载朱有瓛：《中国近代学制史料》第一辑上册，华东师范大学出版社 1983 年版，第 262 页。

② 奕䜣：《同治八年二月二十五日（1869.4.6）总理各国事务奕䜣等折》，载朱有瓛：《中国近代学制史料》第一辑上册，华东师范大学出版社 1983 年版，第 265 页。

③ 奕䜣：《同治六年十二月二十四日（1868.1.18）总理各国事务奕䜣等折》，载朱有瓛：《中国近代学制史料》第一辑上册，华东师范大学出版社 1983 年版，第 263 页。

④ 瑞麟：《同治七年十月十八日（1868.12.1）两广总督瑞麟等奏》，载朱有瓛：《中国近代学制史料》第一辑上册，华东师范大学出版社 1983 年版，第 264 页。

⑤ 奕䜣：《同治八年二月二十五日（1869.4.6）总理各国事务奕䜣等折》，载朱有瓛：《中国近代学制史料》第一辑上册，华东师范大学出版社 1983 年版，第 265 页。

奕䜣以“因循贻误”的罪名被慈禧太后罢免。光绪十年（1884），中法战争期间，奕䜣由于反对慈禧太后等人轻言开战而被罢免，失去了一切职务，朝廷内保守势力增强，支持办洋务的力量大减，同文三馆也受到一些指责。第三，洋务派制定的海外留学生计划破产。从同治十年（1871）以后的4年时间，容闳说服曾国藩向皇帝申请派遣近代中国第一代官费留美学生，在沪、粤、港招收了120名幼童，每年派出30名赴美留学。然而，光绪七年（1881），由于种种原因，清政府撤销了海外留学生计划，全体留学生半途而废被迫返回中国。受此事牵连，京师同文馆外派出国外交人员计划也一度暂停。由于上述这些原因，社会各界纷纷质疑，洋务运动又一次遭受重创。作为洋务运动的一部分，同文三馆的发展也受到一定影响。

1. 京师同文馆的发展期

京师同文馆成立之后，先后经过多次变动。在这个过程中，它经历了天文算学馆招生争论、增加布文馆（普鲁士文，即德文）、首次派学生出国考察、开始书籍翻译、开设科学专业等变化。总体来看，京师同文馆自成立后一直处于稳定发展时期，扩大了办学规模并且取得了一定的成绩。

同治五年十一月初五（1866年12月11日），奕䜣提出增加天文算学馆，招收满汉举人和秀才，以及已经通过科举考试的五品以下满汉京外官员，实行专人专项学习研究方法，以便尽早培养天文算学方面的专家。

同治五年十二月二十三（1867年1月28日），在天文算学馆招生遭到大学士倭仁等人激烈反对和质疑时，奕䜣除了批驳反对派的观点之外，还提出了天文、算学章程六条，以便阐明创办天文算学馆的目的和招收学有所成的举人、秀才和下层官员的种种好处。同治皇帝顶着反对派的压力，坚决支持奕䜣改革，保证了京师同文馆的顺利发展。该馆的设立是一个划时代的变化。它标志着京师同文馆已经不单纯是一个外语学校，而是在语言学习的基础上增加了各类科学知识的新学馆，开始向综合性学校发展。

同治十年（1871），京师同文馆开设了布文馆，由俄国人伟贝兼任德语教师。齐如山回忆说：“普法之战以后，德国日强，于是又添了德文。”① 据《同文馆题名录》记载，“几乎同时（1871年）开设了德文馆，由俄文教习负责管理。从1870年到1872年，伟贝（C. Waeber）充任了俄文和德文教习。1873年，

---

① 齐如山：《同文馆之回忆》，载陈学恂：《中国近代教育史资料教学参考资料》上册，人民教育出版社1986年版，第45页。

由第图晋（N. Titoushkin）任德文教习，从1873年到1881年，德文教习全由哈根（W. N. Hagen）担任"[①]。丁韪良回忆说："同文馆当初设立的时候，共有英、法、俄三班，每班有学生十人；因为最先与中国订立条约的是英、法、俄三国。后来德国国势日盛，用德文和中国订了一个条约，于是同文馆又加德文一班。"[②]

从洋务运动的发展情况来看，与德国的条约签订后，清政府除了开设德文馆，还派人到德国进行了学习考察，引进了大批德国工程师，大量购置了德国军舰和火炮等军事装备。这反映出清政府开设德文馆不仅是为了扩大外交渠道，而且更重要的是看到了德国崛起的实力和影响。他们希望学习德国的发展经验，能够像德国一样快速走上国家强盛的道路。

光绪十四年（1888），在总教习丁韪良的提议下，京师同文馆开设了格致馆，由英文教师欧礼斐兼任该馆教习。设置该馆的原因是："察格致一门，为新学之至要，富国强兵，无不资之以著成效。"[③] 付克（1986）认为："从该馆的装备来看，它已不是一所单纯的语言学校，而已经具有综合性大学的特点，至少也可以说是这类学校的雏形。"[④]

光绪十四年（1888），鉴于京师同文馆学生多次被选派担任翻译工作且表现良好，清政府同意成立翻译处，专门翻译国外经典著作和清政府急需的书籍。翻译人员由政府派遣国外担任翻译工作且返回国内的该馆优秀毕业生担任。"乃以张德彝、沈铎、马廷亮、斌衡、文祐充补英文翻译官；恩光充补德文翻译官；旋以塔克什讷、巴克他讷、瑞安、庆全充补俄文翻译官；联涌、世增充补法文翻译官；唐家桢充补东文翻译官。"[⑤]（东文即日文——笔者注）

从该校总教习丁韪良统计的资料可以得知，京师同文馆师生共翻译出《万国公法》等著作至少达22种以上。这些著作都成为清政府高层重要的参考资料，为清政府认识世界、制定政策起到了重要作用。

2. 上海同文馆的发展期

在发展过程中，上海同文馆有一个变化就是校址转移，从原来的敬业书

---

① 朱有瓛：《中国近代学制史料》第一辑上册，华东师范大学出版社1983年版，第17页。

② 丁韪良：《同文馆记》，傅任敢译，载朱有瓛：《中国近代学制史料》第一辑上册，华东师范大学出版社1983年版，第160页。

③ 朱有瓛：《中国近代学制史料》第一辑上册，华东师范大学出版社1983年版，第18页。

④ 付克：《中国外语教育史》，上海外语教育出版社1986年版，第17页。

⑤ 朱有瓛：《中国近代学制史料》第一辑上册，华东师范大学出版社1983年版，第18页。

院旁边移驻到江南机器制造局合署办公。同治四年（1865），曾国藩、李鸿章等开办了江南机器制造局。由于机遇巧合，该局迅速发展壮大。同治七年（1868），曾国藩、李鸿章等接受了徐寿、华蘅芳等人的建议向同治皇帝申请在江南机器制造局设立翻译馆。同治八年十月（1869年11月），江海关道涂宗瀛要求将上海广方言馆并入江南机器制造局。他的理由是："现在机器制造局开设学堂，译习外国书籍，与广方言馆事属相类，自应归并一处，以期一气贯串。职道拟将广方言馆董事师生人等，一律移驻制造局学馆……仍留广方言馆之名，以符前次奏案。"① 这样，同治九年一月（1870年2月），上海广方言馆所有师生一律迁移至总办机器制造局。吴宗濂在《上海广方言馆始末记》中回忆道："上海广方言馆，肇自前清同治二年，由李文忠公奏设，盖踵京师同文馆而成立者也。初附本县敬业书院，仅授童子英国语文兼课中国经史制艺。迨后并入江南机器制造局。"②

关于合署办公后的上海同文馆的隶属关系，后来曾经有文件作出解释。光绪十八年十二月十二（1893年1月29日），江海关道、制造总局会禀南洋大臣刘坤一时指出："上海广方言馆于同治二年间蒙前署南洋大臣李奏明，招选聪颖子弟入馆肄业兼习外国语言文字并算学等艺。该馆原系设于上海城内，由江海关道派绅董经理。嗣于同治九年正月移驻职局就近兼管。"③ 这说明，上海同文馆虽然并入江南机器制造局，但其只是移驻，方便就近兼管而已，它的隶属关系并没有改变。也就是说，上海同文馆即使与总办机器制造局翻译馆一起办公，两者也并非一个单位，而是各自独立的机构。

上海同文馆合并到江南机器制造局后，总办机器制造局对其管理章程进行了重新修订。同治九年三月初三（1870年4月3日），总办机器制造局冯焌光、郑藻如通报了该局基建情况，除了汇报"添购地基，建造学馆，并添建机器厂屋等"之外，同时"附酌拟广方言馆课程十条、拟开办学馆事宜章程十六条"，对上海广方言馆的课程设置和开办学馆等事宜进行了详细规划。他们在报告中明确提出："查广方言馆向设上海城内，去冬经江海关衙门禀蒙宪台批准，移驻卑局学馆讲习等因。本年正月底遵将该馆师生一律移至，所有支发薪水及一切

① 涂宗瀛：《同治八年十月（1869.11）江海关道涂上督抚宪通商大臣禀》，载朱有瓛：《中国近代学制史料》第一辑上册，华东师范大学出版社1983年版，第220页。

② 吴宗濂：《上海广方言馆始末记》，载朱有瓛：《中国近代学制史料》第一辑上册，华东师范大学出版社1983年版，第249页。

③ 朱有瓛：《中国近代学制史料》第一辑上册，华东师范大学出版社1983年版，第238页。

经费，仍照广方言馆向章。”[①] 同年，上海同文馆增设了法文馆和德文馆。江南机器制造局的外籍翻译兼任上海同文馆的英文、法文和德文教习。

曾国藩对于重新修订后的上海同文馆新章程给予了肯定。同治九年五月初六（1870 年 6 月 4 日），直隶总督曾国藩批复：“所定学馆事宜，规划既已周详，撰论尤为精凿……翻译各国有用之书，及其每月新报，尤学馆精实之功，目前切要之务。……广方言馆数条，均极妥协。”[②]

在中法外交活动增加的时候，上海同文馆按照清政府的规定作出了专业调整。光绪五年二月十三（1879 年 3 月 5 日），江海关道刘瑞芬禀复南洋通商大臣沈葆桢：“光绪五年正月十五日祗奉钧谕并抄总理衙门公函，以上海广方言馆学生，应令学习法文法语，各国遣使办理公事，法文较为适用。现在同文馆学习法文者无多，将来必不敷用。上海广方言馆学生，向虽专习英文，刻下自应择其资质聪颖者，赶令学习法国语言文字，以期有济于用。至俄文布文，似应一并令其肄习。”[③] 据调查，“沪上广方言馆，向有学习英文、法文、布文生徒，以所请外国翻书儒士三人，兼充教习。嗣因布师金楷理离局，生徒无多，早经撤馆。惟英法二馆及算学馆仍旧”。除了法文以外，他们认为俄文、布文（德文）也应该学习。不过，“至俄文，布文本应兼习，祗因教习颇少，馆屋又已住满，一时无从安置师徒”。因此，俄文馆和布文馆只能根据情况以后再设置。

19 世纪 80 年代初期，清政府曾经专门考察了上海同文馆的办学情况。光绪七年正月二十八（1881 年 2 月 26 日），南洋通商大臣刘坤一写信给制造总局提出：“现在筹办海防，需才甚殷。上海机器局内广方言馆学生，肄业多年，有无文理明顺兼熟西语西文，堪资考用，合行札查。”[④] 光绪七年三月二十一（1881 年 4 月 19 日）总办机器制造局李兴锐、蔡汇沧禀覆南洋通商大臣刘坤一[⑤]，介绍了上海广方言馆的情况。“其馆章，学徒向额四十名，设英文、

---

① 冯焌光、郑藻如：《同治九年三月初三日（1870.4.3）总办机器制造局冯、郑上督抚宪禀》，载朱有瓛：《中国近代学制史料》第一辑上册，华东师范大学出版社 1983 年版，第 221 页。

② 曾国藩：《同治九年五月初六日（1870.6.4）直隶总督曾批》，载朱有瓛：《中国近代学制史料》第一辑上册，华东师范大学出版社 1983 年版，第 234～235 页。

③ 刘瑞芬：《光绪五年二月十三日（1879.3.5）江海关道刘禀复南洋通商大臣沈》，载朱有瓛：《中国近代学制史料》第一辑上册，华东师范大学出版社 1983 年版，第 235～236 页。

④ 参见刘坤一：《光绪七年正月二十八日（1881.2.26）南洋通商大臣刘札行制造总局》，载朱有瓛：《中国近代学制史料》第一辑上册，华东师范大学出版社 1983 年版，第 236 页。

⑤ 李兴锐、蔡汇沧：《光绪七年三月二十一日（1881.4.19）总办机器制造局李、蔡禀覆南洋通商大臣刘》，载朱有瓛：《中国近代学制史料》第一辑上册，华东师范大学出版社 1983 年版，第 236～237 页。

法文、算学三馆，以生童文理通顺者入馆肄业，以翻译西书。美人林乐知兼充英文教习，英人傅兰雅兼充法文教习，江苏兴化附生刘彝程充算学教习。”“现在英文法文两馆学生共三十九名，算学六名。……此外别有武学一馆，铁船两馆，共四十六名。”① 光绪七年四月十六（1881年5月13日），两江总督指示：“以后务于肄业诸生或习外国语言文字，或习算学，或习武学及铁船，择其出众得力者，遵照前札具报本部堂存记查考。并将此项人才妥为培植，毋任散去。”②

3. 广东同文馆的发展期

同治十年七月初七（1871年8月22日），两广总督瑞麟送学生咨文：“查上年十二月间，本衙门因同文馆学习需人，照章于上海同文馆内调取十数名来京听候考试，第恐上海一馆所送之人不敷本处分派各馆之数，希将该省同文馆内，择其人品端谨、文理优长者，酌送十数名，出具切实考语，来京听候考试，以便送馆学习。”③

同治十年十月二十一（1871年12月3日），文渊阁大学士两广总督瑞麟等上奏同治皇帝：“拟请于各学生中择其尚能通晓西语者数人，遇有奴才等接见洋人时，令其来署代传言语，借以杜该通事诡弊，似较之专设翻译官，分派各衙门、徒拥虚名、终年闲旷者不同，庶于公事更有实益。”④

光绪五年七月二十二（1879年9月8日），广州将军长善等奏：“查广东同文馆原设西教习，只有英国一人，并未及法、布二国。现因遣使各国及办理公事急需法文，而布国交涉事件近亦不少，自应一律学习。……拟请将俄馆暂缓添设，先行兼习法文、布文。但英国教习不能兼通法、布文字，必须另延教习。既添教习，须增馆舍。”⑤ 这样，在原有英文馆的基础上，广东同文馆又开设了法文馆和布文馆。

---

① 李兴锐、蔡汇沧：《光绪七年三月二十一日（1881.4.19）总办机器制造局李、蔡禀覆南洋通商大臣刘》，载朱有瓛：《中国近代学制史料》第一辑上册，华东师范大学出版社1983年版，第236～237页。

② 刘坤一：《光绪七年四月十六日（1881.5.13）两江总督部堂刘批广方言馆选集生徒肄业》，载朱有瓛：《中国近代学制史料》第一辑上册，华东师范大学出版社1983年版，第238页。

③ 瑞麟：《同治十年七月初七日（1871.8.22）两广总督瑞麟送学生咨文》，载朱有瓛：《中国近代学制史料》第一辑上册，华东师范大学出版社1983年版，第276～277页。

④ 瑞麟：《同治十年十月二十一日（1871.12.3）文渊阁大学士两广总督瑞麟等折》，载朱有瓛：《中国近代学制史料》第一辑上册，华东师范大学出版社1983年版，第269页。

⑤ 长善：《光绪五年七月二十二日（1879.9.8）广州将军长善等奏》，载朱有瓛：《中国近代学制史料》第一辑上册，华东师范大学出版社1983年版，第271页。

与京师同文馆和上海广方言馆多次调整不同，广东同文馆从一开始建立就比较平稳，自始至终没有太大变化。这主要有以下三个原因：

第一，广州地方长官缺乏办学热情。奕䜣和李鸿章长期从事外交活动，由于缺少高水平外语人才沟通，他们在面对西方列强咄咄逼人的气势和蛮不讲理的做派时深受刺激，经常感到愤怒和无奈。所以，他们积极主动要求创办同文馆，培养自己的外交翻译人才，以便在外交活动中争取国家利益和个人尊严。为了取得办学效果，他们增设专业，强化翻译，甚至不惜与朝廷多数人作对也要坚持改革。与此相反，广州将军库克吉泰和两广总督毛鸿宾等人不像奕䜣和李鸿章那样经常接触外国人，没有深刻的体会，也没有办学的积极性。他们只是接受了同治皇帝的任务，被动地去完成这个工作。

第二，广州当地外语人才相对较多。明清以来，广州一直是对外开放的窗口。广州十三行更是清政府官方指定的唯一对外贸易机构，长期与外商打交道，具有丰富的外事经验。五口通商以后，外商在广州日益活跃。除了官方机构以外，在中外经商活动中，有许多通事长期参与这些经商活动并从中牟利。外文书籍、杂志、报纸在市面上也很常见。民间很多人也能够使用外语进行沟通。因此，广州的外语人才并不像北京、上海那样紧缺。

第三，广州外交事务相对较少。北京和上海是国家的政治、经济中心，外交事务繁多，对口头和书面翻译水平要求比较高，很多时候需要字斟句酌，严谨无误。因此，政府对高水平外语人才需求比较强烈。相比之下，广州商业地位远大于政治地位，外事工作少，要求也不高。例如，同治十年十月二十一（1871 年 12 月 3 日），文渊阁大学士两广总督瑞麟等折提出："派充各衙门翻译官，系属有名无实，并无差使。""拟将各衙门翻译官裁撤，以节糜费。"[①] 从瑞麟的奏折可以看出，广东众多政府衙门外交活动很少，也不太需要长期储备高水平外语人才，甚至为了节省经费还要撤销政府机关的翻译官职位。

（三）同文三馆的结束期

19 世纪 90 年代中期至 20 世纪初期是同文三馆的结束期。在这个时期，发生了一些中外闻名的大事件。第一，1894 年至 1895 年的中日甲午战争以中国失败而告终。中国被迫签订了《马关条约》，向日本割地赔款。消息传来，

---

① 瑞麟：《同治十年十月二十一日（1871.12.3）文渊阁大学士两广总督瑞麟等折》，载朱有瓛：《中国近代学制史料》第一辑上册，华东师范大学出版社 1983 年版，第 268～269 页。

举国震惊。人们纷纷指责奕䜣、李鸿章等人，把战争失败的责任归罪到他们代表的洋务派身上。李鸿章迅速从万人敬仰的外交家变成了人人痛恨的卖国贼。既然洋务运动宣告失败，那么，作为洋务运动的组成部分，同文馆也受到了人们的指责。第二，1998 年的戊戌变法让人民得到启蒙，很多人开始质疑清王朝的合法性，“驱逐鞑虏，恢复中华”成为时代呼声。为了顺应民意，以慈禧太后为首的清政府不得不作出改革的样子。京师大学堂得以保留，学堂、报馆等传播新思想、新文化的机构逐渐增加，知识分子开始有了一些自由发言的权利。第三，1900 年，义和团起义席卷全国，八国联军进占北京。清政府与侵略者签订了《辛丑条约》，彻底沦为了西方帝国主义的附庸。随着清政府的快速衰落和新学堂的大量涌现，同文三馆明显落后于时代的脚步，其办学弊端显露无遗，最终被淘汰。

1. 京师同文馆的结束期

19 世纪 90 年代，经过将近三十年运转之后，同文馆作为官办学校的问题就已经难以掩盖，管理不善、贪污浪费与效率低下等问题逐渐暴露出来。

1894～1895 年的中日甲午战争中，中国战败，日本崛起。朝野震动，民声鼎沸。与日本政府和民间的交涉活动日渐增多，日语人才需求大大增加。鉴于甲午战争中国失败、日本崛起的现状，光绪二十三年（1897），清政府决定开设东文馆，由唐家桢担任日语教习，以便增强对日本的了解。据《同文馆章程及续增条规》记载，光绪二十三年（1897）堂谕：“设立东文一馆，添传记名学生十二人肄习东文，派东文翻译官唐家桢充东文教习。”[①] 不过，关于东文馆的设立情况，有一些不同的说法。付克（1986）认为：“光绪二十二年（1896），又设东文馆，杉几太郎任日文教习。”[②]《京师同文馆学友会第一次报告书》三馆馆员录记载的也是杉几太郎担任第一届日文教习。

光绪二十七年十二月初二（1902 年 1 月 11 日），光绪皇帝下旨将京师同文馆合并到新成立的京师大学堂。“昨已有旨饬办京师大学堂，并派张百熙为管学大臣。所有从前设立之同文馆，毋庸隶外务部，着即归入大学堂。一并责成张百熙管理。务即认真整饬，以副委任。”[③] 从此，成立 40 年的京师同文馆结束了其作为官办外语学校的历史使命（见表 2-4）。

① 朱有瓛：《中国近代学制史料》第一辑上册，华东师范大学出版社 1983 年版，第 18 页。

② 付克：《中国外语教育史》，上海外语教育出版社 1986 年版，第 16 页。

③ 光绪皇帝：《光绪二十七年十二月初二日（1902.1.11）上谕》，载朱有瓛：《中国近代学制史料》第一辑上册，华东师范大学出版社 1983 年版，第 19 页。

表 2-4　　京师同文馆沿革时间表

名称	办学地点	创立时间	发展时间	结束时间
京师同文馆	北京	1862 年	1862 年开设英文馆。 1863 年开设法文馆、俄文馆。 1867 年开设天文算学馆。 1871 年开设布文（德文）馆。学校开办医学和生理学讲座。 1888 年开设格致馆和翻译处。 1897 年开设东文馆。	1900 年停办。 1902 年 1 月 11 日合并入复校的京师大学堂。

2. 上海同文馆的结束期

在发展过程中，上海同文馆一度衰落。吴宗濂在《上海广方言馆始末记》一文中写道："而王大臣主持同文馆政者，谓本馆需用祗在法文学生，余俱勿遣。于是仅以鄙人及黄君致尧入选，其余成材学生，悉令解散，馆事遂中落矣。幸李勉林（兴锐）先生服阕复至，乃规复旧制。"①

光绪十八年十二月十二（1893 年 1 月 29 日），江海关道、制造总局给南洋大臣刘坤一汇报时作了几点说明：第一，设立学校的本意是培养人才，现在学校已经实现了这个目标。"广方言馆之设，原系陶育人才备用起见。"第二，由于总理衙门目前不再招录学生，在校生感到怀才不遇。"近年以来总理衙门以同文馆学生较多，饬停送考，而广方言馆学生其才堪造就者，自不乏人，往往学业有成，怀才莫试。"第三，现在的在校生面临去留问题，处理不好会导致人才浪费。"徒留在馆，各学生年齿渐长，常此淹滞，或另图别业，良为可惜，且失当年设馆之本意。"第四，希望政府部门参照广东同文馆的做法给学生一条出路。"仰恳宪台府赐援照广东成案，奏明将上海广方言馆学生，亦于三年之后由职道等挑选详送崇辕考试，分别给予翻译生监生派充翻译官，并准其一体乡试。俾各学生得以自图进取，用示鼓励。"②

光绪二十年四月二十三（1894 年 5 月 27 日），江海关道聂缉椝提出："光绪十四年起所收学生提为一二班，多可造就，分别考取，合英、法、算学、天文各生共十三名……查上海广方言馆肄业各生，学有成效，向候总理衙门调取入都考试，留于同文馆肄业。"该衙门提出在英文馆、法文馆、算学馆之

① 吴宗濂：《上海广方言馆始末记》，载朱有瓛：《中国近代学制史料》第一辑上册，华东师范大学出版社 1983 年版，第 250 页。

② 朱有瓛：《中国近代学制史料》第一辑上册，华东师范大学出版社 1983 年版，第 238～239 页。

外，建设好天文馆。“英文、法文、算学、天文生徒，分作四馆教授。”①

光绪三十一年三月（1905 年 4 月），两江总督周馥提出，随着国家教育改革的发展和变化，原有的上海广方言馆作为一所外语学校已经不适合当前形势。他建议朝廷把上海广方言馆改为工业学堂，以便学习制造业的知识，培养实业人才。“上海所设广方言馆，系李前大臣奏报创立。嗣以机器制造局开设学堂，译习外国书籍，与广方言馆事属一类，由前升任江海关涂道宗瀛，禀经批准归并制造局，以朝一气贯串，办理以来，成效颇著。惟此项广方言馆，系专为储备译材而设，现在各省均已设立学堂，颇有兼习外国文字者，是机器局毋庸另设学堂。查现时工商各业，尚无进步，所有此项广方言馆，自应改为工业学堂，以期振兴实业。”② 从此，上海同文馆结束了自己的历史使命。

上海同文馆的兴亡与国家命运息息相关。国家兴旺，学校兴旺。国家衰落，学校也会跟着衰落。吴宗濂在《上海广方言馆始末记》回忆道：“惟庚子以还，京师同文馆改为译学馆，而斯馆亦改为兵工学堂，今则并此而无之，馆之兴废随国运为转移。”③ 自 1905 年改为工业学堂，上海广方言馆便不复存在了（见表 2-5）。

表 2-5　　上海同文馆沿革时间表

名称	办学地点	创立时间	发展时间	结束时间
上海同文馆（后改为上海广方言馆）	上海	1863 年	1863 年开设英文馆、算学馆。 1870 年移入总办机器制造局翻译馆，与其一起办公，但两者是各自独立的机构。 1870 年开设法文馆、德文馆。 1891 年开设天文馆。	1905 年 4 月改为工业学堂

3. 广东同文馆的结束期

19 世纪 60～90 年代，为了检验办学效果，总理事务衙门曾经要求上海、广州两所同文馆选派学生进京面试。广东同文馆分别在 1867 年、1871 年、1890 年、1896 年和 1899 年五次推荐毕业生进京参加选拔。蔡锡勇等人表现

① 聂缉椝：《光绪二十年四月二十三日（1894.5.27）江海关道聂移制造总局》，载朱有瓛：《中国近代学制史料》第一辑上册，华东师范大学出版社 1983 年版，第 240 页。

② 周馥：《光绪三十一年三月（1905.4）两江总督周馥改上海广方言馆为工业学堂》，载朱有瓛：《中国近代学制史料》第一辑上册，华东师范大学出版社 1983 年版，第 243 页。

③ 吴宗濂：《上海广方言馆始末记》，载朱有瓛：《中国近代学制史料》第一辑上册，华东师范大学出版社 1983 年版，第 250 页。

良好，受到奕䜣等高官表扬。

1871年12月，瑞麟提出了广东同文馆只录用旗人，取消汉民求学资格的政策。自此以后，广东同文馆就成了典型的八旗贵族子弟学校。

1879年，除英文馆外，广东同文馆又开设了法文馆和布文馆，办学规模和专业设置比以前略有变化。在此以后，学校在招生规模和学习内容上基本维持了这个样子。

总体而言，从19世纪80年代直至清朝灭亡，与京师同文馆和上海广方言馆相比，广东同文馆一直处于比较稳定的状态，并没有非常明显的结束期。一方面，因为这所学校始终处在一个地理位置偏远、商业气息浓重的城市，当地市民热衷于学外语经商赚钱，学生进京做官的学习劲头较弱，所以它的政治地位、经济价值和外交作用与北京、上海的两所同文馆无法相提并论。另一方面，既然广东同文馆不是主动要求开办的学校，那么它按部就班执行中央政策就成了常态。除了按清政府要求选派五批学生送北京参加选拔，以及按中央指示增设法文馆和布文馆以外，广东同文馆并没有大起大落的变化。然而，作为清王朝的附属机构，该学校也必然随着清王朝的破败与覆灭走向衰落和终结。光绪三十一年（1905），科举制最终被废除，广东同文馆也逐渐失去了其竞争优势，“改名为广州译学馆，成为五年制的高等学堂”[①]（见表2-6）。

表2-6　　广东同文馆沿革时间表

名称	办学地点	创立时间	发展时间	结束时间
广东同文馆	广州	1864年	1862年开设英文馆、算学馆 1879年开设法文馆、布文馆 1896年开设俄文馆、东文馆	1905年改为广州译学馆

第三节　关于天文算学馆的争论

19世纪60～90年代的同治、光绪年间，清政府组织开展了学习西方文化、推广西方科学技术、引进和发展军工产业的自强运动，大大提高了中国的工业化水平，史称“同光之治”。鉴于这些活动都是以学习外国语言、文化

① 付克：《中国外语教育史》，上海外语教育出版社1986年版，第18页。

和西方科学技术为显著特色，因此，这次持续了数十年的改革自强活动就被称为“洋务运动”。《清史稿》指出，清政府“又震于列强之船坚炮利，急需养成翻译与制造船械及海陆军之人才。故其时首先设置之学校，曰京师同文馆，曰上海广方言馆，曰福建船政学堂及南北洋水师、武备等学堂”[①]。这段话清楚地表明了以下几个观点：

第一，危机来自外部，必须开始改革以图自强自保。鸦片战争前，清政府一直固守传统制度，并没有主动改革的发展战略。两次鸦片战争让其威风扫地，震惊不已。清政府之所以下大力气培养外语、科技和军事人才，的确是因为认识到了西方船坚炮利的巨大优势，从而产生了紧迫感和自强意识。

第二，改革措施注重实用性和针对性。清政府并没有改变政治制度的想法。它兴办洋务运动的目的不是从根本上改革封建体制，实现工业革命，而是弥补农业社会缺陷，增强国防、科技和经济实力，从而在外交、军事斗争中抵御西方侵略。因此，它所采取的是修修补补的措施，只是针对当时最棘手的外交翻译、军械制造、航海造船等方面的问题制订了相应的解决方案。

第三，紧缺人才无法从外部获得，只能自己培养。洋务运动开始之前，清政府对西方世界知之甚少，更缺乏了解西方文化、运用西方规则对付西方列强的人才。例如，同文三馆创办之前，外交翻译紧缺。社会上的通事（翻译）素质低下，品行恶劣，不堪大用，导致清政府多次在外交谈判中吃亏上当。无奈之下，清政府只能自己培养外交翻译人才。在这种情况下，清政府建立了“京师同文馆、上海广方言馆、福建船政学堂及南北洋水师、武备等学堂”，以便培养外交翻译、军械制造、航海造船等方面的紧缺人才。

19世纪60年代初，经过奕䜣和李鸿章等人的努力，清政府陆续批准了创办京师同文馆、上海同文馆和广东同文馆的奏折。同治元年（1862），京师同文馆率先成立，拉开了洋务运动的序幕。

作为培养外交翻译人才的学校，同文三馆创办之初招收人数不多，影响范围很小，在社会上并没有引起太多反响。然而，同治六年（1867），京师同文馆为天文算学馆招收新生时却引起了轩然大波。以恭亲王奕䜣为首的洋务派与大学士倭仁为首的保守派针锋相对，在整个国家官僚机构中上层展开了一场前所未有的大辩论。那么，京师同文馆开设一个天文算学馆为什么会引起那么多的争论呢？

---

① 赵尔巽：《清史稿》卷一百七，志八十二，中华书局1977年版，第3121页。

一、争论的原因

自第二次鸦片战争以后，恭亲王奕䜣开始负责清政府外交事务。他主持了战后的和谈，确认了清政府前任钦差与英、法、美、俄分别签订的《天津条约》，与洋人签订了《北京条约》。由于经常与洋人打交道，他亲睹了西方列强船坚炮利的巨大威力，也参观了西方科技发展的壮观成就，深感中国工业和科技水平的落后，为此，他向咸丰皇帝提出了一系列改革建议。不久，咸丰皇帝驾崩。同治皇帝登基后，垂帘听政的慈禧太后支持他继续改革，从此掀起了振兴晚清的洋务运动。按照先急后缓的原则，清政府主要采取了以下措施：第一，为了更好地与外国人打交道，清政府决定在北京、上海、广州兴办同文馆等外语学校，培养外语人才，做好翻译工作。第二，为了掌握制造枪炮、驾驶轮船的科学技术，清政府开办了福建船政学堂、湖北自强学堂等工科学校。第三，为了抵抗外国侵略，增强国防力量，清政府决定大力发展军工产业，除了大量购置西方枪支、弹药、火炮、战舰以外，还在上海、武汉、福州等地开办各类工厂制造军事枪械、工业机器设备等。

同文三馆开办以后，奕䜣等人非常关心学校的发展问题。上海同文馆创立之时，冯桂芬正担任李鸿章的幕僚。他提出："一切西学皆从算学出，西人十岁外无人不学算，今欲采西学，自不可不学算，或师西人，或师内地人之知算者俱可。"① 因此，上海同文馆在创办之初就将算学列入课程计划。广东同文馆因仿照上海同文馆章程办学也将算学列入了课程计划。不过，京师同文馆最初并没有算学这类课程。

同文三馆运营几年之后，奕䜣也认识到了算学的重要性。经过与李鸿章等朝廷重臣讨论，他决定在京师同文馆开办天文算学馆，把科学内容加入学校课程之中。为此，他还特意向各地征调数学教师。经郭嵩焘推荐，同治皇帝下旨："著瑞麟、蒋益澧、马新贻迅将邹伯奇、李善兰咨送来京，前赴总理各国事务衙门，听候该管王大臣试验。"② 奕䜣的主张主要有以下两点：第一，增加天文算学专业，培养会外语、懂科技的复合型人才。学生不但要积极学习西方语言、文化，而且要学习西方科技技术。第二，为了保证学习质量，

---

① 冯桂芬：《采西学议》，载朱有瓛：《中国近代学制史料》第一辑上册，华东师范大学出版社1983年版，第576页。

② 同治皇帝：《同治五年八月二十四日（1866.10.2）谕军机大臣等》，载朱有瓛：《中国近代学制史料》第一辑上册，华东师范大学出版社1983年版，第33页。

需要扩大招生范围。学生不再局限于满汉八旗子弟，而是扩展到已取得一定功名的读书人和京外五品以下的官员。

同治六年十一月（1866 年 10 月），奕䜣奏请在京师同文馆开办天文算学馆。然而，他的这次提议却在统治阶级上层遭到了强烈反对。主要原因是它触及了统治阶级三个核心利益。

（一）打破了传统的八旗子弟优先的传统

八旗制度是清朝的立国之本。“有清以武功定天下。太祖高皇帝崛起东方，初定旗兵制，八旗子弟人尽为兵，不啻举国皆兵焉。太宗征藩部，世祖定中原，八旗兵力最强。”“清初，太祖以遗甲十三副起，归附日众，设四旗，曰正黄、正白、正红、正蓝，复增四旗，曰镶黄、镶白、镶红、镶蓝，统满洲、蒙古、汉军之众，八旗之制自此始。”① 在没有取代中原政权之前，清朝只有满八旗。后来，随着统治地区的扩大和人口的增加，清朝为了笼络人心又增设了蒙、汉八旗。正因为这是爱新觉罗家族起家的资本和巩固政权的依靠，所以清朝历代皇帝和达官贵人都偏爱八旗子弟，为他们制定了各种优惠政策。八旗子弟的福利待遇远超其他社会成员。清王朝入主中原后，由于形势需要，清政府虽然为了拉拢汉族上流社会而设定了汉八旗，并沿用满八旗方式进行组织和管理，但其对汉人的戒心和限制始终都存在。

有一个例子可以说明清政府的民族政策问题。同治十年十月二十一日（1871 年 12 月 3 日），文渊阁大学士两广总督瑞麟等折，“查同文馆章程，额定正学二十名，内满洲、汉军子弟十六名，汉人世家子弟四名。……旗籍诸生咸皆踊跃，惟民籍正学、附学各生，来去无常，难期一律奋勉。……拟请嗣后同文馆学生专用旗人，毋庸再招汉民”②。同治十一年正月二十一日（1872 年 2 月 29 日），总理各国事务衙门上奏同治皇帝：“两广总督瑞麟等奏，广东同文馆肄业学生酌量变通一折……应如所请办理。所有该省额设肄业学生二十名并附学生十名，嗣后均以满洲、汉军八旗子弟充补，毋庸再招汉民。其汉民现尚在馆肄业者，俟开缺时即以旗人充补足额。”③ 这种做法看似整顿学校秩序，提高教学质量，但实际上却剥夺了非八旗子弟的汉人权利，堵塞

① 赵尔巽：《清史稿》卷一百三十，志一百五，中华书局 1977 年版，第 3859～3860 页。

② 瑞麟：《同治十年十月二十一日（1871.12.3）文渊阁大学士两广总督瑞麟等折》，载朱有瓛：《中国近代学制史料》第一辑上册，华东师范大学出版社 1983 年版，第 268 页。

③ 奕䜣：《同治十一年正月二十一日（1872.2.29）总理各国事务衙门奏》，载朱有瓛：《中国近代学制史料》第一辑上册，华东师范大学出版社 1983 年版，第 270～271 页。

了汉人的上升通道，必然会引发人口占绝大多数的汉族人的对立情绪。

京师同文馆创办之初也沿用了八旗子弟优先的政策，刚开始招收的学生都是八旗子弟。然而，这种片面排斥社会其他成员的歧视政策在此时却成为影响学习效果的弊端，难以保证人才培养质量。对于满族人来说，由于本族语是满语，满族八旗子弟必须从小学习满语。在广东同文馆章程中，两广总督毛鸿宾提出："仍随时兼习清字清语，以重本务。"[①] 光绪五年七月二十二日（1879 年 9 月 8 日），广州将军长善等奏："且向定学生功课，每日以卯、辰、巳三时习西文，午、未、申三时习汉文，课余之暇，仍习清语。"[②] 这就意味着八旗子弟不仅要同时学习汉语、英语这两种非本族语，而且还要坚持学习满语。这样，他们自然要承担比其他学生更重的学习负担。

同治五年十一月初五（1866 年 12 月 11 日），奕䜣指出："各馆学生，系由八旗咨取年在十四岁内外。迄今几及五载，各馆学生于洋文洋话，尚能领略；惟年幼学浅，于汉文文义，尚难贯串。现仍督令该学生等，将洋文翻译汉文，以冀精进。只以功力分用，速效难期，若再令讲求天文、算学等事，转恐博而不专。"[③] 另外，学生们的八旗出身也让其拥有特权，不服管教，疏于学习，不思进取。因此，京师同文馆创办之初办学效果并不明显，招收的八旗子弟学习成绩也不出色。

考虑到这个问题，奕䜣在奏请开办天文算学馆时放弃了八旗子弟优先的传统，改为满族、汉族符合条件的人员均可报考。这种做法触动了八旗贵族利益，自然引起其反感和反对。

（二）破坏了官场规则和官僚体制

在这次招生中，奕䜣要求天文算学馆"专取满汉举人，恩、拔、副、岁、优贡生，并前项正途出身之五品以下京外各官，考试录取。旋复奏请推广考试，翰林院编修、检讨、庶吉士并进士出身之五品以下京外各官"[④]。天文算学馆招生范围从初始的满汉举人、秀才、五品以下京外各官扩展到后来的翰

① 毛鸿宾：《同治三年六月初十日（1864.7.13）两广总督毛鸿宾折》（附章程），载陈学恂：《中国近代教育史资料教学参考资料》上册，人民教育出版社 1986 年版，第 61 页。

② 长善：《光绪五年七月二十二日（1879.9.8）广州将军长善等奏》，载朱有瓛：《中国近代学制史料》第一辑上册，华东师范大学出版社 1983 年版，第 271～272 页。

③ 奕䜣：《同治五年十一月初五日（1866.12.11）总理各国事务奕䜣等折》，载朱有瓛：《中国近代学制史料》第一辑上册，华东师范大学出版社 1983 年版，第 13 页。

④ 奕䜣：《同治六年六月初二日（1867.7.3）总理各国事务奕䜣等折》，载朱有瓛：《中国近代学制史料》第一辑上册，华东师范大学出版社 1983 年版，第 44 页。

林院编修、检讨、庶吉士并进士出身之五品以下京外各官。这意味着清政府所有的中下级官员和考取功名的知识分子几乎都涵盖在内。

高素质人才决定着整个国家的基层执政地位和未来发展方向。一旦上述这些社会精英加入天文算学馆或者向往成为其中一员，清政府当中学习西方文化和科技的改革派政治势力将会大大增强，西化倾向将会日益严重。反对西化的保守派绝对不能容忍这种事情的发生。

（三）动摇了统治阶级愚弄人民的基础

天文算学馆招生宣传发布以后，社会各界反响不一。赞成的人欢欣鼓舞，积极响应，反对的人咬牙切齿，痛心疾首。

以奕䜣为首的洋务派积极支持天文算学馆招生。他们希望破除思想束缚，营造学习西学的社会舆论。他们动员广大中下级官员和知识分子参与此次选拔，力图形成学习西方科学技术的氛围，促进国家富强，巩固清朝统治。他们的想法和做法得到了许多人的支持。

大学士倭仁等人坚决反对这个做法。他们认为此举破坏了原有的人才选拔制度，有违国家发展大业。他们担心天文算学馆教授西洋语言和文化，诱导学生背离祖宗传统，导致学生容易遭受洋人牵制，危及清朝统治。

二、争论的过程

（一）洋务派的观点

19 世纪 60 年代初，洋务运动刚刚开始，改革处于破冰期。1862 年到 1866 年期间，京师同文馆培养了一批翻译人才，取得了一些成绩，对中国外交事业起到了一定作用。尽管如此，恭亲王奕䜣并不满足。俗话说："知其然知其所以然。"学习西方各类机器设备如果不知道其工作原理和制造方法，这样无论如何也无法掌握核心技术。面对着与西方列强十年修约期的到来，他认为该学校必须提高办学层次，不能只强调学习外语，还应该增加西方科学技术内容。同治五年十一月初五（1866 年 12 月 11 日），奕䜣指出："因思洋人制造机器、火器等件，以及行船、行军，无一不自天文、算学中来。现在上海浙江等处，讲求轮船各项，若不从根本上用著实功夫，即学习皮毛，仍无裨于实用。"① 应该说，奕䜣的这个想法找到了同文馆发展问题的症结。在

---

① 参见奕䜣：《同治五年十一月初五日（1866.12.11）总理各国事务奕䜣等折》，载朱有瓛：《中国近代学制史料》第一辑上册，华东师范大学出版社 1983 年版，第 13 页。

他的坚持下，“译员学校内决定加设科学一馆，招收中文具有根底的学生，把学校升为大学程度[①]”。

同治五年十二月二十三（1867 年 1 月 28 日），奕䜣上书同治皇帝，提出：“窃臣等前因制造机器、火器必须讲求天文、算学，议于同文馆内添设一馆，招取满汉举人，恩、拔、副、岁、优贡生，并前项正途出身之五品下京外各官，考试录取，延聘西人在馆教习。”[②] 其实，为了减少清政府上层贵族的反对，奕䜣已经作了很多准备。他在增加专业的问题上选择了天文、算学这两个词，因为科举考试有算学一科，官僚们比较熟悉也能够理解。不过，虽然他申请设立天文算学馆没有多少人质疑，但他提出的扩大招生范围的建议却遭到了许多人的坚决反对，从而引发了一场大辩论。

1. 招生理由

同治五年十二月二十三（1867 年 1 月 28 日），奕䜣上奏同治皇帝，提出了招收高水平学生的几点理由。[③]

第一，算学是各科学问之本，所有机器生产制造方法都来源于数学。因此，中国要掌握机器制造方法，必须请洋人先解释清楚机器工作原理，提供核心技术。否则，各种努力只能是劳民伤财。“臣等伏查此次招考天文、算学之议，并非矜奇好异，震于西人术数之学也。盖以西人制器之法，无不由度数而生，今中国议欲讲求制造轮船、机器诸法，苟不借西士为先导，俾讲明机巧之原，制作之本，窃恐师心自用，徒费钱粮，仍无裨于实际。”

第二，有人认为舍弃中国传统，学习西方文化，甚至向外国人学习是耻辱，这种观念是不识时务。“论者不察，必有以臣等此举为不急之务者，必有以舍中法而从西人为非者，甚至有以中国之人师法西人为深可耻者，此皆不识时务之论也。”“若夫以师法西人为耻者，此其说尤谬。夫天下之耻，莫耻于不若人。”

第三，招收优秀人才学习高难学问是大家的共识。“疆臣如左宗棠、李鸿章等，皆能深明其理，坚持其说，时于奏牍中详陈之。……由此以观，是西

---

① 丁韪良：《同文馆记》，傅任敢译，载朱有瓛：《中国近代学制史料》第一辑上册，华东师范大学出版社 1983 年版，第 173 页。

② 奕䜣：《同治五年十二月二十三日（1867.1.28）总理各国事务奕䜣等折》，载朱有瓛：《中国近代学制史料》第一辑上册，华东师范大学出版社 1983 年版，第 14 页。

③ 奕䜣：《同治五年十二月二十三日（1867.1.28）总理各国事务奕䜣等折》，载朱有瓛：《中国近代学制史料》第一辑上册，华东师范大学出版社 1983 年版，第 14～16 页。

学之不可不急为肄习也，固非臣等数人之私见矣。”

第四，科学技术没有界限，各国互相学习，才能不断进步。“查西洋各国，数十年来，讲求轮船之制，互相师法，制作日新，东洋日本近亦遣人赴英国学其文字，究其象数，为仿造轮船张本，不数年后亦必有成。”

第五，花钱买或者租很方便，但没有掌握核心技术。学习不但要知其然，还要知其所以然。这样才不会受人控制。“雇买以应其用，计虽便而法终在人；讲求以彻其源，法既明而用将在我。盖一则权宜之策，一则久远之谋。”“我既已洞悉根原，遇事不必外求，其利益正非浅鲜。”

第六，招收优秀人才学习科学技术不是为了学会雕虫小技，而是掌握重大原理。“或谓制造乃工匠之事，儒者不屑为之……今日之学，学其理也，乃儒者格物致知之事，并非强学士大夫以亲执艺事也。”

第七，开设天文算学馆是新事物，要以鼓励为主。“惟是事属创始，立法宜详，大抵欲严课程，必须优给廪饩，欲期鼓舞，必当量予升途。”

应该说，奕䜣提出的这些理由是非常有道理的，而且办好学校对于巩固清朝统治也有很大帮助作用。因此，他的建议很快得到重视。

2. 第一次辩论

奕䜣提出招生建议之后，遭到了保守派的坚决反对。针对山东御史张盛藻和大学士倭仁提出的反对意见，奕䜣据理力争。

第一，表明态度，分辨是非，痛斥无知。同治六年三月初二（1867 年 4 月6 日），奕䜣在给同治皇帝的奏折中指出：“学习外国语言文字，制造机器各法，教练洋枪队伍，派赴周游各国访其风土人情，并于京畿一带设立六军，借资拱卫；凡此苦心孤诣，无非欲图自强。”[①] 他认为，西方列强之所以敢在中国肆意妄为，横行霸道，是因为他们通过几十年在中国的布局，掌握了中国语言文化和整个国家的各类信息，了解中国的一举一动。反观保守派这些人，不仅自己对外国人的行动一无所知，而且对于有识之士的建议也置若罔闻，横加指责，挑起纠纷。“徒以道义空谈，纷争不已。”“议和议战大率空言无补，以致酿成庚申之变。”“又复众论交攻，一误何堪再误!”“以为无事则嗤外国之利器为奇技淫巧以为不必学，有事则惊外国之利器变怪神奇以为不

---

① 奕䜣：《同治六年三月初二日（1867.4.6）总理各国事务奕䜣等折》，载朱有瓛：《中国近代学制史料》第一辑上册，华东师范大学出版社 1983 年版，第 554 页。

能学。”[①] 这种坐而论道的方式纯属空谈误国。

第二，指出危险，讲明利害，防范后患。奕䜣认为西方侵略者贪得无厌，得寸进尺，清政府必须加强内部改革，提前做好防范工作。奕䜣分析道：“自定约以来，八载于兹，中外交涉事务，万分棘手，臣等公同竭力维持，近日大致虽称驯顺，第苟且敷衍目前则可，以为即此可以防范数年，数十年之后则不可。”[②] 他的意思很明确，清政府目前与西方交涉所采取的各种措施只是应急之策，只能暂时解决当前急迫的问题。从长远来看，清政府还必须制定长远的战略规划。成立天文算学馆，学习西方先进科学技术就是解决方案之一。

第三，阐明立场，分析利弊，提出建议。奕䜣指出西方列强侵略中国主要是依靠高科技打造的蒸汽机轮船和各类火药武器。他说，成立天文算学馆，选择已获取功名的读书人等正途人员研究西方科学技术正是为了破解这些秘密，掌握核心技术，打造中国设备，实现国家富强。这并非他一时心血来潮作出的决定，而是经过与曾国藩、李鸿章、左宗棠等国家重臣反复商议之后才确定下来的。“疆臣如左宗棠、李鸿章等，皆能深明其理。”他们“选少年颖悟子弟，延聘洋人教以语言文字、算法、画法，以为将来制造轮船、机器之本。由此以观，是西学之不可不急为肄习也，固非臣等数人之私见矣”[③]。他认为只有选用根正苗红的读书人研究西方科学技术，才能真正卧薪尝胆，培养人才，取得成效，最终报仇雪恨。

除此之外，奕䜣还告了倭仁一状。他指出：“该大学士既以此举为窒碍，自必别有良图，如果实有妙策，可以制外国而不为外国所制，臣等自当追随该大学士之后，竭其梼昧，悉心商办……如别无良策，仅以忠信为甲胄，礼义为干橹等词，谓可折冲樽俎，足以制敌之命，臣等实未敢信。”[④] 奕䜣认为，做事情要看结果，不能只靠口头胡说和书面论述，要落实到具体实践当中，由实践结果去验证好与坏。既然大学士倭仁屡屡指责奕䜣自己做得不好，想必他有好办法，可以解决外敌侵略问题。如果倭仁真有这样的锦囊妙计，奕

---

① 奕䜣：《同治六年三月初二日（1867.4.6）总理各国事务奕䜣等折》，载朱有瓛：《中国近代学制史料》第一辑上册，华东师范大学出版社 1983 年版，第 554～555 页。

② 奕䜣：《同治六年三月初二日（1867.4.6）总理各国事务奕䜣等折》，载朱有瓛：《中国近代学制史料》第一辑上册，华东师范大学出版社 1983 年版，第 554 页。

③ 奕䜣：《同治五年十二月二十三日（1867.1.28）总理各国事务奕䜣等折》，载朱有瓛：《中国近代学制史料》第一辑上册，华东师范大学出版社 1983 年版，第 14 页。

④ 奕䜣：《同治六年三月初二日（1867.4.6）总理各国事务奕䜣等折》，载朱有瓛：《中国近代学制史料》第一辑上册，华东师范大学出版社 1983 年版，第 555 页。

䜣自己愿意服从他的安排，认真做好工作。但是，如果倭仁没有治国安邦的好方法，就需要闭嘴，不能信口开河，随意指责别人。

奕䜣的招生建议得到了一些官员的支持。同治六年四月十三（1867年5月16日），成都将军、署理四川总督崇实明确表达了自己的观点。第一，天文算学馆招生展现了朝廷重臣为国分忧的用心和高瞻远瞩的战略眼光。奕䜣的建议非常有用，符合国家发展战略。他说："详阅原奏，言中国宜谋自强，至今为亟，具见在廷诸臣深谋远虑，思患豫防，用心良苦。"第二，地方政府应该积极响应，做好举荐工作。确有才华的人要给予路费，送到总理衙门。请皇上派人考核，确定等级。他对奕䜣的建议作出了补充，提出对成绩突出者不妨破格提拔，进行额外奖赏，有真知灼见可以提交皇帝参考。他提出："应请旨饬下内外大臣及各省督抚，诚有灼知才技优长者准其荐举，给与赀斧，咨送总理各国事务衙门，奏请皇上简派精于数学之大员详加核试，次其等第。如能实尽所学，不妨破格超擢，奖之禄位；其有著书立说之处，亦许随时酌定进呈，伏候御览。"第三，崇实自己在四川、贵州处理外交事务时深有体会，知道此事不易。现在朝廷自己要解决难题，令人非常高兴。他认为这个建议为他打开了思路。他很高兴可以借鉴这个建议处理类似外交案件。"奴才奉命总理川黔两省交涉外国之案，于此事久切思维。今见朝廷谋及自强，巨细靡遗，不胜欣忭，用敢陈其愚昧之见。"[①]

不过，崇实在支持奕䜣的同时也对其考试内容提出了异议。他说："惟议专取翰林院并五品以下由进士出身京外各官及举人，恩、拔、副、岁、优贡生员，俾充其选，仍试策论等项，以定去留，似于事理未协。"按照惯例，科举考试必考策论，奕䜣这样做并不违反祖制。然而，崇实认为策论与天文算学是两个不同的学术门类，不能相提并论。他说："窃明天文算法委曲深细，本系专门之学，与策论等项不同。……盖文理可托之空言，而数学必归于实测。"[②] 如果非要用策论考试挑选算学人才，这样做可能会南辕北辙，达不到招收优秀人才的目的。

3. 第二次辩论

同治六年三月十九（1867年4月23日），奕䜣对倭仁的第二次上书进行

---

① 崇实：《同治六年四月十三日（1867.5.16）崇实折》，载朱有瓛：《中国近代学制史料》第一辑上册，华东师范大学出版社1983年版，第561～562页。

② 崇实：《同治六年四月十三日（1867.5.16）崇实折》，载朱有瓛：《中国近代学制史料》第一辑上册，华东师范大学出版社1983年版，第561页。

了批驳，主要表达了以下几个观点：第一，倭仁不仅误解了他的好意，而且全然没有考虑其他官员的意见，固执己见。奕䜣本以为能够与倭仁达成共识，所以才把曾国藩、左宗棠、李鸿章等人的书信拿给倭仁看，希望能获得其理解和支持。但是，倭仁不但没有领会诸位大臣的好意，反而坚决反对此事。他说："原期释其疑虑，共济时艰。兹倭仁并未体会各该督抚等所陈各件之意，仍谓此事以不行为是。"第二，倭仁妄加推断，随意捏造罪名，诬陷好人，反对改革。"一则曰'师事夷人'，再则曰'奉夷为师'，辄臆造师名，阻人向往。"第三，倭仁的影响力太大，直接造成社会舆论哗然，各省学子弃考。"自倭仁倡议以来，京师各省士大夫聚党私议，约法阻拦，甚且以无稽谣言煽惑人心，臣衙门遂无复有投考者。"第四，倭仁的反对意见将会造成人心浮动，带来很坏的影响，减缓办学计划实施，影响国家战略发展。"此举之把握，本难预期，因倭仁之倡议而益多阻滞矣。惟时势艰难，势同厝火，自不得因浮言煽惑置为缓图。"① 总之，奕䜣认为由于倭仁的地位较高，社会影响力很大，所以他的言论导致谣言四起，众人非议，很多本来打算投考的读书人都可能打起退堂鼓。这将极大地影响招生质量。

同一天，奕䜣上奏同治皇帝，提出了自己的想法。第一，聘请洋人讲解算学是不得已而为之，目的是满足临时学习需要，将来学生掌握相关学科核心知识以后就不会再继续这样做。他说："议奏招考天文算学，请用洋人，原欲窥其长短以收知彼知此之效……若得读书之人旁通其书籍、文字，用心研究，译出精要之语，将来即可自相授受，并非终用洋人。"第二，找出倭仁弱点，反唇相讥。"惟查倭仁原奏……如以天文、算学必须讲习，博采旁求必有精其术者，何必夷人？"既然倭仁觉得不必求助于洋人，那么，他应该自己想出办法，解决现实问题。第三，奕䜣还给同治皇帝上书一封，愿意与倭仁打擂，同台竞技，从而将了倭仁一军。他建议："相应请旨饬下倭仁，酌保数员；各即请择地另设一馆，由倭仁督饬，以观厥成……断不致因恐误保获咎。"②

自从第一次鸦片战争以来，清政府曾经派人遍访各地奇人异士，试图破解西方列强的秘诀，阻止其从海上发动侵略战争。几十年来，始终没有找到

① 奕䜣：《同治六年三月十九日（1867.4.23）总理各国事务奕䜣等折》，载朱有瓛：《中国近代学制史料》第一辑上册，华东师范大学出版社 1983 年版，第 557 页。

② 奕䜣：《同治六年三月十九日（1867.4.23）总理各国事务奕䜣等折》，载朱有瓛：《中国近代学制史料》第一辑上册，华东师范大学出版社 1983 年版，第 558 页。

有效的方法。这一直是清政府统治者的心头之痛。奕䜣自己同外国人打交道多年，也没有解决这个问题，只能寄希望于有识之士向西方人学习，“师夷长技以制夷”。

奕䜣提出，既然倭仁阻止他招生，而且说不必用外国人教授西方科学技术知识，那么，倭仁一定是胸有成竹，找到或培养了相关的人才。现在，恳请同治皇帝下旨让倭仁安排专人破解西方科技核心要义，解决清政府的难题。

同治皇帝接到奕䜣报告当天就降旨要求倭仁照此办理。两天后，倭仁承认自己鲁莽，没有阻拦改革之心，也没有破解西方科技核心的可用之人，以后不敢再妄议朝政。这样，经过一番明争暗斗，以奕䜣为代表的洋务派在辩论中获胜。

（二）保守派的观点

1. 第一次反对意见

奕䜣提出创办天文算学馆，招收有功名的正途人士之后，首先跳出来反对的是地方官员张盛藻。同治六年正月二十九（1867 年 3 月 5 日），山东道监察御史张盛藻率先发难，提出反对意见。他指出：“总理各国事务衙门请设同文馆，专用正途科甲人员学习天文算术……又恐人之不乐从也，乃厚给廪饩，优与奖叙。”[①] 他明确反对这种做法，认为通过利诱方式招收人才，向学员承诺给予高官、银钱，将会误导社会只顾名利而轻视气节。而只看重这些的人缺乏了做人的骨气将不会有大出息。“若令正途科甲人员习为机巧之事，又借升途、银两以诱之，是重名利而轻气节，无气节，安望其有事功哉?”[②] 他认为，参加科举考试的各类读书人应该安心读孔孟之道的四书五经，学治国安民的优计良策，以便报效国家。如果清政府真的需要设立某个专业机构培养天文和算学人才，完全不必采用奕䜣等人厚赏、封官的做法，让已经考取功名的读书人把时间和精力浪费在这些雕虫小技上面，而是直接委托专业部门去执行这个任务。政府可以要求负责观测天文的钦天监衙门从社会上选取一些年轻人专门学习这些知识。至于轮船和武器制造，政府可以要求负责军工产品制造的工部从制造部门抽出能工巧匠或者从军营中选拔智商较高的战士，“令其专心演习，传受其法，不必用科甲正途官员肄习其事，

① 张盛藻：《同治六年正月二十九日（1867.3.5）掌山东道监察御史张盛藻折》，载陈学恂：《中国近代教育史资料教学参考资料》上册，人民教育出版社 1986 年版，第 187 页。

② 张盛藻：《同治六年正月二十九日（1867.3.5）掌山东道监察御史张盛藻折》，载陈学恂：《中国近代教育史资料教学参考资料》上册，人民教育出版社 1986 年版，第 187 页。

以养士气而专责成”[①]。

2. 第二次反对意见

尽管同治皇帝搁置了张盛藻的建议，但保守派并没有放弃。十五天以后，大学士倭仁换了一个角度再次提出反对意见。

同治六年二月十五（1867 年 3 月 20 日），倭仁上书同治皇帝，提出了一些主张。他认为，天文、算学对于国家发展其实没有太大的用处，请洋人教已经考取功名的读书人得不偿失，可能会产生很多问题。他的观点主要体现在以下几个方面：

第一，读书人学西学祸害人心。倭仁指出：“窃闻立国之道，尚礼义不尚权谋；根本之图，在人心不在技艺。”[②] 他认为，洋人向来狡诈，未必真的愿意传授核心技术。即使洋人真心教学，中国学生真心学习，最终的结果也不过是培养了几个技术人员，对于国家振兴没有多大作用。中国地大物博，人杰地灵，不用担心找不到人才。即使非要学习天文、算学，也完全不必向洋人学习。

第二，清政府不能忘记仇恨。倭仁指出：咸丰十年（1858），英法联军蓄意挑起第二次鸦片战争，冲进北京城，破坏百姓家，打砸祖宗庙，烧毁圆明园，杀人放火，无恶不作。这是清朝建立 200 多年来最大的耻辱，令有识之士伤心悲痛，义愤填膺。虽然朝廷被迫与洋人签订了和平协议，但这个仇恨永远不能忘记。“学士大夫无不痛心疾首，饮恨至今。”[③]

第三，清政府要防止传教士蛊惑人心。倭仁指出：自从签订和约以来，西方的天主教、基督教等获得了在中国公开传播的机会。相当数量的老百姓受到愚弄而接受了其宗教理念。好在还有读书人坚持孔孟之道，维持社会公正良心，社会风气才不至于败坏堕落。然而，现在要求已经考取功名的读书人跟着洋人学习，明显树立了很坏的典型。这会导致正气下降，邪气上升，诱导民众服从洋人，人心归于洋人。以前洋人就痛恨读书人不接受天主教、基督教，现在朝廷让读书人跟着洋人学习，恐怕读书人在没有学会西方科学

① 张盛藻：《同治六年正月二十九日（1867.3.5）掌山东道监察御史张盛藻折》，载陈学恂：《中国近代教育史资料教学参考资料》上册，人民教育出版社 1986 年版，第 187 页。

② 倭仁：《同治六年二月十五日（1867.3.20）大学士倭仁折》，载陈学恂：《中国近代教育史资料教学参考资料》上册，人民教育出版社 1986 年版，第 188 页。

③ 倭仁：《同治六年二月十五日（1867.3.20）大学士倭仁折》，载陈学恂：《中国近代教育史资料教学参考资料》上册，人民教育出版社 1986 年版，第 188 页。

技术之前就已经受其蛊惑学坏。“闻夷人传教，常以读书人不肯习教为恨。今令正途从学，恐所习未必能精，而读书人已为所惑，适堕其术中耳。”[①]

同治六年三月初八（1867 年 4 月 12 日），倭仁对奕䜣的反驳作出了回应。他提出：“前因同文馆延聘夷人教习正途一事，上亏国体，下失人心，……今阅总理衙门所奏，大率谓忠信礼义之空言，无当于制胜自强之实政，奴才愚见，窃谓不然。”[②] 他的核心论点是以下三点：第一，读书人跟洋人学习，首先就灭了自己的志气，容易崇洋媚外。今后无论其学习成绩好与坏，都不能保证其全心全意为国效力。第二，担心洋人不认真传授核心技术，另外搞阴谋诡计。“夷人机心最重，狡诈多端，今欲习其秘术以制彼死命，被纵阳为指授，安知不另有诡谋?”[③] 第三，“重赏之下必有勇夫”。奕䜣用高官厚禄的方式招生肯定能够奏效，一定会吸引一些贪图利益的读书人前来报名。自己一个人的言论绝对不会阻止此事的发生，更不会因为这次争论导致官僚体制内部分裂。

最后，倭仁总结说：“夷人教习算法一事，若王大臣等果有把握，使算法必能精通，机器必能巧制，中国读书之人必不为该夷所用……如或不然，则未收实效，先失人心，又不如不行之为愈耳。”[④] 从上述论述可以看出，倭仁对于请洋人教授中国读书人西方科学技术的做法深表怀疑，尤其担心“画虎不成反类犬”。他害怕清政府会引狼入室，最后落得人财两空，不但没有掌握西方科学技术的核心和精髓，反而毒害了一批中国学生的灵魂，失去了广大民众的支持。

事实上，倭仁的观点并不仅仅是他自己的思想。它其实代表了社会上大多数精英人才对此事的思考和顾虑。

第一，按照传统道和术的思想，道是正统，术是辅助。天文、算学不是道，充其量只能列入术的行列。孔孟圣贤的思想才是教化人民的道。统治阶级要想实现国家强盛不应该强调术，应该重视道的宣传，把孔孟之道作为治

① 倭仁：《同治六年二月十五日（1867.3.20）大学士倭仁折》，载陈学恂：《中国近代教育史资料教学参考资料》上册，人民教育出版社 1986 年版，第 188 页。

② 倭仁：《同治六年三月初八日（1867.4.12）倭仁折》，载陈学恂：《中国近代教育史资料教学参考资料》上册，人民教育出版社 1986 年版，第 191 页。

③ 倭仁：《同治六年三月初八日（1867.4.12）倭仁折》，载陈学恂：《中国近代教育史资料教学参考资料》上册，人民教育出版社 1986 年版，第 191 页。

④ 倭仁：《同治六年三月初八日（1867.4.12）倭仁折》，载陈学恂：《中国近代教育史资料教学参考资料》上册，人民教育出版社 1986 年版，第 192 页。

理国家的根本。倭仁说："古今来未闻有恃术数而能起衰振弱者也。"[①]

第二，天文、算学是中国长久以来一直傲视全球的学科。例如，中国古人 2000 多年前就通过观察天象确定了彗星的存在。孔子编纂的《春秋》就有对哈雷彗星的记录："鲁文公十四年（前 613）秋七月，有星孛于北斗。"南北朝时期的祖冲之在 5 世纪就将刘徽计算的圆周率精确到小数点后六位数。直到 1000 多年后的 16 世纪，阿拉伯数学家阿尔·卡西才有新突破。这些杰出的数学成就完全可以代表中国科学的国际地位。因此，倭仁说："如以天文、算学必须讲习，博采旁求，必有精其术者，何必夷人，何必师事夷人？"[②]

第三，英法等西方列强是强盗和侵略者，靠海外征战、殖民掠夺起家，对中国人民犯下了滔天罪行。必须牢记血海深仇，不能忘记国耻。倭仁说："且夷人吾仇也，咸丰十年，称兵犯顺，凭陵我畿甸，震惊我宗社，焚毁我园囿，戕害我臣民，此我朝二百年未有之辱……能一日忘此仇耻哉？"[③]

第四，先辈早已料到西方列强将来会成为劲敌，所以才禁止海运，禁止传教，防止其势力渗入中国境内。现在把洋人请来教学，无异于引狼入室，后患无穷。倭仁说："伏读圣祖仁皇帝御制文集，谕大学士、九卿、科道云：'西洋各国，千百年后，中国必受其累。'仰见圣虑深远，虽用其法，实恶其人。今天下已受其害矣，复扬其波而张其焰耶？"[④] 既然先皇帝已经指出洋人居心叵测，贻害无穷，那么，当今朝廷一定不能再助长其嚣张气焰。

第五，倭仁认为自己并非只为一己之私考虑，实在是担心学生受到蛊惑，重蹈覆辙。奕䜣等人认为忠孝节义等圣人之道是空话套话，不能在克敌制胜方面起到作用。不过，个人才能固然重要，但只有具备忠诚、仁义品德的人才值得信任，才有可能为国家效力。培养人才不能走歪路，防止国家花重金培养出一批吃里爬外的卖国贼。倭仁说："夫欲求制胜，必求之忠信之人，欲谋自强，必谋之礼义之士，固不待智者而后知矣。……奴才所虑堕其术中者，

---

① 倭仁：《同治六年二月十五日（1867.3.20）大学士倭仁折》，载陈学恂：《中国近代教育史资料教学参考资料》上册，人民教育出版社 1986 年版，第 188 页。

② 倭仁：《同治六年二月十五日（1867.3.20）大学士倭仁折》，载陈学恂：《中国近代教育史资料教学参考资料》上册，人民教育出版社 1986 年版，第 188 页。

③ 倭仁：《同治六年二月十五日（1867.3.20）大学士倭仁折》，载陈学恂：《中国近代教育史资料教学参考资料》上册，人民教育出版社 1986 年版，第 188 页。

④ 倭仁：《同治六年二月十五日（1867.3.20）大学士倭仁折》，载陈学恂：《中国近代教育史资料教学参考资料》上册，人民教育出版社 1986 年版，第 188 页。

实非过计耳。”“是以罄竭愚诚，直言无隐，固非争以意气之私也。”①

客观地说，倭仁的这些意见并非毫无道理。他对西方列强本性的分析和对读书人跟洋人学习后果的担忧都充分体现出其忧国忧民的情怀。然而，正是因为他不懂皇帝和奕䜣等人的改革意图，他的言行才显得更加不识时务。

3. 第三次反对意见

倭仁认输六天以后，其他官员又提出了不同意见。同治六年三月二十七（1867 年 5 月 1 日），通政使司通政使于凌辰上书同治皇帝，认为开设天文算学馆容易产生朋党之争，最终引发国家政治危机。他提出了以下观点：

第一，天文算学招生事件长时间陷入争执当中，已经造成了社会舆论的分裂。“天文算学招考正途人员，数月于兹，众论纷争，日甚一日……入馆与不入馆，显分两途，已成水火，互相攻击之不已，因而互相倾复，异日之势所必至也。”第二，围绕招生问题形成的本土派和崇洋派难免会出于自身利益攻击对方，最终形成不同党派，破坏国家团结。“天文算学馆外，又复另立一馆，是学洋人者一馆，不学洋人者一馆，学洋人者势必愈尊洋人，不学洋人者势必愈鄙洋人，愈鄙夫学洋人者，愈激愈争，愈争而愈不可解，而党患成矣。”第三，天文算学本身属于无关紧要的细枝末节，但因为开办天文算学馆问题而导致党派之争将会给国家造成很大的危害。“今天文算学甫设而争端即启，争端启则朋党必成。夫天文算学本属技艺之末，其果能得力与否尚不可知，而先令臣子别户分门，开国家未有之风气，所关实非浅鲜。”②

于凌辰的报告意思很清楚，就是告诉同治皇帝不要随便开设两个对垒的阵营，以免由不同利益派别形成党派之争，最终引发政治祸乱。

除了于凌辰之外，还有官员提出了更加过分的意见。就在同治皇帝要求倭仁与奕䜣同台竞技整整两个月后，同治六年五月二十二（1867 年 6 月 23 日），候补直隶州知州杨廷熙越级上奏同治皇帝。在他的奏折当中，他针对奕䜣的招生政策提出了“十不解”③，洋洋洒洒写了 5000 多字，历数京师同文馆十大罪状。

---

① 倭仁：《同治六年三月初八日（1867.4.12）倭仁折》，载陈学恂：《中国近代教育史资料教学参考资料》上册，人民教育出版社 1986 年版，第 191 页。

② 于凌辰：《同治六年三月二十七日（1867.5.1）通政使司通政使于凌辰折》，载朱有瓛：《中国近代学制史料》第一辑上册，华东师范大学出版社 1983 年版，第 560～561 页。

③ 杨廷熙：《同治六年五月二十二日（1867.6.23）奏请撤销同文馆以弭天变折》，载陈学恂：《中国近代教育史资料教学参考资料》上册，人民教育出版社 1986 年版，第 195～201 页。

第一个不解是关于“学士大夫不可无羞无耻”的问题。杨廷熙提出：“中国之可羞可耻者，未有大于西洋之流毒、西人之倡乱矣。”西方列强“构数千年未有之祸，扰乱中国之边疆，凭陵中国之城池，侵据中国之关口，耗散中国之财赋，荼毒中国之人民，屡和屡叛，国家之贫弱因之”。他认为这才是最大的耻辱，而奕䜣等人“今日不耻不共戴天之仇，而羞不知星宿之士，何忘大耻而务于小耻也”。

第二个不解是关于“深明天文数学无过西人”的问题。杨廷熙提出：“历代之言天文者中国为精，言数学者中国为最，言方技艺术者中国为备。”也就是说，中国在天文、算学、技艺等方面早已经是世界第一，没有必要向洋人学习。他建议：“夫以中国之大，养士之久，岂无一二知天文明数学之士足以驾西人而上之者哉？……何不令天下举而习之，而必自卑尊人，舍中国而师夷狄？”

第三个不解是关于“制造轮船机器，苟不借西士为先导”的问题。杨廷熙提出：“轮船机器，即洋人用之亦不足恃也。”也就是说他认为机器并不是竞争胜利的决定因素，洋人也不用恐惧。关键的因素是人。他提出当今中国应该找出破解之术，解决问题。否则，即使设备精良，但没有掌握关键方法也是徒劳。“今不思破之之方，御之之术，窃恐中国将来之轮船机器较彼尤精，而用之不得其法，不得其人，未必不徒费钱粮，徒劳人力也。”

第四个不解是关于“论者不察，必以臣等为不急之务”的问题。杨廷熙提出：当前的问题是“善政未修于上，实学未讲于下，而犹令舍人事以习天文数学”。他认为当前的问题关键在于人，只要政治清明，思想正确，就可以解决问题，而不是舍本逐末学习天文算学。“当务之为急者，不在天文而在人事，不在算术机巧而在政治修明。”“纪纲立，号令行，政教兴，洋人虽众，机器虽利，轮船虽多，断不敢肆行无忌也。”

第五个不解是关于“中国之宜谋自强”的问题。杨廷熙提出：当前的问题是“有自强之心，无自强之政，而徒震惊于外洋机器、轮船不可制”。他认为，自强之道不是拥有多少轮船机器，而是要有“自强之心”“自强之政”，这样才能“天下畏威怀德，庶民子来，百工咸集，蛮夷率服矣”。因此，“夫自强之道，岂在天文、算数、轮船、机器哉？”

第六个不解是关于“招取翰林、进士、五项正途京外官员考试录取，延聘西人在馆教习”的问题。杨廷熙提出：“此尤大伤风教。”因为“洋人之与中国，敌国也，世仇也”，而且他还担心“科甲人员，读圣贤书……一旦使之师事仇敌，窃恐朝夕相聚，西人或怀私挟诈施以蛊毒，饮以迷药，遂终身依附于彼，昏瞀不醒，习其教者牢不可破”。这样，中国不但没有培养出人才，反而让洋人教唆成了反华分子。最终变得“圣贤之大道不修，士林之节概不讲，无一非西学阶之厉也”。

第七个不解是关于“师其制作，或洞悉源本，或阴得人才”的问题。杨廷熙提出：“夫洋人诡谲百出，所为狡焉思逞，侵陵中国者，方将以轮船机器罔中国无穷之利，断不肯以精微奥妙指示于人。……而破之御之之法岂能并以相告哉?”他认为，洋人非常狡猾，依靠轮船、机器来赚钱和侵略中国，既不可能把核心技术教给中国人，也不可能把破解方法告诉中国人。因此，即使向洋人学习，也只能是“不操出奇之胜算，而为依样之葫芦”。

第八个不解是关于“李鸿章、左宗棠等皆能深明其理，坚持其说”的问题。杨廷熙提出：“今而使少年科甲人员习其天文数学，北面修弟子之仪，不二十年间，循例升转，内而公卿大臣，外而督抚大吏，皆惟教是从……万一徇私情，废公义，其害可胜言哉?”他认为，中国青年精英将来可能成为国家重臣。如果他们现在以洋人为师，将来信洋教，徇私情，废公义，将带来巨大灾祸。同时，他还担心“天下之人，因科甲尚且学习，遂相习成风……奸宄不法之徒，借习天文算学为名，结党成群”。在这种影响下，社会大众可能没有掌握西学，反而结党营私，形成帮派。洋教本来没有传播基础，但总理衙门却让皇上帮助洋教流行起来。“恐西学未成，而中原多故也。是西教本不行于中国，而总理衙门请皇上导之使行也。”

第九个不解是关于“优给廪饩……量予升途”的问题。杨廷熙提出：“赏罚为驱策天下之大柄，赏罚宜公，禄养宜厚，岂仅于同文馆一处行之哉?”在全国各地匪患遍地、军心不稳之时，“京外大小官员廉俸裁撤，未见增加，从公枵腹，而朝廷之赏罚无位，随财而行”。各地官员辛苦工作，拿着微薄的薪水，都在尽心尽力为国分忧，却没有得到任何奖赏。与此相反，“兹惟于同文馆厚廪饩、广升途，何明于此而暗于彼，略其大而举其细也”。这样做纯属赏罚不公，令广大将士寒心。

第十个不解是关于“外人之物议虽多，当局之权衡宜定”的问题。杨廷熙提出：“此言尤属偏执己见，专擅挟持，启皇上以拒谏饰非之渐。”他认为这是一个错误做法，会阻碍言论，混淆视听，后患无穷。“在所不畏，人言浮动置若罔闻，尼沮者招愆，谏诤者获谴……其后祸及天下，害贻后世。”而且，他还认为：“今新立一同文馆，而令翰林、进士科甲正途出身京外各官皆从事夷狄，此何等重大事件，关系匪轻，岂总理衙门数人之私见遂能决然行之而无弊乎?”“设立同文馆……必欲溃夷夏之防，为乱阶之倡。”

总之，杨廷熙所说无非就是同文馆是不吉利的象征。他将当年春夏大旱、河水干涸、瘟疫流行的情况归罪于同文馆。“为天象示警，人言浮动，请旨撤消同文馆。”“天象之变，必因时政之失，京师中街谈巷议，皆以为同文馆之设，强词夺理、师敌忘仇、御夷失策所致。”① 他不仅反对设立天文算学馆，而且要求撤销同文馆。他认为请洋人传授知识，既不合规矩，又带坏学生，影响不好，必须撤掉，“以杜乱萌，而端风教，弥天变而顺人心。”② 至于救国图强、培养人才之事，完全可以沿用传统方式，不必改革。

钱远镕认为杨廷熙“其根本思想则认为中国是天朝上国，无所不知，无所不有。同时也表现出他对西方的科学技术视如洪水猛兽，并进而抱着坚决拒绝、顽强抵制的态度”③。

三、争论的结果

众所周知，封建帝国的统治特点是集权专制，朝廷的意志就是法律。在帝国领土上，朝廷可以直接决定个人生死和国家命运。这一特点在晚清时期的京师同文馆同样适用。能否开办天文算学馆，究竟招收什么样的学生等问题，只有朝廷才有权给出最终的答案。“没有皇上的谕旨，全国的人心是不能转换方向的。”④ 因此，朝廷手中掌握着这场争论的最终裁判权。

（一）朝廷对第一次争论的处理意见

山东道监察御史张盛藻的反对意见引发了第一次争论。当张盛藻状告奕䜣时，朝廷当天的上谕作出了批示，明确告知其反对无效。上谕中说，天文算学馆招生不是旁门左道，“不过借西法以印证中法，并非舍圣道而入歧途，何至有碍于人心士习耶！该御史请饬廷臣妥议之处，著毋庸议”⑤。

---

① 杨廷熙：《同治六年五月二十二日（1867.6.23）奏请撤销同文馆以弭天变折》，载陈学恂：《中国近代教育史资料教学参考资料》上册，人民教育出版社1986年版，第195页。

② 杨廷熙：《同治六年五月二十二日（1867.6.23）奏请撤销同文馆以弭天变折》，载陈学恂：《中国近代教育史资料教学参考资料》上册，人民教育出版社1986年版，第201页。

③ 钱远镕：《奕䜣与倭仁围绕同文馆问题的一场斗争》，载《青海社会科学》1983年第3期。

④ 丁韪良：《同文馆记》，傅任敢译，载朱有瓛：《中国近代学制史料》第一辑上册，华东师范大学出版社1983年版，第183页。

⑤ 同治皇帝：《同治六年正月二十九日（1867.3.5）上谕》，载朱有瓛：《中国近代学制史料》第一辑上册，华东师范大学出版社1983年版，第552页。

这一圣旨表明了以下意思：第一，关于选用已经考取功名的读书人学习天文算学之事，朝廷是同意的。尽管朝廷也有疑虑，但考虑到国家发展大局他觉得还是应该尝试一下。第二，朝廷不认为学生会上当受骗。因为这些人已经获得功名，具有一定的信仰和较强的学习能力，所以他们不会轻易受洋人蒙骗，误入歧途。第三，他们学习天文、算学不过是借用西方的科学技术方法对中国传统的天文、算学做一个比较和验证，不是"降了洋人"，也没有荒废对于孔孟之道的研究。因此，张盛藻的建议属于无效意见，无需再讨论。

（二）朝廷对第二次争论的处理意见

倭仁的反对意见引发了第二次争论。这一次的反对意见是很有分量的。因为倭仁是大学士，属于朝廷重臣，位高权重，他的意见自然会受到朝廷重视和百官关注。因此，统治阶级对他的态度非常谨慎，以防出现舆论误导现象。

从朝廷对倭仁的批复可以看出，朝廷对于倭仁的意见是赞成的，也非常理解倭仁的良苦用心。甚至连他的反对者奕䜣也承认他的一些观点是正确的。奕䜣说："臣等查阅倭仁所奏，陈义甚高，持论甚正，臣等未曾经理洋务之前，所见亦复如此。"[①] 然而，倭仁最大的失败是没有了解朝廷的焦虑所在，也没有提出针对性的措施解决朝廷面临的现实问题。

朝廷对奕䜣同治六年三月十九（1867 年 4 月 23 日）提出的建议当天就作出了回复，采纳了奕䜣的建议，要求倭仁"著即酌保数员，另行择地设馆，由倭仁督饬讲求，与同文馆招考各员互相砥砺，共收实效。该管王大臣等并该大学士，均当实心经理，志在必成，不可视为具文"[②]。

接到圣旨，倭仁非常恐慌。奕䜣给朝廷的建议明摆着就是给他挖了个陷阱。倭仁自己明白，朝廷已经了解到封疆大臣的改革建议，同意支持奕䜣同文馆改革，自己上书阻拦不但是不识时务，没有看清形势，而且是螳臂当车，不自量力。朝廷让他酌保数员，择地设馆，亲自督办，与同文馆同台竞技，纯粹是警告他少管闲事，否则自取其辱，身败名裂。在这种情况下，同治六年三月二十一（1867 年 4 月 25 日），倭仁上书同治皇帝，承认自己鲁莽，甘愿小心赔罪。他说：

---

① 奕䜣：《同治六年三月初二日（1867.4.6）总理各国事务奕䜣等折》，载朱有瓛：《中国近代学制史料》第一辑上册，华东师范大学出版社 1983 年版，第 553 页。

② 同治皇帝：《同治六年三月十九日（1867.4.23）上谕》，载朱有瓛：《中国近代学制史料》第一辑上册，华东师范大学出版社 1983 年版，第 558～559 页。

> 窃奴才前以夷人教习正途，有妨政体，故力陈其不可，所以尽当言之分，非争意气之私也。兹恭读上谕，同文馆招考天文算学，经王大臣悉心计议，不可再涉游移……奴才何敢再参末议……今同文馆既经特设不能中止，则奴才前奏已无足论，应请不必另行设馆、由奴才督饬办理；况奴才并无精于天文算学之人，不敢妄保。①

这样，倭仁一派反对改革的声音自然就烟消云散了。

接到倭仁上书当天，朝廷立刻作出了回复："倭仁现在既无堪保之人，仍著随时留心，一俟咨访有人，即行保奏，设馆教习，以收实效。"② 这就是说，既然倭仁已经承认没有可用之人，也答应不敢再妄议朝政，不再为难奕䜣，那么，朝廷也就不再追究了。

不过，此事过后，倭仁并没有偃旗息鼓，而是通过无声的行为表示反抗。他借口生病请假卧床在家，拒不接受任何工作。为了防止他暗中捣乱，朝廷下旨："该大学士与国家休戚相关，不应坚执己见，著于假满后，即到总理各国事务衙门之任，会同该管王大臣等和衷商酌，共济时艰。"③ 让倭仁到奕䜣主持工作的总理各国事务衙门共事，一起管理同文馆事务，分明就是要给他难堪，加以限制。这种明显具有侮辱性的做法其实就是杀鸡给猴看，震慑倭仁等反对派。事后，徐一士在《倭仁与总署同文馆》一文中记录了李慈铭为倭仁鸣不平的日记。"盖学术不明，礼义尽丧，士习卑污，遂至于此。驯将夷夏不别，人道沦胥，家国之忧，非可言究。朝廷老成凋谢，仅存倭公，然谋钝势孤，无能匡正，而尚见嫉于执政，龃龉于宫廷，以宰相帝师之尊，兼蕃署奔走之役。徒以小有谏争，稍持国体，遂困之以必不能为之事，辱之以必不可居之名。"④

（三）朝廷对第三次争论的处理意见

候补直隶州知州杨廷熙的反对意见引发了第三次争论。对于杨廷熙"越

---

① 倭仁：《同治六年三月二十一日（1867.4.25）倭仁折》，载朱有瓛：《中国近代学制史料》第一辑上册，华东师范大学出版社1983年版，第559页。

② 同治皇帝：《同治六年三月二十一日（1867.4.25）上谕》，载朱有瓛：《中国近代学制史料》第一辑上册，华东师范大学出版社1983年版，第559页。

③ 同治皇帝：《同治六年五月二十九日（1867.6.30）清帝谕旨》，载陈学恂：《中国近代教育史资料教学参考资料》上册，人民教育出版社1986年版，第202页。

④ 徐一士：《倭仁与总署同文馆》，载朱有瓛：《中国近代学制史料》第一辑上册，华东师范大学出版社1983年版，第573页。

职言事”的反对意见，朝廷震怒，坚决打击，毫不留情。同治六年五月二十九（1867 年 6 月 30 日），清帝谕旨对他进行了严厉的斥责。[①]

第一，直接否定告状信，怒斥其行为荒谬、可恶，荒诞不经。谕旨指出，杨廷熙在告状信中陈述了众多内容，但他所说的一切都没有道理，非常荒谬。有些话更是属于对皇帝和清朝官员的污蔑。“呶呶数千言，甚属荒谬！”“至所谓‘西教本不行于中国，而总理衙门请皇上导之使行’及‘专擅挟持，启皇上以拒谏饰非之渐’等语，更为肆口诋诬，情尤可恶！”

第二，指责杨廷熙越级上告，居心叵测。谕旨指出：“杨廷熙因同文馆之设，并诋及各部院大臣。试思杨廷熙以知州微员，痛诋在京王大臣，是何居心！”“‘恳请将翰林、进士科甲有职事官员撤销’尤属謬妄。”显然，在清政府这样一个等级鲜明的官场社会中，杨廷熙作为一个普通的基层地方官员，人微言轻，根本没有资格对上层社会的决定指手画脚。然而，他居然借同文馆的事情来指责京城之中的众多高官，甚至要求撤销他们的官位。这种做法的确是超越权限，实属不知天高地厚。朝廷认为，如果没有人在后面遥控指挥，杨廷熙绝对不敢如此胆大妄为。

第三，怀疑杨廷熙受人指使，另有所图，必须严厉惩罚，防微杜渐。“杨廷熙此折，如系倭仁授意，殊失大臣之体，其心固不可问；即未与闻，而党援门户之风，从此而开，于世道人心大有关系。”这就是说，如果杨廷熙是得到倭仁授意，两人相互勾结起来陷害官员，那他属于违背了传统礼制，必须接受惩罚。即使没有得到倭仁支持，这种做法也容易形成帮派，助长结党营私之风。既然有了苗头，那么，此风必须坚决刹住。

第四，分类处理，既打又拉，安抚人心。针对倭仁、杨廷熙、奕䜣等三种人，朝廷采取了不同的处理方式，在斥责杨廷熙，批评倭仁的同时也没有忘记安慰奕䜣等洋务派官员。对倭仁这样影响巨大的朝廷重臣，朝廷进行了严厉的警告，防止其他人继续犯上作乱。“该大学士……不应坚执己见，……毋蹈处士虚声，有负朝廷恩遇。”对杨廷熙这样的基层官员，朝廷采取了宽宏大量，不去深究的方式，以显示皇恩浩荡：“至杨廷熙草莽无知，当此求言之际，朝廷宽大，姑不深责。”对奕䜣等洋务派，朝廷采取了劝慰的方式，支持

① 参见同治皇帝：《同治六年五月二十九日（1867.6.30）清帝谕旨》，载陈学恂：《中国近代教育史资料教学参考资料》上册，人民教育出版社 1986 年版，第 202 页。

其继续改革："当此时事多艰，该王大臣等不避嫌怨，力任其难，岂可顾恤浮言，稍涉推诿，所请著毋庸议。"①

随着圣旨的下达，围绕天文算学馆招生的三次争论最终结束，洋务派取得了胜利。反对派终于知道无力回天，从此也就销声匿迹了。有了皇帝的认可，奕䜣就拿到了批准文书，可以名正言顺地在全国范围内进行招生了。钱远镕认为："皇上的谕旨始终是在替奕䜣说话，这是奕䜣取胜倭仁失败的主要原因。"②

（四）朝廷的立场和态度

其实，从同文三馆的创办历程来看，同治朝一直是支持洋务派的。以下几个例子可以证明这一点。

1. 朝廷批准设立京师同文馆

同治元年七月二十五（1862 年 8 月 20 日），恭亲王奕䜣以总理各国事务衙门名义向朝廷申请成立京师同文馆，培养外交翻译人员，学生从各地八旗子弟中选拔。奕䜣提出："欲悉各国情形，必先谙其言语文字，方不受人欺蒙。各国均以重资聘请中国人讲解文义，而中国迄无熟悉外国语言文字之人，恐无以悉其底蕴。广东、江苏既无咨送来京之人，不得不于外国中延访。"③这也就是说，奕䜣做的事情主要包括以下三点：第一，建学校满足清政府外交需要。成立京师同文馆的目的就是培养外交翻译人员，以免在外交事务中受人蒙蔽。第二，外语教师聘任特事特办。学校筹办期间原打算从广东、江苏选派外语教师，但两地都回复没有合适人选，所以不得不从外国人当中选拔。第三，办学计划周密可以操作。奕䜣制定了同文馆章程，列出了详细计划，具有很强的可操作性。朝廷最终批准了这个计划。

2. 朝廷同意设立上海同文馆和广东同文馆

京师同文馆成立以后，培养外交翻译人员的计划正式实施。考虑到上海和广州也是外国人聚集的地方，外交事务很多，仅靠京师同文馆培养的外语人才难以满足众多的需求，因此，朝廷同意了奕䜣和李鸿章的要求，下令上

---

① 清帝谕旨：《同治六年五月二十九日（1867.6.30）清帝谕旨》，载陈学恂：《中国近代教育史资料教学参考资料》上册，人民教育出版社 1986 年版，第 202～203 页。

② 钱远镕：《奕䜣与倭仁围绕同文馆问题的一场斗争》，载《青海社会科学》1983 年第 3 期。

③ 奕䜣：《同治元年七月二十五日（1862.8.20）总理各国事务奕䜣等折》（附章程），载陈学恂：《中国近代教育史资料教学参考资料》上册，人民教育出版社 1986 年版，第 26 页。

海和广州的地方政府仿照京师同文馆成立相应的同文馆，而且还严令广东地方政府官员不仅要办学校，还要办出成绩，否则严惩不贷。

3. 朝廷在争论中批评保守派

在天文算学馆招生这件事情上，奕䜣受到了保守派多次攻击。朝廷屡次为奕䜣为首的洋务派化解了难题，不但替他好话，还帮他挡住了批评。朝廷先将张盛藻的批评意见压下来不准再提，然后要求倭仁提出更好的计策和人选，最后直接严厉批评杨廷熙。这样一来，各级官员明白了朝廷的态度，社会舆论就再也没有反对的声音了。

事实上，在同治朝，皇帝的背后其实还站着另一个人，那就是慈禧太后。尽管圣旨都是以同治皇帝的名义颁发的，但慈禧太后垂帘听政并不是可有可无。她的态度直接决定了皇帝的最终决策。刘广京（1982）认为，慈禧太后在天文算学馆这个问题上有三个非常明确的立场：第一，支持增设天文算学馆。“同文馆增设天文算学馆的奏折获得慈禧的批准。”自从倭仁反对后，有功名的人都放弃了报考。看到生源没有达到标准，慈禧不仅没有难过，反而要求奕䜣继续按原计划招考。这说明虽然慈禧支持设立天文算学馆，但她并不支持有功名的人报考该馆。第二，对争论双方都保持友好态度。“尽管慈禧表面上驳了倭仁几句话，给他一点难堪，她基本上还是支持倭仁，反对奕䜣的。”也就是说慈禧对于奕䜣和倭仁两派斗争是有自己的盘算的。一方面她支持奕䜣改革。毕竟清政府已经切实感受到了西方侵略者的威胁，如果通过改革能够自强发展，将会有利于清朝政权巩固。这一点她很清楚。另一方面，她也支持倭仁，因为倭仁所捍卫的儒家学说是清政府的道德根基、立国之本。反对倭仁就相当于自毁长城。第三，巧借倭仁之口，一箭双雕。“慈禧对于奕䜣之受倭仁攻击是不会不高兴的。她当时的愿望就是要削弱奕䜣的威望和权力。”[①] 自从咸丰皇帝去世后，奕䜣一直担任摄政王，权倾朝野。慈禧早就对此不满。在这次争论中，慈禧巧借倭仁之口说出了她心中的很多怨言，既发泄了自己的不满，又打击了奕䜣的势力，可谓一箭双雕。另外，钱远镕也认为慈禧太后“利用奕䜣与倭仁的斗争来消除异己，巩固权位”[②]。

① 刘广京：《一八六七年同文馆的争议——洋务运动专题研究之一》，载《复旦学报》（社会科学版）1982 年第 5 期。

② 钱远镕：《奕䜣与倭仁围绕同文馆问题的一场斗争》，载《青海社会科学》1983 年第 3 期。

（五）争论的评价

经过朝廷的裁决，京师同文馆增设天文算学馆的争议最终画上了句号。这场招生风波虽然平息了，但它带给人们的思考是长期的。在这场争论中，无论是保守派还是洋务派，都亮明了自己的观点和态度。人们通过这个事件了解了政府高层对这个问题的不同认识。

1. 洋务派的建议体现了集体智慧，具有战略发展眼光

奕䜣在奏折中说："臣等筹思长久之策，与各疆臣通盘熟算。"① 这说明，奕䜣提交的奏折不是他个人的见解，而是综合了多名社会精英的观点。而且他还借鉴了已有的成功案例才作出的决定。"制造巧法，必由算学入手……左宗棠先行倡首，在闽省设立艺局、船厂……臣等详加体察，此举实属有益，因而奏请开设天文算学馆，以为制造轮船、各机器张本，并非空讲孤虚，侈谈术数。"② 刘广京将该提案与戊戌变法时的变法提案相比拟，认为："这个建议在十九世纪六十年代提出，是了不得的大事。如果真能推行，我们可以想象整个清代教育制度和官僚制度都会受到影响。"③

2. 争论体现了清朝官员对西学的认识程度和应对措施

围绕着天文算学馆的设立及其招生政策，洋务派和保守派进行了激烈的辩论。双方尽管争论的角度不同，但其目的都是相同的，那就是为了更好地维护清朝统治。保守派虽然没有提供可行的学习计划，但他们的担心并非多余。洋务派也担心出现崇洋媚外情况，特别做了预案。首先，他们要求德才兼备之人才能报考。"考试必须正途人员，诚以读书明理之士。"④ 其次，为了保证不出问题，防止洋人暗中传教，蛊惑中国学生，他们安排专人监管，以防万一。"他们的做法极其审慎，一方面要得成效，一方面又不予守旧者以反

---

① 奕䜣：《同治六年三月初二日（1867.4.6）总理各国事务奕䜣等折》，载朱有瓛：《中国近代学制史料》第一辑上册，华东师范大学出版社1983年版，第554页。

② 奕䜣：《同治六年三月初二日（1867.4.6）总理各国事务奕䜣等折》，载朱有瓛：《中国近代学制史料》第一辑上册，华东师范大学出版社1983年版，第554页。

③ 刘广京：《一八六七年同文馆的争议——洋务运动专题研究之一》，载《复旦学报》（社会科学版）1982年第5期。

④ 奕䜣：《同治六年三月初二日（1867.4.6）总理各国事务奕䜣等折》，载朱有瓛：《中国近代学制史料》第一辑上册，华东师范大学出版社1983年版，第554页。

对的口实。”[①] 奕䜣“又恐学习之人不加拣择，或为洋人引诱误入歧途”[②]，所以请求朝廷委派德高望重的徐继畬担任总管，专门监督学生们的课程学习和思想修养。

3. 争论促进了社会启蒙，引发了有识之士思考

争论促进了社会对西方科学技术重要性的认识，为自然科学在学校争得了地位，也为后来大规模学习西方，改造中国社会埋下了伏笔。“辩论的深远意义更在于论及自然科学的价值和面向世界的重要性，为开展各个领域的近代化事业扫除了理论障碍。”[③] 争论在当时并没有让人们了解同文馆的重要性，引发社会学习西方科学技术的热情，但却使人们有了一定的觉醒。甲午战争后，各界人士才真正认识到同文馆关于学习西方科学技术争论的意义，开始思考中国富强的途径和方法。光绪二十二年（1896），孙家鼐评论道：“近者倭人构衅，创巨痛深，一二文人学士，默参消息，审知富强之端基乎学问，讲肄所积，爰出人才，砥砺奋兴，消除畛域，以期洞中外之情形，保国家于久大，此与同治初年设立同文馆之意实相表里，诚转移风气一大枢纽也。”[④]

4. 争论造成了统治阶级分裂，导致了不良的社会风气

在争论当中，清政府内部分裂成了主张改革的洋务派和坚持传统的保守派，造成了不利于统治阶级执政的政治局面。同治皇帝的态度最终决定了争论的走向。通过事实可以看出，皇帝支持了洋务派，促进了其进一步改革，但也导致社会言论自由受到压制。徐一士在《倭仁与总署同文馆》一文中评论说：“当朝廷开言路之时，而迹似杜言者之口；在大臣尽匡弼之义，而转使有自危之心；诚恐敢言之气由此阻，唯阿之习由此开。”[⑤]

5. 争论获胜并没有帮助洋务派得到预想的招生结果

虽然在争论中取得了胜利，但奕䜣却一点儿高兴不起来。“嗣因浮言四

---

① 丁韪良：《同文馆记》，傅任敢译，载朱有瓛：《中国近代学制史料》第一辑上册，华东师范大学出版社1983年版，第183页。

② 奕䜣：《同治六年三月初二日（1867.4.6）总理各国事务奕䜣等折》，载朱有瓛：《中国近代学制史料》第一辑上册，华东师范大学出版社1983年版，第554页。

③ 董守义：《奕䜣是第一次近代化运动的倡导者》，载《社会科学战线》1990年第4期。

④ 孙家鼐：《光绪二十二年（1896）工部尚书孙家鼐开办官书局章程折》，载朱有瓛：《中国近代学制史料》第一辑上册，华东师范大学出版社1983年版，第598页。

⑤ 徐一士：《倭仁与总署同文馆》，载朱有瓛：《中国近代学制史料》第一辑上册，华东师范大学出版社1983年版，第573页。

起，正途投考者寥寥。”[①] 这也就是说，因为流言蜚语盛行，优秀人才拒绝前来报考，所以招生结果不尽如人意。同治七年五月二十三（1868 年 7 月 12 日），奕䜣指出：“臣衙门设立同文馆，原拟遴举聪颖之士，精习泰西语言文字，递及步算测量。乃当未经开馆之先，谣诼群兴，为所惑者不无观望，彼时投考诸人，流品不一，经臣等勉强考试，取录三十人，开馆肄业。……其中尚堪造就者不过数人。”[②] 总之，各种情况导致招生工作陷入困境，奕䜣无法做到从考生里面优中选优，只能从 72 名不太优秀的人中选择出 30 人学习，其中只有数人算得上人才。选拔结果可想而知。30 年后，孙家鼐对此评论说：“窃维同治初年，总理衙门请设立同文馆，讲求泰西诸国文字，令翰詹部院各官一体入馆习练。维时议论纷纭，人情疑阻，风气未开，事因中止。后虽经总理衙门设法招徕，入馆生徒略有成就，而读书明理之人从事其中者绝少。遂至中外间隔，彼己不知，仓猝应机，动多舛误。”[③] 由此可见，洋务派虽然在这次争论中占了上风，但其原来设定的目标却并没有实现。这导致洋务派希望通过开办天文算学馆招收优秀人才、推广科学技术的愿望落了空。

（六）争论产生的副作用

事实上，洋务派与保守派的争论不仅影响了当事人，而且也波及了社会大众。根据当时的情况判断，争论产生了以下副作用：

第一，争论引发站队问题，官场博弈后果难料。天文算学馆刚开始招生时，虽然遭到山东御史张盛藻反对，但皇帝明确不让张盛藻继续追究此事后，还是有一些人前来报考了。这说明民众并不完全反对招生政策。但是，此事经大学士倭仁反对后，官僚阶层便感受到了问题的严重性。因为这个事件涉及洋务派与保守派二选一的官场博弈，而且论战双方势均力敌，互不相容。一方是奕䜣领导的洋务派。奕䜣是恭亲王，皇亲国戚，担任总理各国事务衙门大臣，位高权重。他说开设天文算学馆并不是他一个人的想法，而是“既经疆臣曾国藩、左宗棠、李鸿章、郭嵩焘、蒋益澧等与臣等往返函商，必须

① 奕䜣：《同治六年六月初二日（1867.7.3）总理各国事务奕䜣等折》，载朱有瓛：《中国近代学制史料》第一辑上册，华东师范大学出版社 1983 年版，第 44 页。

② 奕䜣：《同治七年五月二十三日（1868.7.12）总理各国事务奕䜣片》，载朱有瓛：《中国近代学制史料》第一辑上册，华东师范大学出版社 1983 年版，第 45～46 页。

③ 孙家鼐：《光绪二十二年（1896）工部尚书孙家鼐开办官书局章程折》，载朱有瓛：《中国近代学制史料》第一辑上册，华东师范大学出版社 1983 年版，第 597～598 页。

从此入手"[①]。这就意味着他展示给倭仁的信件均来自一批国家重臣。这些人支持洋务改革，实力强大，无与伦比。最关键的是同治皇帝支持他们。另一方是倭仁领导的保守派。倭仁是著名理学家、文渊阁大学士，还是同治皇帝的师傅，靠实力打拼坐到了这个位置，是名副其实的德高望重之人。他的声誉和社会影响巨大，言行举止深得民心。张盛藻、杨廷熙敢于挑战当朝大臣，充分表明他们也是有能力、有勇气的地方官员。保守派这些人虽然官职不如洋务派，但他们的思想和言论却代表了社会上大多数人的传统观念。在这种情况下，坚持报考的人其实面临着很大的风险。作为一个普通的读书人，无论是支持奕䜣代表的洋务派还是倭仁代表的保守派，肯定会得罪另一方势力。任何人选边站队的结果必然是遭到另一派的敌视，后患无穷，不仅仕途遭遇风险，弄不好很可能输掉自己的未来。最终，不少优秀人才还是因为害怕选边站队而打了退堂鼓。

第二，官员反对意见波及社会大众，引发舆论连锁反应。在中国传统的人情社会中，社会舆论和区域氛围非常重要。奕䜣感叹："自倭仁倡议以来，京师各省士大夫聚党私议，约法阻拦，甚且以无稽谣言煽惑人心，臣衙门遂无复有投考者。"[②] 这表明，经过倭仁等人一番折腾，京城和各省的士大夫也表示反对天文算学馆的招生计划。他们成群结队，想尽千方百计破坏招生宣传，甚至不惜造谣生事，已经形成了强大的社会舆论压力。在这种情况下，不仅实力较强原来打算报考的人选择了观望，就连水平一般的人也不再参加选拔了。

第三，争论固化了社会观念，限制了人们的报考热情。两次鸦片战争中，西方列强的侵略和传教士、商人的恶行给普通百姓留下了极其恶劣的印象。"因为风气未开，无人肯上，大家以为学了洋文，便是降了外国。"[③] 也就是说，大众本来就对洋人充满了偏见，唯恐避之不及，更不要说跟洋人学习了。在这种情况下，即使个别人想报考，他们也会被同乡厌恶。同治六年三月二

① 奕䜣：《同治六年三月十九日（1867.4.23）总理各国事务奕䜣等折》，载朱有瓛：《中国近代学制史料》第一辑上册，华东师范大学出版社1983年版，第557页。

② 奕䜣：《同治六年三月十九日（1867.4.23）总理各国事务奕䜣等折》，载朱有瓛：《中国近代学制史料》第一辑上册，华东师范大学出版社1983年版，第557页。

③ 齐如山：《同文馆之回忆》，载陈学恂：《中国近代教育史资料教学参考资料》上册，人民教育出版社1986年版，第48页。

十七日（1867 年 5 月 1 日），通政使司通政使于凌辰上奏同治皇帝："天文算学招考正途人员，数月于兹，众论纷争，日甚一日。或一省中并无一二人愿投考者，或一省中仅有一二人愿投考者，一有其人，遂为同乡、同列之所不齿。"[①] 这说明，各省前往报考的学生并不多，有些人可能还在犹豫。很多人之所以最后选择了退缩，是因为他们知道在一个群体社会中，个人与大众观念相左必然会导致孤立，其下场可想而知。由此可见，于凌辰说的情况是符合当时的国情的。

① 于凌辰：《同治六年三月二十七日（1867.5.1）通政使司通政使于凌辰折》，载朱有瓛：《中国近代学制史料》第一辑上册，华东师范大学出版社 1983 年版，第 560 页。

第三章　同文三馆分析与比较

清政府对于同文三馆的支持、组织和控制，主要体现在管理、教学和师生三个方面。

在管理方面，清政府制定了一系列管理制度，组织了各类型管理人员并落实了具体的管理政策。皇帝亲自批准同文三馆创办，委托高官制定办学章程。国家各级官员分工负责办学事务，从选址、投资、设备、人员安排到师资聘任、学生招生、分配等项逐级安排具体管理工作，督促落实办学章程。这些做法充分证明了同文三馆的官办属性。

在教学方面，清政府从谏如流，礼贤下士，并对教学进行了全面改革。首先，同文三馆专注于西方文化，引进了新的学习内容，摆脱了科举制“四书五经”的桎梏束缚。其次，京师同文馆按照丁韪良等人的建议制定了八年制课程表和五年制课程表，首次在中国学校采用了西方教学体系。最后，同文三馆改革了传统的中国教学方法，引入了西方教学方法教授西方语言和科学，促进了中国教学方式的多样化。

在师生方面，清政府殚精竭虑，求贤若渴，重金聘请国外名师，认真提出教学要求，保证了学校的教学质量。在招生和就业方面，清政府从招生人数、招生范围、学习年限、学习条件、毕业分配等方面作出了精心安排，满足了师生的合理诉求，有利于同文三馆的稳定发展。

第一节　同文三馆的管理

同文三馆的存在离不开管理制度、管理人员和管理行为三种因素。首先，管理制度是同文三馆存在的前提。作为清政府设立的附属机构，同文三馆的创办与发展都是清政府意志的体现，它们的开办、变更与关闭都要得到清政府的批准。大臣的奏折与皇帝的批复等官方文件共同构成了同文三馆的管理制度。办学章程决定了同文馆的发展方向。其次，管理人员是管理制度的执行者。管理制度是清政府意志的体现，但它只是教育事业的基础和指导原则，必须要有具体的管理队伍实际操作才能将政府精神贯彻落实到位。因此，每所同文馆都有一支完整的管理队伍。这些管理人员构成了上、中、下三级管理体系。最后，管理行为要落实在具体操作上。在同文三馆的日常管理中，上层管理人员负责制定和传达清政府的方针政策，中层管理人员负责组织监督政策的落实，基层管理人员负责做好日常工作，维护学校的教学秩序，保证学校的正常运转。

一、办学章程

办学章程不是随意制定的。它的依据均来源于大臣的奏折与皇帝的批复。在具体经办过程中，同文三馆的各项工作都严格按照办学章程来操作。

办学章程详细规定了管理部门安排、管理人员配备、经费预算与支出、基础设施建设、师资队伍组成、招生入学条件、教学内容与要求、考试奖惩制度、学生分配去向。这些内容对于规范学校办学起到了重要作用。

由于京师同文馆创立时间比其他两所同文馆都早，因此其章程具有示范意义，可以提供给后来者模仿。不过，因为没有先例，所以京师同文馆章程也是经过多次修改，逐渐加以完善的。

在笔者找到的10份同文三馆章程中，京师同文馆章程有5份，上海同文馆有4份，广东同文馆只有1份。从章程的内容来看，同文三馆章程的重要性和创新性是有差异的。三者当中，京师同文馆章程最重要，属于开创者，引领教育风气。上海同文馆章程次之，主要注重修改完善各项条款。广东同文馆属于模仿者，跟随前两者前进。“伏查京师设立同文馆，学习外国语言文字，上海援案办理，洵属及时要务，粤东自应仿照一律举行。”[①]

（一）京师同文馆章程

京师同文馆的管理主要依据以下几份办学章程：第一份章程源于同治元年七月二十五（1862年8月20日）的总理各国事务奕䜣等折（附章程六条）。第二份章程源于同治四年十一月初五（1865年12月22日）的总理各国事务奕䜣等片（附变通章程六条）。第三份章程源于同治五年十二月二十

---

① 晏端书、黄赞汤：《同治二年五月初八日（1863.6.23）署两广总督都察院左副都御史晏端书广东巡抚黄赞汤奏》，载朱有瓛：《中国近代学制史料》第一辑上册，华东师范大学出版社1983年版，第257页。

三（1867 年 1 月 28 日）的总理各国事务奕䜣等折（附学习天文、算学章程六条）。自 19 世纪 60 年代制定了上述三份章程以后，京师同文馆在随后的 70、80、90 年代都一直在沿用这些章程，没有作重大修改。这种情况直至 1898 年戊戌变法时期才发生变化。第四份章程源于光绪二十四年（1898）以前的同文馆章程。第五份章程源于光绪二十四年（1898）续增同文馆条规八条。

1. 第一份京师同文馆章程

同治元年七月二十五（1862 年 8 月 20 日），奕䜣等人在奏折后附上了《京师同文馆章程六条》[①]。在这份章程中，奕䜣参照原俄罗斯文馆章程制定了六条规则，具体规定了招生人数、学习年限、学生年龄和出身、中外教师招聘条件和工作待遇、教学与考试管理规定、学生分配待遇、办学经费来源等内容。这些规定既是京师同文馆的发展基础，也是其他学校的办学模板。具体内容如下（见表 3-1）：

表 3-1　　第一份京师同文馆章程

事项	内容
制定者	奕䜣（恭亲王、军机大臣、总理各国事务衙门大臣）
时间	1862 年
章程名称	京师同文馆章程六条
主要内容	1. 请酌传学生以资练习也。……今改设同文馆，事属创始，学生不便过多，拟先传十名，俟有成效，再行添传……由八旗满、蒙、汉闲散内，择其资质聪慧、现习清文、年在十五岁上下者，每旗各保送二三名，由臣等酌量录取，挨次传补。 2. 请分设教习以专训课也。…… 3. 请设立提调以专责成也。…… 4. 请分期考试以稽勤惰也。…… 5. 请限年严试以定优劣也。…… 6. 请酌定俸饷以资调剂也。……

资料来源：奕䜣：《同治元年七月二十五日（1862.8.20）总理各国事务奕䜣等折（附章程）》，载陈学恂：《中国近代教育史资料教学参考资料》上册，人民教育出版社 1986 年版，第 26～29 页。

① 奕䜣：《同治元年七月二十五日（1862.8.20）总理各国事务奕䜣等折》（附章程），载陈学恂：《中国近代教育史资料教学参考资料》上册，人民教育出版社 1986 年版，第 26～29 页。

第一，招收学生学习外语。清朝的各类官办学校不学外语，更没有聘请外国人教中国人外语。京师同文馆突破了这个限制。奕䜣办学的依据是以前乾隆时期曾经办了一个学外语的俄罗斯文馆。他这样做非常聪明，既不违背祖制，又减少了办学阻力。原俄罗斯文馆的学生人数是 24 人。考虑到京师同文馆刚刚创办，学生不宜太多，计划先招收 10 名学生，如果取得成绩，再增加学生人数，但不得超过 24 人。奕䜣已经在八旗中挑选了 20 个学生，只来了 10 个。这说明学生的积极性并不高。今后可以从八旗的满、蒙、汉人当中选择聪明伶俐、正在学习满语、年龄约 15 岁的孩子进行补录，每旗可以推荐两三个名额。这其实也将学生招收范围限定在了八旗子弟。

第二，聘任中外教习开展教学。原俄罗斯文馆老师巴克什是有官职的。这次聘请的英语老师包尔腾，只要工资不要官职。按照咸丰十年的规定，今后广东、上海推荐到北京的人才如果教学富有成效，应该获得奖励。现在的中方教师是徐澍琳，将来中方教师可以从候选人中间选拔，但中方教师工资不能参照外国人的工资。中方教师候选人可以从直隶、河南、山东、山西四省之中选拔，因为这四个省的人都说北方官话，教学容易让人听懂。但这也意味着其他地区的中文老师哪怕学问再高，只要方言较重就没资格在京师同文馆当中方教师。

第三，设立提调职位专门负责管理京师同文馆各项事务。原俄罗斯文馆的提调负责学校所有工作，从内阁侍读学士、理藩院郎中、员外郎当中选拔。京师同文馆简化程序，提调直接从总理各国事务衙门办事司员中选派，满、汉各一人。奕䜣这样做意图很明显，既绕过了烦琐的人事管理环节，又增强了本部门的人员调配能力，可谓一箭双雕。

第四，定期考试区别勤奋或懒惰。原俄罗斯文馆有月课、季考、岁试三项考试，考试要求非常细致。新创办的京师同文馆除特殊情况外，一切照旧。不过，京师同文馆也有创新，懂得循序渐进的教学规律。考虑到学生刚开始学习，学校可以暂时先用满语、汉语考试。一年后再考外语，要求是把各国用外文书写的照会翻译成汉语。

第五，规定学习年限，通过考试确定优劣。原俄罗斯文馆在乾隆二十二年（1757）上奏乾隆皇帝，由本学校出题，五年考核一次，合格者授予一定官职。嘉庆八年（1803），军机处、内阁上奏嘉庆皇帝，改为由吏部出题，三年考核一次，合格者授予一定官职。道光十九年（1839），考核又进行了一些微调。新创办的京师同文馆也可以三年考核一次，合格者授予一定官职。但考试应该由总理各国事务衙门自行组织，自行核实甄别。这样做一方面比较机动灵活，实时高效，有益于有针对性地查找问题，提高教学质量；另一方面也意味着奕䜣要把选人、用人的权力掌握在自己手中。

第六，确定各类薪资保证学习效果。原俄罗斯文馆管理人员和学生的补助费用都有具体规定，新创办的京师同文馆也照章执行。只是国家财政困难，奕䜣只能申请从海关税收当中提取三成比例当作办学经费。他这样做不但解决了办学的财政问题，而且也避免了申请经费时看人脸色，躲过了各部门之间互相推诿扯皮、拖拖拉拉的工作程序。

2. 第二份京师同文馆章程

京师同文馆创办三年以后，奕䜣又拿出了第二份章程《变通同文馆章程六条》。其实，这份章程是在原来章程基础上的修订版，主要是调整费用和加强管理。

同治四年十一月初五（1865 年 12 月 22 日），奕䜣等提出："查同治元年奏定同文馆学习外国语言文字章程六条，业已遵办二年，惟其中尚有未尽之处，臣等公同商酌，必须量为变通，方足以资经久，因再酌拟章程六条。"[①] 这六条主要包括以下内容（见表 3-2）：

表 3-2　　第二份京师同文馆章程

事项	内容
制定者	奕䜣（恭亲王、军机大臣、总理各国事务衙门大臣）
时间	1865 年
章程名称	变通同文馆章程六条
主要内容	1. 请添设膏火以省甲缺也。…… 2. 请酌定奖赏以资鼓励也。…… 3. 请饬助教常川住馆以资照料也。…… 4. 请严定学生告假日期以免作辍也。…… 5. 请定去留限制以免滥厕也。…… 6. 酌给各官米折银两以昭平允也。……

资料来源：奕䜣：《同治四年十一月初五日（1865.12.22）总理各国事务奕䜣等片》，载朱有瓛：《中国近代学制史料》第一辑上册，华东师范大学出版社 1983 年版，第 11～13 页。

① 奕䜣：《同治四年十一月初五日（1865.12.22）总理各国事务奕䜣等片》，载朱有瓛：《中国近代学制史料》第一辑上册，华东师范大学出版社 1983 年版，第 11 页。

第一，补充伙食费免去各八旗缺额费用。同文馆学生占用八旗缺额是遵循原俄罗斯文馆的旧规则。当时，因为考虑到30%的海关税收可能不够学生使用，所以只好向各旗调剂费用。现在统计每年有30%的海关税收足够使用，不必占用各旗训练费用。因此请求变通一下，自明年正月初一开始，将该学生所补空额费用归还各旗。每个馆招收10名学生，三个馆共有30名学生。由总理各国事务衙门把30%的海关税收不按成绩排名，每个学生每月分给三两银子的伙食费。如果某个学生考取官职拿工资，他的那份补助就会被扣除。扣除的钱将作为每月对考试成绩名列前茅的学生的奖励。

第二，制定奖励标准鼓励学习。学校章程规定，除每月考核外，还有季度考核和年度考核。前两个年度考核清政府已经根据学生等级发给了奖励，但季度考核没有奖赏。同治四年的年度考核和季度考核，清政府将确定名额进行鼓励。年度和季度考试的成绩等级由清政府高层决定，月度课程的成绩由提调官决定。遇到季度和年度考核与月度考核有冲突，则将每月的考核暂停，以避免重复。

第三，安排助教常年住校管理学生。原俄罗斯文馆助教国世春是同治元年留校的助教。每次遇到月考、季考、年考，虽然没要求他值班住宿，但他都会住校帮助照料学生，收发试卷等。经检查，该馆中外教习、学生、苏拉（勤杂服务人员——笔者注）等人数较多，提调虽然有稽查之责，但需要到衙门处理公务，不可能天天到馆中检查。现清政府要求国世春长期住校，专管三馆的教师、学生出入，随时约束苏拉，兼顾掌管各项册籍。以前他的工资年薪80两银子是从户部领取。自同治五年正月开始，他就不用再向户部领取工资了，而是直接由总理各国事务衙门按季度发放工资。

第四，严格确定学生休假日期以免随便旷课。查同文馆学生，一向没有设定缺勤日期的限制，难免随意旷课。今后，不仅季考、月考不准请假，其他时间请假每个月也不能超过两天。超过两天按天扣除伙食费。遇到事故，请假期限100天。超过100天的，直接退学。再者，学生住得远近不同，早晚来回奔波，应该允许住校。不愿住校者，悉听尊便。

第五，制定去留规则，防止学生滥竽充数。刚入学的时候，学生的天分是不可预测的。三个月以后再看看是否还值得培养。应要求所有教师在学生入学三个月后进行考试，决定去留。留下的学生在一年期满后再进行一次筛选。如果学生对西方语言和文字不熟悉，或略知大概而翻译含糊不清，应让其退学并另外招人顶替。每月的伙食费应在经过一年的筛选后再支付，避免滥竽充数。

第六，给管理人员发放的粮食折合银两，以示公允。按原来的同文馆章程规定："助教每年俸银八十两，七品官每年俸银四十五两，八品官每年俸银四十两，九品官每年俸银三十二两五钱，皆系沿俄罗斯文馆旧章，均未议及每年俸米若干。"① 这些规定都是俄罗斯文馆的老章程，没有讨论过一年的工资折合多少斤米。现在，经考试已经达到授予官职的学生都已排定，应该按照成绩支付职务工资支持他们。学生中现有七、八、九品官仍然留在同文馆学习，没有工作。与他们在政府中的同事待遇有差异。现拟将这些七、八、九品官每年给予白银等价相同的米发给他们，由总理各国事务衙门在春秋二季发放，不用发文在户部开支。助教和汉语老师等人的工资也从总理衙门所列的海关税收中开支，不用通过户部审核。

3. 第三份京师同文馆章程

同治五年十二月二十三（1867 年 1 月 28 日），总理各国事务衙门奕䜣等折提出重新开设一个天文算学馆，理由②如下：第一，算学是现代科技的基础，一切科学理论都来自算学。"盖以西人制器之法，无不由度数而生。"第二，学习现代科技必须请洋人讲解机器运动的科学原理，否则白白耗费时间和金钱。"今中国议欲讲求制造轮船、机器诸法，苟不借西士为先导，俾讲明机巧之原，制作之本，窃恐师心自用，徒费钱粮，仍无裨于实际。"第三，前期制造机器过程中已经见识到算学的重要性。要选拔已经取得功名的优秀人才来学习这些高深的学问。"窃臣等前因制造机器、火器必须讲求天文、算学，议于同文馆内添设一馆，招取满汉举人，恩、拔、副、岁、优贡生，并前项正途出身之五品下京外各官，考试录取，延聘西人在馆教习。"具体要求主要包括以下六条（见表 3-3）：

表 3-3　　第三份京师同文馆章程（1867 年版）

事项	内容
制定者	奕䜣（恭亲王、军机大臣、总理各国事务衙门大臣）
时间	1867 年

① 奕䜣：《同治四年十一月初五日（1865.12.22）总理各国事务奕䜣等片》，载朱有瓛：《中国近代学制史料》第一辑上册，华东师范大学出版社 1983 年版，第 11～13 页。

② 参见奕䜣：《同治五年十二月二十三日（1867.1.28）总理各国事务奕䜣等折》，载朱有瓛：《中国近代学制史料》第一辑上册，华东师范大学出版社 1983 年版，第 14 页。

续表

事项	内容
章程名称	同文馆学习天文、算学章程六条
主要内容	1. 请专取正途人员以资肄习也。…… 2. 请饬各员常川住馆以资讲习也。…… 3. 请按月考试以稽勤惰也。…… 4. 请限年考试以观成效也。…… 5. 请厚给薪水以期专致也。…… 6. 请优加奖叙以资鼓励也。……

资料来源：奕䜣：《同治五年十二月二十三日（1867.1.28）总理各国事务奕䜣等折》，载朱有瓛：《中国近代学制史料》第一辑上册，华东师范大学出版社1983年版，第16～17页。

第一，扩大招生范围，专门录取经过正规途径考取功名的人来校学习。天文学、算学与外语专业不同。它的理论精深，只有聪明而且长期勤奋努力的人才能够理解弄懂。“前议专取举人，恩、拔、副、岁、优贡，及由此项出身人员，今拟推广，凡翰林院庶吉士、编修、检讨，并五品以下由进士出身之京外各官，俾充其选。缘该员等研经有素，善用心思，致力果专，程功自易。”[①] 朝廷应该允许各地官员报考，外地官员由当地官府保送。没有考取功名的社会人士的推荐材料可以由北京的同乡官员代转给总理衙门，择期安排考试。来自不同省份的人员不用等所有人到齐再考，而是来京即考，以免耽搁。如果是外地衙门送人学习此项内容，一定要30岁以下的人员才可推荐。对于平日以天文学、数学为主攻方向，自愿来同文馆学习，并通过学习检验其工作水平的，可不限年龄。

第二，为了保证教学效果，所有管理人员都要住在同文馆里。任何人想做事情都要有固定场所，想学习好都必须亲近老师。所有住校学生必须全天在校学习钻研学问，解决难题，逐渐进步。如果早来晚走，就会荒废时光，心思不专一。建议所有学生，不管是否居住在北京，一概住校，伙食和住宿由总理衙门提供。学校提调将设立登记簿，随时登记出入情况，以备检查。如果有差事要去衙门办事，以及考试等事项，还是照常办理，以免二者互相干扰。

第三，每月考试一次以便检查学生的勤奋程度。在同文馆学习人员，如果能集中精力，自然就可以出成效；不过，管理人员也必须随时检查，区分

① 奕䜣：《同治五年十二月二十三日（1867.1.28）总理各国事务奕䜣等折》，载朱有瓛：《中国近代学制史料》第一辑上册，华东师范大学出版社1983年版，第16页。

勤劳与懒惰，以资鼓励。建议学生学习半年后，每月考试一次，由总理衙门官员亲自审查，判别甲乙等级，奖勤罚懒，激励大家发奋努力。

第四，限制年限，安排考试检查学习效果。朝廷官员每三年进行一次政绩考核来发现其优缺点。建议仿照官员的考试形式，每三年举行一次大考，分出等级。成绩优秀者给予奖励并考虑试用；成绩一般者照常学习，并在下次考试中进行考察。

第五，给予优厚薪水让其专心研究。此次来同文馆的学生中很难保证没有出身贫寒的人，必须考虑周到，才能让他们安心。建议同文馆每一位学生除了总理衙门提供食物外，每月再给10两银子作为补贴，这样才能保证其无忧无虑、专心致志学习。

第六，优厚待遇鼓励学习。同文馆的学生学习了三年，考试成绩优异，说明他在日常生活中是勤劳不懈的，应该给予特别奖励，以便鼓励后来学生。建议凡学习天文、算学人员都允许其按等级提拔重用，以便鼓励和吸引更多的人。

4. 第四份京师同文馆章程

第四份章程是光绪二十四年（1898）以前的同文馆章程（十八条）。关于该章程，研究专家曾作出如下注释：“这份章程见《同文馆章程及续增条规》（北京图书馆藏书43648号），但未载年月。在章程之前，还有布告，原文如下：‘奉堂谕：前因同文馆事宜，原办成案，多未划一。当经谕令总办章京等会议章程呈核。现据拟呈章程十八条，经本部堂成酌加增改，期于详慎周备，著即照所议行，并照录一通发给同文馆粘贴，俾资一体遵守毋违。特谕’。”[①]从这18个规定条目来看，这份章程详细列出了学生出勤、教务管理和奖惩措施与规定，对于维持教学秩序具有较大的可操作性（见表3-4）。

表3-4　　第四份京师同文馆章程

事项	内容
制定者	总办章京等会议公告
时间	1898年
章程名称	同文馆章程（十八条）

① 朱有瓛：《中国近代学制史料》第一辑上册，华东师范大学出版社1983年版，第20页。

续表

事项	内容
主要内容	1. 同文馆向派正提调二员，帮提调二员……由帮提调二员轮班在馆管理一切……至每日各学生画到，均责成帮提调核实查察。…… 2. 帮提调两员管理馆内一切事务，应毋庸兼在各股该班，以专责成。…… 3. 帮提调两员轮流住宿，必须当面接替。…… 4. 馆内总教习、教习等有条陈馆务事件……会同正提调回堂核办。各学生遇有呈禀事件，应由帮提调呈堂，不得自行径递。 5. 同文馆汉教习各员，功课勤惰，应由帮提调等随时稽查。…… 6. 同文馆学生有不在馆住宿者……到馆时帮提调即令当面画到。…… 7. 在馆学生均应一律画到……如有无故不到者……罚扣膏火。…… 8. 在各衙门当差之学生，每月准给官假六日……如不先注明者，按日扣除膏火。…… 9. 大考、岁考、季考、月课，各学生除穿孝、完姻、告假外，俱不准托故不到。…… 10. ……现议三年内如该学生有丁艰大故，虽未满三年之限，未经大考，仍准给假百日，并给予盘费，以重孝行。……此外概不准借词请假。 11. 罚扣各学生膏火，必须一律办理。…… 12. 遇乡、会试年分，学生有愿应试者，准给一个月假期。……过期均按日扣除。…… 13. 在馆住宿之学生，如有无故夜出及夜不回馆者，初犯罚扣一月膏火，再犯革退。…… 14. 后馆学生（及由后馆兼充前馆之学生）每日仍照旧章。…… 15. 各学生除午节、秋节、年节放学时免其画到外，……各学生均令在馆学习汉文，照常画到。…… 16. 嗣后前后馆汉教习各员应得奖励，以及各馆学生大考时等第……仍照旧章。…… 17. 前后馆汉教习薪水暨各馆学生膏火……知照该总办照数发给，以昭核实。 18. 印书处设在同文馆内，所有该处一切事务亦归帮提调经理。……

资料来源：朱有瓛：《中国近代学制史料》第一辑上册，华东师范大学出版社 1983 年版，第 20～23 页。

第一，强化正提调、帮提调监督考核职责。京师同文馆设正提调 2 人，帮提调 2 人。正提调是总理衙门官员兼任，公务繁忙，无法经常来学校检查。日常工作需要帮提调严格对待，认真检查。帮提调负责馆内一切事务，不要兼职分心，保证其专门处理自己负责的工作。两名帮提调应该轮流住宿，当面接替工作，不可出现空档，导致无人负责的情况。

第二，加强教师管理。要求所有教师各负其责，认真授课，不得懈怠。帮提调负责监督和管理。教师如果有事汇报，需要帮提调汇总交给正提调讨论审核。

第三，加强学生管理。学生如果有事汇报，需要帮提调转达，不得越级汇报。不住宿的学生要按时考勤签到。迟到者按规定扣伙食费。担任副教习的人也按学生要求考勤签到。迟到者也按规定扣伙食费。如果学生在衙门当差，每月可以有 6 天不在校时间，但必须提前注明。凡是不提前签到者，一律按规定扣伙食费。除了守孝、结婚等情况，学生必须参加大考、岁考、季考、月课等各类考试。无故不参加考试者，按规定扣伙食费。岁考不通过，不得参加大考。

第四，加强假期管理。学生尚未参加大考遇到守孝、结婚等情况，守孝者给予百日假期和回老家路费，以表彰孝道；结婚者给予两月假期，但不给回老家路费，以示区别。学生除了守孝、结婚等情况给予假期但不扣伙食费以外，其他情况一律不准请假，无故不到按天扣伙食费。生病者可以准假两个月，超过两个月照扣伙食费。学生参加乡试、会试，可以给一个月假期。每个月外国人举行礼拜的时候，学生有事可以请假两天，超期按天扣伙食费。

第五，加强日常管理。住校学生夜不归宿，初犯罚一个月伙食费，再犯开除。无伙食费学生初犯即开除。学生不得在校参与酗酒、赌博。一旦发现，严惩不贷。后馆学生学洋文也学汉文，由帮提调监督检查。除午节、秋节、年节以外，包括外教放假在内的所有时间学生都要按时考勤签到。违者按规定扣伙食费。

第六，加强其他管理。"前后馆汉教习各员应得奖励，以及各馆学生大考时等第……后馆汉教习薪水暨各馆学生膏火……各学生请假回籍川资银两……印书处设在同文馆内，所有该处一切事务亦归帮提调经理。"[①] 这表明，京师同文馆的一切管理事务都由帮提调负责核查、汇总并交给正提调审核批准。

5. 第五份京师同文馆章程

第五份章程是光绪二十四年（1898）续增同文馆条规八条。该章程详细列出了教学管理措施与规定，目的在于督促教师尽责、学生学习（见表 3-5）。

表 3-5　　第五份京师同文馆章程

事项	内容
制定者	总办章京等会议公告
时间	1898 年

① 朱有瓛：《中国近代学制史料》第一辑上册，华东师范大学出版社 1983 年版，第 23 页。

续表

事项	内容
章程名称	光绪二十四年（1898）续增同文馆条规八条
主要内容	1. 各馆翻译以汉文为本……前馆学生有汉文未能明晰者，著仍令归后馆学习汉文，午后再学洋文。 2. ……嗣后前后馆学生，每遇礼拜日，加添汉文功课，试以论策，或翻译照会，以备他日办公之用。…… 3. 馆中功课以洋文、洋语为要，洋文、洋语已通，方许兼习别艺。…… 4. ……各生勤惰即责成各馆教习分别标注……新到馆及后馆各学生，学习洋文、洋语，限以一年为期。…… 5. 月课、季课及年终岁考，前后堂学生须分别考试……严防枪替。…… 6. 后馆学生向例早晨学习汉文，午后学习洋文……嗣后前后馆学生……当面画到，如逾时不到，即照章办理。…… 7. 后馆学生功课近来未免疏懈……嗣后即责成提调实力稽查……倘不见长进，及任意作辍者，即交汉教习从严戒饬，以示惩儆。 8. 汉、洋各教习及副教习……其或督课不力，任听学生因循怠玩者，即著提调随时稽查，会同总教习商酌核办……如学生中有不遵教习及副教习指教者，立即斥退，以肃馆规。

资料来源：朱有瓛：《中国近代学制史料》第一辑上册，华东师范大学出版社 1983 年版，第 23～24 页。

第一，补习汉语。各个分馆的翻译都是以中文为根本，如果中文不清晰、不流畅，那么翻译外文就不能清晰明了。如果前馆的学生中文较差，应该要求他们回到后馆学习中文，下午再学习外语。

第二，充分利用周日时间加强汉语学习。礼拜天外教一般不去学校。这一天应该是复习汉语的好日子。虽然后馆里有的学生学习作诗，但往往有名无实。因此，前后馆的学生应该每周日加一次中文课，可以试试策论或者翻译翻译照会，以备日后公务之用。愿意写诗的人可以随意。

第三，加强外语学习。学校中洋文、洋语课程最重要。学好洋文、洋语以后才能学别的科目。最近，有人同时在学好几个科目，难免广而不精。而且有人居然不学洋文、洋语，却学习别的科目。这就失去了设立同文馆的本意。以后凡是来校学习之人，一定要先学习洋文、洋语。即使学好洋文、洋语之后，他们也只能同时学习其他一门科目。不会洋文、洋语的人，由提调和总教习评出等级，以示区别。

第四，加强考试考核。每次月考，教师都应该对勤奋和懒惰的学生分别标注，每月考试后参考平时成绩，打分列出等级。新来的学生和后馆的所有学生学洋文、洋语以一年为期限，来确定是否是可造之才，副教习要负责任。每个副教习都要不留情面，实事求是地汇报，以免滥竽充数。

第五，严肃考试纪律。月考、季考和年终考时，前后馆的学生必须分别参加考试。前后馆学生第一天都要参加翻译汉、洋文考试，能翻译条子的学生将被纳入第二天的考试。提调要严格监督，防止枪手替考。对不遵守约束的学生，要立即汇报到学校，按规定处理。

第六，加强学生考勤。后馆学生通常上午学汉语，下午学外语。近来有学生中午才到校，不学中文。这违反了学校的规定。今后，前后馆的学生必须按照原来的规定，春分前 10 点到校，秋分前 9 点到校，当面签到，不按时到校按学校规定处理。提调下午要不时抽查，发现签到后又外出的学生，要严惩不贷。后馆的学生如果请假未到，老师要列出他们的名字，送交给提调，作为凭证，与签到簿核对处理。

第七，监督学生学习进度。后馆学生最近作业不认真，还聚在一起谈论游戏等，实在可恨。提调要仔细检查，“每月认真校对日课、月课等簿是否符合，仍抽查各学生写字、背书、作文诸功课”①，发现有不思进取、随意旷课等问题的学生，立刻交给汉教习严惩，以儆效尤。

第八，加强教师和学生管理。中外教习和副教习是保证学生成才的责任者。如果教师监督不严，任由学生偷懒懈怠，提调要随时检查，与总教习商讨对策，等汉教习回来后处理。如果学生不遵守教习和副教习的指示，应立即开除，以严肃校规校纪。

（二）上海同文馆章程

上海同文馆的管理主要依据以下几个办学章程：

第一份章程源于同治二年四月二十九（1863 年 6 月 15 日）江海关道详南洋通商大臣李鸿章提交的“上海初次议立学习外国语言文字同文馆试办章程十二条”。同治九年（1870），江南机器制造局成立了翻译所。由于上海同文馆培养翻译人才职能与其相似，江南机器制造局将上海同文馆纳入同一场所办公，但仍允许其保留独立地位。因此，第二份章程和第三份章程出自同一个文件，即同治九年三月初三（1870 年 4 月 3 日）总办机器制造局冯焌光、郑藻如向上级提交的汇报材料。该文件后面附录有“酌拟广方言馆课程十条”和“拟开办学馆事宜章程十六条”。因为这两个附录涉及了不同的事项，为了

① 朱有瓛：《中国近代学制史料》第一辑上册，华东师范大学出版社 1983 年版，第 24 页。

方便研究和阅读，笔者将这两个附录作为两份章程进行解读。在随后的70年代至90年代中期，上海同文馆一直在沿用这些章程。光绪二十年（1894），江南机器制造局为了适应新形势变通了一些内容，重新颁布了一份章程。这第四份章程就是光绪二十年四月二十三（1894年5月27日）江海关道聂缉椝提出的“附录近年变通从前办法，酌立简明条规十则”。

1. 第一份上海同文馆章程

同治二年四月二十九（1863年6月15日），在“上海初次议立学习外国语言文字同文馆试办章程十二条”[①] 中，李鸿章规定了入学资格、师资聘请、学校管理、教学与考试安排、毕业分配等条件，主要包含以下内容（见表3-6）：

表3-6　　第一份上海同文馆章程

事项	内容
制定者	李鸿章（南洋通商大臣）
时间	1863年
章程名称	上海初次议立学习外国语言文字同文馆试办章程十二条
主要内容	1. 肄业学生按照奏定章程以年十四岁以下，资禀颖悟，根器端静之文童充选。…… 2. 馆中延订英国学问通贯者二人为西教习。…… 3. 馆中延订近郡品学兼优绅士一人为总教习，举贡生员四人为分教习。…… 4. ……凡肄业者算学与西文并须逐日讲习。…… 5. 馆中设立监院一人……总办董事一人……司事四人。…… 6. 馆中选派通习西语西文之委员董事四人，常川住馆。…… 7. 候补佐杂及绅士中有年及弱冠愿入馆学习者，一体准保进馆学习。…… 8. 肄业诸生由总教习每月初一、十五两日课试西学，初八、二十四两日课试所业文。…… 9. 肄业生三年期满，能一手翻译西书全帙，而文理亦斐然成章者……按照奏定章程作为附生。……其不能翻译全帙者，作为佾生，一体出馆。 10. 肄业膏火每日银一钱，以代馆餐，旷馆之日勿给。…… 11. ……肄业诸生出入，由司事稽查。…… 12. 馆中供奉至圣先师象，每月朔望，教习委员董事率肄业生清晨齐集拈香行礼，不许托故不到。

资料来源： 同治二年四月二十九日（1863.6.15）江海关道详南洋通商大臣李鸿章（附章程），《广方言馆全案》第6～10页，载陈学恂：《中国近代教育史资料教学参考资料》上册，人民教育出版社1986年版，第53～55页。

① 李鸿章：《同治二年四月二十九日（1863.6.15）江海关道详南洋通商大臣李鸿章》（附章程），载陈学恂：《中国近代教育史资料教学参考资料》上册，人民教育出版社1986年版，第53～55页。

第一，入学资格。上海同文馆招收的学生需要年龄在14岁以下，聪明伶俐，品行良好。有愿意学习的候补官吏、绅士和社会青年经人保举也可入学。由于没有八旗子弟限制，入学生源质量大大提高。

第二，师资聘请。招聘精通英国文化的外国学者2人担任外语老师。聘任当地品学兼优绅士1人担任总教习，举人、秀才4人担任分教习。无论外方还是中方，教师的选拔和使用都非常严格和认真，确保教育者都是有真才实学的人。

第三，学校管理。学校设立监院1人，总办董事1人，司事4人管理学校各项事务。学校选派了解外语和外国文化的委员董事4人，长期驻校管理。学校供奉孔子画像，全体师生每月阴历初一与十五都要参加祭祀，不得缺席。学生每天出入学校情况由司事稽查。学生每天伙食费银1钱，旷课者不发。这种学习纪律可以有效地约束学生行为，防止学生懈怠。

第四，教学与考试安排。所有学生都要学习算学与西文，并须坚持每天练习。总教习安排学生每月初一、十五考外语，初八、二十四考汉文和算学。各科教学与考试安排非常紧密，让学生即学即考，督促学生学习。

第五，毕业分配。学生学习三年期满后参加大考。能整篇翻译外语文章并且通顺有文采的学生可以成为附生。不能整篇翻译外语文章的学生作为佾生离开学校。这种制度安排可以有效地激发学生的荣誉感和自信心，保证了教学质量。

2. 第二份上海同文馆章程

同治八年（1869），清政府为了加强管理，节省开支，将上海同文馆迁移到江南机器制造局新建的馆舍之内，与该局的翻译馆合署办公。然而，从行政管理角度来说，上海同文馆隶属于江海关道，是单独的行政单位。江南机器制造局无权干涉其办学，仅仅是代为管理。

同治九年三月初三（1870年4月3日），江南机器制造局冯焌光、郑藻如对迁移后的上海同文馆情况作了工作汇报。在报告中，江南机器制造局并没有否定李鸿章原来制定的上海同文馆章程，只是对原有的章程进行了细化，重新作出了一些规定。

报告同时附上了“酌拟广方言馆课程十条”和“拟开办学馆事宜章程十六条”两个附件。两者的区别是“酌拟广方言馆课程十条”注重课程安排，“拟开办学馆事宜章程十六条”侧重于教学管理。为了便于阅读和研究，笔者特意将这两者分别列为第二份、第三份上海同文馆章程。

第二份上海同文馆章程是“酌拟广方言馆课程十条”[1]（以下简称“课程十条”）。该章程从树立坚定志向，学习经史子集和算学等传统文化，加强作文考试和教学监督管理，提高学习实用性和动手操作能力等方面进行了规范，主要包含以下内容（见表 3-7）：

表 3-7　　第二份上海同文馆章程

事项	内容
制定者	冯焌光、郑藻如（总办机器制造局）
时间	1870 年
章程名称	酌拟广方言馆课程十条
主要内容	1. 辨志。……学者须先端趋向，求为有体有用之学，尤须持久。……在学者裕立身用世之实学，庶不负设馆之苦心矣。 2. 习经。……愿学者分年读经，当循次序……诸生毕集讲堂听讲。除确系抱病外，不得规避不到。…… 3. 习史。经经纬史，为学之序。……自伏羲而至明季，编年纪事之书，灿然大备矣。……所望诸生事事体认，取法于古，以增长其识力，无徒侈言淹博。…… 4. 讲习小学诸书。……诚以小学者，大学之基。……诸生听讲时壹志凝神，退而精心体认，笃实践履，庶于言行之际，敬肆之分，皆有所持循焉。 5. 课文。平日读书有得，胸中确有见地，又能留心时事，洞悉利病之所以然，斯为实学。…… 6. 习算学。孔门六艺不废书数。况西人制造日新月异，俱从算学而出。……兹拟每日西学之暇，午后即学习算术。…… 7. 考核日记。……兹拟照龙门书院课程，设立读书行事日记二本，诸生按日登记……送交先生考核。…… 8. 求实用。……凡有关于今日军国之要者，务宜切实讲求。…… 9. 学生分为上下班。初进馆者先在下班……至年底考试可取者……再进上班，专习一艺。 10. 上班分七门……生徒学此各事之时，仍须兼习下班之学，以冀精深。

资料来源：冯焌光、郑藻如：《同治九年三月初三日（1870.4.3）总办机器制造局冯、郑上督抚宪禀》，载朱有瓛：《中国近代学制史料》第一辑上册，华东师范大学出版社 1983 年版，第 220～224 页。

第一，树立志向，辨别方向。“课程十条”指出：朱熹说熟读可以记住知识，思考可以理解道理，但不立志就没有着力点。学者如果想进步，必须寻

① 冯焌光、郑藻如：《同治九年三月初三日（1870.4.3）总办机器制造局冯、郑上督抚宪禀》，载朱有瓛：《中国近代学制史料》第一辑上册，华东师范大学出版社 1983 年版，第 220～234 页。

求有用的学问并持之以恒。天下无难事，只要认准方向，坚持立身用世之实学，就不会辜负设立学校的一片苦心了。

第二，研究经典著作。“课程十条”认为古人学习经典是为了实用，大到家庭、国家和世界，小到东西的名称、形状。一个人研究一辈子，也不可能了解一切道理。学生要按照年纪从小到大、课文从易到难的顺序学习。可以先从《春秋》《左传》开始，便于初学者学习、讨论。在考作文前三天的下午，学生们要集中在教室听讲，除非生病，不得缺席。书籍有学校推荐的各个版本，学生要认真听讲，不得喧哗。晚上回宿舍要认真复习背诵，理解经典的主旨道理，还要写读书笔记，以便考试时明辨是非。

第三，学习历史。“课程十条”规定经典和历史都是学习的内容。二十四史，数量众多，不易全部阅读。编年史选《资治通鉴》，如果每天坚持读20页，三年肯定能完成。再加上其他史书，就能知晓从伏羲到明朝的历史情况了。读历史最好的方法是在书桌旁备好材料，分类记录，随时写下心得体会、议论文章或日记，以便上课时提问和讨论。《读史论略》这本书是纲领性书籍，考作文前两天午后，全体学生要在教室听讲，下课后熟读，这样上下几千年的历史就能大致了解了。在此基础上可以再学习、参考其他材料，增长见识。

第四，讲授基础学问。“课程十条”提出：朱熹认为研究大学问前要先从基础学问开始。“四子为读经之阶梯，《小学近思录》又为读四子之阶梯。”学校规定在考作文之前一日，先讲解《养正遗规》《朱子小学》诸书，再学习其他材料。学生要保持尊重，认真听讲，细心体会，把理论运用到言行中。

第五，作文考试。“课程十条”要求学生平日读书，写下体会，留心时事，洞悉利弊。这是实实在在的学问。不写出来，没办法了解其对错、是非观念。拟定某个时间学生到教室写作文，当天交卷。有基础的人可以写策论，不妨碍其科举之路。初学之人，只能写八股文。学生可以从几个作文题目中自选一个。待考作文那一天，学生集体到教室听老师详细讲解题目含义。为防止抄袭，除了生病，一律都要参加作文考试。交卷后，教师评定等级，下次考试之后两天发回试卷，或提供先辈的作文范文一篇。

第六，学习算学。“课程十条”提出：孔子的六艺中包含书和数两门功课。西方人的制造技术日新月异都源于数学。数学学好了，了解事物奥妙，体会事物差异。数学没学好，往往知难而退。现要求每天学外语之外，午后学习算学。“无论笔算珠算，先从加减乘除开方入手。”在此基础上，可以学中国的算经十书和西方的几何、代数等。除作文考试那天以外，其余时间不得缺席算学课。如果与测量制造之法有关，可以开展研究。

第七，考核日记。“课程十条”提出：学习勤奋或懒惰应该有规矩。如果不用笔记下来。学生不会了解反省学习内容，教师不会了解讲课得失。“课程十条”建议仿照“龙门书院课程，设立读书行事日记二本”，一本当作读书笔记，一本当作考勤登记。这样，学生日记，教师考核，月末时根据学生情况给予赏罚。学生的心得和疑问要随时送阅，教师订正后返还，不限日期。

第八，追求实用。“课程十条”认为当今士大夫们的通病是学非所用，用非所学。设立上海同文馆的初衷，无非就是通过苦心经营培养有用人才，取得实效。学生们要好学深思，发奋上进。任何关于当今军事和国家的重要信息，都要学习，应该注意它。如果能马上施行，取得实效验证，可以不依靠空洞的理论；如果只能说却不能用，应该用自己学过的东西推理其用处，以免出现虚假宣传。

第九，学生分班。“课程十条”将学生分为上班和下班。初来者在下班，首先学习国外公共课，如数学、代数、几何等初级课程。如果想学翻译，还要学习外语等书籍。每天上午集中在西学讲堂学习。每学七天，考试翻译一篇文章，评定甲乙等级，优者给赏。到年底考试后，根据学生的性情和志向晋升到上班，专门学习某个专业技能。

第十，专业方向。“课程十条”指出上班有七个专业方向：一是地质矿产冶金，准备制造材料；二是选用各种金属材料，通过浇铸或敲打，制成机器；三是用木头或铁加工制造各种设备；四是绘制各种汽轮机图纸或驾驶机器相关事宜；五是航海理论与方法；六是陆地和水面作战；七是外语、风俗习惯和国家政治。学习这些专业知识的时候，学生还要兼学下班课程，以便认识更加深刻。

在这份章程后面，还有一段备注。“以上各条，系就书馆教习生徒而设，至学习制造及行船接仗，西人各有专长，可取为法。”这表明，本章程其实将上海同文馆的学习内容分为两个部分：即理论讲解部分和实验操作部分。上述十条内容主要是学校供老师和学生上课学习理论时所用。理论讲解部分结束后，学生还要跟外国人学习制造机器和航海行船等实验操作。在工作之余，一馆学习行船接仗的学生等人要在固定时间听西教习讲解机器的工作原理，如果听不明白还会有两名高年级同学提供翻译、帮助理解。

3. 第三份上海同文馆章程

第三份上海同文馆章程是“拟开办学馆事宜章程十六条”。它与前面第二份章程“酌拟广方言馆课程十条”其实都是由江南机器制造局冯焌光、郑藻如于1870年在同一份报告中提出的。因为这两份章程侧重点不同，所以笔者将它们分为两部分进行讨论。

“拟开办学馆事宜章程十六条”从树立教师典范、开展分科教学、网罗天下英才、研究制造原理等十六个方面进行了论证，主要包含以下内容（见表3-8）：

表3-8　第三份上海同文馆章程

事项	内容
制定者	冯焌光、郑藻如（总办机器制造局）
时间	1870年
章程名称	拟开办学馆事宜章程十六条
主要内容	1. 求师资以端模范。……学馆之设，本与制造相表里，……亟宜储材积学，以期致用。顾为学首重师资，而设教兼明体用。……庶足以楷模多士，熔铸群材。 2. 分教习以专讲求。……顾研穷日久，门径渐分，学以专而能精，法由熟而生巧。…… 3. 集人才以备学习。……瑰材异质，世不乏人，兹拟分别数格，广为搜罗。……但有可造之质，亦宜随时留心，诱掖奖劝，以成美才，以收实用。 4. 广制器以资造就。……而学习制造，自莫善于以器制器，而先致力于制器之器。……庶明理者既可显诸实象，执艺者亦可探其精深，课虚责实，自有进境。 5. 编图说以明理法。……明其理者，比类参观，皆可分其门类。……非图无以显其形，非说无以明其制；经者理其绪而分，纶者比其类而合，夫然后制一器而驭以一法，参以他法。…… 6. 考制造以究源流。……西人每创一术，尚考其年，而源流可证也。……兹拟分类编集，按其年代以考制造之源流。…… 7. 测经纬以利行船。洋面辽阔，既无山岛可以准望，必须测算经纬地度，方知行船之所在。……今译西历以测经纬，必须分别中西所定节气合作一表，较便测算。……求一简明之法，人人共喻，则行海便易熟习矣。 8. 译舆图以参实测。今之讲求实学者，咸知究心舆图……皆凭测算。……今西人用经纬仪测量，所置酒准佛逆最为得法。……兹拟全译华文，用西人药水，绘印石板之法，一日之间，翻印可得百余纸，即分给各轮船，随其所往。……

续表

事项	内容
主要内容	9. 广翻译以益见闻。……现既因制造而译书，无论枪炮轮船，实切中国之用，固宜因端竟委，实事研求……苟能参以西法，酌为变通，则裨于实用，必不止徒益见闻已也。…… 10. 录新报以知情伪。……中外偶有举动，不逾月而播闻彼都。……夫我国之实，尽输于人，彼国之情，何至懵然不觉。……兹拟选沉潜缜密之士，凡各国之传闻可信者，简其要而删其繁，分类辑录，以备省览。…… 11. 储群籍以资稽考。……闻近年西人购求中国书籍甚富，亦有西士究心经史，于民生吏治，言之历历者……拟译为西书目录，择要酌购，俾有志之士考之，在平日用之，在临时庶无愧于淹通云。 12. 购测器以便考订。……至于格致之学，天地人物无一不征诸实象，但凭图说，终不能一目了然，则以测器之尚未购求也。……彼格致之学，假象以明其理，借器以显其象。……又必当知器之质性，考之既详，乃用其正者，去其差者。…… 13. 刊书板以省传钞。……兹拟将已译各书，仍交原手，赶紧订正，样本写就，经他人对读校字，仍令原手细勘数过，及今锓板印行，庶可为经久之计。且免逐本钞胥校对工夫，其省费奚啻倍蓰。…… 14. 定课章以循诵习。……学以致用，不可不及时讲求也。……生徒欲有进益，非讲论无以浚其灵，非体认无以课诸实。……就其性之所近，因时而教导之，而必以读书明理为本。…… 15. 严甄别以昭奖劝。……虽善教者无弃才，而甄别既严，斯人心鼓舞，即学者亦自知尊贵，共切观摩。……其有三年期满，学无成效者，或随时考察，不堪造就，即严为裁汰。……宜于月给廪饩之外，考列上等者格外优奖，庶人知激劝，学有进益矣。 16. 立年限以收成效。……入学之初，觇其志趣，即与明立年限，三年小成，五年大成。其学有成效者，可期上进，或任以事，或授以官，而以所学施诸所用，仍不失其本业。……

资料来源：冯焌光、郑藻如：《同治九年三月初三日（1870.4.3）总办机器制造局冯、郑上督抚宪禀》，载朱有瓛：《中国近代学制史料》第一辑上册，华东师范大学出版社1983年版，第224～234页。

第一，树立教师典范。洋人船坚炮利已近完善，各地设立制造局已经知晓中国技术落后于人，正在努力追赶。学馆设立的目的本来就是要为国家培养人才，以期将来使用。所以求学最重要的是教师，要明确体和用的关系。应该聘请品德高尚、见识深远、学贯中西的人为山长，当作众人楷模，培养人才。

第二，注重分科教学。西方人制造来源于算学，长期传承，分门别类，日趋完善。中国也应该这样。要把不同学科分开，专注于某个学科，精益求精，熟能生巧。

第三，集中人才加以培养。人分多种，全才难得。既然人才种类不同，应该加以区分，广泛搜寻。应该随时留心有某种特长的人才，鼓励奖赏使其成才，取得实用的效果。

第四，在机器制造中掌握制造的原理。学习制造，首先要致力于用工具制造工具，以机器制造机器。从学习来说，与其漫无目的地思考，不如将理论付诸实施，精益求精。在制造中学习，懂得其中原理，知其然又知其所以然，将来就可以自己制造，不用依赖别人。懂得机器制造原理的人不仅能展现各种真实的形象，而且开展实际操作的人也能了解其精深之处，把虚的理论与实的操作结合起来，自然可以进步。

第五，绘制图纸并提供说明书来澄清机器的原理和方法。先明白某些机器原理，再参照同类划分出不同门类。如果你没有图纸，就没办法显示机器的形状，没有说明书就不能明确机器的规格。纵向划分按其绪，横向划分按其类。这样，制造一台机器就能掌握一种方法，再参照其他方法就可以举一反三。

第六，研究某种机器的制造历史追溯其来源。西方人创造每一项技能都要研究其发展历史，证明其来源和发展演变。建议按机器的制造年代进行分类汇编，以此检验某种机器的制造历史来源和发展过程。

第七，测量经度和纬度以方便航行。海洋是广阔的，观察不到山脉和岛屿。我们必须通过测量经度和纬度，才知道船航行在哪里。现在翻译过来的西方历法如果用于测量经度纬度，必须将中国和西方的节气统一在一张表格里，才好测算。应该找出一种简明方法，让大家都知道，那么航海就很容易掌握了。

第八，翻译地图以供参考和实际测量。当今讲究实用学问的人都知道要研究地图。……西方人陆地海洋航行都靠地图测算距离。目前，西方人用经纬仪进行测量，他们做的地理地形图是最合适的。现在我们有从海外购置的地图，可以翻译成中文，用西方药水和印石板画的方法，一天就可以翻印100多张地图，然后分发到所有的船上，随着航行路线再实地测量修正，随时在地图上添注各种最新变化。

第九，扩大翻译范围以增长见识。从明朝到现在，翻译西方书籍一直不断，但翻译质量总令人半信半疑。西方人讲究实用学问，不太注重空虚思想。但中国急需的是如果有效，马上就可以拿来使用。当今中国翻译的很多书都是为制造机器而翻译的，无论是制造枪支还是轮船，都非常适合中国当前需要。中国人并不比西方人笨，如果能参考西方的方法并加以改进，就会有利于实用，而不仅仅是增长见识了。法国和德国等国家与英美两国语言文字并不一样，翻译者应该认真进行研究。

第十，搜集情报辨别消息的真假。西方很多人假借传教之名开展间谍活动。中国任何动向不出一个月别国首都就都知道了，而中国却对其他国家一无所知。洋人的报纸中国人看不懂。市面上的各种消息真真假假，也无法全信。如果想了解真相，应该选择沉稳细心之人，把各国真实信息汇集起来，删繁去简，分类编辑，作为参考。林则徐等人就是这样做的，可以很好地帮助辨别消息的真假。

第十一，搜集储存书籍用来研究和考证。据说近年来西方人购买中国书籍非常多，还有西方人专心研究中国经典、历史、民生、官治等，对中国的事情非常熟悉，如数家珍。中国书籍众多，汗牛充栋。涉外事务逐渐增加，涉外知识必须了解。建议将翻译的国外书籍列出西文图书目录，适当购买，提供给有志之士研究，可以在平日使用，在遇到突发事件时不至于手忙脚乱。

第十二，购买测试仪器以便研究和修正理论。西方人提出某个理论一定要辅助各种看得见的实物。中国人没有这个习惯，提出的理论往往因为没有实物佐证被人称为口说无凭。物理这门学问涉及的天、地、人、物等仅靠图说解决不了问题，做不到一目了然，都需要实物加以证明，所以需要购买测量仪器。理论可以证明其是否成立，实物才能显示出其真实的形状。购买测量仪器时应该仔细检查器物的质量，区分好坏优劣。

第十三，把书籍印刷出来省去手抄。建议把已经翻译出来的书交给原译者抓紧订正，写出样例。经其他人阅读和校对后，在让原译者仔细检查几遍，最后刻板印刷。这才是长久之计，既能够免去逐本书校对的时间，又可以节省大量金钱。

第十四，确定某些文章让学生反复背诵学习。学校安排经、史、算学和词章四类学习内容，强调培养知书达理、德才兼备的品行。学生想要取得进步，不听讲就不能发挥出天赋，不实践就不能把理论付诸实施。高智商的通才不容易获得，应该根据学生的才能和禀赋来教育，重点是培养他明白事理。

第十五，严格筛选以表明奖励和劝导方面。上海同文馆既重视外语，也强调算学，学生都要学习。40 名正式学生如果学习好会受到奖赏，学得不好就会被惩罚。这可以让人得到鼓励，懂得尊严。好学生毕业后可以做官、做事，受人尊重；差学生不堪造就，就会遭到淘汰。

第十六，确立读书年限以保证学习效果。在入学之初，了解他自己的志向和兴趣，双方确定读书年限，三年达到基本目标，五年达到较大目标。如果学习富有成效，可以晋升，做官或者做事，都与他所学的专业相关。

4. 第四份上海同文馆章程

光绪二十年四月二十三（1894 年 5 月 27 日），江海关道聂缉椝提出“附录近年变通从前办法，酌立简明条规十则”[①]。这些规定主要从学生数量、学生专业、学生考评、学生经费、学生请假、学生品德、学生特殊情况请假、学生分配、学生参加科举考试、教师参加科举考试等十个方面对原有的章程进行了变通和修改，目的是加强学生管理，严肃校风校纪（见表 3-9）。

表 3-9　第四份上海同文馆章程

事项	内容
制定者	聂缉椝（江海关道）
时间	1894 年
章程名称	近年变通从前办法，酌立简明条规十则
主要内容	1. 英文、法文、算学生徒，仍照向章定额四十名外，余数名或十数名，以备出缺挑补。其新设天文馆所招学徒，不在此额数之内。 2. 英文、法文、算学、天文生徒，分作四馆教授。……仅习中学，偏废西学者，应令赴各处书院肄业，不得住馆。 3. 各学徒除由教习按月考校课程外，……甄别中西各学，评定甲乙……屡列优等者，酌加膏火银两。若三次皆列末名，毫无长进者，撤退。 4. 各学徒招选入馆时，每名给火食洋两元，油烛洋半元……其资性聪颖学业猛进者，随时酌加，亦不拘定月数。 5. 生徒告假省亲应试，须禀明监馆委员，酌予限期，逾期不到，罚扣膏火。…… 6. 士子以敦品为先，如有吸食洋烟嫖赌酗酒者，立即革除。其争闹懒惰不遵规矩者，由委员戒责，再犯者开除。 7. 在馆学生非有考试昏（婚）丧疾病等事，不准请假出馆。…… 8. 英文法文生徒，学业有成者，……派入同文馆肄业，三年后随班大考，奖给功名。…… 9. 算学学徒系生监出身……俾应顺天乡试，每名酌给川资。其入胶庠登贤书者，亦给花红，以示优异。 10. 中学算学教习，有应乡会试者，假期以两个月为度，及遇昏丧大事，必须自请权馆之人，照章讲授，免荒学生功课，并备一切供应，馆内不能另送修金膏火等费。

资料来源：聂缉椝：《光绪二十年四月二十三日（1894.5.27）江海关道聂移制造总局》，载朱有瓛：《中国近代学制史料》第一辑上册，华东师范大学出版社 1983 年版，第 240～241页。

① 聂缉椝：《光绪二十年四月二十三日（1894.5.27）江海关道聂移制造总局》，载朱有瓛：《中国近代学制史料》第一辑上册，华东师范大学出版社 1983 年版，第 240～243 页。

第一，学生数量。学习英语、法语和数学的学生，除了原来章程规定的40人的名额外，剩下的几个或十几个名额，以便出现空缺时挑选补充。新建立的天文馆招募的学生人数不包括在这个数字中。

第二，学生专业。学生分成英语、法语、算学、天文四个专业学习。如果学生只学中学，不学西学，就应该去别的书院学习，而不是待在上海同文馆里。

第三，学生考评。学生除了参加授课教习每月的课程考试外，逢端午、中秋、年节，还要听候江海关道、制造局领导的共同检验。他们会甄别学生的中学、西学的学习情况，评出甲乙等级，给名列前茅者赏钱并张榜公示。多次列为优等者可以增加伙食费。如果学生三次考试都排名最后，而且没有进步，那就必须退学。

第四，学生经费。入学时，每位学生将获得伙食费两元，灯油蜡烛费半元。三个月后决定去留。再学习六个月，留下的学生增加伙食费，有白银二两到三两。天资聪明、学业长进的学生可能随时增加赏钱，也不限定是哪个月。

第五，学生请假。学生请假回家或参加考试的，必须向管理工作人员报告，并限定期限。逾期不归，罚扣伙食费。平时不得随便外出。如果外出，需要登记，违者处罚。

第六，学生品德。学生要注重品德修养，如果抽烟、嫖妓、赌博、酗酒，就会被立即开除。争吵、懒惰、不遵守规则者，由委员予以训斥，再次犯规者开除。

第七，学生特殊情况请假。在校学生，除了考试、结婚、丧事、生病等事，不得请假。因父母亡故、自己结婚或参加科举考试，可以预支两个月的伙食费。其他情况不在此例。

第八，学生分配。学英语和法语的学生，如果成绩突出可经监管委员保举，由江南机器制造局移交给江海关道，请南洋通商大臣咨送到总理衙门考试。合格者到京师同文馆学习三年，随班参加大考，奖给功名，分派出国或到各省外事部门当差。

第九，学生参加科举考试。学习算学的学生如果是贡生或监生出身，遇到科举考试年份，请南洋通商大臣咨送到总理衙门考试。为了帮助其参加顺天府乡试，每个人都要酌情发给路费。如果考中举人，可以给予赏金，以显示他们的优秀。

第十，教师参加科举考试。中学教习和算学教习如果要参加乡试，可以给予两个月假期。如出现婚丧大事，要自费请人按规定授课，避免耽误学生功课，还要自己负担一切费用。学校不另外发工资和伙食费等费用。

（三）广东同文馆章程

广州地处中国南部，远离首都，在历史上一直被视为偏远落后地区。在清朝统治者眼中，其社会地位远没有北京、上海重要。另外，广东同文馆的设立也非当地政府主动作为，而是清政府接受奕䜣、李鸿章的建议后命令广东省开设的。在这种情况下，广东同文馆的创办人没有办学的主动意识，其办学章程也只是仿照京师同文馆和上海同文馆的产物。同治三年七月十八（1864年8月19日），总理各国事务恭亲王奕䜣等奏："臣等查该将军所奏广东省设立教习外国语言文字学馆章程，系仿照臣衙门同文馆及上海设立学馆各章程变通办理，尚属妥协，应即准其照办。"[①]

广东同文馆的管理依据主要是两广总督毛鸿宾提出的"广东同文馆章程十五条"[②]。该章程模仿了京师同文馆和上海同文馆的办学章程，主要规定了校名校址、管理人员、中外教师、学生入学资格和人数、学校管理、学校经费、毕业分配等内容。该章程自启用以后一直沿用至学校办学结束。在办学过程中，如有个别调整的地方，学校则按政府文件调整后的规定执行（见表3-10）。

表3-10　　广东同文馆章程

事项	内容
制定者	毛鸿宾（两广总督）
时间	1864年
章程名称	广东同文馆章程十五条
主要内容	1. 学馆已租赁省城北门内朝天街房屋二所，作为广东同文馆。…… 2. 同文馆设立提调一员……另设馆长二员。…… 3. 同文馆延请汉人教习一人，西洋教习一人。…… 4. 同文馆肄业生额设二十名，内旗人十六名，汉人四名。…… 5. 同文馆肄业生……提调总核保举人数，酌定等第。…… 6. 同文馆肄业生二十名，每年甄别一次，其于西洋语言文字无所通晓者，即行撤退，挑选更换。

① 奕䜣：《同治三年七月十八日（1864.8.19）总理各国事务恭亲王等奏》，载朱有瓛：《中国近代学制史料》第一辑上册，华东师范大学出版社1983年版，第262页。

② 毛鸿宾：《同治三年六月初十日（1864.7.13）两广总督毛鸿宾折》（附章程），载陈学恂：《中国近代教育史资料教学参考资料》上册，人民教育出版社1986年版，第59～62页。

续表

事项	内容
主要内容	7. 同文馆肄业生以三年为期，能将西洋语言文字翻译成书者，分别派充将军、督抚、监督各衙门翻译官，准其一体乡试。…… 8. 同文馆肄业生，每日卯刻入馆，酉时出馆。其愿住宿馆中者，听。…… 9. 旗汉年逾二十之举监生员，及候补流寓人员，有愿学西洋语言文字者，准其呈明提调，或由地方官绅保送入馆学习，火食由其自备。仍以十名为限。 10. 同文馆一切事宜，及肄业生出入更换，由馆长呈明提调，随时申报将军、督抚衙门稽核。 11. 同文馆经费，由粤海关监督衙门筹拨支放。…… 12. 汉文教习束修……西洋教习束修……背书分教习二人，每年各给膏火银……通事劳金……提调薪水……馆长薪水……书写厨役，月各给工钱……门役打杂，月各给工钱……均由馆长领放。 13. 汉文教习，馆长，每日饭食钱一百二十文。肄业生每日膏火银一钱。书写二名、厨役二名、门役二名、杂役二名、及仆从人等三名，每名每日饭食钱八十文，均由馆长领放。 14. 同文馆每月考查一次。一等二名，每名赏银二两。二等四名，每名赏银一两。…… 15. 同文馆岁修房屋，添补什物油烛纸张，每年约需银二百两。

资料来源： 毛鸿宾：《同治三年六月初十日（1864.7.13）两广总督毛鸿宾折》（附章程），载陈学恂：《中国近代教育史资料教学参考资料》上册，人民教育出版社1986年版，第59～62页。

第一，校名校址。学校名称是广东同文馆，校址在广东省城北门内朝天街租赁的两间房屋内。

第二，管理人员。学校设立提调1人，另设馆长2人。学校所有事务和学生更换都由馆长告知提调供广州将军、督抚衙门稽核。

第三，中外教师。学校聘请中方、外方教师各1人。

第四，学生入学资格和人数。学校每年招收学生20人，其中旗人16人，汉人4人。学生由各地名流保举，提调负责核实保举人数，确定等级。超过20岁的旗汉举人、秀才和候补官吏，如果愿意学外语可以告知提调或由地方保举到校学习，伙食费自理。限额10人。

第五，学校管理。学生每日卯刻到校，酉时放学，可以住校。学校每月考试一次。考试成绩优秀者发奖。学生每年甄别一次，外语没学好的人随时更换。

第六，学校经费。办学经费由广东海关监督衙门拨付发放。中、外教师和各类管理人员的薪资均由馆长领放。学校中方教师、学生和各类管理人员的伙食费均由馆长领放。学校每年的房屋维修，办公用品购置需要花费200

两银子。

第七，毕业分配。学生学习三年期满后参加大考。能将外语文章翻译通顺准确的人，学校分配其到将军、督抚、监督各衙门担任翻译官，允许其参加科举考试。

二、管理人员与职能

同文馆是政府设立的机构，其管理人员自然由政府从公务人员中委派，具有相应等级、职衔和地位。

（一）京师同文馆

1. 总管大臣统揽京师同文馆

京师同文馆的主管单位是总理各国事务衙门。因此，由总理各国事务衙门大臣负责管理京师同文馆顺理成章。光绪十五年二月二十九（1889 年 3 月 30 日），总理各国事务衙门大臣奕劻曾说："馆中一切事宜，统由臣等总其大纲，常恐馆中诸生日久渐生懈弛。"[①] 这说明，总理各国事务衙门大臣是京师同文馆的总负责人。

根据《同文馆题名录》统计，京师同文馆历任总管大臣（即总理各国事务衙门大臣）共 19 人次。其中亲王 2 人，中堂 2 人，尚书 2 人，总宪 1 人，侍郎 1 人，正卿 1 人，军机大臣户部正堂 1 人，军机大臣礼部正堂 1 人，刑部正堂步军统领 1 人，刑部正堂 1 人，吏部左堂 1 人，工部左堂 1 人，光禄寺正堂 1 人，候补三品京堂 2 人，太仆寺少堂 1 人。这些人上至皇亲国戚，下至三品大员，个个位高权重，却都屈身在一个小小的学校担任总管大臣。由此可见清政府对京师同文馆的重视程度。具体情况见表 3-11。

表 3-11　　京师同文馆历任总管大臣统计表

	姓名	职衔
1	奕　䜣	和硕恭亲王
2	宝　鋆	中堂
3	沈桂芬	中堂
4	景　廉	尚书

① 奕劻：《光绪十五年二月二十九日（1889.3.30）总理各国事务奕劻等片》，载朱有瓛：《中国近代学制史料》第一辑上册，华东师范大学出版社 1983 年版，第 27 页。

续表

	姓名	职衔
5	董　恂	尚书
6	崇　礼	总宪
7	王文韶	侍郎
8	夏家镐	正卿
9	奕　劻	和硕庆亲王
10	王文韶	军机大臣户部正堂
11	廖寿恒	军机大臣礼部正堂
12	崇　礼	刑部正堂步军统领
13	赵舒翘	刑部正堂
14	徐□□	吏部左堂
15	许景澄	工部左堂
16	袁　昶	光禄寺正堂
17	桂　春	候补三品京堂
18	联　元	候补三品京堂
19	裕　庚	太仆寺少堂

资料来源：根据《同文馆题名录》光绪五年（1879）刊、《同文馆题名录》光绪二十四年（1898）刊综合统计，载朱有瓛：《中国近代学制史料》（第一辑上册），华东师范大学出版社 1983 年版，第 27～28 页。

在最初设立京师同文馆时，作为总理各国事务衙门大臣的恭亲王奕䜣直接负责解决馆中各种问题，并没有安排专人总体负责学校事务。五年后，随着学校工作量的增加，奕䜣有了新的认识。在开办天文算学馆，因招生问题与保守派发生争论时，奕䜣提出了一个防止学生崇洋媚外的方案。他提议由德高望重的徐继畬担任总管同文馆事务大臣，指导学生，作出表率。同治六年正月二十一（1867 年 2 月 25 日），他向同治皇帝提出："必须有群情宗仰之一人，在彼指引开导，庶学者有所禀承，否则该馆只有洋人讲贯，而中国无师表之人，恐来学者竟疑专以洋人为师，俾修弟子之礼，未免因此裹足。……拟请旨饬派徐继畬作为总管同文馆事务大臣，以专稽查而资表率。"①

同治皇帝当日即作出批复："总理各国事务衙门奏请派员充总管新设同文

① 奕䜣：《同治六年正月二十一日（1867.2.25）总理各国事务恭亲王奏》，载朱有瓛：《中国近代学制史料》第一辑上册，华东师范大学出版社 1983 年版，第 26 页。

馆事务大臣等语。太仆寺卿徐继畬，老成望重，足为士林矜式，著仍在总理各国事务衙门行走，充总管同文馆事务大臣。惟寺务恐难兼顾，著开太仆寺卿缺，以专责成，而资表率。钦此。”①

不过，由于京师同文馆事务繁杂，不便管理，徐继畬上任不久即辞职离任。清政府也没有再安排其他人继任。因此，总管同文馆事务大臣的职位其实存在时间很短。京师同文馆的总负责人依然是总理各国事务衙门大臣。需要指出的是，刑部正堂步军统领崇礼、光禄寺正堂袁昶曾被任命为专管大臣。头品顶戴布政使衔赫德还曾被任命为监察官。

2. 提调负责管理学校日常事务

根据京师同文馆章程规定，总理各国事务衙门从其“衙门办事司员中拣选满汉各一员，兼充京师同文馆提调。所有馆务，责成该员等专心经理”②。“同文馆向派正提调二员，帮提调二员，所派正提调均系总办兼充，本署事务较繁，未能逐日到馆，应由帮提调二员轮班在馆管理一切，遇有要事，仍应商同正提调核办。”③

《清会典》记载了提调选派及其职责。“提调二人，（于总办章京内派充）。帮提调二人，（于管股资深章京内选充）。掌经理训课及督察生徒勤惰之事。”④具体来说，提调和帮提调的职责主要包括以下内容：

第一，管理学校日常事务。两名帮提调必须轮流在学校住宿，当面交接各项工作。

第二，管理文档。如果有文件需要移交，帮提调应该和正提调一起办理。

第三，传达师生意见。如果总教习或者教习等人提出某些要求，帮提调应该了解其可行性，与正提调核查处理。有要事必须向上级汇报。如果学生有委屈申诉，小事可以自行决定，大事必须向上级汇报。

第四，监督课堂教学和学生考勤。帮提调要随时监督各位汉教习的上课情况，每天管理学生考勤。

第五，制定伙食费和奖励标准。洋教习、总教习的工资由总税务司专项

① 上谕：《同治六年正月二十一日（1867.2.25）上谕》，载朱有瓛：《中国近代学制史料》第一辑上册，华东师范大学出版社1983年版，第26～27页。

② 奕䜣：《同治元年七月二十五日（1862.8.20）总理各国事务奕䜣等折》（附章程），载陈学恂：《中国近代教育史资料教学参考资料》上册，人民教育出版社1986年版，第28页。

③ 朱有瓛：《中国近代学制史料》第一辑上册，华东师范大学出版社1983年版，第20页。

④ 朱有瓛：《中国近代学制史料》第一辑上册，华东师范大学出版社1983年版，第31页。

支出。除此以外，前后馆的汉教习工资和各馆学生的伙食费都要在每月底由帮提调等核查清楚再发。季考月课应该发的奖励也由帮提调根据情况决定。

第六，记录学生勤奋程度和考试成绩。帮提调和总教习分别出月课的试卷，分为甲乙两份卷子。后馆学生也一样，先学洋文，再学汉文，每月底，汉教习把学生学习情况交给帮提调检查。成绩好的学生要记录下来。季考月课考试成绩优秀的学生要汇总成册上报，以备将来从中选择副教习。

第七，纠正游手好闲和懒惰作风。凡是旷课、无故缺席、该住校不住校或者寻衅滋事的学生由正提调和帮提调等作出扣除伙食费直至退学处分的决定。作出决定后回堂办理。

第八，管理书籍印刷。同文馆内设有印书处。帮提调负责管理所有事务。每次印书都使用铅活字。书印完则分拆，有损坏的铅字随时增补。

根据《同文馆题名录》统计，京师同文馆历任提调共有 42 人，多数为中央直属机构或地方高级官员担任。这些人并不经常到岗，只有非常重要的事务才会出面处理。真正负责各类日常事务的人其实是职位较低的帮提调。具体情况见表 3-12。

表 3-12 京师同文馆历任提调统计表

	姓名	职衔
1	成　林	原任本署大臣
2	夏家镐	原任本署大臣
3	周家楣	原任本署大臣
4	吴廷芬	前任本署大臣
5	袁　昶	现任本署大臣
6	斌　椿	前内务府郎中候选道
7	陈　钦	前直隶津海关道
8	洪　绪	前江西广饶九南道
9	文　惠	前江西吉南赣宁道
10	方汝翼	前江西布政使
11	谭金诏	前记名海关道兵部郎中
12	齐克慎	四川候补知府
13	张其浚	前甘肃安肃道
14	叶毓桐	前甘肃安肃道

续表

	姓名	职衔
15	梁钦辰	前安徽徽宁池太广道
16	陈钦铭	前江苏常镇通海道
17	苑棻池	前浙江温处道
18	双　福	前安徽徽宁池太广道
19	董世延	原任记名海关道刑部郎中
20	冯芳缉	原任记名御史海关道刑部郎中
21	达　斌	原任记名御史海关道户部员外郎
22	成　章	现任二品衔光录寺少卿
23	陈　诚	原任四品衔记名海关道户部郎中
24	孔庆辅	原任二品衔湖北汉黄德道
25	吕海寰	现任二品衔出使德和钦差大臣
26	玉　宽	原任记名海关道户部员外郎
27	俞钟颖	现任二品衔湖北荆宜施道
28	长　恒	现任花翎二品衔江苏常镇通海道
29	锡　桐	前任二品衔山东登莱青道
30	童德璋	现任四品衔记名海关道兵部郎中
31	吴景祺	现任二品衔安徽徽宁池太广道
32	杨宜治	原任太常寺少卿
33	陈名侃	现任四品衔户部郎中
34	张兆兰	现任四品衔掌陕西道监察御史
35	瑞　良	现任四品衔户部郎中
36	刘宇泰	现任三品衔户部郎中
37	顾肇新	现任四品衔刑部郎中
38	何兆熊	现任四品衔礼部郎中
39	松　年	现任三品衔户部郎中
40	沈曾植	前四品衔刑部郎中
41	关以镛	现任四品衔刑部郎中
42	朱有基	现任花翎三品衔记名繁缺知府户部郎中

资料来源：根据《同文馆题名录》光绪二十四年（1898）刊综合统计。参见朱有瓛：《中国近代学制史料》第一辑上册，华东师范大学出版社 1983 年版，第 29～30 页。

3. 勤杂人员负责后勤保障

除了管理人员之外，京师同文馆还雇用了一些勤杂人员负责后勤保障。同治元年七月二十五（1862 年 8 月 20 日）的京师同文馆章程中专设苏拉三名，“以备驱策，每名月给工食银二两五钱”[①]。

（二）上海同文馆

1. 地方官员管理上海同文馆

与京师同文馆的高规格不同，上海同文馆只是一个很小的地方办学机构。因此，上海同文馆的管理体系结构非常简单，只有监督、总办和监院等为数不多的管理人员。根据李鸿章的提议，在上海同文馆的三级管理系统中，南洋通商大臣衙门是上级主管单位，江海关道分管行政管理，上海县学官具体承办。其中，南洋通商大臣负责传达上级指示，听取下级汇报，审核学校质量，除了选拔学生送京考试等重大事件以外，并不负责具体事项。江海关道（上海道）属于上海同文馆直接领导，负责上海同文馆监督。1869 年后，江南机器制造局总办代为兼管，即江南机器制造局总办兼任上海同文馆总办。上海县学推荐监院。馆内事务则由总董事、董事和司事负责。具体情况见下列附表。

根据《京师同文馆学友会第一次报告书》三馆馆员录统计，上海同文馆历任监督（由沪道兼充）共 11 人，均为上海地方长官兼任。具体情况见表 3-13。

表 3-13 上海同文馆历任监督统计表

	姓名	别称（字）
1	应宝时	敏斋
2	涂宗瀛	朗轩
3	沈秉成	仲复
4	冯焌光	竹儒
5	刘瑞芬	芝田
6	汤□□	小秋

① 奕䜣：《同治元年七月二十五日（1862.8.20）总理各国事务奕䜣等折》（附章程），载陈学恂：《中国近代教育史资料教学参考资料》上册，人民教育出版社 1986 年版，第 28 页。

续表

	姓名	别称（字）
7	聂缉椝	仲芳
8	刘麒祥	康侯
9	吕海寰	镜宇
10	袁树勋	海观
11	蔡　钧	和甫

资料来源：《京师同文馆学友会第一次报告书》三馆馆员录，第45～46页，载朱有瓛：《中国近代学制史料》第一辑上册，华东师范大学出版社1983年版，第245～246页。

根据《京师同文馆学友会第一次报告书》三馆馆员录统计，上海同文馆历任总办（由制造局总办兼充）共17人，多数为各地候补官员。具体情况见表3-14。

表3-14　　上海同文馆历任总办统计表

	姓名	别称（字）	职衔
1	陈兰彬	荔秋	前清编修，旋充留美学生监督，出使美日秘国大臣并总理各国事务衙门大臣
2	冯焌光	竹儒	前清候补道，旋补苏松太兵备道江海关监督
3	郑藻如	玉轩	前清候补知府，旋补津海关监督并充出使美日秘国大臣
4	李兴锐	勉林	前清直隶大名府知府，旋补大顺广道，晋擢两江及闽浙总督
5	蔡汇沧	二源	前候补通判，旋补江苏南汇县知县并充上海英界会审委员
6	潘　露	镜如	前清候补道
7	聂缉椝	仲芳	前清候选郎中，旋补江海关监督，晋擢浙江巡抚
8	蒋德钧	少穆	前清候补道
9	刘麒祥	康侯	前清候补道，旋补江海关监督
10	林志道	稚眉	前清候补道，旋补直隶通永道
11	赵滨彦	渭青	前清候补道

续表

	姓名	别称（字）	职衔
12	沈邦宪	幼彦	前清候补道
13	郑孝胥	苏戡	前清候补四品京堂，曾授湖南藩司，民军起义，致未到任
14	潘学祖	芸孙	前清候补道
15	毛庆蕃	实君	前清户部郎中，旋补津海关监督，晋擢四川藩司护理川督
16	张庆勋	元圈	前清候补知府，旋补江苏扬州府知府
17	魏允恭	番实	前清候补道，详请裁撤广方言馆改为兵工学堂

资料来源：《京师同文馆学友会第一次报告书》三馆馆员录，第 45～46 页，载朱有瓛：《中国近代学制史料》第一辑上册，华东师范大学出版社 1983 年版，第 246 页。

根据《京师同文馆学友会第一次报告书》三馆馆员录统计，上海同文馆历任监院共 17 人，多数为上海社会名流和各地候补官员。具体情况见表 3-15。

表 3-15　　上海同文馆历任监院统计表

	姓名	别称（字）	职衔
1	冯桂芬	景亭	前清探花
2	章安行		前清上海儒学教谕
3	叶承铣		
4	程锡书	松韵	前清候补知府
5	禹国仪	孚卿	前清候选知县
6	吴增仅	可园	前清候补知府
7	贺良朴	履之	旋补前清邮传部员外郎，现任浦信铁路局秘书
8	张通典	伯纯	
9	李□□	仲壶	
10	袁绪钦	叔瑜	
11	刘采年	甸侯	代理监院

续表

	姓名	别称（字）	职衔
12	达锡纯	粹伯	代理监院
13	陈公恕	宽仲	查课委员
14	曹金泳	逸斋	查课委员
15	周□□	则心	庶务委员
16	郑昌棪	熙台	庶务委员
17	载腾奎	臣孙	庶务委员

资料来源：《京师同文馆学友会第一次报告书》三馆馆员录，第 45～46 页，载朱有瓛：《中国近代学制史料》第一辑上册，华东师范大学出版社 1983 年版，第 246 页。

根据《同文馆题名录》统计，上海同文馆馆内管理人员共 10 人，分工非常明确。监院 1 人由上海县学官承办。总董事 1 人负责馆中一切事宜，三年一更换。司事 4 人各负其责，三年一更换。通习西语西文之委员董事 4 人在西教习上课时负责在课堂上辅导学生学习。具体情况见表 3-16。

表 3-16　　上海同文馆馆内管理人员统计表

	职位	人数	职责
1	监院	1	由上海县学官承办。
2	总董事	1	馆中一切事宜皆归经理，三年一更换。
3	司事	4	一管肄业生名册，一管稽查出入，一管什物，一管杂务，皆三年一更换。
4	通习西语西文之委员董事	4	常川住馆。每日西教习课读时，四人环坐，传递语言，发明西教习意指，使诸生易于领受。

资料来源：李鸿章：《同治二年四月二十九日（1863.6.15）江海关道详南洋通商大臣李鸿章》（附章程），载陈学恂：《中国近代教育史资料教学参考资料》上册，人民教育出版社 1986 年版，第 54 页。

2. 勤杂人员负责后勤保障

除了少数管理人员之外，上海同文馆还雇用了一些勤杂人员负责后勤保障，共有看馆人、值账房、值书房、茶房、更夫各一人，厨房三人。

（三）广东同文馆

相比于北京、上海两地的同文馆建设，广东同文馆既没有高级别的管理队伍，也没有其他社会资源参与，管理起来相对简单。

同治二年五月十八（1863 年 7 月 3 日），广州将军库克吉泰上奏同治皇帝："奴才当即知会署督臣晏端书，一体钦遵办理；并咨行江苏抚臣李鸿章将上海办理一切章程迅速详为移复，以便会同商办。……奴才复随时考校，列等奖励。"[①] 这说明，广东同文馆的管理体系结构比北京、上海的同文馆更加简单。广州将军负责管理广东同文馆。根据广东同文馆章程规定，馆内设提调 1 人，"由广州将军在协领各员内遴派充当，以资统率"，馆长 2 人，负责具体管理广东同文馆。

根据《京师同文馆学友会第一次报告书》统计，广东同文馆历任提调共 4 人。具体情况见表 3-17。

表 3-17　　广东同文馆历任提调统计表

	姓名	到馆时间
1	王镇雄	同治三年五月
2	刘秉和	光绪五年
3	刘绍基	光绪十五年
4	王汝梅	光绪二十八年

资料来源： 根据《京师同文馆学友会第一次报告书》统计。参见《京师同文馆学友会第一次报告书》，第 46～47 页，载朱有瓛：《中国近代学制史料》第一辑上册，华东师范大学出版社 1983 年版，第 274 页。

根据《京师同文馆学友会第一次报告书》统计，广东同文馆历任馆长共 18 人。按照广东同文馆章程规定，该校设立馆长二人，由旗人、汉人共同担任。"旗员用防御，汉人用佐杂，经理馆务。"[②] 从上任时间上来看，馆长更换规律基本上是旗人、汉人二人一组。任期届满，一起更换。具体情况见表 3-18。

---

① 库克吉泰：《同治二年五月十八日（1863.7.3）署广州将军库克吉泰奏》，载朱有瓛：《中国近代学制史料》第一辑上册，华东师范大学出版社 1983 年版，第 258 页。

② 毛鸿宾：《同治三年六月初十日（1864.7.13）两广总督毛鸿宾折》（附章程），载陈学恂：《中国近代教育史资料教学参考资料》上册，人民教育出版社 1986 年版，第 60 页。

表 3-18　　广东同文馆历任馆长统计表

	姓名	到馆时间
1	谈广楠	同治三年五月
2	汤　森	同治三年五月
3	金　海	同治八年十二月
4	李联璋	同治九年十月
5	李联珑	同治十二年九月
6	刘绍基	同治十三年
7	宋云瑞	光绪二年三月
8	王汝梅	光绪二年六月
9	董长庚	光绪六年
10	俞士标	光绪八年
11	崔　华	光绪十二年
12	于清杰	光绪十三年
13	李　端	光绪十八年
14	丁士莹	光绪十九年
15	许朝泰	光绪二十三年
16	贾培业	光绪二十三年
17	毓　椿	光绪二十三年
18	王懋官	光绪二十九年

资料来源：根据《京师同文馆学友会第一次报告书》统计。参见《京师同文馆学友会第一次报告书》，第46～47页，载朱有瓛：《中国近代学制史料》第一辑上册，华东师范大学出版社1983年版，第274页。

2. 勤杂人员负责后勤保障

除了少数管理人员之外，广东同文馆还雇用了一些勤杂人员负责后勤保障，共有“书写二名、厨役二名、门役二名、杂役二名及仆从人等三名”①。

① 毛鸿宾：《同治三年六月初十日（1864.7.13）两广总督毛鸿宾折》（附章程），载陈学恂：《中国近代教育史资料教学参考资料》上册，人民教育出版社1986年版，第62页。

三、日常管理与各类考试

同文三馆都是根据其办学章程来进行管理的。尽管各地办学章程在形式上有差异，但实质都是一样的。

（一）加强考勤

同治四年十一月初五（1865年12月22日），总理各国事务奕䜣提出："严定学生告假日期以免作辍也。查同文馆学生，向无告假日期定限，难免任意旷废。嗣后学生除季考、月课不准告假，违者扣除一月膏火外，其平日告假，每月应以二日为限，逾二日者按日扣除膏火；遇有事故以百日为限，逾百日者撤退。"①

光绪二十四年（1898）以前的《同文馆章程》② 作出了如下规定：

1. 每天进行定时考勤。"帮提调于每日酉刻传令各学生齐集画到，如有无故不到者，即于考勤簿内注明罚扣膏火，无膏火学生照迟到馆办法。"

2. 考勤面向所有学生，坚持一视同仁。除了正常在校学生外，一些特殊情况的学生也要服从考勤规定。第一，担任副教习的学生要考勤。"在馆学生均应一律画到，内有派充副教习者，仍在学生之例，亦应逐日画到。"第二，不在学校住宿的学生要考勤。"同文馆学生有不在馆住宿者，每日到馆自春分起限十点钟，自秋分起限九点钟。到馆时帮提调即令当面画到，如过时不到者，有膏火学生均按日扣除膏火。"第三，担任公差的学生也要考勤。"在各衙门当差之学生，每月准给官假六日，先期在考勤簿内自行注明差字。如不先注明者，按日扣除膏火……不准随后补注，并他人代注。"第四，夜不归宿学生初犯罚钱，再犯开除。学生禁止酗酒、赌博。"在馆住宿之学生，如有无故夜出及夜不回馆者，初犯罚扣一月膏火，再犯革退。无膏火学生初犯即行革退。平日在馆酗酒赌博、不安分者……按照在公署有干酗酒、赌博定例，严惩不贷。"

3. 严格限制请假条件，个别特殊情况区别对待。第一，丧葬、结婚可以允许请假，其他情况一律不准请假。"除穿孝、完姻准给官假，不扣膏火外，其余概不给假。无故不到者，均逐日罚扣膏火。"第二，生病可以准假，但限

---

① 奕䜣：《同治四年十一月初五日（1865.12.22）总理各国事务奕䜣等折》，载朱有瓛：《中国近代学制史料》第一辑上册，华东师范大学出版社1983年版，第12页。

② 朱有瓛：《中国近代学制史料》第一辑上册，华东师范大学出版社1983年版，第20～23页。

定时间。“惟患病一节不能不少事通融，以示体恤。嗣后各学生如有患病者，应以假期两个月为限。”第三，学生参加科举考试可以适当准假，也要限定时间。“遇乡、会试年分，学生有愿应试者，准给一个月假期。”“每月外国礼拜日期，学生如有事故，准其给假两日，均不扣除膏火。过期均按日扣除，无膏火学生照迟到馆办法。”第四，学生在三年学习期内遇到丧事或结婚可以准假，但奔丧给予路费，结婚不给。“三年内如该学生有丁艰大故，虽未满三年之限，未经大考，仍准给假百日，并给予盘费，以重孝行。其或未满三年，未经大考，该学生遇有完姻之事必须回籍，亦准给假两个月，惟不能给予川资，以示区别。此外概不准借词请假。”

根据1898年的校历，京师同文馆的放假时间见表3-19。

表3-19　　京师同文馆放假时间表

	时间	备注
正月	自开印日起开馆	夏季自初伏起，除汉文功课外，其余功课，皆停止一月。 每值房虚昴日暨考试次日，洋教习息力一日。 学生有在各衙门当差者，每月例准给假日，无定期。
十二月	自封印日起放馆	
清明节	放学一日	
端阳节	放学三日	
中元节	放学一日	
中秋节	放学三日	

资料来源：根据京师同文馆校历（1898年）统计。参见《同文馆题名录》光绪二十四年（1898）刊，第1～3页，载朱有瓛：《中国近代学制史料》第一辑上册，华东师范大学出版社1983年版，第25页。

（二）监督学习

提调的主要职责就是监督教师工作，督促学生学习。光绪十二年六月初八（1886年7月9日），陕西道监察御史朱一新提出：“至储养人才，则非先事讲求不可。……因地取材，事半功倍。”“学堂中教习之贤否，生徒之勤惰，皆提调之责成也。”①

光绪二十四年（1898）以前的同文馆章程②规定：总理事务衙门安排正提

① 朱一新：《光绪十二年六月初八日（1886.7.9）陕西道监察御史朱一新奏》，载朱有瓛：《中国近代学制史料》第一辑上册，华东师范大学出版社1983年版，第586页。

② 参见朱有瓛：《中国近代学制史料》第一辑上册，华东师范大学出版社1983年版，第20～23页。

调二员，帮提调二员共同管理同文馆事务。正提调是京师同文馆的实际负责者，“均系总办兼充”，负责管理馆内的各项事务。然而，由于总办还有其他重要公务，因此，正提调不可能每天都来馆办公，“应由帮提调二员轮班在馆管理一切”。

帮提调主要有以下工作：第一，负责每天学生考勤。“至每日各学生画到，均责成帮提调核实查察。”第二，专职管理学校，不再兼任机关工作。“帮提调两员管理馆内一切事务，应毋庸兼在各股该班，以专责成。”第三，轮流吃住在学校，早晚检查工作。“轮班在馆住宿，以便早晚稽察。”“帮提调两员轮流住宿，必须当面接替……不得随便散值，以致事无交代。”第四，处理各类公文，管理各类文档。“其馆内一切应办文移稿件，均由帮提调办理……所有每月应办应存稿件，均照旧章按月登入清档，其承修校对亦由帮提调等分理。”

另外，光绪二十四年（1898）以前的同文馆章程[①]还作出了如下规定：

第一，教师各类申请要遵从程序。“馆内总教习、教习等有条陈馆务事件，呈堂阅后，仍交帮提调体察情形可行与否，会同正提调回堂核办。各学生遇有呈禀事件，应由帮提调呈堂，不得自行径递。”

第二，教师发现问题要及时汇报。“同文馆汉教习各员，功课勤惰，应由帮提调等随时稽查，倘有旷误馆课者，即会同正提调等回堂办理，不得稍涉徇隐。”

第三，帮提调负责监督学习情况，随时检查。“后馆学生（及由后馆兼充前馆之学生）每日仍照旧章。俟洋文功课完时，即习汉文。每月月底将各学生汉文功课，由汉教习呈由帮提调察核，倘有学生不往学汉文者，即由帮提调将该学生惩办。”

光绪二十四年（1898）续增同文馆条规八条规定，中外教师和副教习要认真负责督促学生学习，如果“督课不力，任听学生因循怠玩”，由提调、总教习一切商讨处分。“责成提调实力稽查，每月认真校对日课、月课等簿是否符合，仍抽查各学生写字、背书、作文诸功课，倘不见长进，及任意作辍者，即交汉教习从严戒饬，以示惩儆。”“如学生中有不遵教习及副教习指教者，立即斥退，以肃馆规。”[②]

---

① 朱有瓛：《中国近代学制史料》第一辑上册，华东师范大学出版社1983年版，第20～23页。

② 朱有瓛：《中国近代学制史料》第一辑上册，华东师范大学出版社1983年版，第24页。

（三）严格考试

自古以来，衡量教学质量往往需要设立一个标准。在同文三馆，验证教学结果的优劣一般都是通过考试来进行。按照同文三馆的规定，学生入学后不仅要参加月考、季考、年考，而且还要取得较好成绩才有资格参加三年后的大考。

同治四年十一月初五（1865 年 12 月 22 日），总理各国事务奕䜣提出："查章程内开，除月课外，每年于四仲之月考试一次，谓之季考；每年十月考试一次，谓之岁考。""岁、季考等第，由臣等阅定月课等第，由提调官酌定，分别注册存查。每遇季考月分，即停其月课，以免重复。"①

据《清会典》记载，京师同文馆"每月由教习拟定文条，散给诸生，翻译腾卷，由教习分别等第注册……季考定二月、五月、八月、十一月举行……岁试于每年十二月初十日前定期呈堂面试……届三年，则大考，分别等第"②。

《万国公报》指出：上海同文馆"诸生习西学者，惟朔望定课；至所学文词，则定期初八日二十四日两次。监院总试则等第，以分优劣，每年定四次，送上海道考察。如西学不能通晓，则斥退，另行保送考试，择文理优良者补之"③。毫无疑问，这种频繁的考试给学生带来了巨大的学习压力。

为了严肃考试纪律，光绪二十四年（1898）以前的同文馆章程还作出了如下规定："大考、岁考、季考、月课，各学生除穿孝、完姻、告假外，俱不准托故不到，如不到者，月课罚扣膏火三日，季考五日，岁考半月，大考一月。……惟各学生如未与过岁考一次者，不准即与大考。"④

根据 1898 年的校历，京师同文馆对月课、季考、岁考、大考的考试时间、监考人员和优秀奖励都有详细的规定。具体情况见表 3-20。

表 3-20　　京师同文馆考试时间表

	时间	监考人员	奖励
月课	二日，每月终举行	提调、总教习	花红银三十二两
季考	二日，每季月终举行	提调、总教习	花红银四十八两

① 奕䜣：《同治四年十一月初五日（1865.12.22）总理各国事务奕䜣等折》，载朱有瓛：《中国近代学制史料》第一辑上册，华东师范大学出版社 1983 年版，第 11 页。

② 朱有瓛：《中国近代学制史料》第一辑上册，华东师范大学出版社 1983 年版，第 19 页。

③ 朱有瓛：《中国近代学制史料》第一辑上册，华东师范大学出版社 1983 年版，第 254～255 页。

④ 朱有瓛：《中国近代学制史料》第一辑上册，华东师范大学出版社 1983 年版，第 22 页。

续表

	时间	监考人员	奖励
岁试	三日，封印前举行	堂宪	花红银七十二两
大考	每届三年举行		优者保升官阶，次则记优留馆，劣者除名。

资料来源：根据京师同文馆校历（1898 年）统计。参见《同文馆题名录》光绪二十四年（1898）刊，第 1～3 页，载朱有瓛：《中国近代学制史料》第一辑上册，华东师范大学出版社 1983 年版，第 25 页。

同治四年（1865）时，京师同文馆共开设了英文馆、法文馆、俄文馆三个馆。“每馆学生各以十名为定额，三馆共三十名。”①

在第一届学生三年学习期满时，京师同文馆举行了首次大考。这也是中国近代第一次官办外语翻译学校举办的毕业考试。众多官员在总理各国事务衙门大堂一起参加面试，恭亲王奕䜣亲自担任面试官。由此可见洋务派对第一次教学成果验收的重视。同治四年十一月初五（1865 年 12 月 22 日），奕䜣上奏统治皇帝，汇报了京师同文馆首次大考的整个过程。这份奏折②详细说明了考试对象、考试时间、初试、复试、评阅试卷、毕业分配与学生奖励等各类情况。具体描述如下：

1. 考试对象

根据京师同文馆章程规定，学生在入学三年后就要参加大考。因此，英文馆、法文馆、俄文馆三个馆全部 30 名学生一起参加了考试。奕䜣指出：“兹查法、俄两文馆学生学习三年限期将满，而英文馆已逾半年，自应将法、俄两文馆试期提前与英文馆一并考试。”这是京师同文馆第一次大考。考试结果会直接影响人们对洋务教育的信心。

2. 考试时间

这次大考安排了九天时间。英文馆、法文馆、俄文馆学生安排在不同日期分别在总理各国事务衙门大堂面试。“经臣等定期于十月十一日至二十日，按馆分日由臣等在大堂公同面试。”为了防止有人作弊，奕䜣还专门要求提调等人进行监督。“并饬提调等在旁稽察，防其枪替等弊。……计共九日试毕。”

① 奕䜣：《同治四年十一月初五日（1865.12.22）总理各国事务奕䜣等折》，载朱有瓛：《中国近代学制史料》第一辑上册，华东师范大学出版社 1983 年版，第 11 页。

② 奕䜣：《同治四年十一月初五日（1865.12.22）总理各国事务奕䜣等折》，载朱有瓛：《中国近代学制史料》第一辑上册，华东师范大学出版社 1983 年版，第 80 页。

3. 笔试

第一次大考的初试形式是笔试，也就是汉外互译形式。“初次考试，将各国配送洋字照会令其译成汉文；覆试将各国条约摘出一段，令其翻成洋文。”由于清政府官员不懂外语，奕䜣等人只好要求总税务司赫德与各馆外国教习共同评阅学生试卷，评定学生等级。“因洋文非臣等所习，特饬总税务司赫德与各馆外国教习会同阅看，分别名次高下。”

4. 口试

笔试结束以后，奕䜣担心学生只会书面翻译，无法与外国人进行口语交流，于是又组织了复试，即外语口试。“复恐各学生于外国文字虽能通晓，而语言未必娴熟，因再行复试。”口试的形式是奕䜣等人悄悄写下汉语纸条，按学生姓名交给学生用外语口头翻译给隔座的外国教习，然后再让外国教习将学生所说的外语翻译成汉语。最后将中方纸条与外方纸条两者相互核对，查看对错。“由臣等密出汉话条字，按名交该学生等令其翻成外国言语，隔座向外国教习侍讲，再令外国教习将学生言语译汉，写明两相核对。”

5. 评阅试卷

经过九天考试，奕䜣等人将考试试卷进行了汇总和比较。“臣等将三次试卷条子，合并比较。”从整体情况看，“其翻译各文虽未能通体贯串，亦尚有相符之处，外国言语亦多吻合”。这说明三年教学效果还是说得过去的，学生已经具备了初步的翻译能力。

6. 毕业分配与学生奖励

根据京师同文馆章程规定，按照优胜劣汰的原则，学生参加完三年大考后，“自应分别优劣，照章办理”。然而，根据第一次大考的结果，学生的水平尚未完全达到预期。“现考前列学生，虽翻译尚无错误，然究属一知半解，于西洋文字未必全局贯通。”面对这种情况，奕䜣只好采取了折中的办法。“兹酌拟优者分别为八、九品官，咨部注册，仍留馆学习；其余尚堪造就者，分别记优、记过、留馆学习。至劣者……应行咨回本旗。”这说明，经过三年的学习，京师同文馆学生第一次大考取得了比较好的成绩，但离清政府的期望还有一定距离。

自第一次大考以后，清政府计划将平日考试与三年大考作为常态固定下来。同治五年十二月二十三（1867 年 1 月 28 日），总理各国事务奕䜣上奏：

“请按月考试以稽勤惰也。”“今议每届三年，举行大考一次，分别等第。”[①] 光绪二十一年十二月二十四（1896 年 2 月 7 日），总理各国事务衙门奏：“每于大考岁考时，臣等公同校阅兼面试语言，以汉译洋，以洋译汉，互相参考。”[②]

除了三年大考以外，奕䜣还主持了上海同文馆和广东同文馆的第一次送京考试。同治六年十二月二十四（1868 年 1 月 18 日），总理各国事务奕䜣指出：外地学生“咨送到臣衙门，臣等当饬在新立天文算学馆中居住，逐日细加考察，并先试以汉文译作洋文，继令将洋文照会译成汉文”[③]。上海同文馆和广东同文馆后来的学生送京考试基本上也都采取了类似的做法。

从以上情况可以看出，同文三馆的日常管理和各类考试还是非常严格的。这些措施对于保证学生认真学习、提高成绩起到了一定作用。

第二节　同文三馆的教学

清政府创办同文三馆的最初目的是培养翻译人才，解决外交场合的沟通问题。光绪二十一年（1895）八月堂谕指出：“据总教习申称：设立同文馆之本意，原为通晓各国语言文字，办理交涉事宜，馆中诸生自当以习学洋文为重。”[④]

事实上，在办学的 40 多年间，同文三馆一直强调外语教学与翻译实践。具体来看，同文馆的教学主要有以下特点：第一，专业设置以外语专业为先。第二，教学内容逐渐从单纯外语教学转向多学科教学。第三，课堂教学采用传统教学方式。第四，注重培养学生的应用能力。

一、专业设置以外语专业为先

根据西方列强与清政府签订的《天津条约》，西方列强要求在中外约定过渡期结束以后清政府提交的所有外交文件必须以英语或法语为准，汉语只能

① 奕䜣：《同治五年十二月二十三日（1867.1.28）总理各国事务奕䜣等折》，载朱有瓛：《中国近代学制史料》第一辑上册，华东师范大学出版社 1983 年版，第 17 页。

② 朱有瓛：《中国近代学制史料》第一辑上册，华东师范大学出版社 1983 年版，第 592 页。

③ 奕䜣：《同治六年十二月二十四日（1868.1.18）总理各国事务奕䜣等折》，载朱有瓛：《中国近代学制史料》第一辑上册，华东师范大学出版社 1983 年版，第 263 页。

④ 朱有瓛：《中国近代学制史料》第一辑上册，华东师范大学出版社 1983 年版，第 139 页。

是辅助参考语言。在这种情况下，清政府 19 世纪 60 年代初紧急创办了同文三馆培养外语翻译人才。因为办学目的是解决外交谈判时的语言沟通问题，所以无论是最早创办的京师同文馆，还是后来创办的上海同文馆和广东同文馆都是以语言教学为主。学生在学习外语的同时兼学汉语和满语。后来，随着形势的发展和教学的需要，同文三馆各自增加了其他语言专业和算学专业。不过，总体来看，同文三馆从开始到结束的专业设置都是以语言专业为主，自然科学专业只是其中的一部分。

即使同样以外国语言专业为主，同文三馆对外语的选择也有先后之分。同文三馆首先开设的外语专业都是英文，此后又增添法文馆、俄文馆或布文馆。京师同文馆（1862 年）创办第一年开设了英文馆，第二年开设了法文馆、俄文馆，1867 年开设天文算学馆，1871 年德国崛起后开设了德文馆，1888 年开设格致馆，1897 年日本崛起后开设了东文馆。上海同文馆（1863 年）和广东同文馆（1864 年）也是第一年开设了英文馆，后在清政府高层的催促之下匆忙开设了法文馆。

开设何种外语专业是办学首先要面临的问题。同文三馆最初开设的专业都是英文专业，主要原因有三点：首先是中英《天津条约》要求三年期满后中英之间的外交公文必须以英文文本为标准，汉文仅作参考。清政府自然要急事先办，优先安排英文专业。其次是中英之间商务活动最为频繁，英文使用范围和数量最大。“吾华人士以通商风气开自英国，遂尔偏重英文。”① 再次是法语、俄语应用机会少，合格的师资难以寻觅，学校办学动力不足。例如，京师同文馆创办第二年，奕䜣计划开设法文馆、俄文馆。为了寻找法文、俄文教师，奕䜣费尽心机，最后通过法国和俄国使馆关系才确定了最终人选。京师同文馆背后有恭亲王奕䜣和总理各国事务衙门支持，有国家财政拨款，有西方列强帮助，法文、俄文教师招聘尚且如此困难，其他学校法文、俄文教师的招聘难度就可想而知了。

同文三馆学生入学后，专业选择权并不在自己手中。按照京师同文馆总教习的说法，学生究竟学习何种外语专业，一般由学校洋教习指定。然而，随着学校的发展，由于英语使用范围更广，就业机会和工资收入更多，英文专业受到了更多的学生青睐，而法语、俄语和德语等其他外语专业则备受冷落。光绪二十一年（1895）九月，京师同文馆堂谕指出：“近来到馆诸生，皆

① 朱有瓛：《中国近代学制史料》第一辑上册，华东师范大学出版社 1983 年版，第 140 页。

婉转恳求习学英文，而于法、俄、德三国文字，若有不愿学不屑学之状。现在英馆学生业有五十名之多，法、俄两馆各仅二十余名，德馆尤少，不过十余名。是英馆较别馆多至两三倍。”考虑到各种外语使用的广泛性和应用性，该堂谕建议：“明定缺额。英文馆以五十名为率，法文、俄文馆以二十五名为率，德文馆以二十名为率，著为定额，以免拥挤偏废。”[①] 与京师同文馆做法不同，广东同文馆 1879 年前只重视英文专业，不太关注其他外语专业。光绪五年（1879），在清政府的催促下，广东同文馆才匆忙成立了法语专业和德语专业，并将英文专业部分学生转入新专业。

另一个值得关注的问题涉及算学。同治九年三月初三（1870 年 4 月 3 日），总办机器制造局冯焌光、郑藻如曾经指出：“昔孔门设教，身通六艺者七十二人，礼乐射御之外，不废书数也；周礼，国有六官，而百工与居一焉；唐之选举，算学孙子五曹共限一岁习肄，历代科举，亦有明算一途。”[②] 这说明，中国人对于算学的重要性和必要性早已了解，在科举考试中早就专门安排了明算一科，并不是因为晚清时期引入西方近代科学技术以后才开始重视算学。

在创办上海同文馆之时，李鸿章就已经强调：“西人制器尚象之法，皆从算学出，若不通算学，即精熟西文亦难施之实用。凡肄业者算学与西文并须逐日讲习。”[③] 毛鸿宾在创办广东同文馆时，“取能通算学，有裨西学之实用者，每日巳、午、未三时，由西教习训课。早晚各时由汉文教习训课”[④]。然而，无论是在上海同文馆，还是在广东同文馆，算学当时都只是一门课程，并没有列为一个单独的专业。京师同文馆干脆没有算学。

同治五年十一月初五（1866 年 12 月 11 日），奕䜣“因思洋人制造机器、火器等件，以及行船、行军，无一不自天文、算学中来”，所以要在京师同文馆单独开设天文算学专业，培养自然科学人才。他的计划是：“即延聘西人在馆教习，务期天文、算学，均能洞彻根源，斯道成于上，即艺成于下，数年

① 朱有瓛：《中国近代学制史料》第一辑上册，华东师范大学出版社 1983 年版，第 140 页。

② 冯焌光、郑藻如：《同治九年三月初三日（1870.4.3）总办机器制造局冯、郑上督抚宪禀》，载朱有瓛：《中国近代学制史料》第一辑上册，华东师范大学出版社 1983 年版，第 232～233 页。

③ 李鸿章：《同治二年四月二十九日（1863.6.15）江海关道详南洋通商大臣李鸿章》（附章程），载陈学恂：《中国近代教育史资料教学参考资料》上册，人民教育出版社 1986 年版，第 54 页。

④ 毛鸿宾：《同治三年六月初十日（1864.7.13）两广总督毛鸿宾折》（附章程），载陈学恂：《中国近代教育史资料教学参考资料》上册，人民教育出版社 1986 年版，第 61 页。

以后，必有成效。”[①] 但令他没有料到的是，他的计划受到了质疑和批判。

其实，奕䜣的提议之所以会遭到如此强烈反对，不是因为算学专业本身，而是因为奕䜣不仅要聘请洋人来讲授算学，而且要“招取满汉举人及恩、拔、岁、副、优贡，汉文业已通顺，年在二十以外者……赴臣衙门考试，并准令前项正途出身五品以下满汉京外各官，少年聪慧，愿入馆学习者……一体与考”[②]。在倭仁等保守派人士眼中，让通过科举考试获得功名或正途出身五品以下满汉京外官员对外国人顶礼膜拜，接受外国人的教学洗礼，这是“以夷变夏”、大逆不道的事情。好在同治皇帝支持奕䜣等洋务派的主张，京师同文馆最终于同治五年（1867）开设了天文算学馆。吕达（1988）认为：“京师同文馆增设天文、算学馆，标志着我国这所最早的近代学校在办学方向和体制上取得了重要突破。”[③]

1. 京师同文馆

同治元年（1862），京师同文馆开设了英文馆，第二年开设了法文馆、俄文馆。同治三年七月十八（1864 年 8 月 19 日），总理各国事务恭亲王等奏：“查通商各国，以英、法、俄交涉事务为多，学习外国语言文字，亦以英、法、俄为要。美国文字大略与英国相同。是以臣衙门分设三馆，同时并习。”[④]

在后来的发展过程中，京师同文馆又陆续开设了其他专业。1871 年开设了德文馆，1888 年开设了格致馆和翻译处，1897 年开设了东文馆。

在办学的过程中，由于学生年龄差异较大，水平参差不齐，京师同文馆各馆开始增加后馆，也就是预备部。据齐如山所说，“大学生之能通文者，名曰前馆的学生，不必再学汉文（这种学生在光绪年间，人数已很多），其余小学生则都须入后馆。每种洋文都有后馆，如法文后馆、德文后馆等等。”这个做法解决了学校后备生源问题。“小孩或成人愿入后馆兼学汉文者，那就又有汉文之功课，否则衹是洋文，俟洋文字有根基，再任意挑选一门科学，也只

---

① 奕䜣：《同治五年十一月初五日（1866.12.11）总理各国事务奕䜣等折》，载朱有瓛：《中国近代学制史料》第一辑上册，华东师范大学出版社 1983 年版，第 13 页。

② 奕䜣：《同治五年十一月初五日（1866.12.11）总理各国事务奕䜣等折》，载朱有瓛：《中国近代学制史料》第一辑上册，华东师范大学出版社 1983 年版，第 13 页。

③ 吕达：《京师同文馆与我国近代课程的萌芽》，载《教育评论》1988 年第 6 期。

④ 奕䜣：《同治三年七月十八日（1864.8.19）总理各国事务恭亲王等奏》，载朱有瓛：《中国近代学制史料》第一辑上册，华东师范大学出版社 1983 年版，第 262 页。

是化学、算学、天文几种。”[①] 由此可见，这种情形类似于当今外国语学校及其附属小学。

2. 上海同文馆

同治二年二月初十（1863 年 3 月 28 日），江苏巡抚李鸿章奏：“臣拟请仿照同文馆之例，于上海添设外国语言文字学馆，选近郡年十四以下、资禀颖悟、根器端静之文童，聘西人教习；兼聘内地品学兼优之举贡生员，课以经史文义。”[②]《万国公报》指出：“馆分四：曰经学，曰史学，曰算学，曰文学。”[③]

同治二年四月（1863 年 6 月），李鸿章在《上海初次议立学习外国语言文字同文馆试办章程十二条》中明确要求上海同文馆最先开设英文专业。“馆中延订英国学问通贯者二人为西教习……其应否另订法国教习之处，续再看行。”[④]

同治六年（1867）后，上海同文馆也仿照京师同文馆，将原来的一门算学课程变成了一个算学专业。

同治八年（1869），李鸿章创办的江南机器制造局开设了翻译馆。由于该机器制造局的翻译馆的职能与上海同文馆在很多地方重合，因此，该局将上海同文馆移入翻译馆院内与其一起办公，但两者是各自独立的机构。

同治九年（1870），上海同文馆开设了法文馆。光绪五年二月十三（1879 年 3 月 5 日），江海关道刘瑞芬禀复南洋通商大臣沈葆桢，“光绪五年正月十五日祗奉钧谕并抄总理衙门公函，以上海广方言馆学生，应令学习法文法语，各国遣使办理公事，法文较为适用。现在同文馆学习法文者无多，将来必不敷用。上海广方言馆学生，向虽专习英文，刻下自应择其资质聪颖者，赶令学习法国语言文字，以期有济于用。至俄文布文，似应一并令其肄习，饬即查照办复等因”[⑤]。随后，李兴锐与蔡汇沧回复称：“沪上广方言馆，向有学习英文、法文、布文生徒，以所请外国翻书儒士三人，兼充教习。嗣因布师金楷

---

① 齐如山：《同文馆之回忆》，载陈学恂：《中国近代教育史资料教学参考资料》上册，人民教育出版社 1986 年版，第 45～46 页。

② 李鸿章：《同治二年二月初十日（1863.3.28）江苏巡抚李鸿章奏》，载朱有瓛：《中国近代学制史料》第一辑上册，华东师范大学出版社 1983 年版，第 215 页。

③ 朱有瓛：《中国近代学制史料》第一辑上册，华东师范大学出版社 1983 年版，第 254 页。

④ 李鸿章：《同治二年四月二十九日（1863.6.15）江海关道详南洋通商大臣李鸿章》（附章程），载陈学恂：《中国近代教育史资料教学参考资料》上册，人民教育出版社 1986 年版，第 54 页。

⑤ 刘瑞芬：《光绪五年二月十三日（1879.3.5）江海关道刘禀复南洋通商大臣沈》，载朱有瓛：《中国近代学制史料》第一辑上册，华东师范大学出版社 1983 年版，第 235 页。

理离局，生徒无多，早经撤馆。惟英法二馆及算学馆仍旧，数年以来，成就数人，堪备调取。”①

光绪七年（1881）时，上海同文馆共开设有英文、法文、算学三个专业。光绪七年三月二十一（1881 年 4 月 19 日），总办机器制造局李兴锐与蔡汇沧禀覆南洋通商大臣刘坤一：“伏查广方言馆原系江海关道所设，嗣由城内移馆入局，即归局就近兼管。”“其馆章，学徒向额四十名，设英文、法文、算学三馆，以生童文理通顺者入馆肄业，以翻译西书。美人林乐知兼充英文教习，英人傅兰雅兼充法文教习，江苏兴化附生刘彝程充算学教习。”②

光绪十七年（1891），上海同文馆开设了天文馆。

在办学过程中，上海同文馆并非一帆风顺，也曾遇到过某些专业被砍掉、人员被遣散的时候。吴宗濂在《上海广方言馆始末记》中回忆道：“而王大臣主持同文馆政者，谓本馆需用祇在法文学生，余俱勿遣。于是仅以鄙人及黄君致尧入选，其余成材学生，悉令解散，馆事遂中落矣。幸李勉林（兴锐）先生服阕复至，乃规复旧制，改订章程，收取青年子弟，分课中西文字测量算学。”③

《上海县续志》记广方言馆记述道：“广方言馆……以备译才之选。嗣改正科附科，分英文法文二馆。……设东文馆，旋以愿学者少停止，专办英法二馆（最盛时生徒达二百人，毕业后咨送北京同文馆肄业，成就人才甚多）。”④

3. 广东同文馆

同治三年（1864），广东同文馆创办时最先开设的也是英文专业。奕䜣指出：“广东省与外国交涉事件，英法多而俄较少。是学习英法文字，实为粤省急务。今该省止延美国一人为西文教习，其英文自必其所素习；惟该教习是否兼精法俄两国文字，可期一手教导，不必再设法俄文馆。”⑤

光绪五年七月二十二（1879 年 9 月 8 日），广州将军长善等奏，收到总理

---

① 刘瑞芬：《光绪五年二月十三日（1879. 3. 5）江海关道刘禀复南洋通商大臣沈》，载朱有瓛：《中国近代学制史料》第一辑上册，华东师范大学出版社 1983 年版，第 235 页。

② 李兴锐、蔡汇沧：《光绪七年三月二十一日（1881. 4. 19）总办机器制造局李、蔡禀覆南洋通商大臣刘》，载朱有瓛：《中国近代学制史料》第一辑上册，华东师范大学出版社 1983 年版，第 236 页。

③ 吴宗濂：《上海广方言馆始末记》，载朱有瓛：《中国近代学制史料》第一辑上册，华东师范大学出版社 1983 年版，第 250 页。

④ 朱有瓛：《中国近代学制史料》第一辑上册，华东师范大学出版社 1983 年版，第 253～254 页。

⑤ 奕䜣：《同治三年七月十八日（1864. 8. 19）总理各国事务恭亲王等奏》，载朱有瓛：《中国近代学制史料》第一辑上册，华东师范大学出版社 1983 年版，第 262 页。

各国事务衙门公函说："查广东同文馆均系专习英文，亟宜量为推择，就学生之质性聪明者，赶令学习法语法文，务期学有成效。至俄文、布文能否并令学习，亦须并筹，期于使事及办理交涉事件均有裨益。"[①] 接到公函后，长善不敢怠慢，立刻着手安排新专业。第一，起草文件，制定章程，落实经费。"当即酌议添设法布二馆章程及加增经费银两数目，呈覆核议。"第二，安排英文专业部分学生转学法文、布文。"旋准函示，即令英文学生兼习法、布二国语言文字，并于英文馆内略为扩充，毋庸另开生面，以期节省。"第三，落实外文师资队伍。"查广东同文馆原设西教习，只有英国一人，并未及法、布二国。""拟请将俄馆暂缓添设，先行兼习法文、布文。但英国教习不能兼通法、布文字，必须另延教习。……拟请即于原设同文馆内添设法、布二馆，每馆延聘教习一人。"第四，要求转学法文、布文的英文专业学生继续复习英文，不要前功尽弃。"其由英馆拨入法、布二馆学生，仍定以日期，温习英文，不使前功荒废。"[②] 不过，要求转学法文、布文的英文专业学生在三年内学习两门外语，再加上满语和汉语，这种做法本身就很荒唐，显然就是拔苗助长。

以上情况说明，广东同文馆的法文馆、布文馆并不在该学校的教育规划之列，只是因为国家外交形势告急才匆忙上马。这两个新专业不但缺乏教室、宿舍、教材等教学设施，而且没有法语和德语师资。学生也是从英文专业转换而来，根本没有法语和德语基础。因此，开办之初，法语和德语两个新专业的教学质量可想而知。除英语之外，广东同文馆法语和德语专业的学生既要学一门新的外语，同时还要继续学习尚未掌握的英语，困难着实不小。在限定的时间内，有些满族八旗子弟不但要同时学习两门外语，而且还要学习自己的母语满语和不熟悉的汉语。这种情况不但打乱了英文专业正常的教学秩序，而且影响了很多学生的后续学习生活。

在国家教育政策缺乏连续性的基础上，长远规划缺失必然导致短期计划混乱。这个问题既来源于国家语言教育政策的调整，也反映出政府相关部门缺乏未雨绸缪的战略意识。很多部门工作人员总是缺乏责任心和职业道德，遇事临时抱佛脚，仓促应付，事后寻找各种理由推脱责任，毫不反思自己的

---

① 长善：《光绪五年七月二十二日（1879.9.8）广州将军长善等奏》，载朱有瓛：《中国近代学制史料》第一辑上册，华东师范大学出版社 1983 年版，第 271 页。

② 长善：《光绪五年七月二十二日（1879.9.8）广州将军长善等奏》，载朱有瓛：《中国近代学制史料》第一辑上册，华东师范大学出版社 1983 年版，第 271～272 页。

问题，下次遇到类似问题继续犯错误。

二、教学中逐渐增加自然科学内容

（一）清政府对自然科学的认识和要求逐渐提高

综观世界教育，自古以来，无论是四大文明古国时期，还是古希腊、古罗马时期，人文社科知识教育都是主流。在文艺复兴前的整个中世纪1000多年间，欧洲教育也是以人文教育，尤其是宗教教育为主。自然科学教育并不是大众教育的主要内容。这种情况一直延续到工业革命前。18世纪中期开始，欧洲爆发了工业革命。此后，由于大机器生产需要，欧洲各国学校开始普遍重视自然科学知识，大批量培养科学技术人才。

从课程安排来看，京师同文馆在创办之初并没有完整的教学规划。在给咸丰皇帝的办学申请里，奕䜣说："查与外国交涉事件，必先识其性情。今语言不通，文字难辨，一切隔膜，安望其能妥协！"[①] 学校成立后，奕䜣最初对教学的要求也不高。他的愿望不过是希望学生经过培训之后能够听懂洋语、看懂洋文、参加外交谈判、翻译内容无误。因此，京师同文馆在初创时期的办学水平和教学要求并不高。学生学习的课程只有外文和汉文，没有算学等科技知识。

其实，清政府重视传统儒家经典教育并不奇怪。自汉代以来，中国主流社会一般将文科类的儒家经典作为学习对象，自然科学类的研究一直处于边缘学科。然而，工业革命后，在西方自然科学教育迅速发展之时，清政府依然沉浸在天朝大国的美梦之中，没有及时跟上世界科学技术研究的步伐。这导致中国农业社会的手工生产在西方工业社会的大机器生产面前显得极其落后。而且，在科举制的影响下，整个社会过多关注人文教育，尤其重视科举考试中所需儒家经典的学习，缺乏西方普遍了解的自然科学常识。这也是近代以来西方列强蔑视中国教育的原因之一。

当然，奕䜣对同文馆的要求是与他对自然科学的认识水平相关的。京师同文馆创办四年以后，随着形势的发展和认识的提高，奕䜣意识到了数学等自然科学在机器制造、军工生产中的重要性，开始要求京师同文馆增设天文算学馆。丁韪良写道："一八六五年，译员学校内决定加设科学一馆，招收中

---

① 奕䜣：《咸丰十年十二月初三日（1861.1.13）恭亲王奕䜣等奏》，载朱有瓛：《中国近代学制史料》第一辑上册，华东师范大学出版社1983年版，第5页。

文具有根底的学生，把学校升为大学程度。”[①] 不过，在申请开设新馆的过程中，由于招生涉及了获得科举功名的人员和五品以下官员，洋务派与保守派进行了激烈的争论。在同治皇帝的支持下，奕䜣为首的洋务派战胜了倭仁为首的保守派。这样，天文算学馆于同治八年（1867）正式设立。

吴宣易在《京师同文馆略史》一文中指出：“同文馆的设立，当初固然是要养成翻译人才，然而自从同治六年算学馆成立以后，范围就已扩大，各种新的课程，如天文、物理、化学、国际公法等，都陆陆续续地添设。”[②]

京师同文馆增加自然科学内容，反映出洋务派对自然科学认识的提高。光绪二十一年（1895）八月堂谕指出：“得洋文之奥窔，必赖杂学以贯通，如天文、算学、格致、化学、医学等类，泰西各国皆恃此为策富强之本。”[③]

根据《清会典》统计，京师同文馆各科课程主要包括文字、天文、地理、算学、化学、物理六个学科。课程的难度大约等同于欧美国家从小学到中学的教育水平。郑观应认为：“同文馆如外国小中学塾，非大学堂也。”[④]

《清会典》记京师同文馆各科课程内容见表 3-21。

表 3-21 京师同文馆各科课程内容统计表

	学科方向	内容
1	文字	凡文字，先考其母以别异同。……次审其音，以分轻清重浊之殊。……次审其比合为体以成文。……次审其兼通互贯，以识其名物象数之繁。……设汉洋教习以分导之。立总教习以合语而董成之。
2	天文	凡天文，必测七政以立法。……象以仪器，窥以远镜。……由新法推步，得地自转行之证二。……广其法以推行星，得例三。……谓之公比例，测距度以得行星不尽之数。
3	舆图（地理）	凡舆图，必以经纬之度定方位，纵横各三百六十度。……分天下为五洲。……量以测器，申以算法，精以绘事，以识山水之高深，以悉形势之险夷。堑地而深之，辨色若质，审土若石，则断续之文，折叠之理，动植飞潜变化之迹可稽焉。

① 丁韪良：《同文馆记》，傅任敢译，载朱有瓛：《中国近代学制史料》第一辑上册，华东师范大学出版社 1983 年版，第 173 页。

② 吴宣易：《京师同文馆略史》，载朱有瓛：《中国近代学制史料》第一辑上册，华东师范大学出版社 1983 年版，第 197 页。

③ 朱有瓛：《中国近代学制史料》第一辑上册，华东师范大学出版社 1983 年版，第 139 页。

④ 郑观应：《考试》，载璩鑫圭、童富勇：《中国近代教育史资料汇编》（教育思想），上海教育出版社 1997 年版，第 76 页。

续表

	学科方向	内容
4	算学	凡算学，以加减乘除为入门。……次九章……次八线……次则测量……次则中法之四元术，西法之代数术。
5	化学	凡化学，以原行之质为本。……共六十七质，分大类二：一日非金类，一日金类。每质各秉一性，性相近为一家，二类各五家。……原质入养气有生酸者，有生反酸者。……反酸与酸相合为盐类。……凡矿产备诸质，验质必以化分，有消而化者，有熔而化者，消化视强水，熔化视火力。……有分金银铅三质之法。……有炼铁之法。……有炼铜之法。……有炼银之法。……有炼金之法。……有炼铂之法。
6	格致（物理）	凡格致之学有七：一曰力学，审吸压之理以利于用。……一曰水学，审动静之性以利于用。……一曰声学，审响应之微以利于用。……一曰气学，审蒸化之方以利于用。……一曰火学，审腾热之力以利于用。……一曰光学，审回返之理以利于用。……一曰电学，审触引之捷以利于用。……至于考动植之学以教树畜长地力，蕃物类，节人工，则皆格致之属焉。……学成，则习公法，或富国策，以毕其业。

资料来源：根据《清会典》记同文馆各科课程内容统计。参见《清会典》卷一百，第1152～1155页，载朱有瓛：《中国近代学制史料》第一辑上册，华东师范大学出版社1983年版，第73～79页。

（二）课程内容逐渐规范化

从教育学的角度来看，按照一般教学规律，学习内容与学习时间直接相关。在教学的过程中，学习的内容越多，学习时间越长。为了让学生学习足够多的内容，延长学习时间是必不可少的。在刚开始设立时，同文三馆规定的学生在校学习时间都是三年。这个时间与科举考试时间保持了一致。但是，随着学习内容的不断增加，同文三馆学生的在校时间发生了变化。据田正平、肖朗（1998）研究，“同是语言学堂，京师同文馆在1876年后实行五年和八年两种学制，上海广方言馆是五年，而广州同文馆、珲春俄文书院、新疆俄文馆的学制则定为三年”①。

在担任京师同文馆总教习期间，丁韪良顺应了奕䜣的要求实施教学改革，完善了学校的教学规划。光绪二年（1876），他制定了京师同文馆八年制课程

① 田正平、肖朗：《论中国教育近代化起步阶段的成就、特点与问题》，载《教育研究》1998年第10期。

表。这是中国历史上第一个分年制课程表。随后，他又制定了五年制课程表。吕达（1988）认为："京师同文馆的八年制课程和五年制课程，是我国近代教育史上分年课程设置的开始。"[①]

1. 京师同文馆

（1）京师同文馆八年制课程表

根据《同文馆题名录》记载，八年课程表于光绪二年（1876）公布。该课表显示，学生在八年之中要学习外国文字、天文、地理、算学、法律、物理、经济等课程。与京师同文馆创立时学生只学外文和汉文相比，改革后的课程内容显著增加。学生已经从单纯学语言转向既学语言，又学科学。教育目标也已经从培养外语人才转向培养复合型人才。当然，当时的教学改革目标并不是全部照搬西方的教育制度，很多方面还是很有中国特色的。例如，"全部学程（包括科学与一种外国文），共计八年，不像西方的大学一样，不给文凭，但是学识精湛的，奖以功名，于每三年一次的大考后授与之"[②]。此外，课表编写者还特别提醒教师注意以下几点[③]：

第一，课表上的各门课程，只有熟悉汉文、天资聪明的学生才能完全学会，否则即使增加学习时间也不可能取得成功。

第二，洋文是所有课程中最重要的课程。馆中开设英文、法文、俄文、德文四种文字。学生入学即开始学习洋文，需要每天勤学苦练，不可中断。学生第二年即开始翻译条子，即学即练。这样的翻译实践活动一直要持续到第八年结束。

第三，学习英文的学生可以畅通无阻完成八年学业，而学习法文、俄文和德文的学生可能会遇到障碍。虽然他们的外语水平没问题，但有时他们也许看不懂面前的英文学习材料，所以他们不得不借助于汉文译文或算学、格致（物理）等课程知识来理解学习内容。

第四，如果要精通天文、化学、测地学等专业课程，必须专门学习某个专业，也许需要一年或数年才能完成，不要受这个课程表限制。具体细节由任课教师根据实际情况灵活处理。

---

① 吕达：《京师同文馆与我国近代课程的萌芽》，载《教育评论》1988年第6期。

② 丁韪良：《同文馆记》，傅任敢译，载朱有瓛：《中国近代学制史料》第一辑上册，华东师范大学出版社1983年版，第180页。

③ 参见朱有瓛：《中国近代学制史料》第一辑上册，华东师范大学出版社1983年版，第71～72页。

根据《同文馆题名录》统计，京师同文馆八年制课程见表 3-22。

表 3-22　　京师同文馆八年制课程表

	年份	内容
1	首年	认字写字。浅解辞句。讲解浅书。
2	二年	讲解浅书。练习文法。翻译条子。
3	三年	讲各国地图。读各国史略。翻译选编。
4	四年	数理启蒙。代数学。翻译公文。
5	五年	讲求格物。几何原本。平三角。弧三角。练习译书。
6	六年	讲求机器。微分积分。航海测算。练习译书。
7	七年	讲求化学。天文测算。万国公法。练习译书。
8	八年	天文测算。地理金石。富国策。练习译书。

资料来源： 根据《同文馆题名录》统计。参见《同文馆题名录》光绪五年（1879）刊第19～23页，载朱有瓛：《中国近代学制史料》第一辑上册，华东师范大学出版社 1983 年版，第 71～72 页。

（2）京师同文馆五年制课程表

除了八年制课程表，京师同文馆还有一份五年制课程表。这份课程表是面向那些年龄较大，不想学外语，只想借助汉语译文学习各门学科知识的学生。由于不用学习外语，他们的学习时间可以缩短到五年。

根据《同文馆题名录》统计，京师同文馆五年制课程见表 3-23。

表 3-23　　京师同文馆五年制课程表

	年份	内容
1	首年	数理启蒙。九章算法。代数学。
2	二年	学四元解。几何原本。平三角、弧三角。
3	三年	格物入门。兼讲化学。重学测算。
4	四年	微分积分。航海测算。天文测算。讲求机器。
5	五年	万国公法。富国策。天文测算。地理金石。

资料来源： 根据《同文馆题名录》统计。参见《同文馆题名录》光绪五年（1879）刊第19～23页，载朱有瓛：《中国近代学制史料》第一辑上册，华东师范大学出版社 1983 年版，第 73～74 页。

不过，课表编写者也提醒教师注意以下几点[①]：第一，对所有学生来说，儒家经典的汉文经学本来就应该坚持不懈，所以课程表没有出现这些课程内容；第二，初学者半天学洋文，半天学汉文，水平再高一点的学生可以随时练习八股作文；第三，医学课程没有列出，因为不是所有学生都学。如果有人想了解人体、骨骼知识，增长见识，可以等堂宪谕令专门研究。

2. 上海同文馆

在创办初期，上海同文馆的课程与京师同文馆一样，也是以外文和汉文学习为主。《再拟开办学馆事宜章程十六条》要求："每日西教习课读。"[②] 但是，学校在强调外语学习重要性的同时增加了一项内容——算学，这一点与京师同文馆有所不同。同治九年（1870），按照江南机器制造局总办冯焌光、郑藻如的要求，上海同文馆与江南机器制造局翻译馆合并办公。鉴于江南机器制造局的主要教学目标是培养机器制造人才，上海同文馆的课程内容自然也就偏向以"外语＋学科专业"的复合型人才培养目标，课程中大量增加了现代科技内容。

《江南制造局记》记广方言馆概况介绍其课程有"国文、英文、法文、算学、舆地"[③]。毕业于上海同文馆的吴宗濂在《上海广方言馆始末记》中回忆道："英文而外，并设算学德文法文三科，盖不仅课方言，亦兼课实学焉。"[④] 这说明该馆课程具有实用性和专业性。学校要求学生在打好外语的基础上兼学某种专业技能，这样的做法类似于当今的培养复合型人才教育理念。

根据《酌拟广方言馆课程十条》规定，上海同文馆基本上采取了以下措施：第一，学生按知识掌握程度分类。"学生分为上下班。"第二，初次入学先从基础课程开始学起。"初进馆者先在下班，学习外国公理公法，如算学、代数学、对数学、几何学、重学、天文、地理、绘图等事皆用初学浅书教习。"第三，想学翻译者，另外学习外语内容。"若作翻译者，另习外国语言文字等书。"第四，每天上午按时集结，集体上课。"诸生每日于午前，毕集西学讲堂，专心学习。"第五，每周过后测试一次翻译文章，评定等级，给予

① 参见朱有瓛：《中国近代学制史料》第一辑上册，华东师范大学出版社 1983 年版，第 71～72 页。

② 冯焌光、郑藻如：《同治九年三月初三日（1870.4.3）总办机器制造局冯、郑上督抚宪禀》，载朱有瓛：《中国近代学制史料》第一辑上册，华东师范大学出版社 1983 年版，第 232 页。

③ 朱有瓛：《中国近代学制史料》第一辑上册，华东师范大学出版社 1983 年版，第 244 页。

④ 吴宗濂：《上海广方言馆始末记》，载朱有瓛：《中国近代学制史料》第一辑上册，华东师范大学出版社 1983 年版，第 249 页。

优秀者奖励。“阅七日，课以翻译一篇，课定甲乙，上取者酌给奖赏。”第六，年底进行考核，文化程度达到要求者根据个人兴趣和能力分入上班，学习某种专业。“至年底考试可取者，察其性情相近，并意气所向，再进上班，专习一艺。”第七，上班学生学习专业知识时还要复习基础知识，以便精益求精。“生徒学此各事之时，仍须兼习下班之学，以冀精深。”[①]

上海同文馆上班课程见表 3-24。

表 3-24　　上海同文馆上班课程统计表

	学科方向	内容
1	地质冶金	辨察地产，分炼各金，以备制造之材料。
2	选材加工	选用各金材料，或铸或打，以成机器。
3	机械制造	制造或木或铁各种。
4	绘图或驾驶	拟定各汽机图样或司机各事。
5	航海	行海理法。
6	军事	水陆攻战。
7	外语	外国语言文字，风俗国政。

资料来源：根据《酌拟广方言馆课程十条》统计。参见《同治九年三月初三日(1870.4.3)总办机器制造局冯、郑上督抚宪禀》(附酌拟广方言馆课程十条)，载朱有瓛：《中国近代学制史料》第一辑上册，华东师范大学出版社 1983 年版，第 224 页。

3. 广东同文馆

由于时间有限，笔者才疏学浅，未找到广东同文馆的课程内容。不过，两广总督毛鸿宾在提交的奏折中曾说：“同文馆延请汉人教习一人，西洋教习一人，取能通算学，有裨西学之实用者，每日巳、午、未三时，由西教习训课。早晚各时由汉文教习训课。”“美国人谭顺，精熟西文，人亦体面，堪为西文教习。均已延聘在馆，分司训课。”[②] 既然广东同文馆比北京、上海两地同文馆成立时间晚，而且使用的章程和其他文案均是模仿的京师同文馆和上海同文馆，那么，其课程安排和管理方式应该与上述两所同文馆近似。

① 冯焌光、郑藻如：《同治九年三月初三日（1870.4.3）总办机器制造局冯、郑上督抚宪禀》，载朱有瓛：《中国近代学制史料》第一辑上册，华东师范大学出版社 1983 年版，第 223～224 页。

② 毛鸿宾：《同治三年六月初十日（1864.7.13）两广总督毛鸿宾折》（附章程），载陈学恂：《中国近代教育史资料教学参考资料》上册，人民教育出版社 1986 年版，第 60～61 页。

三、采用传统教学方式进行教学

同文三馆的教学特点主要体现为四点：一是教师主导课堂，二是外语学习优先，三是翻译教学法为主，四是学生参与翻译实践。

（一）课堂教学以教师为主导

按照常识，教学一般指的就是课堂教学。在通常情况下，教师讲、学生听是课堂教学的主要形式。唐朝韩愈曾经写过《师说》一文，对教师的职责做过非常经典的诠释："古之学者必有师。师者，所以传道授业解惑也。"这个解释不仅在唐朝的国子监适用，在晚清时期的同文三馆里也同样适用。

从现有的资料中我们可以发现，同文三馆基本都是采用传统的教师讲、学生听的教学方式。这种方式应该是古代教育当中最古老也最有效的教学方式，是一种居高临下的知识单向输出形式。它意味着教师主导者课堂教学。教师是知识的源泉，学生是知识的接受者。

考虑到晚清时期中国人对外国文化知识的匮乏，以及很多洋教习具有的传教士背景，同文三馆的外语课堂上应该也是洋教习讲、中国学生听这种情况。

据《清会典》记载，京师同文馆"学生每日午前诣汉教习学习汉文功课。午后诣洋教习学习洋文功课"[①]。

上海同文馆强调教师的"传道授业解惑"作用，要求讲解"四书五经"的教师分不同时间讲授，注重理论与实践相结合，根据学生实际情况引导，达到读书明理的目的。同治九年三月初三（1870年4月3日），总办机器制造局冯焌光、郑藻如在报告中说："四书经史教习，似宜分日讲解，而生徒欲有进益，非讲论无以浚其灵，非体认无以课诸实……就其性之所近，因时而教导之，而必以读书明理为本。"[②] 从上述论述可以看出，上海同文馆推崇的还是传统教学方法，要求教师主导课堂教学。

《万国公报》指出，学生入学后"于是西国师教之，又中国之绅为总师者教之，又举贡四人分教之。自朝至暮，课分时刻，一定不移"[③]。从今天的教学理念来看，这种教学方式属于满堂灌、连轴转的形式。学生整天处于满负

① 朱有瓛：《中国近代学制史料》第一辑上册，华东师范大学出版社1983年版，第73页。

② 冯焌光、郑藻如：《同治九年三月初三日（1870.4.3）总办机器制造局冯、郑上督抚宪禀》，载朱有瓛：《中国近代学制史料》第一辑上册，华东师范大学出版社1983年版，第232页。

③ 朱有瓛：《中国近代学制史料》第一辑上册，华东师范大学出版社1983年版，第254～255页。

荷的状态，根本没有足够时间去消化所学知识，教学效果未必能够达到预期。

与19世纪相比，21世纪的现代知识储备、教学手段、技术条件等已经发生了天翻地覆的变化。时代在发展，科技在进步。随着信息化时代的到来，电脑、手机和互联网给我们提供知识的便捷性和丰富程度远远超出了古人的想象。现代教育中的教学方式和学习形式也随之发生了巨大的改变。因此，我们只能理解先辈们卧薪尝胆、筚路蓝缕的奋斗精神，而绝不能用现在的教育理念去苛求一百多年前的古人。

(二)课堂教学洋文为先，汉文不弃

1. 坚持“中体西用”原则

晚清时期，“中学为体，西学为用”是统治者的教育指导方针。坚守中国文化，学习西方先进科学技术，培养学贯中西、为华夏所用的人才是清政府洋务派的理想目标。“中体西用”原则“初现于冯桂芬的《校邠庐抗议》，后经郭嵩焘、孙家鼐等人的进一步拓展，最终由张之洞系统化”[①]。在“中体西用”原则指导下，同文三馆虽然强调洋文优先，但并未放弃对学生的汉语和儒家经典的教学。这固然是因为汉语和儒家经典与科举考试有关，是学生取得功名的前提，但更重要的是统治者对于如何在学习“西学”的同时留住“中学”之本的考虑。上海同文馆提出：“四书经史教习，似宜分日讲解……每月除初一、十五西教习课试西学外，初八、二十四日就所读经史，试以策论，或以觇其心得，间课以八股制义。”[②]“通馆每七日中，以四日读西书，三日读四书五经，另延生贡四人主讲。”[③]从表面上看，学校管理者的做法只是为了帮助学生应对科举考试。但从深层次上来看，同文三馆强调汉文和儒家经典的做法主要是为了留住“中体”，保护中华传统文化。这涉及培养什么人，如何培养人的根本认识问题。

在保护民族语言问题上，清政府也曾作出过许多努力。作为清朝统治阶级，满族人在晚清时期处于社会的最高阶层。其使用的母语满语也是统治阶级地位的重要象征。因此，细心的读者会发现，清政府在开设同文馆时是非

① 仇云龙、张绍杰：《晚清外语人才培养特色及其当下启示》，载《外语教学与研究》2011年第2期。

② 冯焌光、郑藻如：《同治九年三月初三日（1870.4.3）总办机器制造局冯、郑上督抚宪禀》，载朱有瓛：《中国近代学制史料》第一辑上册，华东师范大学出版社1983年版，第232页。

③ 李兴锐、蔡汇沧：《光绪七年三月二十一日（1881.4.19）总办机器制造局李、蔡禀覆南洋通商大臣刘》，载朱有瓛：《中国近代学制史料》第一辑上册，华东师范大学出版社1983年版，第237页。

常重视其民族语言保护的。京师同文馆最初只招八旗子弟。奕䜣提出："由八旗满、蒙、汉闲散内，择其资质聪慧、现习清文、年在十五岁上下者。每旗各保送二三名，由臣等酌量录取，挨次传补"[①]。广东同文馆在要求学生学习外语和汉语的同时，还要求学生学习清字清语。究其原因，不外乎清政府对于自身民族语言的保护和传承。然而，从真实的历史情况来看，清政府的民族语言保护政策似乎并未奏效。大多数满族人在与汉人的相处中逐渐接受了更为先进的汉文化，放弃了本民族的满语和满文。

2. 强调外文优先

为了解决外交翻译问题，清政府非常重视语言学习。光绪二十一年十二月二十四（1896 年 2 月 7 日），总理各国事务衙门奏折写道："然臣等以为寻流溯源，必先自语言文字为始。从未有语言不通，文字不解，而能窥其底蕴者。"[②] 这说明，清政府对于语言学习的重要性是非常清楚的，对于语言学习的难度也有一定的认识。

清政府建立同文三馆的初衷是培养外语翻译人才，所以，同文三馆在课堂教学中自然都强调外文优先。同治十年十月二十一（1871 年 12 月 3 日），文渊阁大学士两广总督瑞麟在选拔人才进京考试时说："犹以西语西文为先，不得仅以乡试清文、汉文定为去取。如此方能拔取真才，而收实效。"[③] 光绪八年（1882），黎兆棠致张树声函中提出："一班教习，必须用洋人，其余二、三、四班帮教则以汉人通洋文者教之。"[④]

在具体课程安排上，同文三馆基本上采取了西文、汉文并重，分不同时段讲授的方式。冯桂芬说："聘西人教习诸国语言文字，与汉教习相辅而行，此举最为善法，行之既久，能之者必多。"[⑤] 同治十年（1871）正月奉堂谕说："设立同文馆原为学习洋文，然必通晓汉文者，方能于洋文得力。"[⑥] 光绪二十二年（1896），湖北通判何熙年给张香帅的信中指出："知技之近于道也，则

---

① 奕䜣：《同治元年七月二十五（1862. 8. 20）总理各国事务奕䜣等折》，载朱有瓛：《中国近代学制史料》第一辑上册，华东师范大学出版社 1983 年版，第 7 页。

② 朱有瓛：《中国近代学制史料》第一辑上册，华东师范大学出版社 1983 年版，第 591～592 页。

③ 瑞麟：《同治十年十月二十一日（1871.12.3）文渊阁大学士两广总督瑞麟等折》，载朱有瓛：《中国近代学制史料》第一辑上册，华东师范大学出版社 1983 年版，第 269 页。

④ 黎兆棠：《光绪八年（1882）黎兆棠致张树声函》，载朱有瓛：《中国近代学制史料》第一辑上册，华东师范大学出版社 1983 年版，第 582 页。

⑤ 冯桂芬：《上海设立同文馆议》，载璩鑫圭、童富勇：《中国近代教育史资料汇编》（教育思想），上海教育出版社 1997 年版，第 29 页。

⑥ 朱有瓛：《中国近代学制史料》第一辑上册，华东师范大学出版社 1983 年版，第 125 页。

设内堂以讲肄之。知中西之不可偏倚也，则分延洋、汉教习以督课之。”[①] 据《清会典》记载，京师同文馆规定：“学生每日午前诣汉教习学习汉文功课。午后诣洋教习学习洋文功课。”[②] 一般来说，很多人认为上午是学习的最佳时间。京师同文馆能够把上午最好的学习时间留给汉文学习，这充分体现出办学者的良苦用心。不过，相对于中国学生来说，用同样的时间学习熟悉的汉语和一种陌生的外语，要想在限定的三年时间内达到清政府提出的高标准显然是不可能的。这反映出清政府有关人员并不了解语言学习的规律和方法。

3. 重视汉文和经典学习

在学习态度上，同文三馆一直强调汉语和儒家经典的重要性。李鸿章在上海同文馆章程中提出：“凡肄业者算学与西文并须逐日讲习，其余经史各类，随其资禀所近分习之。专习算学者，听从其便。”[③] 同治九年三月初三（1870 年 4 月 3 日），总办机器制造局冯焌光、郑藻如对上海同文馆的课程内容作出了规定：“定课章以循诵习。广方言馆奏定章程，教习生徒以经学、史学、算学、词章为四类，而以讲明性理、敦行立品为之纲。又每日西教习课读，……而西语西文之外，仍以正学为本。”[④]

在广东同文馆章程中，两广总督毛鸿宾提出：“同文馆延请汉人教习一人，西洋教习一人……每日巳、午、未三时，由西教习训课。早晚各时由汉文教习训课。仍随时兼习清字清语，以重本务。”[⑤] 光绪五年七月二十二（1879 年 9 月 8 日），广州将军长善等奏：“且向定学生功课，每日以卯、辰、巳三时习西文，午、未、申三时习汉文，课余之暇，仍习清语。”[⑥]

在这里，同文三馆的语言学习涉及了一个语言学的关键问题，就是学习者如何处理母语与外语的关系。同治十年七月初七（1871 年 8 月 22 日），两

① 何熙年：《光绪二十二年（1896）湖北何通判熙年上张香帅言武备学堂事宜书》，载朱有瓛：《中国近代学制史料》第一辑上册，华东师范大学出版社 1983 年版，第 594 页。

② 朱有瓛：《中国近代学制史料》第一辑上册，华东师范大学出版社 1983 年版，第 73 页。

③ 李鸿章：《同治二年四月二十九日（1863.6.15）江海关道详南洋通商大臣李鸿章》（附章程），载陈学恂：《中国近代教育史资料教学参考资料》上册，人民教育出版社 1986 年版，第 54 页。

④ 冯焌光、郑藻如：《同治九年三月初三日（1870.4.3）总办机器制造局冯、郑上督抚宪禀》，载朱有瓛：《中国近代学制史料》第一辑上册，华东师范大学出版社 1983 年版，第 232 页。

⑤ 毛鸿宾：《同治三年六月初十日（1864.7.13）两广总督毛鸿宾折》（附章程），载陈学恂：《中国近代教育史资料教学参考资料》上册，人民教育出版社 1986 年版，第 61 页。

⑥ 长善：《光绪五年七月二十二日（1879.9.8）广州将军长善等奏》，载朱有瓛：《中国近代学制史料》第一辑上册，华东师范大学出版社 1983 年版，第 271～272 页。

广总督瑞麟说："因思学习西文，必以汉文为本，汉文通顺，则西文不难学成。"[①] 从现代语言学的角度来说，瑞麟的说法不无道理，因为母语对于外语学习具有正迁移的作用。汉语作为大多数中国人的母语，如果利用得当，在记忆外语单词和理解外语语法构成等方面的确可以起到积极作用。

（三）外语教学使用翻译教学法

1. 外语课堂上母语使用问题

在外语教学中，如何让学生快速理解和掌握外语是一个难题。《清会典》记载："洋文字母最简，而成字最繁。以音为文，彼此移易，则其解各别，故洋文数倍于汉文。"[②] 因为中外之间的这个差异，同文三馆的外语学习通常都是按照发音、单词、句子、篇章这个顺序进行教学的。当然，洋教习在外语课堂上使用外语还是汉语教学也是一个必须首先解决的问题。

洋教习如果采用直接法和浸入法，即在外语课堂上完全使用外语进行教学的方法，具有显著的优点。通过洋教习使用实物、图片等工具，用外语讲解单词、句子和课文，学习者可以掌握地道外语，了解单词从发音到组成句子最后形成文章的整体形态，有利于直接模仿洋教习发音造句，避免借助母语主观臆造不符合外国人习惯的外语句子。因此，原汁原味的外语教学是学习者最直接的学习方式。

然而，这种学习方法弊端也是显而易见的。对于一些抽象的事物、不熟悉的事物和环境差异很大的事物，洋教习仅用外语讲解是难以让学生理解的。在这种情况下，母语优势就体现出来了。同治六年九月十五（1867 年 10 月 12 日），总理各国事务奕䜣等指出："惟思所取各员，仅长于中国文理，而于西文、西语未尝学问，即使所延洋人亦通中国语言文字，究恐讲解尚多隔阂。"[③] 也就是说，有些用外语费很长时间都难以解释清楚的事物，如果借助于母语，可以用一句话甚至一个单词让学生豁然开朗。这也是母语教学的一大优势。

在外语教育史上，语法翻译法可能是最悠久的外语教学方法。这种方法最基本的特征就是通过语法分析和句子翻译方式进行外语教学，能够帮助学习者迅速了解外语句子的意思。首先，教师必须熟练掌握两种语言，能够将外语句

① 瑞麟：《同治十年七月初七日（1871. 8. 22）两广总督瑞麟送学生咨文》，载朱有瓛：《中国近代学制史料》第一辑上册，华东师范大学出版社 1983 年版，第 276 页。

② 朱有瓛：《中国近代学制史料》第一辑上册，华东师范大学出版社 1983 年版，第 73 页。

③ 奕䜣：《同治六年九月十五日（1867. 10. 12）总理各国事务奕䜣等片》，载朱有瓛：《中国近代学制史料》第一辑上册，华东师范大学出版社 1983 年版，第 45 页。

子翻译成学习者的母语，从而让学习者迅速理解所学外语句子的意义。其次，教师要带领学习者朗读该句子中的每个单词，逐个讲解每个单词的语音、语义和构词成分，让学习者知道单词的含义、读音和拼写形式。第三，教师要在学习者理解外语句子意义的基础上，帮助他们分析该外语句子的基本结构，确定外语单词在句子中的语法作用，从而让他们掌握外语单词和句子的用法。

2. 同文三馆的外语教学方法

（1）京师同文馆

根据奕䜣同治年间的奏折我们不难发现，京师同文馆最初的三位洋教习都是“中国通”。第一位英语教习包尔腾“兼通汉文”，第一位法语教习司默灵“本系法国传教士”，第一位俄语教习柏林“向充该馆翻译官”。从他们原来的职业来看，无论是传教还是当翻译官，在母语以外精通汉语是他们在中国做好工作的前提。这种优势也成为他们受聘京师同文馆西教习职位的有利条件。既然京师同文馆的教学目标就是培养翻译人才，那么，这三位洋教习使用汉语教学应该是顺理成章的事情。“以华语讲解各种学问者，取其口耳熟习，易于进境并易于化俗也。”[①] 因此，京师同文馆洋教习的主要外语教学方法很可能就是语法翻译法。

光绪七年（1881）马建忠《上李伯相复议何学士如璋奏设水师书》说：“外洋诸国学院皆以本国语言讲解各种学问，现在总署同文馆所课算学亦用汉文，此其明验确证。”[②] 这个例子说明，在数学课上，同文馆教师用汉语讲解深奥的数学原理和逻辑推理。这样做更容易让学生理解和掌握这些数学知识。如果改用外语讲解，学生要掌握这些知识可能会事倍功半。

（2）上海同文馆

在教师给学生讲课时，如果洋教习讲不清楚，还可以引入中间人，补充完善，帮助理解。同治九年三月初三（1870 年 4 月 3 日），总办机器制造局冯焌光、郑藻如规定，上海同文馆“又每日西教习课读，派通习西人语言文字之委员董事四人，环坐传递语言，发明西教习意旨，使诸生易于领受”[③]。这

① 马建忠：《上李伯相复议何学士如璋奏设水师书》，载朱有瓛：《中国近代学制史料》第一辑上册，华东师范大学出版社 1983 年版，第 581 页。

② 马建忠：《上李伯相复议何学士如璋奏设水师书》，载朱有瓛：《中国近代学制史料》第一辑上册，华东师范大学出版社 1983 年版，第 581 页。

③ 冯焌光、郑藻如：《同治九年三月初三日（1870.4.3）总办机器制造局冯、郑上督抚宪禀》，载朱有瓛：《中国近代学制史料》第一辑上册，华东师范大学出版社 1983 年版，第 232 页。

也就是说，在西教习和学生中间，上海同文馆又安排了四个通习西人语言文字的委员董事进行翻译和解释。之所以这样做，主要原因可能是西教习不懂汉语或汉语水平太低，不足以讲清楚中英两种语言之间的差异；也可能是学生年龄太小、刚开始学的时候外语水平太低，难以理解西教习的真实意思。通过中间人这个桥梁，洋教习和中国学生可以更快地提高外语教和学的效率。这就是早期的“双语教学”方式。

上海同文馆的洋教习采用的教学方法也符合语法翻译法的几个特点。同治九年三月初三（1870 年 4 月 3 日），总办机器制造局冯焌光、郑藻如对上海同文馆的教学方式进行了明文规定。第一，洋教习必须精通西方文化。“馆中延订西国学问通贯之人为西教习。”第二，洋教习必须精通汉语，才能用汉语解释各类词的复杂意思。“似宜精通中国语言文字，斯义理之奥、名物象数之繁，方能以语言文字相为授受。课读讲解之时，拟宜用中国语言，讲明意旨。”第三，洋教习用外语上课时必须正确发音，讲解语法，督促学生练习。“次以西语口授，不但审其字音，并分明句读，以西语连贯读之，日久习熟。”第四，等学生有一定外语基础后，洋教习必须用外语和汉语交叉互译的方式讲解句子和篇章，保证学生学懂弄通句子和篇章的真实含义。“其学生能通西语者，即以西语讲解其义，或以中国文义译出西文，而以西语解之，如能译出西书全帙，则西语西文无不贯通矣。”①

从上面的表述可以看出上海同文馆的一些教学特点：第一，对聘用的洋教习学问和能力提出要求。西教习应该是西国学问通贯之人，具有真才实学才行。上海同文馆不会聘请没有接受过高等教育的外国人。第二，对聘用洋教习的汉语水平提出要求。上海同文馆聘用的洋教习应该精通中国语言文字。只有这样，他才能用两种语言讲解一些深奥的科学思想和复杂的抽象名词。第三，西教习在上课讲解时应该用汉语讲清楚外语文章的主旨要义。第四，训练外语口语不但要纠正发音，还要进行断句和句子结构分析，从而让学习者口头表达连贯顺畅，熟能生巧。第五，学生初步掌握外语后，可以用外语解释句子和文章的意思，或者把汉语译成外语，再用外语进行解释。如果学生能够把整篇文章准确翻译出来，则说明口语和书面语都学会了。

① 冯焌光、郑藻如：《同治九年三月初三日（1870.4.3）总办机器制造局冯、郑上督抚宪禀》，载朱有瓛：《中国近代学制史料》第一辑上册，华东师范大学出版社 1983 年版，第 232 页。

四、注重实践，强调理论与实践相结合

清政府创办同文三馆的目的就是培养翻译人才，解决外交过程中的沟通问题。书面翻译是外语学习的重要工作之一。同治九年三月初三（1870 年 4 月3 日），总办机器制造局冯焌光、郑藻如说："逮今日翻译西书，而文体为一变。……夫以西书而译用华文，意曲而语涩，展转递变，往往语既明而意转晦，非精深其理，了然胸中，未易达之笔下。"① 因为中西方文化的差异，为了学习西方现代文化，不仅外交行业需要翻译，其他行业也需要翻译。自然科学和人文科学书籍翻译不光能够传文达义，而且还可以统一某些名称和术语，使其在社会上保持规范和清晰，避免混乱。光绪七年（1881），马建忠说："初创学院，中国人才未出，故拟先请洋教习以英语教之，此时学生已读英文三年，可无扞格不通之病矣。但外洋重力、格致诸学，名目繁多，迩年所翻译者，义理未能明晰，名目尤无划一。拟乘立学之时，令各院教习采取古今书籍内相当名目，厘定成书，奉为典则，庶无泥古背今，同名异义之虞。"②

同文三馆的教学特点之一是外语理论教学与翻译实践紧密结合。外语理论教学与翻译实践并重，培养学生的英语应用能力。学生课堂上除了教师提供的教学材料以外，还会接触到政府部门的照会、电函、谈判纪要等公文。学生要把课堂上学到的知识应用到政府公文的翻译实践中去。根据京师同文馆八年制课程表，学生入学后从简单的外语单词和句子学起，第一年就要开始进行外语翻译训练活动，以后几年难度逐渐加大，到最后两年每天都要进行翻译各国洋文报纸、书刊等实践活动。这种外汉互译、学以致用的教学理念在同文三馆存续过程中贯彻始终，对于培养学生的翻译能力起到了很好的作用。

有了一定的外语口译基础之后，同文三馆开始向书面翻译发展。"同文馆最初的目的是在养成翻译人才，但是由口语的译述上进一步，转而翻译别国的文献，以为己用，原是一个极自然的，极需有步骤。"③ 就这样，随着办学时间的延续，同文三馆开始组织人员翻译国家急需的各类书籍，并开设了印

---

① 冯焌光、郑藻如：《同治九年三月初三日（1870.4.3）总办机器制造局冯、郑上督抚宪禀》，载朱有瓛：《中国近代学制史料》第一辑上册，华东师范大学出版社 1983 年版，第 231 页。

② 马建忠：《上李伯相复议何学士如璋奏设水师书》，载朱有瓛：《中国近代学制史料》第一辑上册，华东师范大学出版社 1983 年版，第 581 页。

③ 丁韪良：《同文馆记》，傅任敢译，载朱有瓛：《中国近代学制史料》第一辑上册，华东师范大学出版社 1983 年版，第 183 页。

书处印刷各类译著和教材。光绪十二年（1886），为了提高书籍翻译质量，京师同文馆安排了两名“纂修官”专门为翻译工作把关。光绪十四年（1888），该校成立了翻译处，专门组织人员翻译各类书籍和公文。

除了语言翻译实践之外，同文三馆也比较重视其他学科理论与实践相结合。光绪二年（1876），京师同文馆建设了一个化学实验室，培养学生的动手能力。同年，该校还建设了一个博物馆，为学生提供了参观学习各种实物的机会。光绪五年（1879），京师同文馆建立了自己的印刷厂，使用金属活字自己刊印教材和翻译作品，大大提高了书面文献的传播速度。光绪十四年（1888），该校开设格致馆的时候增加了一个物理实验室。学生可以把课堂上学习的声、光、电等物理理论进行科学验证。同年，该校还建设了一个比较先进的天文台，供学习天文的学生观察了解天象，掌握星球位置。这些工作为学生提供了动手锻炼的机会，有利于培养学生的应用能力。

第三节 同文三馆的师生

按照国籍划分，同文三馆的教习分别由外国人和中国人组成，一般称为洋教习和汉教习。从授课情况看，京师同文馆因为洋教习比较多，所以外语课和科学课一般由洋教习承担，中国文化类的课程一般由汉教习承担。相对而言，上海同文馆和广东同文馆由于办学条件比较差，洋教习比较少，因此，这两所学校除了中国文化类的课程一般由汉教习承担以外，外语课和科学课也大多由汉教习承担。另外，同文三馆还聘用了一些副教习。所谓副教习，其实就是学校的优秀毕业生。他们已经学习完所有功课，暂时留在学校承担助教工作，平时也要和学生一样参加考勤。

同文三馆招收的学生虽然都是中国人，但在身份上还是有一定的区别。京师同文馆最初只招八旗子弟；广东同文馆刚开始招收的八旗子弟占80%，后来规定所有的学生必须是八旗子弟；上海同文馆招收的学生没有八旗子弟的限制。

一、中外教习

（一）中外教习的选拔与聘任

同文馆的中外教习的选拔与聘任工作并非是临时组织。清政府相关部门都会做专门的安排，通过不同的渠道进行选拔与招聘。据《清会典》记载，“总教习及洋教习，就各国儒士中延访。其通洋学之汉教习，由各直省选举。其汉文教习，就京师咸安宫宗室景山八旗已取未传馆之教习招考充当，额三人。总教习一人。洋教习视各馆学生多寡为定。”①

筹备创办京师同文馆时，奕䜣一开始并没有打算聘用外国人担任外语教师。他说：“闻广东、上海商人，有专习英、法、美三国文字语言之人，请饬各省督抚挑选诚实可靠者，每省各派二人，共派四人，携带各国书籍来京……其派来之人，仿照俄罗斯馆教习之例，厚其薪水，两年后分别勤惰，其有成效者，给以奖叙。”② 然而，时间过去了一年多，“所请派委教习，广东则称无人可派，上海虽有其人，而艺不甚精，价则过巨，未便饬令前来。……广东、江苏既无咨送来京之人，不得不于外国中延访”③。这说明，京师同文馆因为外语师资没有着落迟迟无法开办。无奈之下，奕䜣只好改变了思路，决定聘请外国人担任外语教师。

其实，洋教习的教学质量应该是有保障的。黎兆棠说：“洋人薪水虽稍费，然究系专门，且能认真少徇情虚饰等习。由驻英星使照会英外部，或由总署照会英公使延订，谅不致赝鼎滥竽。”④ 他的意思是说，第一，洋教习使用的外语是其母语，教授的课程是其专门研究的学问。这就保证了其传授知识的针对性和专业性。因此，洋教习的薪水虽然高一些，但物有所值。第二，洋教习不熟悉中国官场社会的套路，没有虚情假意的客套习惯，教学过程中比较容易沟通。第三，洋教习都是通过正规程序聘任的，或者是中国驻英国大使照会英国外交部聘请，或者是总理各国事务衙门照会英国公使聘请。考虑到国家和个人信誉，通过这么正式的外交程序聘请的人员应该不会是滥竽充数之人。奕劻指出：“窃臣衙门设立同文馆以来，迄今二十余年，所有延请外国教习，指授学生各国语言文字以及天文、算学、化学、医学等项，冀于

① 朱有瓛：《中国近代学制史料》第一辑上册，华东师范大学出版社 1983 年版，第 19 页。

② 奕䜣：《咸丰十年十二月初三日（1861.1.13）恭亲王奕䜣等奏》，载朱有瓛：《中国近代学制史料》第一辑上册，华东师范大学出版社 1983 年版，第 5 页。

③ 奕䜣：《同治元年七月二十五日（1862.8.20）总理各国事务奕䜣等折》（附章程），载陈学恂：《中国近代教育史资料教学参考资料》上册，人民教育出版社 1986 年版，第 26 页。

④ 黎兆棠：《光绪八年（1882）黎兆棠致张树声函》，载朱有瓛：《中国近代学制史料》第一辑上册，华东师范大学出版社 1983 年版，第 582 页。

洋务有裨。”①

不过，同文三馆洋教习的宗教背景不可忽视，这是清政府最担心的问题。在洋教习中间，很多人都是传教士。即使不是传教士，他也可能是某个宗教教派的信徒。考虑到思想教育和文化传承等诸多因素，清政府一开始是不愿意聘请传教士担任洋教习的。但是，由于学校急需开学，社会上又找不到没有宗教背景且符合师资条件的洋人，清政府只得接受西方外交机构的推荐人选。

尽管迫于现实不得不聘用传教士担任教习，但清政府的态度是明确的：即洋教习在学校禁止传教。一旦违反规定，必须立刻离开。在京师同文馆聘用第一位英文洋教习包尔腾的时候，清政府就是这个态度。同治元年七月二十五（1862 年 8 月 20 日），奕䜣给同治皇帝汇报工作时说他与英国驻华公使威妥玛“豫为言明，衹学语言文字，不准传教；仍另请汉人徐澍琳教习汉文，并令暗为稽察”②。在聘用第一位法文洋教习司默灵的时候，清政府也是这个态度。同治二年三月十九日（1863 年 5 月 6 日），总理各国事务奕䜣上奏同治皇帝，告知其已经找到法文教习。“查司默灵本系法国传教士，臣等闻哥士耆之荐，颇不谓然，当即力却。经哥士耆再三剖辨，据称司默灵虽属教士，现在并不传教，且其人尚诚朴可充斯席。臣等令其来署面见，尚无传教士习气，因与切实言定，若到同文馆，断不准其传教，一涉此弊，立即辞回。”③ 丁韪良在《记同文馆》一文中对此也作了记载：“英、法、俄各文馆也各请外国教师一人，言明只准学习语言文字，不准传教。”④ 从以上陈述可以得知，清政府的确有要求洋教习只教书、不传教的政策。这不是口头传说，而是确有其事的。不过，虽然清政府作了严格限制，但在实际操作中并未完全执行，洋教习传教言行时有发生。

1. 京师同文馆

据《清会典》记载，京师同文馆“总教习用洋人之赅通洋文洋学及熟中国语言文字者。汉教习用汉人举人贡生出身者。洋教习用洋人，副教习由高

---

① 奕劻：《光绪十一年十一月初十日（1885.12.15）总理各国事务奕劻等奏》，载朱有瓛：《中国近代学制史料》第一辑上册，华东师范大学出版社 1983 年版，第 152 页。

② 奕䜣：《同治元年七月二十五日（1862.8.20）总理各国事务奕䜣等折》（附章程），载陈学恂：《中国近代教育史资料教学参考资料》上册，人民教育出版社 1986 年版，第 26 页。

③ 奕䜣：《同治二年三月十九日（1863.5.6）总理各国事务奕䜣等奏》，载朱有瓛：《中国近代学制史料》第一辑上册，华东师范大学出版社 1983 年版，第 9～10 页。

④ 丁韪良：《同文馆记》，傅任敢译，载朱有瓛：《中国近代学制史料》第一辑上册，华东师范大学出版社 1983 年版，第 191 页。

足学生兼充，仍习学生功课”[1]。这段话清楚表明，京师同文馆对教师资格是有要求的。总教习必须精通中外两种语言才能胜任。汉教习则必须获得举人或贡生的功名。洋教习的职位必须用洋人。副教习是优秀学生兼任的，虽然名为教习，但还需要像学生一样复习功课。有了这些条件限制，学校的师资水平才能得到保障。由此可见，副教习制度是京师同文馆培养本土外文和西学师资的一个有益且可靠的做法。它为其他学校师资队伍培养提供了很好的范例。

京师同文馆的洋教习通常是外方推荐，加上中方考察与聘用的模式。京师同文馆第一位英语教师就是通过这种模式聘用的。同治元年七月二十五（1862 年 8 月 20 日），奕䜣上奏同治皇帝：“旋据英国威妥玛言及该国包尔腾兼通汉文，暂可令充此席。臣等令来署察看，尚属诚实，虽未深知其人，惟以之教习学生，似可无事苛求。因于上月十五日先令挑定之学生十人来馆试行教习，并与威妥玛豫为言明，祇学语言文字，不准传教；仍另请汉人徐澍琳教习汉文，并令暗为稽察。”[2]

从这段话可以看出，第一，奕䜣事先并不认识包尔腾。第二，英国人威妥玛向奕䜣推荐了包尔腾，说他是英国人，懂汉语，可以担任英语教师职位。第三，奕䜣并没有偏听偏信，而是通知包尔腾来总理各国事务衙门面试。第四，面试之后，奕䜣基本满意，同意包尔腾试教十名学生。第五，奕䜣与威妥玛事先声明，包尔腾上课只能教外语，不能趁机传教。第六，奕䜣并不完全相信威妥玛的口头承诺。他让中方教师徐澍琳暗中监视、考察包尔腾，防止他做出某些不利于清政府的事情。

京师同文馆第一位法语教师和第一位俄语教师也是通过外方推荐，加上中方考察这种模式聘用的。同治二年三月十九（1863 年 5 月 6 日），总理各国事务奕䜣等奏：“惟查各国语言文字均当谙熟有人，今英国虽得人教习，而法、俄缺如，究有未备，因于接见该二国公使时，留心延访。兹据法国哥士耆、俄国把留捷克，陆续函荐司默灵、柏林二人前来。”“臣等令其来署面见，尚无传教士习气。”“至俄国柏林向充该馆翻译官……此人上年因公来臣衙门

[1] 朱有瓛：《中国近代学制史料》第一辑上册，华东师范大学出版社 1983 年版，第 73 页。

[2] 奕䜣：《同治元年七月二十五日（1862.8.20）总理各国事务奕䜣等折》（附章程），载陈学恂：《中国近代教育史资料教学参考资料》上册，人民教育出版社 1986 年版，第 26 页。

多次，臣等均曾接见，人尚不十分狡诈。”① 就这样，通过外方推荐，加上中方考察，京师同文馆的法语和俄语教师也正式上岗了。

当然，洋教习上岗以后，清政府并不会撒手不管，依然会对其进行监督和考察，一旦发现其有传教等不轨行为，就会立即采取处罚措施。清政府不仅对刚开始聘任的英文教习这样做，而且对后来的法文、俄文等洋教习也是采用同样的政策。同治七年五月二十三（1868 年 7 月 12 日），总理各国事务衙门奕䜣上奏同治皇帝：“查教习天文算学之英国人额布廉、法国人李弼谐，本系兼八旗俊秀教习，现在暂归一处，既更便于稽察，亦不旷误课程。臣等仍督率各教习等，悉心启导，断不稍涉迁就。”②

据统计，在京师同文馆 40 年的存续过程中，一共有 54 位外国人受聘担任外语和科学教习，涉及的学科包括英文、法文、德文、俄文、日文、化学、天文和医学等领域。这些人大多是受过高等教育的传教士，学历较高，“其中至少有 8 人获得博士学位：傅兰雅、丁韪良、毕利干、施德明、卫廉士、德贞、费礼饬、卜世礼”③。不过，在这些有博士学位的人中，卫廉士虽然有博士学位但因拒绝接受算学职位而被辞退，自然没有列入洋教习名单。另外，欧礼斐、海灵教、骆三畏等三人拥有硕士学位。

不过，对于洋教习的聘用情况，有些人有不同的看法。作为京师同文馆的学生，齐如山亲身经历了洋教习的聘用和教学过程。他在《同文馆之回忆》一文中提出了以下观点：第一，担任京师同文馆洋教习的人并不都是合格的外语教师。“这些人刚到中国，当然不懂得中国话及文字，如此则暂不能在海关中担任职务，于是凡有由外国新到人员，都是先派到同文馆充当教习。”第二，很多人来任教另有目的。“他们被派到同文馆，外面是来教洋文，其实是为他们学习中国文中国话。”第三，这些人一旦具备了基本的汉语交流能力就会离开教师岗位。“在当教习期间，自己在外边请着中国人，学中文及语言，学得够用之后，即派往各省海关去当差，这几几乎是定例。”第四，这些人对于课程的教学质量和学生成长并不关心。“至于馆中的功课，他并不十分注意。”

---

① 奕䜣：《同治二年三月十九日（1863.5.6）总理各国事务奕䜣等奏》，载朱有瓛：《中国近代学制史料》第一辑上册，华东师范大学出版社 1983 年版，第 9～10 页。

② 奕䜣：《同治七年五月二十三日（1868.7.12）总理各国事务奕䜣片》，载朱有瓛：《中国近代学制史料》第一辑上册，华东师范大学出版社 1983 年版，第 46 页。

③ 丁英顺：《中国近代高等教育开端探究——赫德与同文馆》，载《黑龙江教育》（高教研究与评估）2013 年第 9 期。

第五，中国政府没有招聘和解聘洋教习的权力，只有总税务司赫德才可以这样做。这实际是外国人剥夺了中国政府的外籍教师任免权。“衙门对这些教习，可以说没有任免权。……必须由总税务司推荐。”① 作为京师同文馆的当事人和历史的见证人，齐如山所说的这种情况应该是真实存在的。

除了洋教习以外，清政府对汉教习的选拔和聘用也是慎重的。同治二年三月十九（1863 年 5 月 6 日），总理各国事务奕䜣等奏：“迨七月间始奏定章程，汉教习均由八旗咨传考试录用。……汉教习日与外国人相处，且有暗为查察之责，必须人品端正，方为可用。考试仅凭文艺，底蕴或未深知。且徐澍琳自上年采访传充以来，课读一年，馆务诸称安静……臣等现访得镶蓝旗汉教习张旭升，直隶人，候补八旗汉教习杨亦铭，河南人，品学均尚端粹，堪膺斯选。”②

据统计，京师同文馆一共有 32 位中国人受聘担任汉文和算学教习。这些人都是经过层层选拔，多方推荐的饱学之士、社会精英，学识渊博且品德高尚，有利于学生在学习西语言方文化过程中不忘传承中国传统文化。

根据《京师同文馆学友会第一次报告书》三馆馆员录统计，京师同文馆历任英文教习共 14 人，其中傅兰雅、丁韪良具有博士学位。丁韪良、欧礼斐任期时间最长，都担任过京师同文馆总教习。具体情况见表 3-25。

表 3-25　　京师同文馆历任英文教习统计表

	姓名	到馆时间	备注
1	包尔腾	同治元年	
2	傅兰雅	同治三年	
3	丁韪良	同治四年	同治七年授翻译教习，同治九年升总教习，光绪二十一年告退，准其原品休致。
4	额伯连	同治七年	
5	吉　德	同治十一年	

① 齐如山：《同文馆之回忆》，载陈学恂：《中国近代教育史资料教学参考资料》（上册），人民教育出版社 1986 年版，第 46～47 页。

② 奕䜣：《同治二年三月十九日（1863.5.6）总理各国事务奕䜣等奏》，载朱有瓛：《中国近代学制史料》第一辑上册，华东师范大学出版社 1983 年版，第 10 页。

续表

	姓名	到馆时间	备注
6	柯理士	同治十三年	
7	马　士	光绪五年	
8	欧礼斐	光绪五年	光绪十一年兼署天文，光绪十六年分署总教习，光绪十九年兼署化学，光绪二十年代理总教习，光绪二十一年升授总教习。
9	韩威礼	光绪十一年	
10	烈　悌	光绪十四年	
11	安格联	光绪十五年	
12	贝安德	光绪十八年	
13	马都纳	光绪十八年	
14	徐迈德	光绪二十四年十月	

资料来源：《京师同文馆学友会第一次报告书》三馆馆员录，第 45～46 页，载朱有瓛：《中国近代学制史料》第一辑上册，华东师范大学出版社 1983 年版，第 38～39 页。

根据《京师同文馆学友会第一次报告书》三馆馆员录统计，京师同文馆历任法文教习共 12 人。具体情况见表 3-26。

表 3-26　　京师同文馆历任法文教习统计表

	姓名	到馆时间	备注
1	司默灵	同治二年	
2	李壁谐	同治七年	
3	德达那	同治十年	
4	林　春	同治十年	
5	华必乐	同治十年	光绪二十二年告退
6	雷乐石	光绪二年	
7	帛　黎	光绪二年	
8	师克和	光绪八年	
9	施克和	光绪十八年	

续表

	姓名	到馆时间	备注
10	柯必达	光绪十八年	
11	谭　安	光绪二十二年	光绪二十年二月署，光绪二十二年到馆署
12	铁士兰	光绪二十三年七月	

资料来源：《京师同文馆学友会第一次报告书》三馆馆员录，第45～46页，载朱有瓛：《中国近代学制史料》第一辑上册，华东师范大学出版社1983年版，第39页。

根据《京师同文馆学友会第一次报告书》三馆馆员录统计，京师同文馆历任俄文教习共10人。德国崛起后，京师同文馆还开办了德文馆，由夏干、班铎担任俄文兼德文教习。具体情况见表3-27。

表3-27　　京师同文馆历任俄文教习统计表

	姓名	到馆时间	备注
1	柏　林	同治二年	
2	伟　贝	同治十年	
3	第图晋	同治十一年	
4	夏　干	同治十一年	俄文兼德文
5	班　铎	光绪七年	俄文兼德文
6	柯乐德	光绪十四年	
7	劳腾飞	光绪二十年	
8	单　尔	光绪二十二年	
9	郜悌爱	光绪二十三年五月	
10	葛诺发	光绪二十四年三月	

资料来源：《京师同文馆学友会第一次报告书》三馆馆员录，第45～46页，载朱有瓛：《中国近代学制史料》第一辑上册，华东师范大学出版社1983年版，第40页。

根据《京师同文馆学友会第一次报告书》三馆馆员录统计，京师同文馆历任德文教习共6人，日文教习1人。“从1870年到1872年，伟贝（C. Weber）充任了俄文和德文教习。1873年，由第图晋（N. Titoushkin）任德文教习，从 1873 年到 1881 年，德文教习全由哈根（W. N. Hagen）担任。”① 自光绪十四年起，京师同文馆德文馆有了专职的德文教习，不再需要俄文教习兼任德文教习了。光绪二十四年，京师同文馆聘请日文教习 1 人。光绪二十五年日文课程改由中国人唐家桢讲授。具体情况见表 3-28。

表 3-28　　京师同文馆历任德文、日文教习统计表

	姓名	到馆时间	备注
1	吴乐福	光绪十四年	德文教习，光绪十四年到馆署，光绪二十二年到馆署
2	威礼士	光绪十七年	德文教习
3	顾伦曼	光绪二十一年	德文教习
4	聂务满	光绪二十一年	德文教习
5	阿森玛	光绪二十二年	德文教习
6	毕斯玛	光绪二十四年三月	德文教习
7	杉几太郎	光绪二十四年三月	日文教习，中日甲午战争后聘请

资料来源：《京师同文馆学友会第一次报告书》三馆馆员录，第 45～46 页，载朱有瓛：《中国近代学制史料》第一辑上册，华东师范大学出版社 1983 年版，第 40 页。

根据《京师同文馆学友会第一次报告书》三馆馆员录统计，京师同文馆历任科学类教习共 14 人。其中化学 2 人，天文 3 人，算学 3 人，格致 2 人，医学 4 人。毕利干、施德明、卫廉士、德贞、费礼饬、卜世礼等 6 人具有博士学位。需要说明的是卫廉士曾短暂任教，但没有列出。该人具有博士学位，曾任美国驻华代办，但他因为不服从丁韪良管理，不愿担任算学教习而被辞退。丁韪良对此事曾专门作过说明：“我告假回美的时候，他因不肯接受指定的职务，——教数学——致被辞退。他是想当校长的，后来看见我当了校长，于是火上加油，益加怨愤，跑到上海去，控赫德中途背约。”② 京师同文馆历任科学类教习具体情况见表 3-29。

① 朱有瓛：《中国近代学制史料》第一辑上册，华东师范大学出版社 1983 年版，第 17 页。

② 丁韪良：《同文馆记》，傅任敢译，载朱有瓛：《中国近代学制史料》第一辑上册，华东师范大学出版社 1983 年版，第 175 页。

表 3-29　　京师同文馆历任科学类教习统计表

	姓名	到馆时间	教授学科	备注
1	毕利干	同治十年	化学	同治六年受聘，十年到馆，光绪十六年三月分署总教习
2	施德明	光绪十九年兼署	化学	光绪十九年兼署
3	海灵敦	光绪四年	天文	
4	费礼饬	光绪四年	天文	
5	骆三畏	光绪五年	天文	光绪五年到馆，光绪八年兼署化学
6	李善兰	同治七年	算学	
7	席　淦	光绪十二年	算学	光绪十二年由副教习升授
8	王季同	光绪二十一年	算学	光绪二十一年由副教习升授
9	欧礼斐	光绪十四年改授	格致	光绪十四年由英文教习改授
10	施德明	光绪二十年兼署	格致	光绪二十年兼署
11	德　贞	同治十一年	医学	同治十一年到馆，光绪二十一年告退
12	卜世礼	光绪十年	医学	
13	英德秀	光绪十六年	医学	
14	满乐道	光绪二十二年	医学	

资料来源：《京师同文馆学友会第一次报告书》三馆馆员录，第 45～46 页，载朱有瓛：《中国近代学制史料》第一辑上册，华东师范大学出版社 1983 年版，第 40～41 页。

根据《京师同文馆学友会第一次报告书》三馆馆员录统计，京师同文馆历任汉教习共 29 人。基本上是按照中外语言教师 1∶1 的比例配备。具体情况见表 3-30。

表 3-30　　京师同文馆历任汉教习统计表

	姓名	到馆时间
1	徐澍琳	同治元年
2	曹佩珂	同治二年
3	张旭升	同治二年
4	杨亦铭	同治二年
5	丁汝梅	同治四年

续表

	姓名	到馆时间
6	王钟麟	同治四年
7	何森荣	同治六年
8	何金声	同治十二年
9	杜　棠	同治十二年
10	贺之升	光绪四年
11	顾仁荣	光绪四年
12	翟汝弼	光绪四年
13	张金兰	光绪四年
14	黄兴廉	光绪六年
15	茅　彬	光绪九年
16	谢元祖	光绪九年
17	陈孝基	光绪十年
18	江仁葆	光绪十一年
19	程登甲	光绪十三年
20	周仪典	光绪十四年
21	王裕宸	光绪十五年
22	夏日盏	光绪十七年
23	陈启浚	光绪十七年
24	文聘珍	光绪十九年
25	朱存理	光绪二十一年
26	黄启蓉	光绪二十一年
27	洪锡礽	光绪二十二年
28	罗意辰	光绪二十三年五月
29	王中隽	光绪二十四年十月

资料来源：《京师同文馆学友会第一次报告书》三馆馆员录，第 45～46 页，载朱有瓛：《中国近代学制史料》第一辑上册，华东师范大学出版社 1983 年版，第 37～38 页。

在历史上，京师同文馆曾经选拔过 4 次副教习。所谓副教习，作用类似于助教。他们都是优秀的毕业生，也是各科教习的助手。因为没有空缺出任某些官职，他们只能暂时留在京师同文馆中帮助各科教习做一些辅导答疑、批改作业等辅助工作。但同时，他们的身份是学生，受提调和帮提调管理，每天需要按时参加考勤。根据《同文馆题名录》统计，京师同文馆历任副教习共 24 人。因有些人曾两次甚至三次被选拔担任副教习，所以共有 36 人次。其中光绪五年（1879）8 人次，光绪十三年（1887）7 人次，光绪二十二年（1896）10 人次。光绪二十四年（1898）11 人次。具体情况见表 3-31。

表 3-31　　京师同文馆各科历任副教习统计表

	光绪五年（1879）	光绪十三年（1887）	光绪二十二年（1896）	光绪二十四年（1898）
英文	文　续　那　三	斌衡（副教习上行走） 左庚（副教习上行走）	陈寿平	刘田海
法文		阎海明	德　昆	恩　庆
俄文	巴克他讷	巴克他讷	萨荫图	萨荫图
德文			程遵尧	程遵尧
算学	席　淦　汪凤藻 杜法孟　贵　荣	贵荣（兼署纂修官） 胡玉麟	胡玉麟 陈寿田	胡玉麟 陈寿田
化学	承　霖	王钟祥	王钟祥	王钟祥
天文			熙　章	熙　章
记名副教习			文　秀 周自齐	文　秀 冯晋秩 奎　印

资料来源：根据《同文馆题名录》光绪五年（1879）、光绪十三年（1887）、光绪二十二年（1896）、光绪二十四年（1898）多份资料汇集统计。参见朱有瓛：《中国近代学制史料》第一辑上册，华东师范大学出版社 1983 年版，第 41～42 页。

2. 上海同文馆

同治二年（1863）开馆以后，上海同文馆的外国教习以英文教习为主。同治八年（1869），上海同文馆合并到江南机器制造局以后，该局翻译处的外方人员也时常到学校兼职上课。甘作霖说：“克兰雅（应该是傅兰雅——笔者注）以下三博士，又各有兼任之职务，以上半日任广方言馆教习，下半日任翻译处译员是也。”[①] 光绪五年（1879）后，由于中法外交事务大量出现，法文教习的数量也迅速增加。德国崛起以后，上海同文馆也聘请了德文教习。

根据《京师同文馆学友会第一次报告书》三馆馆员录统计，上海同文馆历任英文教习共10人。除了刚开始由傅兰雅、林乐知两位英美人士担任专职英文教习外，后来一直由懂英文的中国人担任英文教习。据称广东人黄胜同治三年至同治六年曾担任英文教习。具体情况见表3-32。

表3-32　　上海同文馆历任英文教习统计表

	姓名	国籍	别称（字）	备注
1	傅兰雅	英国		
2	林乐知	美国		
3	严良勋	中国	子犹	旋补前清福建福宁府知府
4	汪凤藻	中国	芝房	旋授前清编修并擢出使日本国大臣
5	朱格仁	中国	静山	直隶候补道
6	沈□□	中国	佑甫	
7	瞿昂来	中国	鹤汀	曾充驻英使馆随员
8	舒高第	中国	德卿	
9	凤　仪	中国	夔九	旋充前清新加坡总领事官
10	朱敬彝	中国	乙尊	

资料来源：《京师同文馆学友会第一次报告书》三馆馆员录，第45～46页，载朱有瓛：《中国近代学制史料》第一辑上册，华东师范大学出版社1983年版，第246～247页。

根据《京师同文馆学友会第一次报告书》三馆馆员录统计，上海同文馆历任法文教习共10人。除了克利蒙、傅兰雅、卜沃野、璞琚、裴勃盟等5人以外，其他的法文教习都是由懂法文的中国人担任。具体情况见表3-33。

表3-33　　上海同文馆历任法文教习统计表

	姓名	国籍	别称（字）	备注
1	克利蒙	法国		
2	傅兰雅	英国		

① 甘作霖：《记广方言馆的教习及毕业生》，载朱有瓛：《中国近代学制史料》第一辑上册，华东师范大学出版社1983年版，第251页。

续表

	姓名	国籍	别称（字）	备注
3	顾文藻	中国	子宣	
4	卜沃野	法国		
5	黄致尧	中国	伯申	曾充驻日斯巴尼亚二等参赞代办使事
6	璞　琚	法国		
7	游学楷	中国	步云	
8	吴宗濂	中国	挹清	旋充前清驻法参赞并擢出使义国大臣，民国驻义代表
9	周传经	中国	赞尧	旋充前清驻奥参赞，时任民国外交部通商司司长
10	徐绍甲	中国	近勇	
11	裴勃盟	法国		

资料来源：《京师同文馆学友会第一次报告书》三馆馆员录，第45～46页，载朱有瓛：《中国近代学制史料》第一辑上册，华东师范大学出版社1983年版，第247页。

根据《京师同文馆学友会第一次报告书》三馆馆员录统计，上海同文馆历任德文教习共2人。金楷理离职后，德文教习改由懂德文的中国人冯国钧担任。具体情况见表3-34。

表3-34　　上海同文馆历任德文教习统计表

	姓名	国籍	别称（字）	备注
1	金楷理	德国		同治九年以江南制造局翻译兼任，后任驻俄参赞
2	冯国钧	中国		

资料来源：《京师同文馆学友会第一次报告书》三馆馆员录，第45～46页，载朱有瓛：《中国近代学制史料》第一辑上册，华东师范大学出版社1983年版，第247页。

根据《京师同文馆学友会第一次报告书》三馆馆员录统计，上海同文馆历任算学天文类教习共6人。除了火荣业（迪生）以外，其他的算学天文类教习都是由中国人担任。具体情况见表3-35。

表3-35　　上海同文馆历任算学天文类教习统计表

	姓名	国籍	别称（字）	教授学科
1	时曰醇	中国	小雪	算学
2	席　淦	中国	翰伯	算学

续表

	姓名	国籍	别称（字）	教授学科
3	刘彝程	中国	省庵	算学
4	沈善蒸	中国	立民	算学
5	贾步纬	中国		天文
6	火荣业	英国	迪生	天文

资料来源：《京师同文馆学友会第一次报告书》三馆馆员录，第45～46页，载朱有瓛：《中国近代学制史料》（第一辑上册），华东师范大学出版社1983年版，第247页。

根据《京师同文馆学友会第一次报告书》三馆馆员录统计，上海同文馆历任汉教习共22人，均由中国人担任。其中，袁希涛后来还出任了中华民国教育次长。具体情况见表3-36。

表3-36　　上海同文馆历任汉文教习统计表

	姓名	别称（字）	备注
1	顾　琨	厚斋	
2	许震蕃	雷门	
3	汪人骥	逸如	
4	单恩溥	隶花	
5	吴□□	子贞	
6	葛　奎	缉生	
7	丁兴民	牧生	
8	萧　穆	敬敷	
9	黄福昌	小菊	
10	周曰桢	克生	
11	黄文涛	友松	
12	张　刚	子邕	
13	王树善	杉绿	
14	陈　衍	叔伊	
15	袁希涛	观澜	时任民国教育次长
16	钱国祥	二笙	
17	洪锡祁	筠孙	
18	张文江		

续表

序号	姓名	别称（字）	备注
19	孙彦搏	啸仙	
20	李岳衡	茹真	
21	莫文炳	研三	
22	王端芝	兰陔	

资料来源：《京师同文馆学友会第一次报告书》三馆馆员录，第45～46页，载朱有瓛：《中国近代学制史料》第一辑上册，华东师范大学出版社1983年版，第247页。

根据光绪二十年四月二十三日（1894.5.27）江海关道聂缉槼提出的“酌立简明条规十则”统计，上海同文馆馆内共有教职工22人。具体情况见表3-37。

表3-37　上海同文馆馆内教职工统计表

	职位	数量
1	监馆委员	1
2	稽查课程委员	1
3	中学教习	3
4	英文正教习兼翻译	1
5	英文副教习兼翻译	1
6	法文教习兼翻译	1
7	算学正教习	1
8	算学副教习	1
9	管理书籍司事	1
10	天文正教习兼翻译	1
11	天文副教习兼翻译	1
12	看门馆使	4
13	更夫	2
14	茶夫	1
15	英、法厨夫	2

资料来源：光绪二十年四月二十三（1894年5月27日）江海关道聂移制造总局《附录近年变通从前办法，酌立简明条规十则》，《广方言馆全案》，第76～81页，载朱有瓛：《中国近代学制史料》第一辑上册，华东师范大学出版社1983年版，第241～243页。

3. 广东同文馆

广东同文馆的外国教习主要教授英文。光绪二十三年（1897）后日文、俄文、法文教习陆续到馆任教。由于资料不全，有些教习情况未统计。

根据《京师同文馆学友会第一次报告书》统计，广东同文馆历任英文教习共 9 人，其中谭顺是该馆聘请的第一位英文教习；布茂林离任后于 1893 年在上海开办了外语补习班上海同文馆。具体情况见表 3-38。

表 3-38　　广东同文馆历任英文教习统计表

	姓名	到馆时间	备注
1	谭　顺	同治三年五月到馆	
2	哈巴安德	同治四年五月到馆	
3	巴化理	同治六年四月到馆	
4	三　顺	同治九年八月到馆	曾经请假回国，光绪二年五月回馆
5	俾　士	同治十三年十一月到馆	
6	雷　尼	光绪十三年到馆	
7	布茂林	光绪十七年到馆	
8	申玛士	光绪十八年到馆	
9	李　知	光绪二十九年到馆	

资料来源：《京师同文馆学友会第一次报告书》，第 46～47 页，载朱有瓛：《中国近代学制史料》第一辑上册，华东师范大学出版社 1983 年版，第 274～275 页。

根据《京师同文馆学友会第一次报告书》统计，广东同文馆历任日文、俄文、法文教习各 1 人，都是在中日甲午战争之后才担任该职位。具体情况见表 3-39。

表 3-39　　广东同文馆历任日文、俄文、法文教习统计表

	姓名	到馆时间	备注
1	长谷川雄太郎	光绪二十三年到馆	东文（日文）
2	萨泽基	光绪二十三年到馆	俄文
3	马尔德	光绪二十六年到馆	法文

资料来源：《京师同文馆学友会第一次报告书》，第 46～47 页，载朱有瓛：《中国近代学制史料》第一辑上册，华东师范大学出版社 1983 年版，第 274～275 页。

广东同文馆自开馆以来一直聘请汉文教习任教。根据《京师同文馆学友会第一次报告书》统计，广东同文馆历任汉文教习共21人。具体情况见表3-40。

表3-40　　广东同文馆历任汉文教习统计表

	姓名	到馆时间	备注
1	吴嘉善	同治三年五月	汉文总教
2	麦秋霖	同治三年五月	
3	薛　瑛	同治三年五月	
4	刘彦扬	同治七年	汉文总教
5	黄翰华	同治十三年十一月	汉文总教
6	贾培业	同治十三年十一月	
7	李定源	同治十三年十一月	
8	陈良玉	光绪二年三月	汉文总教
9	武吉祥	光绪六年	汉文总教
10	沈泽棠	光绪九年	汉文总教
11	谢兰芬	光绪十一年	
12	刘世安	光绪十三年	汉文总教
13	倪教敷	光绪十五年	汉文总教
14	冯　端	光绪十七年	
15	潘普书	光绪十七年	
16	陈翼钟	光绪十七年	
17	刘世琳	光绪十七年	
18	张　屏	光绪二十三年	
19	黄　诰	光绪二十五年	汉文总教，旋充出使义国大臣
20	金保权	光绪二十五年	
21	张学华	光绪二十九年	汉文总教

资料来源：《京师同文馆学友会第一次报告书》，第46～47页，载朱有瓛：《中国近代学制史料》第一辑上册，华东师范大学出版社1983年版，第274～275页。

（二）中外教习的工资和奖励

1. 中外教习的工资

在教师待遇上，中外教习的差距是巨大的。为了聘请洋教习，清政府不惜血本，但在对待中方教师时，清政府却非常小气。下面的例子可以说明这一点。

同治元年七月二十五（1862 年 8 月 20 日），总理各国事务奕䜣等上奏同治皇帝，提出了几点理由：第一，洋教习需要高工资。“至应给修金一节，各国公使以为必需重资，方肯来教。”第二，现聘洋教习试用期内可适当给予较低报酬，但如有成效则必须提高待遇，才能让其安心授课。“而现在英国包尔腾，据威妥玛声称，本系在外教徒，尚有余资，若充中国教习，系属试办，本年祗给银三百两，即可敷用。至明年如教有成效，须岁给银千两内外，方可令其专心课徒，俾无内顾之忧。”第三，洋人唯利是图，高薪才能有吸引力。“臣等查外国人惟利是图，既令教习诸生，不得不厚其薪水以生其歆羡之心。”第四，中国教师不必在意，按普通教师待遇即可。是否涨薪，以后再说。“至汉教习薪水，按照中国办法，现拟每月酌给银八两，将来应否加增，应由臣等随时酌办。”[①] 第二年，包尔腾的工资涨至库平银一千两。京师同文馆的第一位法语和第一位俄语教师也获得了同样的工资。

同治二年三月十九（1863 年 5 月 6 日），总理各国事务奕䜣等奏：“至各国教习，每岁应给薪水……今法、俄公使并无试办少给薪水之说，臣等未便与之斤斤较量，且外国教习非厚给薪水亦无人愿来充当。因与言定，每教习薪水一年给予库平银一千两，并包尔腾亦一律加给，以示大方。”“将张旭升分入法文馆、杨亦铭分入俄文馆。”“至各国教习薪水，言明分春秋二季支给，汉教习每月薪水银八两，按月支给。”[②]

从上述资料可以看出，第一位英国洋教习包尔腾的工资是试用期一年三百两白银，转正后一年一千两白银。第一位法语和第一位俄语教师没有经过试用期直接拿到了一千两白银的年薪。而他们的同事中方教师徐澍琳、张旭升和杨亦铭却只能按照中国办法每月工资八两白银，一年合计九十六两白银。由此可见，中外教习的工资从办学一开始就差距巨大，极不平等。但在奕䜣

---

① 奕䜣：《同治元年七月二十五日（1862.8.20）总理各国事务奕䜣等折》（附章程），载陈学恂：《中国近代教育史资料教学参考资料》上册，人民教育出版社 1986 年版，第 26～27 页。

② 奕䜣：《同治二年三月十九日（1863.5.6）总理各国事务奕䜣等奏》，载朱有瓛：《中国近代学制史料》第一辑上册，华东师范大学出版社 1983 年版，第 10 页。

看来，外方教师工资是例外，中方教师工资是遵循旧例。奕䜣在第一份京师同文馆章程中提出："查旧例，俄罗斯文馆助教每年俸银八十两，七品官每年俸银四十五两，八品官每年俸银四十两，九品官每年俸银三十二两三钱；学生传补，咨旗坐补马甲钱粮。今改设同文馆，拟请仿照俄罗斯馆旧章办理。助教等俸银数目，均请悉仍其旧。"[①] 当然，奕䜣也知道这样做厚此薄彼，非常不妥，只能许诺说："至汉教习薪水，较之外国教习薪水厚薄悬殊，如教有成效，拟由臣等酌量奖励。"[②]

通过比较同文三馆创办时期的师生预算费用统计表，我们可以发现两个特点：第一，三所学校的学生补贴计算方法都是一样的，即每人每月给银三两，一年三十六两。因为原来的俄罗斯文馆规定"学生每月领取津贴白银三两"[③]，所以，这是仿照旧章办事。第二，西教习工资南北差距较大。西教习工资上海最高，广州次之，北京最低。京师同文馆西教习每人每年给银一千两，上海同文馆西教习每人每年给银一千五百两，广东同文馆西教习每人每年给银一千二百两。第三，通商口岸城市中方教师工资比内地教师工资高。汉教习工资广州最高，上海次之，北京最低。京师同文馆汉教习每人每年给银九十六两，上海同文馆总教习每人每年给银二百四十两，分教习每人每年给银一百二十两，广东同文馆汉教习每人每年给银四百八十两。其收入居然与通事一样高。

在具体的操作过程中，中外教师的收入除了工资以外，还可能有伙食费、纸笔费等补贴。西教习工资的支付方式不仅有银两，而且还会用银圆。

另外，同文三馆的经费预算费用还涉及杂役人员支出，数字比较零散。为了使研究保持清晰，杂役人员费用未在表格中出现。

根据同治二年三月十九（1863 年 5 月 6 日）总理各国事务奕䜣等奏内容和同治四年十一月初五（1865 年 12 月 22 日）总理各国事务奕䜣等片"拟变通同文馆章程六条"综合统计，京师同文馆师生预算费用情况见表 3-41。

---

① 奕䜣：《同治元年七月二十五日（1862.8.20）总理各国事务奕䜣等折》（附章程），载陈学恂：《中国近代教育史资料教学参考资料》上册，人民教育出版社 1986 年版，第 29 页。

② 奕䜣：《同治元年七月二十五日（1862.8.20）总理各国事务奕䜣等折》（附章程），载陈学恂：《中国近代教育史资料教学参考资料》上册，人民教育出版社 1986 年版，第 27 页。

③ ［美］毕乃德：《记俄罗斯文馆》，彭宪译自 K. Biggerstaff, *The Earliest Modern Government Schools in China*（英文原版）第 96～97 页，载朱有瓛：《中国近代学制史料》第一辑上册，华东师范大学出版社 1983 年版，第 4 页。

表 3-41　　京师同文馆创办时期年预算费用统计表

	项目	人数（人）	费用（银两）	备注
1	西教习	3	3000	每人每年给银 1000 两
2	汉教习	3	288	每人每月给银 8 两
3	助教	1	80	
4	学生	30	1080	每馆 10 人，三馆每届 30 人
	合计		4448	

资料来源：根据同治二年三月十九（1863 年 5 月 6 日）总理各国事务奕䜣等奏和同治四年十一月初五（1865 年 12 月 22 日）总理各国事务奕䜣等片“拟变通同文馆章程六条”合并统计。参见朱有瓛：《中国近代学制史料》第一辑上册，华东师范大学出版社 1983 年版，第 9～13 页。

根据同治二年四月二十九（1863 年 6 月 15 日）李鸿章申请“上海议立学习外国语言文字同文馆约需经费银数”统计，上海同文馆师生预算费用情况见表 3-42。

表 3-42　　上海同文馆创办时期师生预算费用统计表

	项目	数量（人）	金额（银两）/年	备注
1	西教习	2	3000	
2	总教习	1	240	
3	分教习	4	480	
4	通夷语董事	2	480	
5	总董事	1	100	
6	司事	4	200	
7	童生	40	1320	每届招生 40 人
	合计		5820	

资料来源：根据同治二年四月二十九（1863.6.15）江海关道详南洋通商大臣李鸿章“上海议立学习外国语言文字同文馆约需经费银数”统计。参见《广方言馆全案》，第 6～10 页，载陈学恂：《中国近代教育史资料教学参考资料》上册，人民教育出版社 1986 年版，第 55～56 页。

除了 1863 年初创时期李鸿章提供的预算费用统计表以外，上海同文馆还有一份 1894 年的预算费用清单。光绪二十年四月二十三（1894 年 5 月 27 日），江海关道给制造总局一份报告《附录近年变通从前办法，酌立简明条规十则》。根据该报告中的“馆内现在教习员司薪修夫役工食每年约需经费数目”统计，上海同文馆 1894 年的预算费用为银四千三百六十四两，洋一千六百三十二元，钱三百串。具体情况见表 3-43。

表 3-43　　上海同文馆 1894 年预算费用统计表

	项目	数量（人）	金额（银两）/年	备注
1	监馆委员	1	720	每月薪水办公银六十两，火食洋六元
2	稽查课程委员	1	240	每月薪水银二十两。
3	中学教习	3	360	每月各修金十两，火食银三两六钱，油烛洋一元，跟丁钱五千文。每年关聘银四两，开馆贽敬十两，三节节敬各十两。
4	英文正教习兼翻译	1		每月薪修一百三十元，火食银三两六钱，油烛洋一元，跟丁钱五千文。其薪修由翻译项下支领，余系馆内发给。
5	英文副教习兼翻译	1	600	每月薪修五十两，火食银三两，油烛跟丁费五元。
6	法文教习兼翻译	1		每月薪修一百元，从前延聘洋人，现请华人，薪水较轻。
7	算学正教习	1	240	每月修金二十两，火食银三两六钱，油烛洋一元，跟丁钱五千文。
8	算学副教习	1	216	每月修金十八两。
9	管理书籍司事	1	144	每月薪水银十二两。
10	天文正教习兼翻译	1	384	每月薪水银三十二两，系由局款支领。
11	天文副教习兼翻译	1	120	每月薪水银十两，系由翻译项下支领。
12	学生	40	1460	学生正额四十名。内有每名月领膏火银四、五、六两者，通作每名三两核算，每年应支银一千四百六十两，每名油烛洋半元，共洋二百四十元，额外备补，名数无定。
	合计			以上每年约共需银四千三百六十四两，洋一千六百三十二元，钱三百串。

资料来源： 光绪二十年四月二十三日（1894 年 5 月 27 日）江海关道聂移制造总局《附录近年变通从前办法，酌立简明条规十则》，《广方言馆全案》，第 76～81 页，载朱有瓛：《中国近代学制史料》第一辑上册，华东师范大学出版社 1983 年版，第 241～242 页。

另外，据《江南制造局记》记载，上海同文馆的经费表述如下：“提调一人。每月支银六十两。国文教习三人，每月共支洋一百二十元。西文教习四人，每月共支洋二百九十元。稽课委员一人，每月支银三十两。司事一人，每月支银十二两。夫役十一人，每月共支钱八十二千文。”“江海关船钞项下银六千两。本局岁拨津贴银三千两。共九千两。”①

广东同文馆的人员较少，经费结构相对比较简单。

根据广东同文馆章程统计，广东同文馆师生预算费用情况见表 3-44。

表 3-44　　广东同文馆创办时期师生预算费用统计表

	项目	数量（人）	金额（银两）/年	备注
1	西洋教习	1	1200	
2	汉文教习	1	480	
3	背书分教习	2	36	
4	通事	1	480	
5	提调	1	240	
6	馆长	2	240	
7	肄业生	20	720	每届招生 20 人
	合计		3396	

资料来源：毛鸿宾：《同治三年六月初十日（1864 年 7 月 13 日）两广总督毛鸿宾折》（附章程十五条），载陈学恂：《中国近代教育史资料教学参考资料》上册，人民教育出版社 1986 年版，第 61～62 页。

2. 中外教习的奖励

（1）清政府对洋教习的奖励

清政府对洋教习的奖励基本上分为物质奖励和荣誉奖励。第一种，物质奖励。清政府会根据洋教习的工作表现给予相应的物质奖励，主要以赏银形式体现。同治四年十二月初五（1866 年 1 月 21 日），总理各国事务奕䜣等提出：“俄馆教习柏林面请酌加薪水。当经函复，以此系定章，碍难允准……此次大考该学生等于外国语言文字又颇有进益，倘不量予奖赏，势必仍伸前

① 朱有瓛：《中国近代学制史料》第一辑上册，华东师范大学出版社 1983 年版，第 244 页。

说……又因三馆事同一律，未便歧视，因饬该馆提调等备函嘉奖，每名酌送库平银二百两，明示以酬劳之意，即隐杜其贪得之心。”①

第二种，荣誉奖励。在华外国人通常不会得到清政府的官方荣誉，但京师同文馆的外国教习却是个例外。为了鼓励洋教习继续做好教学工作，清政府破例对他们进行了荣誉表彰。光绪十一年十一月初十（1885 年 12 月 15 日），总理各国事务奕劻等奏：“历年以来，洋教习等均能始终不懈，各学生等因而日起有功……各馆洋教习教授功课是其专责，若令兼理译书，未免事属分外，似应量予奖励各等语。”②“臣等查同文馆总教习丁韪良，于同治四年到馆充英文翻译教习，同治七年升授总教习之任，化学教习毕利干、法文教习华必乐，均于同治十年到馆，资格最深，馆课亦能勤慎，拟请赏给虚衔，以昭激劝。……其余尚有英文、俄文、天文、算学、医学各馆洋教习，俟有成效，再由臣等酌量保奏，以免冒滥。”③

为了表彰洋教习对同文馆教育的贡献，清政府最终给同文馆的几位洋教习封赏了官衔。光绪十一年（1885），总理各国事务衙门奏：“同文馆总教习丁韪良，拟请赏给三品衔。同文馆法文教习华必乐，拟请赏给四品衔。同文馆化学教习毕利干，拟请赏给四品衔。”④ 光绪十九年（1893），总理各国事务衙门奏：“同文馆天文教习骆三畏赏给四品衔。同文馆格致教习欧礼斐赏给四品衔。同文馆俄文教习柯乐德赏给五品衔。”⑤

（2）清政府对中方教习的奖励

清政府对汉教习的奖励也分为财物奖励和职位奖励，但奖励的力度与洋教习相比却差距很大。第一种，财物奖励，主要以粮食等日常物资形式进行奖励。同治四年十一月初五（1865 年 12 月 22 日）总理各国事务奕䜣等片：“各学教习向有应领米石，所有同文馆汉教习亦应议给，统由臣衙门移查户部

① 奕䜣：《同治四年十二月初五日（1866.1.21）总理各国事务奕䜣等片》，载朱有瓛：《中国近代学制史料》第一辑上册，华东师范大学出版社 1983 年版，第 33 页。

② 奕劻：《光绪十一年十一月初十日（1885.12.15）总理各国事务奕劻等奏》，载朱有瓛：《中国近代学制史料》第一辑上册，华东师范大学出版社 1983 年版，第 152 页。

③ 奕劻：《光绪十一年十一月初十日（1885.12.15）总理各国事务奕劻等奏》，载朱有瓛：《中国近代学制史料》第一辑上册，华东师范大学出版社 1983 年版，第 36～37 页。

④ 奕劻：《光绪十一年十一月初十日（1885.12.15）总理各国事务奕劻等奏》，载朱有瓛：《中国近代学制史料》第一辑上册，华东师范大学出版社 1983 年版，第 37 页。

⑤ 朱有瓛：《中国近代学制史料》第一辑上册，华东师范大学出版社 1983 年版，第 37 页。

核明办理。”① 这也就是说，既然各类学校教师普遍都会从政府领取一定数量的粮食，那么京师同文馆的汉教习表现良好，也应该一视同仁。

第二种，职位奖励。中国传统知识分子非常看重功名和社会地位。同文三馆给予汉教习相当于某种职位的待遇其实也是对其工作成绩的肯定。同治四年四月初五（1865 年 4 月 29 日），恭亲王等奏：“内开汉教习月给薪水银八两，二年期满，如有成效，无论举贡班次，均奏请以知县用。再留学二年，准以知县分发省分，归候补班补用等语。”② 这就意味着汉教习工作满两年后无论有没有功名都可以获得相当于知县的待遇。如果再留任两年则可以用知县身份参加省内分配，或成为知县候补人员。同治七年十月十八（1868 年 12 月 1 日），两广总督瑞麟等奏：“广东同文馆自同治三年五月三十日开设以来，迄今四年有余，在馆诸生学有成效，汉文教习吴嘉善及提调、馆长、通事、分教习等员，均属著有微劳，照同治元年总理衙门原奏，应予酌量奖励。”③

二、学生

同文三馆对于学生管理是有严格限制的，从学生入学资格、学习期限、日常管理、各类考试、奖励与惩罚，一直到在校待遇和毕业出路都有一系列规定。

（一）入学资格

1. 京师同文馆

鉴于京师同文馆是第一所洋务学堂，清政府非常重视，对学生的入学资格严格加以限制。奕䜣提出：“选八旗中资质聪慧年在十三四以下者，俾资学习。”④ 从这句话可以看出，学生的出身、智商、年龄都要考察，必须是八旗子弟、头脑聪明，而且年龄在十三四岁以下的孩子才有资格到京师同文馆学习外语。这其实表明，京师同文馆是面向清朝贵族子弟开办的学校。

同治元年七月二十五（1862 年 8 月 20 日），恭亲王奕䜣在京师同文馆章

---

① 奕䜣：《同治四年十一月初五日（1865.12.22）总理各国事务奕䜣等片》，载朱有瓛：《中国近代学制史料》第一辑上册，华东师范大学出版社 1983 年版，第 13 页。

② 奕䜣：《同治四年四月初五日（1865.4.29）恭亲王等奏》，载朱有瓛：《中国近代学制史料》第一辑上册，华东师范大学出版社 1983 年版，第 32 页。

③ 瑞麟：《同治七年十月十八日（1868.12.1）两广总督瑞麟等奏》，载朱有瓛：《中国近代学制史料》第一辑上册，华东师范大学出版社 1983 年版，第 264 页。

④ 奕䜣：《同治元年七月二十五日（1862.8.20）总理各国事务奕䜣等折》（附章程），载陈学恂：《中国近代教育史资料教学参考资料》上册，人民教育出版社 1986 年版，第 26 页。

程中规定了学生的入学资格。“今改设同文馆，事属创始，学生不便过多，拟先传十名，俟有成效，再行添传，仍不得逾二十四名之数。此项学生，臣等前在八旗中仅挑取二十名，除已传十名外，记名人数无多。将来传补将次完竣，应由八旗满、蒙、汉闲散内，择其资质聪慧、现习清文、年在十五岁上下者，每旗各保送二三名，由臣等酌量录取，挨次传补。”①

同治四年十一月初五（1865 年 12 月 22 日），奕䜣在京师同文馆变通章程中重新规定了学生的人数。“自明年正月初一日为始，将该学生所补甲缺裁还各旗，每馆学生各以十名为定额，三馆共三十名。”②

为了开设天文算学馆，同治五年十二月二十三（1867 年 1 月 28 日），总理各国事务奕䜣等上奏同治皇帝：“前议专取举人，恩、拔、副、岁、优贡，及由此项出身人员，今拟推广，凡翰林院庶吉士、编修、检讨，并五品以下由进士出身之京外各官，俾充其选。……至京外各衙门咨送此项人员，务须择其年在三十以内者，方可咨送。如有平日讲求天文、算学，自愿来馆学习，借资印证以精其业者，其年岁亦可不拘。”③

自此以后，学校师生逐年增加。按照钱远镕的统计，京师同文馆“从光绪十三年（1887）起，每年有学生 120 人”④。如果按照三年一期，每期 120 人这个数量计算，仅仅从 1887 年到 1902 年合并到京师大学堂的 14 年间，京师同文馆培养的学生数量就应该超过了 480 人。如果再加上上海同文馆和广东同文馆选送进京的学生，这个数量肯定会超过 500 人。

2. 上海同文馆

同治二年四月二十九（1863 年 6 月 15 日），南洋通商大臣李鸿章上奏同治皇帝，在上海同文馆章程中规定了学生的入学资格。“肄业学生按照奏定章程以年十四岁以下，资禀颖悟，根器端静之文童充选。自愿住馆肄业，由官绅有品望者保送，取具年貌籍贯三代履历，赴监院报名注册，随时呈送上海道面试，择时文之稍通顺者，记名备送四十名，入馆肄业。其余备选者，候

---

① 奕䜣：《同治元年七月二十五日（1862. 8. 20）总理各国事务奕䜣等折》（附章程），载陈学恂：《中国近代教育史资料教学参考资料》上册，人民教育出版社 1986 年版，第 27 页。

② 奕䜣：《同治四年十一月初五日（1865. 12. 22）总理各国事务奕䜣等片》，载朱有瓛：《中国近代学制史料》第一辑上册，华东师范大学出版社 1983 年版，第 11 页。

③ 奕䜣：《同治五年十二月二十三日（1867. 1. 28）总理各国事务奕䜣等折》，载朱有瓛：《中国近代学制史料》第一辑上册，华东师范大学出版社 1983 年版，第 16 页。

④ 钱远镕：《奕䜣与倭仁围绕同文馆问题的一场斗争》，载《青海社会科学》1983 年第 3 期。

有缺出，陆续补送。”[①]

对比京师同文馆和上海同文馆的招生条件，我们会发现两者在年龄、智商方面要求相同，但在出身方面却有很大差异。京师同文馆要求必须是八旗子弟，但上海同文馆没有这个限制，只要符合“根器端静”“自愿住馆肄业，由官绅有品望者保送，取具年貌籍贯三代履历”这些条件就可以。这就在很大程度上为普通汉族人家子弟提供了上升渠道。不仅如此，“候补佐杂及绅士中有年及弱冠愿入馆学习者，一体准保进馆学习，学成后亦许备翻译官之选”[②]。这实际上又扩大了招生范围，为更多的年轻人提供了接受西式教育的机会。《万国公报》指出：“学生必择端谨聪颖子弟，年在十四以下者充其选，又必官绅保之，观察试之。先试以时文，录取者送馆监院注册。”[③]

同治九年三月初三（1870 年 4 月 3 日），总办机器制造局冯焌光、郑藻如在报告中提出自己的看法。首先，他们承认原来的招生条件，继续执行原来的章程。“广方言馆额设肄业生四十名，以年十四岁内外或二十左右之文童充选，候补佐杂及绅士中有年及弱冠愿入馆学习者，一体准保进馆习学。”其次，他们还提出了不同意见。“窃谓肄业生徒四十名额，如皆堪造就，则人数既多，人才自出。倘进馆之后，学无进益，去留一时不能遽定，则与其滥充，不若暂时缺额，姑俟将来逐渐选补。”[④] 也就是说，如果学生都能够正常毕业，一切皆大欢喜。如果学生不能按时完成学业，又无法决定去留，他们担心会出现滥竽充数现象。因此，他们提议宁缺毋滥，可以有缺再补。

光绪二十年四月二十三（1894 年 5 月 27 日），江海关道聂缉椝称上海同文馆每年招收“学生正额四十名”，“额外备补，名数无定”[⑤]。不过，上海同文馆除了英文馆和法文馆以外，还有算学馆和天文馆。这四馆的正式学生再加上备选学生，常年在校生应该超过 40 人。据熊月之统计，“如果按每期 40 名（开始时不满 40 名，后来不止 40 名）、三年一期计算的话，则 42 年中先后培养

① 李鸿章：《同治二年四月二十九日（1863.6.15）江海关道详南洋通商大臣李鸿章》（附章程），载陈学恂：《中国近代教育史资料教学参考资料》上册，人民教育出版社 1986 年版，第 53～54 页。

② 李鸿章：《同治二年四月二十九日（1863.6.15）江海关道详南洋通商大臣李鸿章》（附章程），载陈学恂：《中国近代教育史资料教学参考资料》上册，人民教育出版社 1986 年版，第 53～54 页。

③ 朱有瓛：《中国近代学制史料》第一辑上册，华东师范大学出版社 1983 年版，第 254 页。

④ 冯焌光、郑藻如：《同治九年三月初三日（1870.4.3）总办机器制造局冯、郑上督抚宪禀》，载朱有瓛：《中国近代学制史料》第一辑上册，华东师范大学出版社 1983 年版，第 233 页。

⑤ 聂缉椝：《光绪二十年四月二十三日（1894.5.27）江海关道聂移制造总局》，载朱有瓛：《中国近代学制史料》第一辑上册，华东师范大学出版社 1983 年版，第 242 页。

学生应为14期560名。这个数字并不大，但在当时中国已十分可贵"[①]。

不过，关于上海同文馆的学生数量还有另一个版本。《上海县续志》指出，上海同文馆英法馆"最盛时生徒达二百人"[②]。《江南制造局记》指出："学生正课四十名，附课四十名。考取试国文两艺。年岁十五以上，二十以下合格。四年毕业。"[③] 上海同文馆把学制从三年改为四年，招生名额从40名改为正课40名，附课40名这种说法，熊月之的研究没有提及，笔者目前也没有具体证据。如果按这个数量统计，那么常年在校生应该是80人，42年培养的学生数量应该不止560名。

从国家角度来说，这个外语人才数量能够达到清政府外交机构对于翻译人才储备的基本要求。但是，在外商云集、涉外机构众多的上海，这个数量显然是微不足道的，根本不能满足社会对外语人才的需求。既然官办学校做不到，那么民间团体就有了用武之地。这就是重视外语教学的上海教会学校、民间学校、外语短训班兴旺发达的重要原因。

3. 广东同文馆

同治三年六月初十（1864年7月13日），两广总督毛鸿宾在广东同文馆章程十五条中规定了学生的入学资格。"同文馆肄业生额设二十名，内旗人十六名，汉人四名，年各二十岁以下十四岁以上，拣选世家子弟之聪慧者，送馆肄业。""同文馆肄业生由旗汉各绅保举，提调总核保举人数，酌定等第，先挑选二十名入馆肄业，仍挑选存记二十名，以备肄业生或有事故，挨次挑补。""旗汉年逾二十之举监生员，及候补流寓人员，有愿学西洋语言文字者，准其呈明提调，或由地方官绅保送入馆学习，火食由其自备。仍以十名为限。"[④]

相较于京师同文馆招生全部是八旗子弟和上海同文馆完全不区分旗汉子弟的做法，广东同文馆刚开始招生时采取了折中的办法。20名正式学生中包含满汉八旗子弟16人，汉人世家子弟4人。另外10名附学学生可以随时补缺。这个规定就意味着虽然80%的名额给了满汉八旗子弟，但还有20%的名额给了汉人世家子弟，汉人仍然有一丝晋升的希望。

---

① 熊月之：《上海通史》第6卷"晚清文化"，上海人民出版社1999年版，第265页。

② 朱有瓛：《中国近代学制史料》第一辑上册，华东师范大学出版社1983年版，第254页。

③ 朱有瓛：《中国近代学制史料》第一辑上册，华东师范大学出版社1983年版，第244页。

④ 毛鸿宾：《同治三年六月初十日（1864.7.13）两广总督毛鸿宾折》（附章程），载陈学恂：《中国近代教育史资料教学参考资料》上册，人民教育出版社1986年版，第61页。

同治十一年正月二十一（1872年2月29日），总理各国事务衙门奏："臣等查同治三年五月间，广东设立同文馆，其馆内肄业各生，前据广州将军瑞麟等奏，在广东驻防满洲、汉军八旗子弟内拣选十六人，又拣汉人世家子弟四人，共二十名；如有清白安分民人愿入馆附学者，准官绅保送，仍以十名为额。""所有该省额设肄业学生二十名并附学生十名，嗣后均以满洲、汉军八旗子弟充补，毋庸再招汉民。其汉民现尚在馆肄业者，俟开缺时即以旗人充补足额。"①

虽然上述变化只是学校内部招生政策的改变，但它却意味着广东同文馆从此以后将正学和附学招生名额都限定在八旗子弟范围内。这种紧缩的招生政策限制了广大汉人子弟的读书选择权，堵死了汉人仅有的上升渠道，也必然会导致汉人的不满，从而加剧了满汉之间的民族对立。

光绪五年七月二十二（1879年9月8日），广州将军长善等奏请在广东同文馆开设法语和德语两个新专业。"学生则于英馆中择其学有成效者十名分拨法、布二馆，每馆另挑质性聪颖兼晓清汉文义者五名，合共十名。"法语和德语两个新专业"每馆正课学生十名，内五名系由英馆拨入，实添五名"。"八旗子弟，如有资质聪颖，愿入各馆附学者，准其入学，每馆不得过五名，以示限制。如有正学退出，即由附学挑补。"②

以光绪五年（1879）这个时间点为界，在此之前，按照三年一期，每期20人计算，广东同文馆应该已经培养了100名英语专业学生。从这个时间点到光绪三十一年（1905）的26年间，按照英、法、德三馆每馆10名，三年一期每期30名学生计算的话，广东同文馆应该又培养了250名左右的英、法、德专业学生。再加上光绪二十二年（1896）到光绪三十一年（1905）开设的俄文馆、东文馆招收的三期60名学生，广东同文馆总计培养的学生大约有410名。

（二）学习期限和日常管理

从同文三馆的章程可以看出，清政府明确要求固定学习期限，严格学生管理。之所以将学生在校学习期限定为三年，是因为这个时间与三年一次的全国科举考试时间保持了高度一致。这相当于给准备参加科举考试的学生提

① 奕䜣：《同治十一年正月二十一日（1872.2.29）总理各国事务衙门奏》，载朱有瓛：《中国近代学制史料》第一辑上册，华东师范大学出版社1983年版，第270页。

② 长善：《光绪五年七月二十二日（1879.9.8）广州将军长善等奏》，载朱有瓛：《中国近代学制史料》第一辑上册，华东师范大学出版社1983年版，第272～273页。

供了机会。有研究者在光绪二年（1876）公布的八年课程表注解中指出：“三年一大考，是沿用科举制度的办法，岁考更不是我们今天的升级考试。”① 从清政府要求学生坚持不懈学习汉文，学习传统儒家经典和学习时间限定为三年这些规定可以看出，清政府还是非常重视科举考试的。尽管当时还没有出现后来总结出的“中学为体，西学为用”的指导原则，但无论是政府还是学生都遵循了这个理念。不过，在后来的发展过程中，同文三馆的学制产生了变化，学生的在校时间也出现了差异。据田正平、肖朗（1998）研究发现，在光绪二年（1876）后，京师同文馆采用了两种学制，分别是五年制和八年制。与此不同的是，上海广方言馆采用的学制是五年制，广州同文馆仍然采用三年制。②

同文三馆对学生的管理和考试是非常严格的。学生的考试非常频繁而且严格。考勤、住宿等日常管理都是学校重点关注的内容。光绪十五年十一月初二（1889 年 11 月 24 日），管理同文馆事务的曾纪泽等汇报说：“又臣等自奉命管理以来，当即督饬提调等，逐日稽查课程，不稍宽假。月课、季考、严加甄别；以膏火之厚薄，为考课之劝惩。”③

1. 京师同文馆

同治元年七月二十五（1862 年 8 月 20 日），恭亲王奕䜣在京师同文馆章程中规定了学生的学习期限和管理。“臣等拟请每届三年，由臣衙门堂官自行考试一次，核实甄别。”④

同治四年十一月初五（1865 年 12 月 22 日），奕䜣在京师同文馆变通章程中重新规定了学生的学习期限和管理。“嗣后学生除季考、月课不准告假，违者扣除一月膏火外，其平日告假，每月应以二日为限，逾二日者按日扣除膏火；遇有事故以百日为限，逾百日者撤退。……嗣后应准各学生任便在馆留宿，不愿者听。”⑤

---

① 朱有瓛：《中国近代学制史料》第一辑上册，华东师范大学出版社 1983 年版，第 72 页。

② 参见田正平、肖朗：《论中国教育近代化起步阶段的成就、特点与问题》，载《教育研究》1998 年第 10 期。

③ 曾纪泽：《光绪十五年十一月初二日（1889.11.24）管理同文馆事务曾纪泽等折》，载朱有瓛：《中国近代学制史料》第一辑上册，华东师范大学出版社 1983 年版，第 50 页。

④ 奕䜣：《同治元年七月二十五日（1862.8.20）总理各国事务奕䜣等折》（附章程），载陈学恂：《中国近代教育史资料教学参考资料》上册，人民教育出版社 1986 年版，第 29 页。

⑤ 奕䜣：《同治四年十一月初五日（1865.12.22）总理各国事务奕䜣等片》，载朱有瓛：《中国近代学制史料》第一辑上册，华东师范大学出版社 1983 年版，第 12 页。

同治五年十二月二十三（1867 年 1 月 28 日），总理各国事务奕䜣等上奏同治皇帝："请限年考试以观成效也。查三载考绩，朝廷课吏之方，诚以功力积至三年，优绌无不立见。""居本馆留学各员，必须朝夕在馆，习讲问难，方可积渐见功。……今议在馆学习人员，无论京外，均一概留馆住宿，饭食由臣衙门备给。其出入由该馆提调设立号簿，随时登记，以便稽查。"①

2. 上海同文馆

同治二年四月二十九（1863 年 6 月 15 日），李鸿章在上海同文馆章程中规定了学生的学习期限和管理。"肄业生三年期满。""肄业膏火每日银一钱，以代馆餐，旷馆之日勿给；每月归省不得逾三日；疾病事故不得逾百日；逾期者辞退。""外客有与师生通问者，由司阍延入客坐，通报后出见，不得入学馆。肄业诸生出入，由司事稽查。其在馆起居动作，由分教习诫导，分教习有故假馆，必请人授课，不得率意离馆。"②

同治九年三月初三（1870 年 4 月 3 日），总办机器制造局冯焌光、郑藻如提出："入学之初，觇其志趣，即与明立年限，三年小成，五年大成。""若夫学待裁成，质堪造就，则三年之后，仍许留馆，则有专营，无泛骛人，虽中材亦勉为有用之学矣。"③

3. 广东同文馆

同治三年六月初十（1864 年 7 月 13 日），两广总督毛鸿宾在广东同文馆章程十五条中规定了学生的学习期限和管理。"同文馆肄业生以三年为期。""同文馆肄业生，每日卯刻入馆，酉时出馆。其愿住宿馆中者，听。或因事乞假，先向馆长报明，违者撤退。其因事出馆者，馆长即回明提调，另行挑补。"④

（三）各类考试和奖惩

同文三馆的各类考试众多，赏罚分明。所有学生都必须参加月考、季考、年考。这些考试都过关后才有资格参加最后的三年大考。在各类考试中，表

① 奕䜣：《同治五年十二月二十三日（1867.1.28）总理各国事务奕䜣等折》，载朱有瓛：《中国近代学制史料》第一辑上册，华东师范大学出版社 1983 年版，第 16～17 页。

② 李鸿章：《同治二年四月二十九日（1863.6.15）江海关道详南洋通商大臣李鸿章》（附章程），载陈学恂：《中国近代教育史资料教学参考资料》上册，人民教育出版社 1986 年版，第 55 页。

③ 冯焌光、郑藻如：《同治九年三月初三日（1870.4.3）总办机器制造局冯、郑上督抚宪禀》，载朱有瓛：《中国近代学制史料》第一辑上册，华东师范大学出版社 1983 年版，第 233～234 页。

④ 毛鸿宾：《同治三年六月初十日（1864.7.13）两广总督毛鸿宾折》（附章程），载陈学恂：《中国近代教育史资料教学参考资料》上册，人民教育出版社 1986 年版，第 61 页。

现突出的学生可以获得各种奖励，表现较差的学生可能被警告甚至劝退，由他人替补。

1. 京师同文馆

同治元年七月二十五（1862 年 8 月 20 日），恭亲王奕䜣在京师同文馆章程中规定了学生的各类考试和奖惩。“请分期考试以稽勤惰也。查旧例，俄罗斯文馆有月课、季考、岁试三项。……今改设同文馆，除遇有考试勿庸停止月课、季考外，其余一切均请仿照办理。惟所试之艺，现在甫经开学，于外国文字未必遽能熟悉，一年之内，应先用满汉文字考试，俟一年后学有成效，再试以各国照会，令其翻译汉文。”“考列一等者赏给笔墨纸张，以示奖励。”①

根据《清会典》记载，“学生有由沪粤同文馆及直省咨送者，（由生监送馆者，准其咨送顺天乡试，本馆学生试列优等者，亦准作为监生，咨应顺天乡试。）月督其课……季试其能……岁考其程……届三年，则大考，分别等第，奏请奖叙”②。

同治四年十一月初五（1865 年 12 月 22 日），奕䜣在京师同文馆变通章程中重新规定了学生的各类考试和奖惩。“今拟岁、季考均酌定奖赏数目，以资鼓励。”在变通章程中尤其重要的是他设定了甄别程序。第一次甄别时间为学生入学三个月。“请定去留限制以免滥厕也。查初传到馆学生，天资敏钝不能预知，学习三月，自可略见端倪。是否尚堪造就，应令各教习于学生到馆三月后出具切实考语，由臣等分别去留。”第二次甄别时间为学生入学后一年。“其留学者，应俟一年期满，甄别一次。如于西洋语言文字无所通晓，或略知大概而翻译模糊者，即行撤退，另传更换。”③

京师同文馆的考试是相当常见的。同治五年十二月二十三（1867 年 1 月 28 日），总理各国事务奕䜣等上奏同治皇帝，“请按月考试以稽勤惰也。……今议俟该员等学习半年之后，按月出题考试一次，由臣等亲加校阅，分别甲乙，优者记功，劣者记过”。“今议每届三年，举行大考一次，分别等第，高等者立予奏奖，并酌量差遣试用；下等者照常学习，俟下届考试再行察看。”④

---

① 奕䜣：《同治元年七月二十五日（1862. 8. 20）总理各国事务奕䜣等折》（附章程），载陈学恂：《中国近代教育史资料教学参考资料》上册，人民教育出版社 1986 年版，第 28 页。

② 朱有瓛：《中国近代学制史料》第一辑上册，华东师范大学出版社 1983 年版，第 19 页。

③ 奕䜣：《同治四年十一月初五日（1865. 12. 22）总理各国事务奕䜣等片》，载朱有瓛：《中国近代学制史料》第一辑上册，华东师范大学出版社 1983 年版，第 11～12 页。

④ 奕䜣：《同治五年十二月二十三日（1867. 1. 28）总理各国事务奕䜣等折》，载朱有瓛：《中国近代学制史料》第一辑上册，华东师范大学出版社 1983 年版，第 17 页。

2. 上海同文馆

同治二年四月二十九（1863 年 6 月 15 日），李鸿章在上海同文馆章程中规定了学生的各类考试和奖惩。“肄业诸生由总教习每月初一、十五两日课试西学，初八、二十四两日课试所业文，均取所读书，当面指问。如西学，但问其所通言语文字之多少；所业文，但验其词气之通顺，记存其优劣，由监试三月一送上海道考试。于西语西文茫无通晓者，即行撤换；如西文西语以及所业之文均有进益，着赏银四两至八两，以示鼓励。”①

同治九年三月初三（1870 年 4 月 3 日），总办机器制造局冯焌光、郑藻如提出：“兹拟照龙门书院课程，设立读书行事日记二本，诸生按日登记，于课文之后三日，送交先生考核，其有告假出入及偶犯馆规者，先生随时稽查。另设一簿交学长存记，是日调取查对，以定功过。月终则综核诸生日记，定上取一名，次取九名，又次取十名，备取五名，又备取十名，末等五名，酌量赏罚，以示劝惩。”②

光绪七年三月二十一（1881 年 4 月 19 日），总办机器制造局李兴锐、蔡汇沧禀覆南洋通商大臣刘坤一：“每年甄别三次，劣者开除，优者重奖。”③

光绪十九年十二月二十七（1894 年 5 月 27 日），江海关道聂缉椝在《附录近年变通从前办法酌立简明条规十则》中规定：“各学徒除由教习按月考校课程外，逢端午、中秋、年节，听候海关道宪、制造局宪会同示期，甄别中西各学……若三次皆列末名，毫无长进者，撤退。”④

《万国公报》指出：“诸生习西学者，惟朔望定课；至所学文词，则定期初八日二十四日两次。监院总试则等第，以分优劣，每年定四次，送上海道考察。如西学不能通晓，则斥退，另行保送考试，择文理优良者补之。”⑤

3. 广东同文馆

同治三年六月初十（1864 年 7 月 13 日），两广总督毛鸿宾在广东同文馆

① 李鸿章：《同治二年四月二十九日（1863.6.15）江海关道详南洋通商大臣李鸿章》（附章程），载陈学恂：《中国近代教育史资料教学参考资料》上册，人民教育出版社 1986 年版，第 54 页。

② 冯焌光、郑藻如：《同治九年三月初三日（1870.4.3）总办机器制造局冯、郑上督抚宪禀》，载朱有瓛：《中国近代学制史料》第一辑上册，华东师范大学出版社 1983 年版，第 223 页。

③ 李兴锐、蔡汇沧：《光绪七年三月二十一日（1881.4.19）总办机器制造局李、蔡禀覆南洋通商大臣刘》，载朱有瓛：《中国近代学制史料》第一辑上册，华东师范大学出版社 1983 年版，第 237 页。

④ 聂缉椝：《光绪二十年四月二十三日（1894.5.27）江海关道聂移制造总局》，载朱有瓛：《中国近代学制史料》第一辑上册，华东师范大学出版社 1983 年版，第 240 页。

⑤ 朱有瓛：《中国近代学制史料》第一辑上册，华东师范大学出版社 1983 年版，第 255 页。

章程十五条中规定了学生的各类考试和奖惩。“同文馆肄业生二十名，每年甄别一次，其于西洋语言文字无所通晓者，即行撤退，挑选更换。”①

同文三馆通过月课、季考、年考和三年大考来对学生进行评选，列出等级。这个政策自学校创办之日起就一直在执行。考试的结果基本上反映了学生的水平和档次。然而，考试不是目的，学校的最终目标是培养高质量的人才。如何衡量人才培养水平？如何进行教学质量评估？这一直是个非常棘手的问题。由于种种原因，社会上对于学校自己组织的各种类型的考试评价往往持怀疑态度。为了消除这种质疑，比较好的做法是学校把自己的学生送到其他单位进行现场考核或请非利益相关方进行质量鉴别。这样做能够体现客观、公正的原则，其学生质量评价结果也容易被大众所接受。例如，京师同文馆外派学生出国担任外交翻译、上海同文馆和广东同文馆分别五次送学生进京考试都体现了教学质量考核的客观、公正原则。同文三馆的学生毕业后，大部分走向社会成为国家各部门的翻译官、驻外使节、政府官员等。这些学生也用优异成绩证明了同文三馆的教学质量。

（四）学习待遇

为了让学生安心学习，培养更多的外交人才，清政府制定了一些优惠政策吸引学生和家长：一是给学生提供伙食费；二是给学习成绩优异者额外发放赏钱；三是给毕业生提供就业岗位。

和社会上其他学校相比，同文三馆的学生在校待遇都比较好。学生不仅不用交学费，每个人还都有膏火银，即伙食费。“不论等第，每名每月拨给膏火银三两。”② 这些钱在数量上似乎不多，但对比一下同文馆的教师和官员工资就会有切实感受。根据奕䜣在京师同文馆章程中记载：“至汉教习薪水，按照中国办法，现拟每月酌给银八两。”“查旧例，俄罗斯文馆助教每年俸银八十两，七品官每年俸银四十五两，八品官每年俸银四十两，九品官每年俸银三十二两三钱；学生传补，咨旗坐补马甲钱粮。今改设同文馆，拟请仿照俄罗斯馆旧章办理。”③ 从上述记载可以看出，在同文馆授课的资深汉教习每月

---

① 毛鸿宾：《同治三年六月初十日（1864.7.13）两广总督毛鸿宾折》（附章程），载陈学恂：《中国近代教育史资料教学参考资料》上册，人民教育出版社1986年版，第61页。

② 奕䜣：《同治四年十一月初五日（1865.12.22）总理各国事务奕䜣等片》，载朱有瓛：《中国近代学制史料》第一辑上册，华东师范大学出版社1983年版，第11页。

③ 奕䜣：《同治元年七月二十五日（1862.8.20）总理各国事务奕䜣等折》（附章程），载陈学恂：《中国近代教育史资料教学参考资料》上册，人民教育出版社1986年版，第26～29页。

酌给银八两，每年俸银也不过九十六两，而十四五岁的学生每年的伙食费却达到每年三十六两，比九品官每年的俸银三十二两三钱还要高。“按当时生活水准一月一两白银可养活两人计算，一般士子养家糊口的问题就解决了，甚至有人会借此而为小富之家。”[①] 这种丰厚的待遇不仅对于穷人家的孩子是不可想象的，对于普通的官宦家庭也具有相当的诱惑力。

据《同文馆题名录》记载，“其入后馆肄习洋文者，月给膏火三两；俟学有成效，选拔前馆，月给膏火六两；越数年课业颇有进益，则增至十两；更择其优长者举充副教习，月给薪水十五两”[②]。

除了正常伙食费，学生如果考试成绩突出，还可以额外得到赏金。赏金来源于“其考取得官有俸可支者扣除不给，扣存之银即以备月课前列学生奖赏，临时酌定给领”[③]。《清会典》记同文馆指出：“学生月课优等者，奖赏无定数，八旗学生并坐补马甲钱粮。”[④]

不过，同文三馆的高福利虽然鼓励了学生努力学习，但同时也带来很大弊端，导致很多官宦家庭送孩子入学的目的不纯。田正平、肖朗（1998）认为：“这样做的结果，不仅增加了学堂的经费负担，限制了学堂发展的规模和数量；而且，使许多人入学之初就抱着‘希图月间膏火’的目的，学习敷衍了事。‘量予登进’也滋生了不良后果。”[⑤]

1. 京师同文馆

除了给学生每月膏火银等一般待遇，奕䜣还给京师同文馆学生提供了一些特殊待遇。同治四年十一月初五（1865 年 12 月 22 日），奕䜣在京师同文馆变通章程中就提到了赏金和奖励。“今拟岁、季考均酌定奖赏数目，以资鼓励。岁考一等，每馆二名，每名四两；二等三名，每名二两。季考一等二名，每名三两；二等三名，每名一两五钱。”[⑥] “今该学生等既经考列前名，奖叙得官，自应按照品级一体给予俸米，以资养赡。惟查该学生等得有七、八、九

① 徐开峦：《奕䜣洋务教育活动的历史考察》，载《和田师范专科学校学报》2009 年第 2 期。

② 朱有瓛：《中国近代学制史料》第一辑上册，华东师范大学出版社 1983 年版，第 53 页。

③ 奕䜣：《同治四年十一月初五日（1865.12.22）总理各国事务奕䜣等片》，载朱有瓛：《中国近代学制史料》第一辑上册，华东师范大学出版社 1983 年版，第 11 页。

④ 朱有瓛：《中国近代学制史料》第一辑上册，华东师范大学出版社 1983 年版，第 20 页。

⑤ 田正平、肖朗：《论中国教育近代化起步阶段的成就、特点与问题》，载《教育研究》1998 年第 10 期。

⑥ 奕䜣：《同治四年十一月初五日（1865.12.22）总理各国事务奕䜣等片》，载朱有瓛：《中国近代学制史料》第一辑上册，华东师范大学出版社 1983 年版，第 11 页。

品等官，仍令留馆学习，尚无职事，自与各衙门实在官阶有间。兹酌拟七品官每年米折银十二两，八品官每年米折银十两，九品官每年米折银八两。”①

同治五年十二月二十三（1867 年 1 月 28 日），为了招收天文算学高水平学生，总理各国事务奕䜣等上奏同治皇帝：“今议在馆各员，除饭食由臣衙门备给外，每月仍各给薪水银十两，俾资津贴，庶内顾无忧而心益专一矣。”“请优加奖叙以资鼓励也。查该员等学习三年，试居高等，足见其平日用心勤苦，始终不懈，自应格外优奖，以为后之留学者劝。今议此项人员，均准各按升阶，格外优保班次，以示鼓舞而广招徕。”②

2. 上海同文馆

同治二年四月二十九（1863 年 6 月 15 日），李鸿章在上海同文馆章程中规定：“如西文西语以及所业之文均有进益，着赏银四两至八两，以示鼓励。”“每年奖赏及书籍纸张等项约共银二百两。”③

光绪十九年十二月二十七（1894 年 5 月 27 日），江海关道聂缉椝在《附录近年变通从前办法酌立简明条规十则》中规定：“各学徒……评定甲乙，奖给前列花红，悬榜晓谕。屡列优等者，酌加膏火银两。”④

《万国公报》指出：“若西学中学皆优列前十名者，赏给花红银两。”⑤

3. 广东同文馆

除了发放正常的伙食费，广东同文馆也会给学生赏钱。同治三年六月初十（1864 年 7 月 13 日），两广总督毛鸿宾在广东同文馆章程第十五条中规定了学生的学习奖励政策。“同文馆每月考查一次。一等二名，每名赏银二两。二等四名，每名赏银一两。一年约需奖赏银八十八两。”⑥

（五）毕业出路

同文三馆的毕业生都有较多的出路。读书期间，清政府为一般的学生

---

① 奕䜣：《同治四年十一月初五日（1865.12.22）总理各国事务奕䜣等片》，载朱有瓛：《中国近代学制史料》第一辑上册，华东师范大学出版社 1983 年版，第 12 页。

② 奕䜣：《同治五年十二月二十三日（1867.1.28）总理各国事务奕䜣等折》，载朱有瓛：《中国近代学制史料》第一辑上册，华东师范大学出版社 1983 年版，第 17 页。

③ 李鸿章：《同治二年四月二十九日（1863.6.15）江海关道详南洋通商大臣李鸿章》（附章程），载陈学恂：《中国近代教育史资料教学参考资料》上册，人民教育出版社 1986 年版，第 54、56 页。

④ 聂缉椝：《光绪二十年四月二十三日（1894.5.27）江海关道聂移制造总局》，载朱有瓛：《中国近代学制史料》第一辑上册，华东师范大学出版社 1983 年版，第 240 页。

⑤ 朱有瓛：《中国近代学制史料》第一辑上册，华东师范大学出版社 1983 年版，第 255 页。

⑥ 毛鸿宾：《同治三年六月初十日（1864.7.13）两广总督毛鸿宾折》（附章程），载陈学恂：《中国近代教育史资料教学参考资料》上册，人民教育出版社 1986 年版，第 62 页。

提供了伙食费，允许其在校住宿。如果学生入学时已有功名和职位，清政府则为他们提供相应的补贴。毕业时，如果学生成绩优异，清政府则给他们提供较好的工作机会，授予一定的官位。《同文馆题名录》关于学生薪水膏火记载说："至选派出洋充翻译学生者，月给薪水一百两；充三等翻译官者，月给薪水二百两；余随升阶逐增，以昭激劝。"① 当然，有奖励就有惩罚。三年后大考成绩较差的学生则进行淘汰。根据《清会典》记载，"学生有由沪粤同文馆及直省咨送者……届三年，则大考，分别等第，奏请奖叙。不列等者，降黜有差。……优者奏请授为七、八、九品等官，咨行吏部注册，劣者分别降革留学"②。

1. 京师同文馆

同治元年七月二十五（1862 年 8 月 20 日），恭亲王奕䜣在京师同文馆章程中规定了学生的学习待遇与毕业出路。"按照旧例，优者授为七、八、九品官等，劣者分别降革、留学，俟考定等第，将升降各生咨行吏部注册。……今欲令该学生等认真学习，拟仍照旧例办理，嗣后由同文馆考取七品官复考一等授为主事者，请仍准掣分各衙门行走，遇缺即补。"③

2. 上海同文馆

同治二年四月二十九日（1863 年 6 月 15 日），李鸿章在上海同文馆章程中规定了学生的学习待遇与毕业出路。"肄业生三年期满，能一手翻译西书全帙，而文理亦斐然成章者，由中西教习知照上海道送通商大臣督抚衙门考验，咨明学政，按照奏定章程作为附生。通商督抚衙门及海关监督应添设翻译官承办洋务，即可遴选承充，不愿就者听。其精通西语西文才能出众者，仍遵上谕由通商督抚专折奏保，调京考验，授以官职。其不能翻译全帙者，作为佾生，一体出馆。"④

同治九年三月初三（1870 年 4 月 3 日），总办机器制造局冯焌光、郑藻如提出："至学有成效，既按照奏定章程作为附生，及添设翻译官承办洋务，以之遴选承充。其于算学制造及西人语言文字确系条达贯通，才能出众者，可

① 朱有瓛：《中国近代学制史料》第一辑上册，华东师范大学出版社 1983 年版，第 53 页。

② 朱有瓛：《中国近代学制史料》第一辑上册，华东师范大学出版社 1983 年版，第 19 页。

③ 奕䜣：《同治元年七月二十五日（1862.8.20）总理各国事务奕䜣等折》（附章程），载陈学恂：《中国近代教育史资料教学参考资料》（上册），人民教育出版社 1986 年版，第 29 页。

④ 李鸿章：《同治二年四月二十九日（1863.6.15）江海关道详南洋通商大臣李鸿章》（附章程），载陈学恂：《中国近代教育史资料教学参考资料》（上册），人民教育出版社 1986 年版，第 55 页。

否由通商大臣衙门专摺调京考验，并请赏给举人，一体会试；或授以官职，仍在总理衙门及发往通商省分、制造各局当差。其有三年期满，学无成效者，或随时考察，不堪造就，即严为裁汰。”①

《万国公报》指出：“三年学成，翻译通晓，中西教习之师公同保送，移咨通商衙门考察。倘考察如式，移咨学政作为附生，即备送通商衙门司翻译事兼理洋务。如当差勤奋，通商督抚保奏送总理衙门考察，授以官阶。”②

3. 广东同文馆

同治三年六月初十（1864 年 7 月 13 日），两广总督毛鸿宾在广东同文馆章程第十五条中规定：“能将西洋语言文字翻译成书者，分别派充将军、督抚、监督各衙门翻译官，准其一体乡试。其由翻译官出身者，以府经县丞为升阶。旗员愿就武职者，以防御为升阶。”③

广东同文馆创办四年多以后，奕䜣兑现了当年鼓励该校办学时的承诺。同治八年二月二十五（1869 年 4 月 6 日），总理各国事务奕䜣等折：“所有肄业各生，前经臣等奏明在馆三年，学习有成，即派充各衙门翻译官，准其一体乡试；其由翻译官出身之员，著有劳绩，均以府经历县丞升用，旗员愿就武职者，以防御升用。”④

① 冯焌光、郑藻如：《同治九年三月初三日（1870.4.3）总办机器制造局冯、郑上督抚宪禀》，载朱有瓛：《中国近代学制史料》第一辑上册，华东师范大学出版社 1983 年版，第 233 页。

② 朱有瓛：《中国近代学制史料》第一辑上册，华东师范大学出版社 1983 年版，第 255 页。

③ 毛鸿宾：《同治三年六月初十日（1864.7.13）两广总督毛鸿宾折》（附章程），载陈学恂：《中国近代教育史资料教学参考资料》上册，人民教育出版社 1986 年版，第 61 页。

④ 奕䜣：《同治八年二月二十五日（1869.4.6）总理各国事务奕䜣等折》，载朱有瓛：《中国近代学制史料》第一辑上册，华东师范大学出版社 1983 年版，第 265 页。

第四章　同文三馆的评价

同文三馆的创办具有开拓性。这是清政府第一批尝试西式教育的官办学校。这些学校的西方教习、教学内容、教学形式、教学目标和教育目的都截然不同于同时期其他各类官办学校。这是独立于中国传统官办教育以外的全新教育形式。“它冲破了中国文化封闭的藩篱，既是中国人觉醒的表现，又为中国人进一步觉醒创造了条件。”① 同文三馆的创办对于中国接受国际规则、融入国际社会、参与国际竞争具有里程碑式的意义。

在同文三馆发展进程中，以同治皇帝、光绪皇帝、奕䜣和李鸿章等为代表的改革派出于维护统治阶级利益的目的，坚持引进西学，学习西方文化，表现出了洞察时局、发愤图强、不甘服输的时代精神。同时，由于认识的局限和环境的限制，改革派也不得不作出了各种妥协、退让的姿态，采用了慈禧太后和倭仁等保守派能够接受的方式开展办学活动。例如，奕䜣反复引用俄罗斯文馆的旧例应对保守派的反对意见，以便减少创办同文三馆面临的阻力；清政府制定了“中体西用”的政策，采用学习汉文、拜祭孔子、牢记祖训等各种措施警惕西方宗教的渗透，防范西方文化的入侵等。

长期以来，国内外专家学者对于同文三馆的评价一直是褒贬不一、见仁见智。这些分歧主要集中在四个方面：第一，同文三馆办学目的、学校性质和三者差异；第二，与同文三馆有关的历史人物评价；第三，同文三馆在历史上的作用与影响；第四，同文三馆存在的问题与原因。针对上述分歧，笔者在前辈研究的基础上提出了自己的观点。

---

① 王艳玲：《奕䜣与清政府对外开放的蹒跚步履》，载《长沙电力学院学报》（社会科学版）2002年第3期。

第一节　教育目的、学校性质和三者差异

同文三馆是洋务运动的重要组成部分，与传统的中国教育有很大的不同。其区别主要体现在以下几个方面：第一，教育目的不同。传统的中国教育是主要围绕着科举制开展的正常教学活动，目的是为国家机关选拔各级管理人才。同文三馆等各类西式学校则是清政府在外有强敌入侵、内有农民暴动的形势下采取的自救措施，紧急培养国家各行业急需的人才，目的是富国强兵、救亡图存，而不是科举考试。第二，学校体制和教学内容不同。传统的中国教育没有外国人和外国文化的参与，教学内容主要是偏向文科类的儒家经典著作，自然科学教育内容很少。同文三馆则偏离了传统的中国教育方式，制定了新的办学章程，建立了新的学校体制。同文三馆强调急用先学、实用为主的教学原则，不但传授西方语言文字，而且还陆续增添了许多西方现代自然科学内容，为西学传播作出了贡献。第三，学校办学政策不同。传统的中国教育重视程序正确，学生层层选拔，功名逐渐上升。秀才、举人、进士的顺序不可更改，“学而优则仕”。同文三馆则打破了这种传统。尽管三者之间存在一些差异，但它们都实行了一样的办学政策，即高薪招聘了一些外国教师，招生降低了知识要求，上学期间给予奖励和补助，毕业分配可获得与科举功名正途一样的待遇。

一、教育目的

（一）清政府因受辱而发奋

晚清时期，清政府面临着前所未有的大变局。1840 年的鸦片战争让清政府割地赔款，开始感觉到危机的来临。1860 年的第二次鸦片战争让清政府再一次割地赔款，直接冲击了清政府的统治基础。奕䜣指出：“夷情之强悍，萌于嘉庆年间，迨江宁换约，鸱张弥甚，至本年直入京城，要挟狂悖，夷祸之烈极矣。”[①] 从这些话可以看出，奕䜣认为西方列强本质恶毒，狂妄至极，横

① 奕䜣：《咸丰十年十二月初三日（1861.1.13）恭亲王奕䜣等奏》，载朱有瓛：《中国近代学制史料》第一辑上册，华东师范大学出版社 1983 年版，第 4 页。

冲直撞，贻害无穷。

咸丰十年（1860），英法联军攻占北京，强迫清政府签下城下之盟，朝廷上下倍感耻辱。倭仁说："夷人吾仇也，咸丰十年，称兵犯顺，凭陵我畿间，震惊我宗社，焚毁我园囿，戕害我臣民，此我朝二百年未有之辱，学士大夫无不痛心疾首，饮恨至今，朝廷亦不得已而与之和耳，能一日忘此仇耻哉？"[①]倭仁的这段话其实代表了清朝统治阶级的共同心声。自 1644 年清军入关夺取汉族政权以后，清朝统治者一直自视颇高，目空一切。所谓"康乾盛世"就是这种心态的集中体现。然而，1840 年的鸦片战争中，西方列强的坚船利炮打碎了清朝统治者的美梦，迫使其签订了丧权辱国的《南京条约》。1860 年，第二次鸦片战争后，清政府被迫签订了《北京条约》，确认了 1858 年签订的《天津条约》。这更是清朝"二百年未有之辱"，让清政府在全国和全世界人民面前颜面扫地。面对外敌入侵，内乱不止，咸丰皇帝急火攻心，忧思过度，最终于两年后去世。从清朝统治者的角度讲，这就是家破人亡的局面。

面对侵略者的无耻贪婪和日益逼近的国家危难，清政府采取了两种方法应对。第一，示弱，答应侵略者的条件，缓解紧张局面。咸丰十年（1860），英法侵略者攻占北京以后，负责留在北京与英法联军谈判的恭亲王奕䜣答应了侵略者的一切条件。他指出："剿亦害，抚亦害。就两者轻重论之，不得不权宜办理，以救目前之急。"[②] 第二，自强，采取积极措施开展国家自救。当时，咸丰皇帝经过认真思考，接受了奕䜣等人的建议，批准设立总理各国事务衙门处理外交事务，安排专人管理南北通商口岸，召集外语专家培养翻译人才。这就是洋务运动的起因。不过，咸丰皇帝还没来得及实施这些政策就去世了。

同治元年（1862），同治皇帝登基。为了国泰民安，他上任后广泛征求治国之策，最终接受了奕䜣、李鸿章等朝廷重臣的建议，继续沿用咸丰皇帝的改革政策。同治皇帝希望通过创办京师同文馆、购置坚船利炮，建设军事工业等方式开展洋务运动，突破传统，获取成效，实现国家强盛，政权稳固。同治六年三月二十七（1867 年 5 月 1 日），通政使司通政使于凌辰折称："溯自咸丰十年议和以来，容忍包荒，至于今日，凡有血气，莫不痛心。而所恃为异日涤雪者，正以上下同心，和衷共济，根本之地，深固不摇耳。即总理

---

① 倭仁：《同治六年二月十五日（1867. 3. 20）大学士倭仁折》，载陈学恂：《中国近代教育史资料教学参考资料》上册，人民教育出版社 1986 年版，第 188 页。

② 奕䜣：《咸丰十年十二月初三日（1861. 1. 13）恭亲王奕䜣等奏》，载朱有瓛：《中国近代学制史料》第一辑上册，华东师范大学出版社 1983 年版，第 5 页。

各国事务衙门王大臣等，数年来苦心羁縻，无非养晦待时，不敢轻躁以误大局。"[①] 这段话清晰地反映出清政府卧薪尝胆的斗争意志和韬光养晦的政治决策。从这个意义上说，洋务运动就是清政府为了反抗西方列强的侵略而采取的自强运动。

奕䜣、李鸿章等洋务派试图通过学习西方语言、文化，引进工业、军事科学技术，从而实现富国强军的改革目的。这些学习西方的活动后来被称为"洋务运动"。在所有的这些活动中，洋务派开设总理各国事务衙门和创办京师同文馆是洋务运动开始的标志。奕䜣指出："夫中国之宜谋自强，至今日而已亟矣。识时务者，莫不以采西学、制洋器为自强之道。"[②] 为此，他们主要做了以下工作：第一，加强机构改革，推进教育发展。洋务派通过设立国家专门外事机构形成对外交涉合力，通过创办京师同文馆等外语学校学习西方语言、文化，培养外交翻译人才，通过创办福建船政学堂等军事学校培养军工和科技人才。第二，壮大军事力量。洋务派通过向英国、德国等国购置西方枪炮、轮船，增强国防实力，抵御外国侵略。第三，发展实体经济，增强国家实力。洋务派通过办工厂、修铁路、开矿山等活动，发展民族企业，增加国家收入。例如，李鸿章设立了江南机器制造局，张之洞设立了汉阳兵工厂等。甘作霖说："有制造局而军需无待乎外求，有附属于制造局之广方言馆、翻译所，而人才乃得以辈出，施及民国，遂益食其报。然则制造局者固生利之事业，掷资虽巨而获酬亦丰之世产也。"[③]

（二）清政府对同文三馆的期待

晚清时期，清政府内外交困。外有强敌，内有祸患。为了解决外交困境，清政府紧急建立了三所同文馆。奕䜣、李鸿章等政府高官亲自制定学校章程，选择外语师资，组织学生招收和考试，甚至不惜动用海关税收支持学校建设。《万国公报》指出："余乃叹国家培养人材，不限一途，不拘一格，兼收并蓄，期于济时。会集中西之师，以培成有用之才，由是而中西交涉之事，其中利弊之所在，不患无识底蕴洞隐微之人，知己知彼，而有裨国是，其为国谋者

---

① 于凌辰：《同治六年三月二十七日（1867.5.1）通政使司通政使于凌辰折》，载朱有瓛：《中国近代学制史料》第一辑上册，华东师范大学出版社1983年版，第560～561页。

② 奕䜣：《同治五年十二月二十三日（1867.1.28）总理各国事务奕䜣等折》，载朱有瓛：《中国近代学制史料》第一辑上册，华东师范大学出版社1983年版，第14页。

③ 甘作霖：《记广方言馆的教习及毕业生》，载朱有瓛：《中国近代学制史料》第一辑上册，华东师范大学出版社1983年版，第253页。

深且远矣。"[①] 从清政府对同文三馆的支持力度来看，清政府的确是求贤若渴，对于同文三馆的成效充满了期待，希望培养的学生成为"肄业生三年期满，能一手翻译西书全帙，而文理亦斐然成章者"[②]。这主要体现在以下几个方面：

第一，相信。许多人认为成立同文三馆是一个好方法，能够培养出优秀人才。同治元年（1862），冯桂芬在《上海设立同文馆议》一文中指出："前见总理衙门文，新设同文馆，招八旗学生，聘西人教习诸国语言文字，与汉教习相辅而行，此举最为善法，行之既久，能之者必多。"[③] 应该说，他的这个想法代表了很多人的心声。同治二年二月初十（1863 年 3 月 28 日），江苏巡抚李鸿章在奏折中指出："京师同文馆之设实为良法，行之既久，必有正人君子、奇尤异敏之士出乎其中，然后尽得西人之要领而思所以驾驭之，绥靖边陲之原本实在于此。"[④]

第二，不服。许多人坚信中国人聪明，同文三馆培养的人才将来发展一定不会比外国人差。奕䜣指出："斯道成于上，即艺成于下，数年以后，必有成效。……诚以进取之途，一经推广，必有奇技异能之士出乎其中。华人之智巧聪明不在西人以下，举凡推算格致之理，制器尚象之法，钩河摘洛之方，倘能专精务实，尽得其妙，则中国自强之道在此矣。"[⑤] 李鸿章也指出："我中华智巧聪明，岂出西人之下。果有精熟西文者转相传习，一切轮船火器等巧技，当可由渐通晓，于中国自强之道似有裨助。"[⑥]

第三，等待。许多人建议加强学校管理，留出足够时间，等待最佳结果。同治六年四月十三（1867 年 5 月 16 日），成都将军崇实说："今中国不乏巧思之士……惟求朝廷宽其岁月，厚其工本，严之以考核，慎之以措施，数年之后，即薄技偏长亦必有远驾西人而上者矣。"[⑦]

---

① 朱有瓛：《中国近代学制史料》第一辑上册，华东师范大学出版社 1983 年版，第 255 页。

② 李鸿章：《同治二年四月二十九日（1863.6.15）江海关道详南洋通商大臣李鸿章》（附章程），载陈学恂：《中国近代教育史资料教学参考资料》上册，人民教育出版社 1986 年版，第 55 页。

③ 冯桂芬：《上海设立同文馆议》，载璩鑫圭、童富勇：《中国近代教育史资料汇编》（教育思想），上海教育出版社 1997 年版，第 29 页。

④ 李鸿章：《同治二年二月初十日（1863.3.28）江苏巡抚李鸿章奏》，载朱有瓛：《中国近代学制史料》第一辑上册，华东师范大学出版社 1983 年版，第 215 页。

⑤ 奕䜣：《同治五年十一月初五日（1866.12.11）总理各国事务奕䜣等折》，载朱有瓛：《中国近代学制史料》第一辑上册，华东师范大学出版社 1983 年版，第 13～14 页。

⑥ 李鸿章：《同治二年二月初十日（1863.3.28）江苏巡抚李鸿章奏》，载朱有瓛：《中国近代学制史料》第一辑上册，华东师范大学出版社 1983 年版，第 215 页。

⑦ 崇实：《同治六年四月十三日（1867.5.16）崇实折》，载朱有瓛：《中国近代学制史料》第一辑上册，华东师范大学出版社 1983 年版，第 562 页。

虽然清政府的希望是美好的，但现实却不尽如人意。19世纪中期，绝大部分中国人对于西方世界一无所知，更谈不上掌握西方的语言和科技知识。中国教育也不例外。同文三馆最初办学时，几乎所有学生都是从零开始学洋文和西方近代科技知识，没有任何西方文化基础。不过，急功近利的清朝官僚阶层却根本没有考虑这个因素，反而对同文三馆学生提出了很高的目标。清政府要求这些学生在短短的三年时间内，在没有任何西方文化基础的情况下，不但要掌握西方国家的语言，达到外交翻译水平，而且要掌握西方国家中小学生花十年时间学习的科学文化知识。这个目标虽然表明了清政府高层的强烈愿望，但显然有些脱离实际。光绪十一年九月初三（1885年10月10日），总理各国事务奕劻等奏："臣等查同文馆自同治元年设立以来，迄今二十余年，向由八旗咨取十三四岁以下幼丁，分馆学习，于洋文洋语尚能识认通解。惟年幼学浅，于汉文义理本未贯串，若令其以洋文翻译汉文，功夫分用，速效难期；若再令讲求天文、算学，更恐博而不专，迄无成就。"[①] 由此可见，残酷的现实给清政府发热的头脑泼了一瓢冷水。

为了解决这个问题，在担任京师同文馆总教习以后，丁韪良针对清政府不切实际的宏大目标进行了修正，重新制定出八年制和五年制两份课表。八年制课表给既学外语又学科技知识的学生使用，五年制课表给不学外语只学科技知识的学生使用。这两份课表不但延长了学生的在校学习时间，从三年延长到八年和五年，而且增加了西方中小学课程内容，降低了学习目标。总体来看，这两个课表是比较符合当初的学生水平的。

（三）教育目的最初是满足外交工作需要

清政府创办同文三馆的最初目的很简单，就是为了培养清政府信任的翻译人员，应对外国挑衅，解决外交谈判和涉外的日常事务中的语言不通，屡遭欺骗的问题。李鸿章在创办上海同文馆时说："三五年后，有此一种读书明理之人，精通番语，凡通商督抚衙门及海关监督应添设翻译官承办洋务，即于学馆中遴选承充，庶关税军需，可期核实，而无赖通事亦敛迹矣。"[②] 这段话非常清楚地讲明了同文馆最初的办学目的。

为了落实这项政策，清政府做了两个具体工作：第一，建立译员学校，

---

① 奕劻：《光绪十一年九月初三日（1885.10.10）总理各国事务奕劻等奏》，载朱有瓛：《中国近代学制史料》第一辑上册，华东师范大学出版社1983年版，第47页。

② 李鸿章：《同治二年二月初十日（1863.3.28）江苏巡抚李鸿章奏》，载朱有瓛：《中国近代学制史料》第一辑上册，华东师范大学出版社1983年版，第215页。

培养自己的外交翻译，帮助处理涉外谈判事宜。第二，设立翻译官岗位，确保在外交工作中不受外国人的讹诈和无耻通事的欺骗。同治十一年正月二十一（1872年2月29日），总理各国事务衙门奏："至翻译官一项，前准上海通商大臣李鸿章奏请派充，原为代传言语，借杜通事舞弊而设。"[①] 光绪十四年六月二十二（1888年7月30日），总理各国事务奕劻等指出："同文馆奏定章程，遴选学生内通晓洋文者作为七、八、九品翻译官，原以资谙习各国语言文字储为舌人之选。"[②] 光绪二十二年（1896），梁启超说："彼同文馆等之设，其原奏档案，所称不过以交涉日夥，鞮寄需人，思通其语言，毋受蒙蔽，故其所成就，上焉者足备总署使馆之翻译，下焉者可充海关洋行之通事。"[③]

清政府之所以要不惜血本培养自己信任的翻译人员，是因为其在过去的涉外谈判中多次因不懂外语吃亏上当。第二次鸦片战争以前，清王朝一直认为自己是世界的中心。从皇帝到官员不但缺乏对西方的了解，而且严重低估了西方列强的实力。而西方人却对中国洞若观火，了如指掌。咸丰十一年（1861），冯桂芬就已经看到这一点。他说："通市二十年来，彼酋之习我语言文字者甚多，其尤者能读我经史，于我朝章、吏治、舆地、民情，类能言之。而我都护以下之于彼国，则懵然无所知。"[④] 冯桂芬后来成为李鸿章的幕僚。李鸿章申请创办上海同文馆的奏折就是他起草的。他的这个意见在奏折中得到了充分论述。李鸿章说："各国在沪均设立翻译官二员，遇中外大臣会商之事，皆凭外国翻译官传述，亦难保无偏袒捏架情弊。中国能通洋语者仅恃通事，凡关局军营交涉事务，无非雇觅通事往来传话，而其人遂为洋务之大害。"[⑤] 李鸿章的话清楚地表明了以下观点：第一，在洋务运动以前，清政府并没有意识到翻译问题的重要性。第二，各级官员平时没有外语人才储备，遇到外交交涉时常常会临时找一个懂外语的通事解决沟通问题。第三，这些通事往往人品低下、语言粗鄙，无法胜任外交翻译工作，导致清政府在以往

---

① 奕䜣：《同治十一年正月二十一日（1872.2.29）总理各国事务衙门奏》，载朱有瓛：《中国近代学制史料》第一辑上册，华东师范大学出版社1983年版，第270页。

② 奕劻：《光绪十四年六月二十二日（1888.7.30）总理各国事务奕劻等片》，载朱有瓛：《中国近代学制史料》第一辑上册，华东师范大学出版社1983年版，第49页。

③ 梁启超：《学校余论》，载朱有瓛：《中国近代学制史料》第一辑上册，华东师范大学出版社1983年版，第599页。

④ 冯桂芬：《采西学议》，载璩鑫圭、童富勇：《中国近代教育史资料汇编》（教育思想），上海教育出版社1997年版，第25页。

⑤ 李鸿章：《同治二年二月初十日（1863.3.28）江苏巡抚李鸿章奏》，载朱有瓛：《中国近代学制史料》第一辑上册，华东师范大学出版社1983年版，第214页。

的外交活动中吃了大亏。

关于培养外交翻译人才这个目的，很多人在同文三馆的相关文件中表述得非常清楚。奕䜣指出："总理衙门查外省设立同文馆，教育人材，期于晓畅西语西文，通澈中外事理，以备缓急之用，洵属及时要务。"① 丁韪良在谈及京师同文馆时说："同文馆的诞生，实源于一八六〇年中国的首都被迫开放，容许外国使臣居住，因而不能不培植翻译人才，以为外交之助。"② 冯桂芬指出上海同文馆的办学目的是："设广方言馆，求博通西学之才，储以济变。"③ 毛鸿宾在申请设立广东同文馆的奏折中说："伏思学馆之设，教育人才，期于晓畅翻译，通澈中外事理，以备缓急之用，洵属及时要务。"④ 从上面的论述可以看出，同文三馆都致力于实现以下培养目标：第一，培养翻译人才；第二，了解西方文化；第三，解决外交难题；第四，期待将来发挥作用。

（四）教育目的最终是维护清政府统治

同文三馆培养翻译人才，服务外交事业的办学目的是非常明确的，但它只是目的之一。它的最终目的是救亡图存、富国强兵，维护清政府统治。主管同文三馆的很多官员都清晰地表达了这一点。

在谈及京师同文馆时，奕䜣阐明了育才济世、救亡图存的观点。同治七年五月二十三（1868 年 7 月 12 日），总理各国事务奕䜣说："总期事非虚应，学有成功，用副朝廷选拔真材、宏济艰难之至意。"⑤

在谈及上海同文馆时，冯焌光、郑藻如提出了卧薪尝胆、韬光养晦的储材观点。同治九年三月初三（1870 年 4 月 3 日），总办机器制造局冯焌光、郑藻如说："兹建设广方言馆，苦心经营，立教之本意，无非储真才以收实效。""学馆之设，本与制造相表里，况今目击时艰，创深痛巨，苟非及时振奋，几

---

① 奕䜣：《同治八年二月二十五日（1869.4.6）总理各国事务奕䜣等折》，载朱有瓛：《中国近代学制史料》第一辑上册，华东师范大学出版社 1983 年版，第 265 页。

② 丁韪良：《同文馆记》，傅任敢译，载朱有瓛：《中国近代学制史料》第一辑上册，华东师范大学出版社 1983 年版，第 159 页。

③ 璩鑫圭、童富勇：《中国近代教育史资料汇编》（教育思想），上海教育出版社 1997 年版，第 33 页。

④ 毛鸿宾：《同治三年六月初十日（1864.7.13）两广总督毛鸿宾折》（附章程），载陈学恂：《中国近代教育史资料教学参考资料》（上册），人民教育出版社 1986 年版，第 59 页。

⑤ 奕䜣：《同治七年五月二十三日（1868.7.12）总理各国事务奕䜣片》，载朱有瓛：《中国近代学制史料》第一辑上册，华东师范大学出版社 1983 年版，第 46 页。

无自立地步。所以折衡樽俎，运筹帷幄者，亟宜储材积学，以期致用。”①

在广东同文馆章程中，毛鸿宾表达了培养人才、报效国家的观点。同治三年六月初十（1864 年 7 月 13 日），两广总督毛鸿宾明确提出：“务令精心研究，奋力学习，将中外语言文字，融会贯通，期著成效，以仰副圣主勤求实学，化育人才至意。”②

从上面的论述可以看出，主管同文三馆的官员们对学生都表达了以下观点：第一，学校培养翻译人才耗时费力，是一件困难很多但意义重大的事情。《万国公报》记广方言馆指出：“会集中西之师，以培成有用之才，由是而中西交涉之事，其中利弊之所在，不患无识底蕴洞隐微之人，知己知彼，而有裨国是，其为国谋者深且远矣。”③ 第二，为了国家的长治久安，清政府付出了高昂代价。光绪七年四月十六（1881 年 5 月 13 日），两江总督部堂刘坤一指出：“国家不惜经费，该道等大费心力，无非为西学人才起见。”④ 第三，学生应该理解国家的良苦用心，通过不断努力具备真才实学。同治九年三月初三（1870 年 4 月 3 日），总办机器制造局冯焌光、郑藻如指出：“学者须先端趋向，求为有体有用之学，尤须持久，知天下无不可为之事，无不可成之功。”⑤ 第四，学生只有掌握真本领才能不辜负国家的希望。冯焌光、郑藻如还指出：“果能认定路头，用心坚定，在学者裕立身用世之实学，庶不负设馆之苦心矣。”⑥

奕䜣、李鸿章等各级官员都是封建阶级的一部分，具有自身的局限性。他们创办同文三馆、开设天文算学馆、开展教学改革等，并不是要用一个全新的资本主义教育体系取代原有的封建主义教学体系，而是为了更好地维护清朝统治者的政权和旧的封建体制。田正平、肖朗（1998）认为：“这样做的目的……只不过是想借用或引进西方的科学技术知识和具体手段来培养出能

---

① 冯焌光、郑藻如：《同治九年三月初三日（1870.4.3）总办机器制造局冯、郑上督抚宪禀》，载朱有瓛：《中国近代学制史料》第一辑上册，华东师范大学出版社 1983 年版，第 223～225 页。

② 毛鸿宾：《同治三年六月初十日（1864.7.13）两广总督毛鸿宾折》（附章程），载陈学恂：《中国近代教育史资料教学参考资料》上册，人民教育出版社 1986 年版，第 60 页。

③ 朱有瓛：《中国近代学制史料》第一辑上册，华东师范大学出版社 1983 年版，第 255 页。

④ 朱有瓛：《中国近代学制史料》第一辑上册，华东师范大学出版社 1983 年版，第 237 页。

⑤ 冯焌光、郑藻如：《同治九年三月初三日（1870.4.3）总办机器制造局冯、郑上督抚宪禀》，载朱有瓛：《中国近代学制史料》第一辑上册，华东师范大学出版社 1983 年版，第 221 页。

⑥ 冯焌光、郑藻如：《同治九年三月初三日（1870.4.3）总办机器制造局冯、郑上督抚宪禀》，载朱有瓛：《中国近代学制史料》第一辑上册，华东师范大学出版社 1983 年版，第 221 页。

应付变化了的世界形势、维护清王朝统治的新式人才。”[1]

二、学校性质

从办学性质来看，京师同文馆、上海同文馆、广东同文馆都是清政府的官办外语学校。第一，清政府负责全部投资。同文三馆创办最初是为了培养外交翻译人才。同治皇帝采纳了奕䜣的提议，抽取海关关税用于同文三馆建设和运营等全部费用。第二，清政府全面负责学校管理。同文三馆从创立、发展到最终取消的几十年里，无论是申请立项，制定办学章程，监督办学质量，开展教学改革，还是增设或调整学科和专业、聘用各类教师和管理人员，以及学生招收、学习、考试和分配，学校的人、财、物等一切事项都由清政府决定。另外，清政府全程组织并参与办学。为了创办同文三馆，恭亲王奕䜣、江苏巡抚李鸿章和两广总督毛鸿宾等中央和地方高官从提交办学申请，制定办学章程，组织规划建设到聘用中外教师，安排招生和分配等全程参与，亲力亲为，充分显示了清政府对此事的重视程度。总之，国家权力决定了同文三馆的生存和发展。

（一）清政府负责全部投资

晚清政府非常重视同文三馆的设立。北京是国家政治中心，上海是经济中心，广州是长期对外开放窗口。这三地的重要性不言而喻。面对西方列强咄咄逼人的外交恐吓与军事讹诈，在这三地建设同文三馆培养外交翻译人才的确是清政府精心考虑的结果。经奕䜣、李鸿章和毛鸿宾申请，皇帝特批动用海关税收资金建设同文三馆。

同文馆设立于19世纪60年代初。当时，晚清政府财政捉襟见肘。这主要有两个原因：一是1840年鸦片战争后，中国的政治受到了西方列强的干涉，经济遭受了西方商品的极大冲击。外来势力影响了国家财政收入。二是为了镇压洪秀全领导的太平天国运动，清政府消耗了大量财力和物力，从而导致国库空虚，民生凋敝。在这种情况下，设立投入大、见效慢、前途未卜的外语学校对晚清政府来说无异于雪上加霜。

设立同文馆其实是一件非常耗费金钱的事。按照晚清政府规定，所有公用事业单位均来自政府拨款，同文馆的经费也不例外。因此，学馆所有经费，

---

① 田正平、肖朗：《论中国教育近代化起步阶段的成就、特点与问题》，载《教育研究》1998年第10期。

包括开设和运营期间的基础设施建设和维护、教学活动日常开支，管理人员和中外教习工资、学生补助和奖励等大量资金都需要通过申请，经过层层审批，最后由户部审核通过之后才可以发放。然而，“近年部库支绌，无款动支”①。也就是说，由于国家财政紧张，各部门没有多余款项拨付建设学馆。在这种情况下，恭亲王奕䜣上书慈禧皇太后和同治皇帝，要求突破常规，不按正常程序从户部审批拨款，而是特批从海关税收当中支取。

同文三馆申请的经费都来自海关税收。在筹办京师同文馆时，奕䜣提出：“每年约需银数千两。……于南北各海口外国所纳船钞项下酌提三成，由各海关按照三个月一结，奏报之期，委员批解臣衙门交纳，以资应用。”② 在筹办上海同文馆时，李鸿章建议：“每年约需银八千两之数。当此库款支绌，别无闲款可筹。唯有仿照原奏，亦请于海关征收外国船钞项下，核实支销，以资需用。”③ 在筹办广东同文馆时，毛鸿宾建议：“所需馆租、廪饩、薪工等项经费，每年约共支银四千八百余两，由臣毓清在于粤海关征收船钞项下，酌量提拨，移送支用。”④

尽管国家经济困难，但是为了挽救清王朝命运，清政府不得不咬牙承担了高额的费用。同治皇帝最终批准同文三馆办学章程中提出的建议，从海关税收中抽取部分资金充当专项办学经费。同治二年二月初十（1863 年 3 月 28 日），同治皇帝下旨：“所有一切章程与薪资工食、各项经费，著即咨商李鸿章，并参以总理衙门原议，或酌提船钞妥为办理。议定后即行具奏，候旨裁定施行。”⑤ 据《清会典》记载，“馆费均由海关船钞项下支给”⑥。

（二）清政府全面负责学校管理

从隶属关系看，同文三馆均为国家部门下属机构。既然同文三馆经过同治皇帝批准，都是国家出资设立和管理的，这些学校自然隶属于政府机构，

---

① 奕䜣：《同治元年七月二十五日（1862.8.20）总理各国事务奕䜣等折》（附章程），载陈学恂：《中国近代教育史资料教学参考资料》上册，人民教育出版社 1986 年版，第 27 页。

② 奕䜣：《同治元年七月二十五日（1862.8.20）总理各国事务奕䜣等折》（附章程），载陈学恂：《中国近代教育史资料教学参考资料》上册，人民教育出版社 1986 年版，第 27 页。

③ 李鸿章：《同治二年四月二十九日（1863.6.15）江海关道详南洋通商大臣李鸿章》（附章程），载陈学恂：《中国近代教育史资料教学参考资料》上册，人民教育出版社 1986 年版，第 53 页。

④ 毛鸿宾：《同治三年六月初十日（1864.7.13）两广总督毛鸿宾折》（附章程），载陈学恂：《中国近代教育史资料教学参考资料》上册，人民教育出版社 1986 年版，第 60 页。

⑤ 同治皇帝：《同治二年二月初十日（1863.3.28）上谕》，载朱有瓛：《中国近代学制史料》第一辑上册，华东师范大学出版社 1983 年版，第 256 页。

⑥ 朱有瓛：《中国近代学制史料》第一辑上册，华东师范大学出版社 1983 年版，第 20 页。

是官方机构领导下的附属部门。

京师同文馆是由奕䜣亲自创办的。作为主管外交事务的中央机关负责人，奕䜣亲自考察和安排京师同文馆的人事、财务、设备等各项事务，并将京师同文馆看作外交机构的一部分，归属总理各国事务衙门。

同样，李鸿章设立上海同文馆时也遵循了京师同文馆的办学原则。同治二年二月（1863 年 3 月），在他提出设立上海同文馆时，他的身份是江苏巡抚，“臣前准总理门来咨，遵议设立学习外国语言文字学馆等因”[①]。同治二年五月（1863 年 6 月），在他制定上海同文馆章程时，他的身份是南洋通商大臣。在管理过程中，上海道台兼任上海同文馆监督，上海县学安排监院和董事负责具体管理上海同文馆。同治九年（1870），上海同文馆（此时已更名为上海广方言馆）转由江南机器制造局代为管理，制造局总办兼任上海同文馆负责人。

负责创办广东同文馆的毛鸿宾是两广总督。他制定了广东同文馆章程，确定了广东同文馆的发展方向。因此，广东同文馆隶属于广东省地方政府最高机关。学校的优秀学生毕业后可以分配到将军府和督抚衙门等政府机构担任翻译官。

同文三馆是清政府主导的官办学校，始终都接受清政府的领导和监督。从历史来看，同文三馆从 19 世纪 60 年代初创办到 20 世纪初结束都一直在清政府的控制之下。同文三馆的创办人奕䜣、李鸿章、毛鸿宾等人分别制定了北京、上海、广州三地的同文馆章程，并且要求同文三馆按照办学章程规范化运作，安排了各级政府官员负责同文三馆的管理，要求学校做好专业设置、教学安排、师资聘任，以及学生招生、管理、考核、毕业分配等各项管理工作。

三、同文三馆的差异

同文三馆在办学时间、办学目的、办学模式等方面都是类似的。从办学时间来看，同文三馆的开始、存续和结束时间大致相当。它们均开始于洋务运动，随着洋务运动发展而兴旺，随着洋务运动失败而衰落。从办学宗旨来看，同文三馆均致力于服务国家需要。它们不仅为清政府培养急需的外交翻译人才，而且会根据国家需要随时调整专业和课程设置。从办学模式来看，

---

① 李鸿章：《同治二年二月初十日（1863.3.28）江苏巡抚李鸿章奏》，载朱有瓛：《中国近代学制史料》第一辑上册，华东师范大学出版社 1983 年版，第 214 页。

同文三馆均属于官办附属机构。政府安排专人管理学校，政府安排财政拨款办学，政府按照国家需要组织招生，开展教学活动，安排学生毕业分配。因此，学校一切均在政府管控之下。当然，同文三馆也有不同之处。具体差别主要体现在地理位置、学生来源和社会环境等几个方面。

（一）地理位置

从地理位置上看，同文三馆分别位于北京、上海、广州三座城市。从它们的重要性上来看，从北到南，三座城市的重要性依次下降。

京师同文馆位于首都北京。这种地理位置无与伦比。首先，京城是国家的政治和文化中心，是国家权力的象征。京师同文馆设在总理衙门，位于京畿重地，一举一动都具有风向标的作用。在这种地方生活，政治上没有小事可言。随便的一件小事都可能产生蝴蝶效应，被无限放大，继而影响全国。其次，北京本身自然资源有限，各方面都需要依赖各地支援。因此，在京师同文馆创办时期，由于北京当地没有外语人才，奕䜣提出："闻广东、上海商人，有专习英、法、美三国文字语言之人，请饬各省督抚挑选诚实可靠者，每省各派二人，共派四人，携带各国书籍来京。"① 不仅如此，京师同文馆成立以后，清政府先后五次要求上海同文馆和广东同文馆选送学生进京考试，从中选拔优秀人才。最后，在京城做事凡事都要小心翼翼，稍不留意就会遭到攻击。在1862年创办京师同文馆的过程中，奕䜣不得不把1757年成立的俄罗斯文馆作为挡箭牌，反复强调他的教育改革都是沿用乾隆时期创办的俄罗斯文馆的旧制度。他之所以这样做当然不是因为他喜欢这个有名无实的老古董，而是因为他运用祖制可以在很大程度上减少一部分保守势力的反对。

在清政府官员眼中，上海的重要性根本无法与北京相提并论。首先，从地理上来讲，上海位于长江下游的中国东部沿海地区，处于北京与广州的中间地带。在交通不够发达的时代，这个地理位置和距离长度足以造成信息隔绝与反应迟缓的后果。正因为上海远离权力中心，所以，它自然也不会受到更多重视。其次，在1843年开埠以前，上海不过是松江府下属的一个偏僻的小渔村。尽管拥有天然良港，人口众多，贸易往来兴旺，但上海的发展形式和规模更像是巨大的农村集市，顶多算是一个长江入海口的江南物资集散地。最后，英法租界建立以后，外商和传教士纷至沓来，开银行、办工厂、做贸

---

① 奕䜣：《咸丰十年十二月初三日（1861.1.13）恭亲王奕䜣等奏》，载朱有瓛：《中国近代学制史料》第一辑上册，华东师范大学出版社1983年版，第5页。

易、传洋教，将异国文化带到上海。然而，清政府并不担心上海的发展，因为即使上海多了几个洋人、洋行、洋教堂，也不影响其社会地位或者动摇国家根基，反而会增加国家税收和经济活力。这些条件再加上京师同文馆创办在先，使得上海同文馆的兴办比较顺利，没有遇到太多阻力。

广州则是另外一种类型。与北京、上海相比，它的重要性不仅无法比肩北京，而且比上海还要低一级。首先，从清朝统治者的角度来看，广东位于中国的最南端，其地理位置与西北地区的新疆、西南地区的西藏一样，都是远离国家权力中心的边陲地带。虽然领土安全不可或缺，但政治力量并不会像北京那样对国家权力产生重大影响。其次，作为华南地区的重要商业城市，广州自古以来就是中国的南大门，是重要的商品出海口和转运站。在清朝时期，它是清政府实行海禁政策以后唯一的对外开放口岸。它的定位是中国对外开放的窗口和国际贸易商品的集散地。最后，在1840年鸦片战争以前，广州十三行承担了全国所有的对外贸易工作。它不仅是国家重要的财政来源基地，能够为清政府带来巨大税收，而且它进口的各国商品和生产原料，大大丰富了中国市场，也让社会各界感受到了异国风情。由于上述种种原因，广州政府并不愿意开办赔钱又费事的学校。然而，尽管广东省政府并没有开设外语学校的计划，但清政府高层却逼着当地政府开办广东同文馆。同治皇帝要求广东不仅要办外语学校，还要办好，否则拿广州将军是问。同治二年二月初十（1863年3月28日），同治皇帝发布上谕："因思总理衙门固为通商纲领，而中外交涉事件，则广东上海为总汇之所。现据李鸿章奏称，上海已议设立外国语言文字学馆；而广东事同一例，亦应仿照办理。""此事为当今要务，该将军等务当实心办理，不得视为具文；倘将来日久无效，惟该将军等是问!"① 在这种情况下，广东省政府不得不勉为其难开办广东同文馆。由此可见，广东同文馆的创办不是当地政府主动作为的结果，而是他们的无奈之举。

（二）学生来源

从学生来源来看，同文三馆所招收的学生是不一样的。这是招生政策不同带来的结果。

在北京，京师同文馆"在设立的最初二十来年的时间，所有的学生，都

① 同治皇帝：《同治二年二月初十日（1863.3.28）上谕》，载朱有瓛：《中国近代学制史料》第一辑上册，华东师范大学出版社1983年版，第256页。

是由各旗强迫调来，所以都是旗人”[①]。这个招生政策出发点是照顾八旗子弟，维护清政府统治阶级利益，但却降低了京师同文馆的教学效果，主要有以下原因：第一，招收八旗子弟学习外语虽然满足了贵族阶层的优越感，但也给学生带来了巨大的负担。“同文馆的学生全是从八旗子弟中挑选出来的。”[②] 八旗子弟同时要学满语、汉语、外语和西学，其课业负担大大增加。第二，由于招生政策的限制，京师同文馆很难招到好学生。“在汉人一方面，政府无法控制，招学生太费事，于是由八旗官学中挑选。虽然是奉官调学生，但有人情可托的学生，谁也不去，所挑选者，大多数都是没有人情，或笨而不用功的学生。”[③] 其实，无论要进入哪一种行业，学好哪一门专业，学习者都是需要天赋和勤奋相结合。缺少任何一个条件都难以成功。京师同文馆的招生政策恰恰陷入了这个误区。第三，京师同文馆成绩比较突出的人才多数来自其他学校选拔来京深造的学生，如上海同文馆的汪凤藻，广东同文馆的蔡锡勇等。因此，在同等情况下，京师同文馆的学生优秀率低于其他两所同文馆。

上海同文馆没有京师同文馆那样的招生限制。李鸿章在就任江苏巡抚时提出：“中外交涉事件，则两口转多，势不能以八旗学生兼顾。惟多途以取之，随地以求之，则习其语言文字者必多；人数既多，人才斯出。”[④] 这说明，李鸿章已经意识到京师同文馆只在八旗子弟中选拔人才是存在很大问题的。主要原因一是选拔范围太窄，难以优中选优，二是剥夺了汉民族等其他民族学生的读书上升权利。在后来的第一份上海同文馆章程中，李鸿章直接规定：“肄业学生按照奏定章程以年十四岁以下，资禀颖悟，根器端静之文童充选。”[⑤] 因为没有规定必须招收八旗子弟不可，所以，上海同文馆的招生选择范围就大大增加了。

广东同文馆的招生政策与京师同文馆、上海同文馆都不同。相较于京师同文馆只招八旗子弟，上海同文馆面向社会，不限出身、地位的做法，广东

---

① 齐如山：《同文馆之回忆》，载陈学恂：《中国近代教育史资料教学参考资料》上册，人民教育出版社 1986 年版，第 48 页。

② 丁韪良：《同文馆记》，傅任敢译，载朱有瓛：《中国近代学制史料》第一辑上册，华东师范大学出版社 1983 年版，第 160 页。

③ 齐如山：《同文馆之回忆》，载陈学恂：《中国近代教育史资料教学参考资料》上册，人民教育出版社 1986 年版，第 47 页。

④ 李鸿章：《同治二年二月初十日（1863. 3. 28）江苏巡抚李鸿章奏》，载朱有瓛：《中国近代学制史料》第一辑上册，华东师范大学出版社 1983 年版，第 215 页。

⑤ 李鸿章：《同治二年四月二十九日（1863. 6. 15）江海关道详南洋通商大臣李鸿章》（附章程），载陈学恂：《中国近代教育史资料教学参考资料》上册，人民教育出版社 1986 年版，第 53 页。

同文馆采用了与众不同的招生政策，主要有两个特点。

第一个特点是从当地驻军的八旗子弟中招收学生。同治二年五月初八（1863年6月23日）署两广总督都察院左副都御史晏端书、广东巡抚黄赞汤上奏同治皇帝，提出："粤省则应取诸广州驻防。署将军臣库克吉泰本已挑有八旗子弟百余人，令其勤习翻译，行之数年，训课策励，颇著成效。今即于其中选择年幼性慧者二三十人较易集事。"① 这说明，广东同文馆招收的学生主要来自清政府在广州驻防的八旗子弟。之所以这样做，很可能来自清政府安抚当地驻军的政策。出身于冰天雪地的北方满族军人，远离繁华的京城和中原地带，常年驻守在炎热潮湿的南方地区，未尝不是一种煎熬，其困难程度不亚于驻守新疆、西藏等艰苦地区。因此，适当照顾一下军人子弟应该是清政府推行的一个安抚策略，简单易行且不会引起非议。事实上，广东省政府最终的做法是："在广州驻防满汉八旗，向习清书翻译子弟内，拣选资质聪慧年岁二十左右者十六人，又访择汉人世家子弟才堪造就者四人，共肄业生二十名，送入馆中。"② 然而，这个政策推行几年之后，广东省地方官员还是认为汉人不易管理而取消了汉人的入学资格。同治十年十月二十一（1871年12月3日），文渊阁大学士两广总督瑞麟等上奏同治皇帝，提出："旗籍诸生咸皆踊跃，惟民籍正学、附学各生，来去无常，难期一律奋勉。""拟请嗣后同文馆学生专用旗人，毋庸再招汉民。"③ 从此以后，广东同文馆就只招收八旗子弟了。从这一点来看，广东地方政府采取的政策更具有保守性和歧视性。

第二个特点是强调学习少数民族语言。中央和广东省政府官员非常重视满语的传承，要求所有学生必须坚持学习满语。同治二年二月初十（1863年3月28日）上谕指出："择其资质聪慧、年在十四岁内外，或年二十左右而清汉文字业能通晓、质地尚可造就者，一并拣选。"④ 皇帝要求学生必须"清汉

---

① 晏端书、黄赞汤：《同治二年五月初八日（1863.6.23）署两广总督都察院左副都御史晏端书广东巡抚黄赞汤奏》，载朱有瓛：《中国近代学制史料》第一辑上册，华东师范大学出版社1983年版，第257页。

② 毛鸿宾：《同治三年六月初十日（1864.7.13）两广总督毛鸿宾折》（附章程），载陈学恂：《中国近代教育史资料教学参考资料》上册，人民教育出版社1986年版，第60页。

③ 瑞麟：《同治十年十月二十一日（1871.12.3）文渊阁大学士两广总督瑞麟等折》，载朱有瓛：《中国近代学制史料》第一辑上册，华东师范大学出版社1983年版，第268页。

④ 同治皇帝：《同治二年二月初十日（1863.3.28）上谕》，载朱有瓛：《中国近代学制史料》第一辑上册，华东师范大学出版社1983年版，第256页。

文字业能通晓”，那么，“自非赋质明敏清汉兼通者，未易入学”[①]。这也就是说，不懂清文清语的学生自然就没有资格进入广东同文馆读书了。同治二年五月初八（1863 年 6 月 23 日），两广总督都察院左副都御史晏端书、广东巡抚黄赞汤提出：“订延英法国人，教习外国语言文字。并聘内地品学兼优之士，课以经史文艺，仍兼习清汉翻译，以期融会贯通。”[②] 同治三年六月初十（1864 年 7 月 13 日），两广总督毛鸿宾折提出：“著于广州驻防内，公同选阅，择其资质聪慧，年在十四岁内外，或二十左右而清汉文字业能通晓，质地尚可造就者，延聘西人教习。兼聘内地品学兼优之举贡生员，课以经史文义，并令仍习清语，厚其廪饩，时加查考。”“每日巳、午、未三时，由西教习训课。早晚各时由汉文教习训课。仍随时兼习清字清语，以重本务。”[③] 由此可见，广东同文馆的学生不但要学外国语言文字和经史文艺，还要学习清汉翻译。这种学习负担比上海同文馆要大很多。

（三）社会环境

从语言学的角度来看，学习氛围和社会环境对于外语学习是非常重要的。总体来看，同文三馆尽管都是政府创办的官办外语学校，但三者之间的学习氛围和社会环境还是存在着很大差异。

京师同文馆的社会环境是最差的。主要有以下几个原因：第一，京师同文馆地处北京，处于舆论的漩涡。京城是国家权力中心，任何改革活动都会受到各方关注，稍微与众不同就会遭到强烈反对。清朝规定，王爷没有得到皇帝特许禁止随便离京。由于这一特殊规定，北京城内和周边的皇亲国戚众多，保守力量特别强大。第二，当时的民众认为向侵略者学习语言文化是一种极大的耻辱。同治元年（1862），京师同文馆成立。那时距离英法联军侵占北京时间不长，整个社会从上到下对西方列强的侵略行径记忆犹新，恨之入骨。作为一个开创性的改革措施，京师同文馆开设之时就颇费周折。同治六年（1867），保守派和改革派围绕天文算学馆招生的争论就集中体现了保守派的反对意见。这个事件也证明在保守气氛浓厚的京城推行任何改革都会面临

---

① 库克吉泰：《同治二年五月十八日（1863.7.3）署广州将军库克吉泰奏》，载朱有瓛：《中国近代学制史料》第一辑上册，华东师范大学出版社 1983 年版，第 258 页。

② 晏端书、黄赞汤：《同治二年五月初八日（1863.6.23）署两广总督都察院左副都御史晏端书广东巡抚黄赞汤奏》，载朱有瓛：《中国近代学制史料》第一辑上册，华东师范大学出版社 1983 年版，第 257 页。

③ 毛鸿宾：《同治三年六月初十日（1864.7.13）两广总督毛鸿宾折》（附章程），载陈学恂：《中国近代教育史资料教学参考资料》上册，人民教育出版社 1986 年版，第 59～61 页。

各种阻力。第三，晚清时期的八旗子弟贪图享乐，早已丧失了其先祖的能力和勇气，也不爱学习。虽然京师同文馆开出了优厚的条件，重点照顾八旗子弟，但也同样遇到了重重阻碍。“最初的学生，多是不成器的子弟，也都不好好用功。”“因为风气未开，无人肯入，大家以为学了洋文，便是降了外国。”[①]由此可见，京师同文馆早期的外语学习氛围其实不太好。社会环境不鼓励学外语，八旗子弟不努力学外语。在这种情况下，京师同文馆早期的办学效果可想而知。

与北京相比，上海的办学环境要宽松得多，更有利于上海同文馆的发展。第一，从1843年到1863年，由于租界的建立，外国资本强力介入，外国商品疯狂输入和转运，上海仅仅用短短二十年的时间就成了外商云集的国际城市。由此而来的还有国际上普遍存在的经济纠纷、贸易往来、宗教传播、华洋杂处等外交事务。客观上提供了良好的外语学习和使用环境。第二，太平天国运动造成了江浙等南方省市动荡。为了躲避战乱，大量人口逃入上海的英法租界。据邹依仁统计，1855年上海租界人口为2万人，1859年增长到8万人。1862年，租界人口竟然高达50万人。[②]随着人口、资金和物资大量涌入上海，衣食住行的巨大需求刺激了上海城市发展。经济和建设高速发展改善了上海市的交通、住房、贸易等条件，帮助其迅速成为繁华的大都市。第三，上海属于移民城市，大多数人祖籍为江苏、浙江、安徽等江南地区，原住民较少。这些人为了适应环境，很容易在言语、行为、观念上进行改变，也容易接受新鲜事物。随着普通华人与外国人打交道的机会不断增加，经济利益与现实需求导致普通市民外语学习热情日益高涨。在这种情况下，上海同文馆的创办不仅得到清政府的支持，也受到了外商和普通市民的欢迎。

除此以外，上海良好的办学环境还体现在另一个方面。在创办初期，上海同文馆的课程除了外文和汉文以外，还要求学习算学。这是它与京师同文馆在课程安排上不同的地方。李鸿章在《上海初次议立学习外国语言文字同文馆试办章程十二条》提出：“西人制器尚象之法，皆从算学出，若不通算学，即精熟西文亦难施之实用。凡肄业者算学与西文并须逐日讲习，其余经

---

① 齐如山：《同文馆之回忆》，载陈学恂：《中国近代教育史资料教学参考资料》上册，人民教育出版社1986年版，第47～48页。

② 参见邹依仁：《旧上海人口变迁的研究》，转引自章银杰、李峰：《上海租界移民功能略析》，载《安阳工学院学报》2005年第5期。

史各类，随其资禀所近分习之。专习算学者，听从其便。”[①] 事实上，上海同文馆开办的算学课程顺利实施，没有受到任何阻碍。需要强调的是李鸿章要求上海同文馆学习算学的时间是 1863 年，比奕䜣 1867 年在京师同文馆开办天文算学馆引发争论的时间早了整整四年。这既表明了李鸿章的超前眼光，也证明了上海比北京的办学环境要宽容得多。

广东同文馆的办学环境是另外一番景象。它既不像北京那样阻力重重，压力巨大，也不像上海那样争先恐后，人才辈出，而是侧重于服务社会，讲究实用。一方面，清政府开办的广州“十三行”是清朝时期中国唯一的对外贸易窗口。长期处在对外开放的前沿，广州人已经习惯了外来文化。广州社会各界对于外来文化比较宽容，并不像北京那样特别排斥。因为当地很多人也有机会学外语、用外语，所以，广东同文馆学习“夷语”的做法并没有引起人们的极度反感。另一方面，广州的经商环境诱惑力太大，不利于学术研究。由于周边商业氛围浓厚，很多人学外语不是为了国家发展，而是为了个人谋生。有些人到广东同文馆学习是因为贪图膏火费，还有些人稍微掌握外国语言基本词汇和语法之后就跑到社会上挣钱，不再继续努力学习，报效国家。这些做法都违背了清政府设置广东同文馆的初衷，导致社会诟病。同治十年十月二十一（1871 年 12 月 3 日），文渊阁大学士两广总督瑞麟指出：“其学习西语者民间固有之，而偶有招入官馆肄习者，始愿不过希图月间膏火，迨学习一二年后，稍知语言文字，每有托词告病出馆，自谋生理，而于始终奋勉学成有用者，实难得人。”[②]

第二节 与同文三馆有关的历史人物

同文三馆不是偶然出现的，它们的存在是不同社会利益集团在教育领域的集中表现。政府高官、外籍人士、同文三馆师生三个群体中的代表性人物对同文三馆的创立和发展起到了重要作用。

---

① 李鸿章：《同治二年四月二十九日（1863.6.15）江海关道详南洋通商大臣李鸿章》（附章程），载陈学恂：《中国近代教育史资料教学参考资料》上册，人民教育出版社 1986 年版，第 54 页。

② 瑞麟：《同治十年十月二十一日（1871.12.3）文渊阁大学士两广总督瑞麟等折》，载朱有瓛：《中国近代学制史料》第一辑上册，华东师范大学出版社 1983 年版，第 268 页。

一、政府高官积极创办同文馆

第二次鸦片战争后，有一批人最早感受到了危机，思想观念有了比较大的转变。奕䜣、曾国藩、李鸿章、左宗棠、张之洞等政府高官注意到了时代的变化，极力劝说皇帝放弃传统思维，努力跟上时代步伐，力图通过向西方学习的方式改革传统弊端，提高中国实力，维护中国利益，实现富国强军的目的。在皇帝的支持下，他们兴起了洋务运动，建立专门外交机构处理外交事务；建立海关征收关税，增加国家财富；聘请洋人教习，学习西方语言文化，引进西方科学技术；开设军事学堂，培养军事人才；借鉴西方经验组织新式军队；购置洋枪洋炮，增强国防力量。可以说，洋务运动是中国人在内外交困的形势下主动放下架子，采取务实行动，推动改革开放的一种救国图存尝试。在这个发展过程中，奕䜣、李鸿章等起到了重要的推动作用。

奕䜣、李鸿章等洋务派官员的做法不仅得到了皇帝的支持，也受到了西方列强的欢迎。从 1840 年挑起鸦片战争入侵中国以来，西方列强对于中国政府的看法一直是比较负面的。传教士尤其仇视中国官员。1899 年，在华传教士举行了中华教育会第三届年会。在会议上，美国长老会传教士李提摩太提出："迄今为止长期在总理衙门任职的都是一些愚昧无知的顽固保守分子。"[①]不过，在西方列强眼中，奕䜣、李鸿章等人是个例外。洋务派这些人之所以受西方列强重视，当然不是因为他们维护中国利益和清政府的统治，而是因为他们开展了洋务运动，学习西方文化，大量购买西方的商品和军火，给西方人带去了巨额的利润。不仅如此，西方列强还可以通过他们传播西方的思想观念，培养西方在中国的代理人，从而影响中国的政府决策，把中国社会改造成西方人喜欢的模样。

(一) 满族皇室代表奕䜣

恭亲王奕䜣（1832～1898）是满族人，咸丰皇帝的弟弟，曾经在咸丰、同治、光绪三朝担任军机大臣、与英法议和的全权大臣、议政王、总理衙门大臣等职。作为朝中重臣，他头脑灵活，意志坚定，精明强干，既能够认清国内外形势，了解清政府自身的弱点，也愿意接受新鲜事物，开展了一系列政治、经济、外交和军事改革，以便维护清政府统治。在慈禧太后和同治皇

---

① 李提摩太：《中国的教育问题》，陈景磐译自《中华教育会第三届年会会议记录》，载陈学恂：《中国近代教育史资料教学参考资料》下册，人民教育出版社 1987 年版，第 51 页。

帝的支持下，他主持了洋务运动，制订了主动学习西洋文化的战略规划，采取了积极学习外语、主动了解洋人情况、学夷长技以制夷的外交政策，在外交、教育和军事工业方面取得了较大的成绩。“无论从文献上还是从实践上都有理由说第一个近代化纲领的制定者和提出者是奕䜣，咸丰帝是批准者，曾、左、李以及其他洋务大员是实施者。”① “奕䜣在洋务自强运动中，内政外交，一身任之。他能以王公贵族之身，注重实功，因时变通，倡导对外开放，确为晚清政治舞台上的一抹亮色。”②

在中国近代历史上，奕䜣是个非常有争议的人物，毁誉参半。有人认为他是卖国求荣的内奸和叛徒，也有人认为他是挽救国家危亡的政治领袖。比较中肯的评价是：“恭亲王奕䜣是晚清封建统治阶级中具有容见卓识却魄力不足的改革家，在中国近代化道路上是先知先觉却难以坚持始终的倡导者。”③

1. 负面评价观点

负面评价主要有以下观点：第一，在英法联军进占北京以后，作为清政府全权大臣他完全接受了洋人的条件，与西方列强签订了《北京条约》，认可了《天津条约》等不平等条约，割地赔款，丧权辱国，实际承认了西方的侵略结果，是典型的卖国贼。“奕䜣是大清帝国的柱石，从这点上讲，他代表了中国封建最反动腐朽的政治力量。”④ 第二，在洋务运动过程中，作为总理各国事务衙门大臣，他与西方列强保持友好，不但在购买西方枪炮、轮船等武器装备期间采取绥靖政策，而且任用赫德把持中国海关几十年，允许西方列强霸占中国市场，掠夺中国财富，出卖国家利益。第三，作为晚清政府主要领导者，他对内狠毒，残酷镇压太平天国和捻军，对外友好，妥协退让，极力讨好西方列强以换取他们的支持。因此，“他的历史罪恶是很大的”⑤。

2. 正面评价观点

关于奕䜣的正面评价主要有以下观点：

第一，在政治上，他是救国领袖，采取铁腕手段，发动了辛酉政变，处死了载垣、端华、肃顺等王公大臣，帮助慈禧太后和同治皇帝夺取了政权，

---

① 董守义：《奕䜣是第一次近代化运动的倡导者》，载《社会科学战线》1990 年第 4 期。

② 王艳玲：《奕䜣与清政府对外开放的蹒跚步履》，载《长沙电力学院学报》（社会科学版）2002 年第 3 期。

③ 董守义：《奕䜣是第一次近代化运动的倡导者》，载《社会科学战线》1990 年第 4 期。

④ 董守义：《奕䜣是第一次近代化运动的倡导者》，载《社会科学战线》1990 年第 4 期。

⑤ 钱远镕：《奕䜣与倭仁围绕同文馆问题的一场斗争》，载《青海社会科学》1983 年第 3 期。

实现了“同治中兴”。“他四次被罢免，但百折不挠，为扶植和挽救大清江山，竭身尽力。”[①]“所推行的中国必须自强的内政外交方针、路线则顺应了历史的潮流，动摇了那个时代的根基。而这后一点可以说是他一生之主要所为。”[②]第二，在外交上，他成立了中国近代第一个专门的外交机关总理各国事务衙门，主张加强与西方列强的外交沟通与商务往来，促进外交和平和经济发展。这个部门不仅是政府机构管理体系的新变化，而且也是后来机构改革的先行者。第三，在军事上，他主张加强中国军事实力，不但购买外国枪炮、军舰等先进武器，而且支持学习西方军事技术，开办近代军工产业，“请外国武官以西法训练中国军队，是中国军队近代化的开端”[③]。作为朝廷重臣，他主张铁腕治乱，支持清政府平定了太平天国运动、捻军起义以及新疆等地的民族叛乱。第四，在教育上，他创办了京师同文馆，主张学习外语，培养翻译人员，后来又要求增加西学内容，提高中国科学技术水平，促进了中国教育的发展。他“敢于把‘圣人’后代、华夏子孙交给‘洋鬼子’教导，把读洋文和走科举正道相提并论，也足显其勇气了”[④]。

在京师同文馆创办和发展时期，奕䜣作出了巨大贡献。第一，他向咸丰皇帝申明利弊，得到皇帝批准设立京师同文馆立项的圣旨。同治皇帝继位后他又请求继续执行这项命令并得到批准。第二，他向各地发出通知，招聘师资和学生。在上海、广州无法提供外语教师的情况下主动寻求西方使团，及时找到英语教师，保证了京师同文馆顺利开学。以后又为学校招聘了法语、俄语教师，稳定了外语师资队伍。第三，他两次制定了京师同文馆章程，详细规划了学校发展蓝图，增添了法语馆、俄语馆、天文算学馆和翻译馆，还帮助解决外语师资问题，推动了学校不断发展壮大。第四，他帮助学校购置了各类实验设备，鼓励翻译、印刷西方各类书籍，传播了近代科学技术，促进了西方文明的普及。第五，他积极筹措办学经费，从海关税收中提取部分收入维持学校开支，保证了京师同文馆的创办和正常运转。第六，为了提高办学水平，他在学校开设天文算学馆时积极号召有功名的优秀人才报考，不惜得罪当朝各级官吏，不怕背

---

① 董守义：《奕䜣是第一次近代化运动的倡导者》，载《社会科学战线》1990年第4期。

② 肖晓：《说说恭亲王奕䜣》，载《读书》1989年第11期。

③ 王国贤：《论晚清皇族的改革意识——以奕䜣为中心的探究》，载《鸡西大学学报》2012年第2期。

④ 王艳玲：《奕䜣与清政府对外开放的蹒跚步履》，载《长沙电力学院学报》（社会科学版）2002年第3期。

负各种骂名，保住了京师同文馆这块人才培养基地。赫德在1882年11月7日给金登干的信中对奕䜣作出了如下评价："恭亲王病得很重，……假如他去世，我本人、海关和同文馆都将失去一位坚定有力的支持者，而中国也失去一位极为有用而且实际上几乎无人可以替代的官员。"①

京师同文馆的创立既是洋务运动的开始，也是近代中国人主动改革开放的标志。它的创办人奕䜣立下了汗马功劳。丁韪良评价说："恭亲王是总理衙门的领袖，靠了他的见识好，用意好，一切进步的政策才有实施的可能。""恭亲王等做这个开办同文馆的实验，虽是诚惶诚恐，惟恐获咎，但是他们很知道有许多事情中国必须效法外国然后中国在国际上才不致于吃亏，他们的见解之精到，是很可惊叹的。"②

（二）汉族大臣李鸿章

李鸿章（1823～1901）是汉族人，曾经担任江苏巡抚、直隶总督、北洋通商大臣等重要职务，被清政府封爵为一等肃毅侯。晚清时期，他与曾国藩、张之洞、左宗棠一起被称为"中兴四大名臣"。

和奕䜣一样，李鸿章也是中国近代史上非常有争议的人物。对他的功过是非评价大体分为两类：一类观点是负面评价，把他看作历史的罪人，认为他是镇压太平天国运动的刽子手，出卖国家利益的卖国贼，掠夺民脂民膏的大贪官。另一类观点是正面评价，把他看作力挽狂澜的伟人，认为他是洋务运动的领导者，杰出的外交家，中国近代改革的有功之臣。

1. 负面评价观点

负面评价主要有以下观点：第一，李鸿章在担任江苏巡抚期间组织淮军地主武装，积极镇压太平天国运动和捻军武装，残害了无数的太平天国将士，是无恶不赦的刽子手。第二，作为清政府的全权代表，李鸿章1895年与日本签订了《马关条约》，割让了台湾等领土，赔偿日本三千万两白银，导致了日本的崛起和中国的衰落；1900年又与八国联军签订了《辛丑条约》，赔偿四亿五千万两白银，丧权辱国，使中华民族陷入了无尽的灾难之中。第三，在实际生产经营中，他把控着江南机器制造局等盈利机构，利用手中权力中饱私囊，积累巨额财富，而且还纵容亲属朋友假公济私，购置田产，没能保持清

① 陈霞飞：《中国海关密档》，转引自贾熟村：《赫德与北京同文馆》，载《东方论坛》2012年第6期。

② 丁韪良：《同文馆记》，傅任敢译，载朱有瓛：《中国近代学制史料》第一辑上册，华东师范大学出版社1983年版，第159、161页。

正廉洁的作风。

即使在李鸿章生活的时代，有些人对他也给予了负面的评价。1875 年，支持奕䜣、李鸿章的同治皇帝驾崩，反对派立刻开始反攻倒算。趁光绪皇帝刚刚登基，立足未稳，反对派列出了洋务派的很多罪证，矛头直指李鸿章。他们企图在新皇帝对很多事情还不十分熟悉的时候，一举拿下李鸿章，消灭洋务派。光绪元年二月二十七（1875 年 4 月 3 日），大理寺少卿王家璧提出了弹劾李鸿章。他举出了以下罪证：

第一，李鸿章无视中国传统优势，崇洋媚外，属于乱臣贼子。“李鸿章以我朝取士，惟以章句弓马，所学非所用，无以御敌，遂议变科目以洋学。臣惟本朝以弓马开基……枪炮固可兼习，本业岂可全忘？……从古乱臣贼子，何一非当世能臣哉？今欲弃经史章句之学，而尽趋向洋学，试问电学、算学、化学、技艺学，果足以御敌乎？”第二，李鸿章背弃传统，与中国士大夫志向背道而驰。“洋人在中国者，尚请中国文士教习经史，是能用夏变夷。李鸿章何乃欲胥中国士大夫之趋向，尽属洋学乎？”第三，李鸿章傲慢自大，喜欢阿谀奉承。“李鸿章位高心汰，自无知人之明，又好谀恶直，不能虚心求士，以人事君耳。”第四，李鸿章任人唯亲，用人不当，误国误民。“李鸿章举用人才，乃以沈葆桢与丁日昌相提并论……丁日昌矫饰倾险，心术不正，实为小人之尤，岂可同年语哉？……此人尚可复用以误国家乎？”①

尽管这些指责带有明显的攻击性和主观性，但它们并不是空穴来风。虽然王家璧列出的这些证据并非虚构，然而，在慈禧太后等人的庇护下，李鸿章并没有受到追究。当洋务运动正处于高速发展阶段，李鸿章红得发紫的时候，同时代人却给他了如此负面的评价。这一点还是值得后人认真思考的。不过，李鸿章代表清政府在 1895 年与日本签订了《马关条约》，1900 年与八国联军代表签订了《辛丑条约》。从此以后，社会对李鸿章的看法就发生了根本的变化。他已经成了汉奸、卖国贼的代名词，很少有正面评价了。

2. 正面评价观点

正面评价主要有以下观点：第一，李鸿章积极参与并领导了洋务运动，具有很强的战略眼光。他强调“练兵以制器为先”，购置了许多西方先进武器装备，建立了中国近代第一支海军舰队北洋水师，组建了中国近代第一支现

---

① 王家璧：《光绪元年二月二十七日（1875.4.3）大理寺少卿王家璧奏折》，载朱有瓛：《中国近代学制史料》第一辑上册，华东师范大学出版社 1983 年版，第 578～579 页。

代化陆军北洋新军，彰显了清政府以武力对抗外国侵略者的决心。第二，李鸿章积极处理外交事务，充分利用西方法律制度合法斗争。在与西方列强交涉中不卑不亢，有礼有节，显示了大国外交官风度。甲午战争后在与日本谈判时被日本暴徒袭击受伤依然带伤继续谈判，尽最大可能为国家争取利益，而且签订《马关条约》后发誓永远不再踏上日本的国土。第三，李鸿章重视教育，创办多所学校，培养了大批人才。他不但亲自创建了上海同文馆，而且还申请建立了江南制造总局附设操炮学堂、天津电报学堂、天津武备学堂、天津武备学堂、天津医学堂等多所学校，为清政府培养了大批人才。第四，在推广西学的过程中，他注重提高学生的文化素养和现代科技水平。他领导制定了多项教育政策，主张在科举考试中增加科学内容，“准允科技人才应试，并给予相应功名。这就在国家人才选拔制度上为科技人才争取了一席之地”①。第五，李鸿章积极推动中国近代第一次官办留学生出国，先后派遣四批留学生合计 120 人。尽管因为种种原因这些人未能完成学业，但他们回国后大多成为各行业应用现代科学技术的专业技术人才。“李鸿章在有关派遣留学生的奏折中所体现的思想和在实践中所发挥的作用是影响深远的，不仅培养了一批近代优秀的科技人才，更重要的是为近代留学生教育开了先河。”②第六，李鸿章积极兴办实业，推动工业革命。作为清政府的高官，他募集巨资及时购买了美国旗记铁厂，建成了江南机器制造局，并把它打造成了晚清时期最大的近代军工企业。他率先引进西方先进技术设备，先后改造扩建了金陵机器制造局、天津机器制造局，提高了中国近代工业水平。除了军工企业，他还积极推动经济改革，积极发展民族企业，兴办了轮船招商局、开平矿务局、津沽铁路、上海电报总局等一系列民用企业，与西方人争夺中国市场。这些措施提高了中国工业水平和经济实力，加快了中国近代化发展。

其实，不管李鸿章的功过是非如何评价，他在同文馆的创办上具有重要的推动作用。他不仅积极支持奕䜣创办了京师同文馆，亲自奏请同治皇帝成立了上海同文馆，而且还建议皇帝在广州成立广东同文馆。根据《筹办夷务始末》记载，同治皇帝说：“据李鸿章奏称，上海已议设立外国语言文字学馆；而广东事同一例，亦应仿照办理。”③ 李鸿章主张在外国人最集中的上海、广州开办同

---

① 田正平、杨云兰：《李鸿章与中国近代科学技术教育》，载《复旦教育论坛》2004 年第 1 期。

② 田正平、杨云兰：《李鸿章与中国近代科学技术教育》，载《复旦教育论坛》2004 年第 1 期。

③ 同治皇帝：《同治二年二月初十（1863.3.28）上谕》，载朱有瓛：《中国近代学制史料》第一辑上册，华东师范大学出版社 1983 年版，第 256 页。

文馆这件事清楚说明，李鸿章不仅关注现实利益，而且还具有战略眼光。

后来的事实也证明，上海和广州两所同文馆选派到北京的学生不仅在历次考核中都取得了不错的成绩，而且毕业后在外交和其他行业也表现出相当的实力。毕业于上海广方言馆的吴宗濂在《上海广方言馆始末记》一文中说："馆中每期送京学生，率皆甄录任用之，就中荐历升阶，克跻通显，膺受中外要职者，已不乏人。……一馆之中极勋位于首辅，展奇韬于秘府，遍使节于环球，振古以来未有若斯之盛也。亦岂李文忠及诸馆长之所及料哉！"①

二、外籍人士积极参与建设同文三馆

参与同文馆创办和发展的外国人大体分为两类：一类是间接参与同文三馆创办和发展的外国人。他们通过介绍外籍教师、提供资金支持、提出办学建议等方式，在人、财、物等方面给予支持等，如赫德等人。另一类是直接参加同文三馆的各项事务的外国人。他们通过担任外籍教师，亲自或参与翻译各类书籍等方式为同文三馆作贡献，如曾经担任传教士的丁韪良等人。熊月之（2010）认为，在晚清时期，传教士"以其通晓西学而影响中国政治走向"②。

据丁韪良统计，仅他在担任京师同文馆总教习期间就有 9 位外国教授应聘担任外籍教师，其中美国 1 人，爱尔兰 2 人，苏格兰 2 人，德国 2 人，俄国 1 人，法国 1 人。具体情况见表 4-1。

表 4-1　　京师同文馆部分外籍教师统计表

	姓名	教授课程	来源地
1	丁韪良博士（W. A. P. Martin，D. D. LL. D）	国际公法	美国
2	欧理斐硕士（C. H. Oliver）	物理	爱尔兰
3	德贞博士（J. Dudgeon）	解剖学兼生理学	苏格兰
4	骆三畏硕士（S. M. Russell）	天文学	爱尔兰
5	Stuhlmann 博士（Carl Stuhlmann）	化学兼矿物学	德国
6	华必乐先生（Monsieur Ch. Vapereau）	法文	法国

① 吴宗濂：《上海广方言馆始末记》，朱有瓛：《中国近代学制史料》第一辑上册，华东师范大学出版社 1983 年版，第 250 页。

② 熊月之：《晚清西学东渐过程中的价值取向》，载《社会科学》2010 年第 4 期。

续表

	姓名	教授课程	来源地
7	Grot 先生（Herr V. won Grot）	俄文	俄国
8	Wilzer 先生（Herr A. H. Wilzer）	德文	德国
9	Mac Donald 学士（W. Mac Donald. B. Sc.）	英文	苏格兰

资料来源：丁韪良：《同文馆记》，傅任敢译，载朱有瓛：《中国近代学制史料》第一辑上册，华东师范大学出版社 1983 年版，第 178～179 页。

（一）同文馆总教习丁韪良

美国人丁韪良（William Alexander Parsons Martin，1827～1916）是京师同文馆的第三任英文教师。前面已经有两任英文教师。第一任英文教师是英国人包尔腾，第二任英文教师是英国人傅兰雅。

作为美国基督教传教士，丁韪良属于新教教会长老派。他的在华经历很特别，可以分为两个阶段。在前一个阶段，他是一个美国传教士，主要任务是传教；在后一个阶段，他转变为外语教师，负责授业解惑。道光三十年（1850）至同治元年（1862），丁韪良在中国宁波传教。曾短暂回国，返回后在中国北京继续传教。同治四年（1865），他成为京师同文馆第三任英文教习，但很快离职。1869 年经总税务司赫德推荐，他被聘为该馆总教习。

丁韪良也是一个颇受争议的人物。对他的评价大体分为两类：一类观点是负面评价，认为他传播宗教，蛊惑人心，积极参与政治，帮助西方侵略者，游说奕䜣等卖国贼制定了有利于西方的各种政策，是中国人民的罪人。另一类观点是正面评价，认为他在中国各类教育机构担任外语教师 30 多年，改革了教学方法和课程设置，翻译出版了一些西方著作，客观上促进了中国外交、教育、翻译和国际法的普及，有利于中外文化交流和中国教育近代化。他在晚年出版的《花甲忆记》（*A Cycle of Cathay*）中忠实记录了他在中国 47 年的个人经历、对中国社会的观察和思考，具有较强的史料价值。

1. 负面评价观点

负面评价主要有以下观点：第一，宣传上帝和耶稣，贬低中国传统文化价值，破坏了中国人尊崇祖先的传统信仰。作为美国传教士，丁韪良在宁波传教期间，大量网罗社会闲散人员进入教会，壮大了西方教会势力。他将布道内容汇集成《天道溯原》一书，企图用基督教思想改造中国社会。在同文馆担任总教习期间，他还利用职务之便传教。他说："以同文馆的性质而论，正式讲授宗教本是不许的，但是我却常常和学生谈到宗教问题，并且要求别的教授，如教本中遇到有关于宗教的课文时，尽可不必删去。”[①] 第二，从事与其身份不相符的活动。身为传教士，丁韪良却积极为美国政府工作。在太平天国运动时期，他曾经利用自己的特殊身份为美国政府刺探太平军情报。义和团时期，他也和美国使馆成员一起积极参与抵抗、绞杀义和团，残害中国百姓。第三，积极参与西方列强对中国的侵略。1856 年至 1857 年，英法联军挑起第二次鸦片战争。丁韪良积极支持美国政府并参与制定对华政策。1858 年，他担任美国公使列卫廉的外交翻译，参与起草了《中美天津条约》，严重侵犯了中国主权，损害了中国利益，尤其是把保护基督教等宗教内容列入条约，为后来频繁发生的教案埋下了伏笔，是帝国主义分子。[②] 第四，敌视中国政府，希望削弱中国力量。清政府重金聘请他担任京师同文馆总教习，给他提供了各种优惠待遇。光绪十一年（1885）赏给他三品顶戴头衔、光绪二十四年（1898）赏给他二品顶戴头衔。尽管如此，他在享受中国荣华富贵的同时仍然效力于美国政府。1900 年八国联军攻打北京之时，他不仅在美国驻华大使馆持枪抵抗义和团，而且主张推翻中国政府，任由西方列强在中国划定势力范围，彻底瓜分中国。由此可见，不论在华外国传教士如何宣传信奉上帝，天下一家，他的内心并不会全心全意为中国人民利益着想，最终还是会效忠他自己的国家。

2. 正面评价观点

正面评价主要有以下观点：第一，丁韪良长期参与晚清时期中国教育近代化进程并作出了重要贡献。1865 年，他在北京创办了崇实中学（现北京 21 中学）并任该校第一任校长。在此期间，他编写过一本介绍西方自然科学的《格物入门》。“这可以视为中国第一部自然科学教材。”[③] 从 1869 年到 1894 年，他担任京师同文馆总教习长达 25 年。在担任教学和管理期间，他做了多项有益的工作，改革了教学管理方式，引进了西方科技内容，“先后设置了八门课程，包括一种西文及数学、物理、化学、地理、国际法和政治经济学”[④]。

---

① 丁韪良：《同文馆记》，傅任敢译，载朱有瓛：《中国近代学制史料》第一辑上册，华东师范大学出版社 1983 年版，第 188 页。

② 参见罗冠宗：《前事不忘后事之师》，宗教文化出版社 2003 年版，第 51～52 页。

③ 段琪：《从〈花甲忆记〉看丁韪良在中西文化交流中的作用》，“中国中外关系史学会第六届会员代表大会暨多元视野中的中外关系史学术研讨会”（中国会议），吉林延边 2005 年 8 月。

④ 贾熟村：《赫德与北京同文馆》，载《东方论坛》2012 年第 6 期。

这些措施都促进了学校的发展。他“首先打破清王朝禁令，创办宣扬西学的一张新闻报纸——《中西闻见录》。这是北京首家新式报纸，开北京现代新闻出版之先河”[①]。光绪十一年十一月初十（1885年12月15日），总理各国事务奕劻等奏：“臣等查同文馆总教习丁韪良，于同治四年到馆充英文翻译教习，同治七年升授总教习之任，化学教习毕利干、法文教习华必乐，均于同治十年到馆，资格最深，馆课亦能勤慎，拟请赏给虚衔，以昭激劝。”[②] 由此，丁韪良获得清政府三品顶戴头衔。1898年后，他又担任了京师大学堂总教习，为该校的发展作出了一定贡献。第二，起到了中外联系人作用。作为美国人，他利用自身的“中国通”优势，撰文介绍中国文化和西方文化，促进了中西方相互了解，加强了中美之间的联系，博得了奕䜣等朝廷高官的信任，也为清政府与西方列强之间的沟通与合作起到了积极作用。第三，翻译出版各类西方经典著作，翻译范围涉及法律、科学、宗教等多个领域。他亲自翻译了《万国公法》和《格物入门》等书，指导同文馆学生翻译了《星轺指掌》《富国策》等西方近代著作。其中，《万国公法》受到奕䜣称赞并特批印刷成书。清政府许多官员在以后的涉外活动中利用该书列出的国际法规定维护了中国利益。该书不仅对当时的清政府起到了很大的作用，而且传播到日本、朝鲜，提高了东北亚地区对西方法律制度的认识。

在京师同文馆任职期间，丁韪良积极开展教学改革，组织了该馆的外语教学、专业设置和书籍翻译等活动。这些改革促进了同文馆的发展，也深刻影响了该馆的教学模式和学生培养。这是值得肯定的事情。但是，他之所以愿意长期在同文馆工作，其实是另有目的。他本来打算辞职继续传教，但后来改变了主意。按照他在《同文馆记》一文中自己的原话说：“我之所以留任，是认为同文馆将来的影响要比北京道旁教堂的力量大。”[③] 这说明，他并不是全心全意为中国教育事业而奋斗，而是希望借助这个平台发挥比教堂更大的作用，能够影响更多的中国人皈依基督教，接受西方文化。

（二）中国海关总税务司赫德

赫德（Robert. Hart，1835～1911）出生于英国北爱尔兰贝尔法斯特，1854

---

① 孙玉祥：《丁韪良与〈万国公法〉》，载《新闻出版交流》2003年第2期。

② 奕劻：《光绪十一年十一月初十日（1885.12.15）总理各国事务奕劻等奏》，载朱有瓛：《中国近代学制史料》第一辑上册，华东师范大学出版社1983年版，第36～37页。

③ 丁韪良：《同文馆记》，傅任敢译，载朱有瓛：《中国近代学制史料》第一辑上册，华东师范大学出版社1983年版，第169页。

年，受英国外交部派遣先后在英国驻香港贸易督察处和英国驻宁波领事馆担任翻译工作。为了工作方便，他认真钻研汉语和中国经典著作，成为典型的“中国通”。1858年，他在英国驻广州领事馆担任翻译。1861年，清政府任命他担任署理总税务司。1863年，他顶替李泰国担任了中国海关总税务司。

赫德也是一个颇受争议的人物。对他的评价大体分为两类：一类观点是负面评价，认为他作为一个英国人长期任职中国海关总税务司，控制了清政府的经济命脉，利用海关职位捞取政治和经济利益。这本身就意味着英国侵犯中国主权，具有强烈的象征意义。在中法战争、八国联军入侵中国等关键时刻，他游走在西方侵略者和清政府之间进行调停，虽然帮清政府保住了面子，挽回了一些损失，但也劝说清政府妥协退让，制定了有利于西方的各种政策，严重损害了中国主权和经济利益。另一类观点是正面评价，认为他在中国任职多年，恪尽职守，把海关税收变成了清政府的聚宝盆，维护了清政府的稳定。他积极参与洋务运动，多次向奕䜣等政府高层建议中国改革现有体制，引进西方科学技术，购置西方军舰、枪炮，建设海军舰队，提升中国军事实力，促进了中国近代化。而且，他在与英法等国交涉时也曾经为清政府从西方列强手中夺回一些利益，有利于中国发展。他还积极支持奕䜣、李鸿章等从海关中支取部分税收创办同文三馆，促进了中国教育近代化。

1. 负面评价观点

负面评价主要有以下观点：第一，侵犯了中国主权和国家利益。赫德是英国人，但长期担任中国海关总税务司，控制了清政府最重要的收入来源，“是列强在华利益的实现者、看守者和扩大者”①。在西方列强不断侵略中国的特定历史条件下，他的职务毫无疑问将中国置于一个不平等的地位。“赫德及其他西方资产阶级代表人物的所作所为，使近代中国日益深入地卷入世界市场经济的潮流之中，增加了中国对西方的依赖程度，加速了中国传统封建秩序的瓦解过程。”② 第二，国民属性促使其必然维护本国利益。尽管赫德担任中国官员，但在与中国驻英公使郭嵩焘讨论假如中英遇到冲突如何选择时，赫德还是坚定地选择英国。这说明他本质上还是站在英国的立场上处理问题。“当列强利益与英国利益之间，发生矛盾和冲突时，赫德无疑站在英国一

① 文松：《关于赫德评价问题》，载《历史教学》2005年第1期。

② 邱克：《试评汪敬虞先生的〈赫德与近代中西关系〉》，载《近代史研究》1989年第3期。

边。”[1] 第三，掌控中国经济之外，还具有潜在野心。他不满足已有的权力，劝说奕䜣等购置英国军舰，建设中国自己的海军，甚至要求亲自掌管该舰队。这个建议因其野心过大，被清政府阻止。

1. 正面评价观点

正面评价主要有以下观点：第一，处理中英交涉时态度比较温和。赫德出生于英国的偏远地区农村家庭，没有英国贵族背景，在英国也不受重视。因此，他很同情中国受人欺负。在宁波担任英国公使翻译参与中英谈判时，他不像李泰国那样傲慢无理，给奕䜣等人留下了很好的印象。这一点为他日后在中国的发展打好了基础。赫德“对清朝政府确有很大的影响。说赫德是总理衙门的高级顾问是符合实际的”[2]。第二，恪尽职守，廉洁高效。就任总税务司期间，赫德办事认真，勤奋细心，保证了中国海关的高效运转。“赫德按照西方资产阶级的面貌和需要对中国海关进行逐步改造，将西方海关先进的行政管理制度引进中国。这一点是完全应该肯定的。”[3] 他完善了全国统一的海关管理制度，减少了工作失误，保证了税收的完整和准确。他要求：“在任何政府下的雇用人员都应该会讲受雇国家的语言。”“学习汉语的人，对于中国的国民性可以作出较正确的估价，对于他们在中国政府所处的地位以及为中国政府所做的工作可以作出较正确的评价。”[4] 虽然他要求海关的外国工作人员学汉语的目的是让他们了解中国情况，提高工作效率，但这同时也解决了清政府监督海关工作时的语言沟通问题。另外，他采取全球招聘、高薪养廉的方法，避免了发生大面积贪污腐败事件，展示了海关公务人员的较高素质。这也是清政府允许他长期担任中国海关总税务司的原因之一。第三，他支持洋务运动，先后向奕䜣等官员展示其撰写的《局外旁观论》，提出了发展航运事业、统一全国邮政等多个方案，建议中国在外交上采用国际规则，在经济、军事、教育等方面进行改革，努力与西方保持一致，跟上现代科技发展潮流，摆脱落后挨打局面。有些建议被清政府采纳，客观上推动了中国早期现代化，促进了中国的社会进步。丁韪良指出：“这种种进步的政策都是

---

① 文松：《关于赫德评价问题》，载《历史教学》2005年第1期。

② 章鸣九：《海关总税务司赫德与洋务运动》，载《上海社会科学院学术季刊》1989年第3期。

③ 邱克：《试评汪敬虞先生的〈赫德与近代中西关系〉》，载《近代史研究》1989年第3期。

④ 陈诗启：《中国近代海关史（晚清部分）》，转引自姜艳艳、张志勇：《赫德与近代翻译》，载《兰州学刊》2015年第8期。

他人献议的，其中有不少是赫德的主意。”① 章鸣九（1989）认为：“赫德对洋务运动的影响只是间接的影响。因此，对赫德在洋务运动中积极作用不能一笔抹杀，但无论从揭露罪行还是从肯定贡献，对其作用都不能估计过高。”②

在同文三馆的建设和发展上，赫德功不可没。第一，为清政府办学提供财政支持，帮助其培养急需的翻译和外交人才。晚清时期，清政府陷入了“内忧外患”的境地。内有太平天国运动席卷大半个中国，严重威胁清政府统治基础；外有西方列强步步紧逼，不断索取，强迫清政府割地赔款，侵吞中国利益。而且，外患这个难题似乎更加难以解决。在这种局面下，清政府急需自己的翻译人员摆脱外交困境。赫德向奕䜣建议用南北各口岸海关三成船钞支持创办同文三馆，培养当时清政府最急需的外交翻译人员。得到皇帝允许后，这个海关关税支持办学的制度后来一直延续下来，维持了同文三馆后续几十年的发展，帮助清政府培养了大批翻译和外交人才。第二，担任京师同文馆监察官，积极为学校推荐高水平的外籍教师，保证了师资队伍质量。在京师同文馆成立前后，赫德又积极向清政府推荐西方教师，保证了学校的外籍教师数量和质量。该校聘请的外国教习“共 38 人。其中有不少来自中国海关者，均由赫德经手礼聘”③。尤其是他推荐的美国传教士丁韪良连续 25 年担任京师同文馆总教习，直接决定了京师同文馆的发展方向。第三，支持京师同文馆教学改革，帮助其提高办学水平。自 1869 年起，赫德推荐的丁韪良掌控了中国第一所官办西式学堂，制定了新的八年制和五年制课程表，改革了教学内容和方法，翻译了大批西方书籍，促进了西学传播，在后续的办学过程中，赫德又专门拨款为京师同文馆配备了化学实验室和博物馆（1876 年）、印刷厂（1879 年）、天文台和物理实验室（1888 年），大大提高了该校的自然科学实验和应用水平。丁韪良认为：“赫德就任总税务司的时候，同文馆已经诞生了，但是这孩子身体太弱，非得助以人工呼吸，不能长养成人。赫德知道它的前程远大，于是力任维护，极力助其发展。幸而它在赫德将护之下，日为世人所重，一星小小的萤光竟变成了一座巍峨的灯塔。”④

① 丁韪良：《同文馆记》，傅任敢译，载朱有瓛：《中国近代学制史料》第一辑上册，华东师范大学出版社 1983 年版，第 159 页。

② 章鸣九：《海关总税务司赫德与洋务运动》，载《上海社会科学院学术季刊》1989 年第 3 期。

③ 贾熟村：《赫德与北京同文馆》，载《东方论坛》2012 年第 6 期。

④ 丁韪良：《同文馆记》，傅任敢译，载朱有瓛：《中国近代学制史料》第一辑上册，华东师范大学出版社 1983 年版，第 159 页。

综上所述，赫德的确为同文三馆的创办和发展作出了重要贡献。

三、同文馆师生展现出中国智慧

对于同文馆来说，学校最重要的任务是培养人才。优秀的师资是培养人才的前提。虽然学校的目标主要是培养外交翻译人员，花重金聘请外籍教师也属于正常情况，但中外教师的待遇却是天壤之别。实际上，为了完成培养任务，清政府对中方教师提出了更高的要求。奕䜣等人要求外籍教师："祇学语言文字，不准传教。""如教有成效，须岁给银千两内外，方可令其专心课徒，俾无内顾之忧。"[①] 反观中方教师，奕䜣等人要求他们不仅要上好课，教授好中国传统文化，培养学生爱国忠君意识，还要求他们随时注意，防止外国传教士在课堂内外夹带私货，蛊惑人心。"仍另请汉人徐澍琳教习汉文，并令暗为稽察。""至汉教习薪水，按照中国办法，现拟每月酌给银八两。"[②] 由此可见，清政府对中外教师厚此薄彼的做法是非常明显的。然而，即使面临如此不公，中方教师依然在高要求、低待遇的情况下兢兢业业教书育人，培养出了许多杰出人才，为中国教育近代化作出了贡献。

（一）同文馆数学教习李善兰

李善兰（1811～1882）是中国清朝著名数学家，"近代第一个数学教授"[③]。他从小在浙江接受私塾教育，家风良好，勤奋好学，先后学习了中国古代《九章算术》和西方《几何原本》前六卷，在数学方面打下了稳固的基础。长大成人后，先后在上海、北京等地从事数学教学与研究，以及数学、力学、天文学、植物学等科学著作的翻译工作。他在尖锥术、垛积术和素数论三个学术领域做出了很多数学研究成果，"李善兰恒等式"是其标志性成果。他"创立了二次平方根的幂级数展开式。这既是李善兰也是19世纪中国数学界最重大的成就"[④]。他的专著《则古昔斋算学》包括《方圆阐幽》《对数探源》《垛积比类》等数学研究成果，合计13种24卷。"他的不少学术著作，

---

① 奕䜣：《同治元年七月二十五日（1862.8.20）总理各国事务奕䜣等折》（附章程），载陈学恂：《中国近代教育史资料教学参考资料》上册，人民教育出版社1986年版，第26～27页。

② 奕䜣：《同治元年七月二十五日（1862.8.20）总理各国事务奕䜣等折》（附章程），载陈学恂：《中国近代教育史资料教学参考资料》上册，人民教育出版社1986年版，第26～27页。

③ 杨芳：《近代数学家李善兰》，载《国学》2010年第11期。

④ 杨芳：《近代数学家李善兰》，载《国学》2010年第11期。

成了当时数学课程的重要教材和参考书，对中国数学教育的近代化作出了贡献。”①

1. 与外国人合作翻译科学著作

1852～1859 年，李善兰在上海墨海书馆与外国人合作翻译西方科学著作，包括《几何原本》《重学》《谈天》《代数学》《代微积拾级》《植物学》等。“这些书一般说来也是比较有水平的，能代表当时西方最新的科学成就。”在翻译过程中，他“创译了一大批数学、天文学、物理学和植物学中的科学名词，例如：代数，常数，变数……”“这些科学名词不仅在我国流传下来，还漂洋过海，东渡日本等国，沿用至今而勿替。”② “李善兰译著《几何原本》《代数学》《拾级》无疑成了中国最早的数学教科书，为中国的数学研究和数学教育作出了开创性的贡献。”③

与李善兰合作翻译的外国合作者和译著见表 4-2。

表 4-2　李善兰的翻译合作者与译著统计表

	翻译合作者	翻译著作	数量
1	伟烈亚力（A. Wylie，1815～1887）	《几何原本》	后 9 卷
2	艾约瑟（J. Edkins，1823～1905）	《重学》	20 卷
3	伟烈亚力	《谈天》	18 卷
4	伟烈亚力	《代数学》	13 卷
5	伟烈亚力	《代微积拾级》	18 卷
6	韦廉臣（A. William-son，1829～1890）	《植物学》	8 卷

资料来源： 百度百科：“李善兰”词条，https：//baike. baidu. com/［引用日期 2021-7-14］。

2. 担任京师同文馆天文、算学总教习

1860～1868 年，李善兰先后担任江苏巡抚徐有壬、两江总督曾国藩等人的幕僚，与徐寿（1811～1884）、吴嘉善（1819～1885）、王韬（1828～1897）、华蘅芳（1833～1902）等知名科学家和社会名流交往密切，主要从事科学研究和学术著作的整理、出版工作。

① 傅海伦：《李善兰与中国数学教育近代化》，载《教育史研究》创刊二十周年暨中国教育史研究六十年学术研讨会（中国会议），北京，2009 年 9 月。

② 王渝生：《李善兰：中国近代科学的先驱者》，载《自然辩证法通讯》1983 年第 5 期。

③ 张必胜：《李善兰的数学译著及对清末教育的影响》，载《中国科技翻译》2019 年第 1 期。

李善兰去京师同文馆任教颇受重视。1866 年，广东巡抚郭嵩焘（1817～1891）推荐李善兰进京任教。同治六年七月十六（1867 年 8 月 15 日），奕䜣上奏："前据广东巡抚郭嵩焘奏，南海生员邹伯奇专精数学，海宁生员李善兰淹通算术，尤精西法，宜并置之同文馆。……现在同文馆添设学习天文算学一馆，该生等到此，驾轻就熟，正好与所延西洋教习及考取学习各员，讨论切磋，以期互有进益。"[①] 作为一个普通的数学教师，由地方最高行政长官推荐，由总理各国事务衙门的恭亲王亲自邀请赴京任教，这样的待遇在晚清时期并不多见。

从 1868 年到 1882 年，李善兰担任京师同文馆天文算学总教习 14 年，曾经被清政府授予从钦赐中书科中书的从七品卿衔到户部正郎、广东司行走、总理衙门章京三品卿衔等各种职位和头衔。"以一生从事科学研究和学术活动而获如此高官厚望，这在清代是绝无仅有的一人。"[②] 正是因为有了像李善兰这样的教学名师，京师同文馆的数学教学才一直走在中国近代数学教育的前沿。

李善兰对于京师同文馆的数学教学殚精竭虑，作出了突出贡献。在京师同文馆从教期间，他兢兢业业、勤勤恳恳，认真钻研元朝数学家李冶撰写的《测圆海镜》等数学名著，先后教授了席淦、贵荣、蔡锡勇等上百名学生，完善了京师同文馆的数学教学工作，促进了数学和其他近代科学的普及。他的学生席淦、汪凤藻、贵荣等后来也成为京师同文馆的数学副教习。

（二）同文馆学生汪凤藻

汪凤藻（1851～1918）是同文馆的毕业生。同治二年（1863），他进入李鸿章创办的上海同文馆，成为该馆首批 40 位学生之一，并在英文馆学习了三年。同治七年（1868），总理各国事务衙门要求上海同文馆、广东同文馆推荐优秀毕业生到京师同文馆参加考试。上海同文馆选派 5 人进京，汪凤藻入选。他顺利通过考试并留在京师同文馆继续深造。光绪九年（1883），他参加会试考中进士，成为翰林院庶吉士。光绪十七年（1891），他被清政府任命为第六任驻日本大使。光绪二十年（1894），中日甲午战争爆发，他奉命回国。

作为学生，汪凤藻无疑是出色的。他 12 岁进入上海同文馆读书，17 岁被

---

① 奕䜣：《同治六年七月十六日（1867. 8. 15）总理各国事务衙门奏》，载朱有瓛：《中国近代学制史料》第一辑上册，华东师范大学出版社 1983 年版，第 34～35 页。

② 王渝生：《李善兰：中国近代科学的先驱者》，载《自然辩证法通讯》1983 年第 5 期。

保送到京师同文馆继续深造。曾国藩在送学生咨文中写道：汪凤藻等人“均系肄业有年，翻译洋文已属通顺，外国语言亦能领会，堪以给咨赴京，听候考试”[①]。在北京，他和其他四名同学严良勋、席淦、汪远焜、王文秀等在总理各国事务衙门组织的洋文、算学考核中表现良好，得到奕䜣赞赏。奕䜣上奏同治皇帝，提出：“监生汪凤藻、汪远焜、王文秀三名，给予国子监学正职衔。”[②] 由此可见，这种待遇正是他通过努力学习获得的。

在京师同文馆学习期间，汪凤藻同样表现出了很强的学习能力。在光绪四年（1878）京师同文馆举行的年终考试中，汪凤藻以英文第一名、汉文和算学第二名的成绩荣登榜首，被清政府授予户部主事并留校任教，担任算学馆副教习。这足以说明，他在京师同文馆深造的这 11 年当中一直坚持努力学习，有非常强的自觉意识和学习能力。

除此之外，汪凤藻还表现出很高的翻译水平。他在京师同文馆深造期间，正赶上丁韪良组织同文馆师生翻译西方名著。作为学生，他自然也会参与到导师的项目当中。这样，在丁韪良的指导下，汪凤藻曾经做过一些书籍翻译，表现出很高的中英文素养和较强的翻译水平。刘晓峰（2018）曾介绍过汪凤藻翻译过的《公法便览》《富国策》和《英文举隅》三部作品，认为他前两部作品是主译，后一部作品是独译。“汪凤藻在法律、政治经济学和英语文法翻译方面的贡献开了近代中国人走上翻译舞台之先河。”他是“中国近代官方举办的新式学校培养的第一位重要翻译家”[③]。以下相关当事人对这些作品的评价证明了汪凤藻的翻译水平。

第一，汪凤藻参加了《公法便览》的翻译。《同文馆题名录》记载《公法便览》是“副教习汪凤藻、凤仪等译，总教习丁韪良鉴定”[④]。从丁韪良在《公法便览》序的描述可以看出，丁韪良很欣赏汪凤藻的个人才能和英语水平，所以请他帮助笔译。在翻译过程中，老师讲解清楚，学生翻译完整，双方合作达到了珠联璧合的效果。因此，这本书应该是导师指导下的翻译作品，丁韪良起到了主要作用，汪凤藻、凤仪等起到了辅助作用。

---

① 曾国藩：《同治六年十一月十五日（1867.12.10）上海通商大臣曾国藩送学生咨文》，载朱有瓛：《中国近代学制史料》第一辑上册，华东师范大学出版社 1983 年版，第 248 页。

② 奕䜣：《同治七年五月二十三日（1868.7.12）总理各国事务奕䜣等折》，载朱有瓛：《中国近代学制史料》第一辑上册，华东师范大学出版社 1983 年版，第 219 页。

③ 刘晓峰：《汪凤藻的译者惯习和资本及其在晚清翻译场域的轨迹》，载《外国语文研究》2018 年第 3 期。

④ 朱有瓛：《中国近代学制史料》第一辑上册，华东师范大学出版社 1983 年版，第 153 页。

第二，汪凤藻参加了《富国策》的翻译。《同文馆题名录》记载《富国策》是“副教习汪凤藻译，总教习丁韪良鉴定”①。从丁韪良在《富国策》凡例的描述可以看出，翻译这本书时，因为丁韪良认为汪凤藻汉语功底和英语能力都很强，而且已经仔细阅读过原著，还曾经跟随数学老师李善兰学习过比较前沿的数学知识，所以，他让汪凤藻先翻译，然后他再核对、校正。因此，这本书尽管也是导师指导下的翻译作品，但实际上汪凤藻起到了主要作用，丁韪良起到了辅助作用。

第三，汪凤藻独立完成了《英文举隅》的翻译。《同文馆题名录》记载《英文举隅》是“副教习汪凤藻译，总教习丁韪良鉴定”②。从曾纪泽在《英文举隅》序中的描述可以看出，曾纪泽之所以要翻译这本书，是因为他即将出使欧洲，英语语法欠缺，急需《英文举隅》的汉语译本。作为好朋友，汪凤藻急人所难，只用了一个月就完成了翻译任务。“以举隅即举例的方式讲解英文语法是该书的一大特色。”“这些语法概念的翻译，均吸收、接受了前人的成果，但又具有自己的创新，而语法知识的介绍，则明显更为全面与合理。”③尽管因为时间匆忙，有些地方翻译得不是特别完美，但基本框架已经完备，足够实际应用。假如有足够的时间，这部翻译作品肯定会有更高的质量。这个案例充分证明了汪凤藻的实际能力和翻译水平。1947年，有人在《南洋杂志》上撰文称其“远在《马氏文通》及《英文汉话》之前，亦可称为第一本介绍英国文法入中国之书”④。付克（1986）认为《英文举隅》是“中国近代第一部英文文法书”⑤。鉴于汪凤藻的《英文举隅》出版之前还没有中国人专门出版过英文文法著作。因此，汪凤藻的《英文举隅》的确是中国近代英文文法研究的开山之作。

邱志红（2008）认为汪凤藻1879年出版的《英文举隅》和张德彝1895年出版的《英文话规》这两部英文语法著作具有较高的社会价值。第一，这是京师同文馆毕业生编译的著作，充分证明了学校的人才培养质量。第二，这两部著作对于后来的英语教育功不可没。它们“不仅代表了同文馆卓著的英语教学水平，同时，它们对戊戌维新以后英语语法知识和概念传播的成熟

---

① 朱有瓛：《中国近代学制史料》第一辑上册，华东师范大学出版社1983年版，第153页。

② 朱有瓛：《中国近代学制史料》第一辑上册，华东师范大学出版社1983年版，第153页。

③ 邱志红：《〈英文举隅〉与〈英文话规〉——同文馆毕业生编译的早期英语文法书》，载《寻根》2008年第5期。

④ 李良佑：《中国英语教学史》，上海外语教育出版社1988年版，第22～23页。

⑤ 付克：《中国外语教育史》，上海外语教育出版社1986年版，第18页。

化、深入化发展，起到了至关重要的承上启下作用”①。

不仅如此，“丁韪良还收集中国古代公法的材料，用英文撰写了《中国古世公法论略》（*International Law in Ancient China*），由汪凤藻翻译成中文，1884年由同文馆出版”②。另外，根据《同文馆题名录》的记载，汪凤藻还翻译了《新加坡律例》一书，只是没有出版而已。（见表4-3）

表4-3 汪凤藻的翻译作品与评价

	时间	评价内容	评价人	来源
公法便览	1877年	兹译以华文而词义尚能明晰者 则汪君芝房凤藻之力为多 芝房既具敏才复精英文 余为之讲解一切易于领悟 其笔亦足以达之 且能恪遵原本不减不增	丁韪良	《公法便览》序
富国策	1880年	译是书者为同文馆副教习汪生凤藻 夙擅敏才 既长于汉文 尤精于英文 其原书先已熟读备探秘奥 迨译本脱稿后 复经总教习详加核对乃呈	丁韪良	《富国策》凡例
英文举隅	1879年	余尝欲取英国文法 译以华言 纷纭鲜暇 因循遂已 汪君芝房所学邃于余 纵谈既洽 因以属之 阅月而成册 虽覼缕证据 未逮原书 然名目纲领 大致已备 亦急就之奇觚启蒙之要帙也	曾纪泽	《英文举隅》序

资料来源：汪凤藻的翻译作品评价内容均为丁韪良和曾纪泽原文，转引自刘晓峰：《汪凤藻的译者惯习和资本及其在晚清翻译场域的轨迹》，载《外国语文研究》2018年第3期。

除了翻译方面的成绩以外，汪凤藻的中英文素养也值得赞赏。他既有很高的英文水平，也有深厚的汉语修养。这一点不容小觑。隋唐以来，在中国社会中，“学而优则仕”是千百年来众多知识分子的梦想。汪凤藻和同时代的人一起经历了读孔孟之书、参加科举考试、取得一定功名这个过程。然而，在同样多的时间内，他不仅熟练掌握了英文，而且还精通了中国传统文化儒家经典，参加了科举考试，顺利荣登进士榜单，成为翰林院庶吉士。他以自身的经历证明，中西方文化不是敌人，是平等相待的人类智慧，没必要非此

① 邱志红：《〈英文举隅〉与〈英文话规〉——同文馆毕业生编译的早期英语文法书》，载《寻根》2008年第5期。

② 邹振环：《丁韪良译述〈万国公法〉在中日韩传播的比较研究》，载复旦大学韩国研究中心编《韩国研究论丛》第七辑，中国社会科学出版社2000年版，第261页。

即彼，你死我活，完全可以相互依存，合作共赢，实现共同发展。外语学校并非只能培养外语人才，它也可以培养出学贯中西的专家学者。

第三节 同文三馆的作用和影响

同文三馆的作用和影响非常明显，主要表现在三个方面：学校制度方面、人才培养方面和西学传播方面。第一，同文三馆确立了新的学校制度，保障了学校发展，为其他西式学堂的建立提供了范本。第二，培养了一批掌握西方科技知识的人才，尤其是培养了大批翻译人才和外交人才，促进了对西方的了解，基本满足了外交翻译需求，达到了办学最初目的。甘作霖认为："溯自广方言馆开办以来，其英法文两部，要皆能黾勉图功，无忝厥职，而于发起人曾李诸公之厚望，建议人容闳博士之苦心，亦庶几无负。"[①] 第三，改变了传统办学模式和教学内容，教学中引入西方外语和科技知识，实践中翻译了大量西方书籍，促进了西方文化的广泛传播。这三个方面互相影响，互相作用，加快了"西学东渐"和中国教育现代化进程。

一、同文三馆的作用

（一）同文三馆确立了新的学校制度

在学校制度方面，清政府颁布了基本符合西方现代教育的学校章程，采用了西方的班级授课制，为后来的各类西式学堂发展提供了样板。在创办之初和发展过程中，同文三馆都制定了学校章程，由皇帝批准实施。这些章程制定了教学和管理制度，规定了学习年限、学习目标和要求，安排了西方语言文字和科学文化课程，出台了招生、考试和毕业分配政策。这些制度和新的授课形式不仅使得清政府办学有法可依，教学管理全面且细致，而且更重要的是，它们改造了传统教育，包容了西方文化内容和形式，促进了教育现代化和整个社会观念的发展变化。"当初文馆初立的时候，情形不是这样的。大家觉得要翰林院的人员来入学，简直是对于中国学问的一种侮辱；翰林院

---

① 甘作霖：《记广方言馆的教习及毕业生》，载朱有瓛：《中国近代学制史料》第一辑上册，华东师范大学出版社 1983 年版，第 252 页。

的院长倭仁反对最烈，不让他们来学。”[①] 由于同文三馆等西式学堂的不断出现，社会大众从完全排斥到逐渐接受了西方现代文化观念和西方现代教育制度，最终导致清政府在1905年被迫彻底废除了在中国实行了1300多年的科举制。

为了确立新的学校制度，清政府有关的高级官僚全程组织并参与了同文三馆的创办，涉及的各方机构和人员均达到最高层级。由中央和地方高官负责申请立项、论证和建设一所学校，由皇帝最终拍板决定学校创办和发展，这在晚清历史上应该是第一次。丁韪良说：“同文馆的间接影响是很大的，他影响了中国的高级官吏，由中国的高级官吏又影响了中国的教育制度。其中最主要的（虽则是有限的），是科学的渗入科举。”[②]

1. 奕䜣申办京师同文馆

恭亲王奕䜣是积极主张建设同文馆的皇亲国戚和朝廷重臣。咸丰十年十二月初三（1861年1月13日），奕䜣上书咸丰皇帝，“酌拟章程六条，恭呈御览”[③]。第二年，咸丰皇帝去世，同治皇帝继位。出于形势所需，身为总理各国事务衙门负责人的奕䜣没有放弃设立京师同文馆的愿望。为此，他亲自参与建立学馆的论证，反复阐述其重要性和必要性，并将论证意见和结论写成同文馆“章程六条”，专门汇报给新登基的同治皇帝，请求同治皇帝继续沿用咸丰皇帝的政策。

在第一份京师同文馆章程中，奕䜣从资金筹措、师资聘任、学生招考、学校设施、教学内容、教学管理、课程考试、毕业分配等方面作出了多方考察和明确的安排。例如，在选择外籍教师担任京师同文馆教习时，他作出了如下解释：第一，本来打算聘请中国人担任外语教师，但是中国没有熟悉外语之人，没办法做到对外国知根知底。“中国迄无熟悉外国语言文字之人，恐无以悉其底蕴。”第二，已经安排广东、江苏把外语师资送到京城，但两地都说没有人选，不得不聘用外国人。“广东、江苏既无咨送来京之人，不得不于外国中延访。”第三，经过与英国公使威妥玛商量，威妥玛推荐的英国人包尔

---

① 丁韪良：《同文馆记》，傅任敢译，载朱有瓛：《中国近代学制史料》第一辑上册，华东师范大学出版社1983年版，第179页。

② 丁韪良：《同文馆记》，傅任敢译，载朱有瓛：《中国近代学制史料》第一辑上册，华东师范大学出版社1983年版，第183页。

③ 奕䜣：《咸丰十年十二月初三日（1861.1.13）恭亲王奕䜣等奏》，载朱有瓛：《中国近代学制史料》第一辑上册，华东师范大学出版社1983年版，第5页。

腾懂汉文可以担任外语教师。"旋据英国威妥玛言及该国包尔腾兼通汉文，暂可令充此席。"第四，奕䜣不放心，专门将包尔腾召至总理衙门面试。虽然不知其底细，但其外表还算诚实，如果只担任外语教师问题不大。"臣等令来署察看，尚属诚实，虽未深知其人，惟以之教习学生，似可无事苛求。"第五，已经选择10名学生让洋人先试教一段时间。"因于上月十五日先令挑定之学生十人来馆试行教习。"第六，为了防止洋人传教，已经与威妥玛事先声明，不许传教，而且派汉人徐澍琳暗中监视。"并与威妥玛豫为言明，祇学语言文字，不准传教；仍另请汉人徐澍琳教习汉文，并令暗为稽察。"[①]

由此可见，奕䜣在外籍教师的选择上并非随意妄为，而是作了认真的考察。而且他还事先与外教约法三章，不得传教，同时，请外教的中方同事进行监督。这些做法充分体现了他的谨慎和无奈。总之，在他的精心筹划下，同治皇帝最终批准了他的请求。同治元年七月（1862年8月），京师同文馆成立，"先后奉旨允准在案"[②]。

除了同治元年七月二十五（1862年8月20日）奕䜣制定的第一份章程以外，京师同文馆后来还四次修订了原来的章程。第一次是首届学生三年毕业时进行的修订。同治四年十一月初五（1865年12月22日），总理各国事务奕䜣提出了"变通章程六条"，对第一份章程的经费预算等事项进行了调整。第二次是开设天文算学馆时作出的修订。同治五年十二月二十三（1867年1月28日），总理各国事务奕䜣提出了"学习天文、算学章程六条"，对原来的招生政策和专业设置进行了调整。自19世纪60年代制定了上述三份章程以后，京师同文馆在随后的70、80、90年代都一直在沿用这些章程，没有作重大修改。第三次修订的章程应该是出现在光绪二十四年（1898）以前。关于该章程，研究专家曾作出如下注释：

> 这份章程见《同文馆章程及续增条规》（北京图书馆藏书43648号），但未载年月。在章程之前，还有布告，原文如下："奉堂谕：前因同文馆事宜，原办成案，多未划一。当经谕令总办章京等会议章程呈核。现据拟呈章程十八条，经本部堂成酌加增改，期于详慎周备，著即照所议行，

---

① 奕䜣：《同治元年七月二十五日（1862.8.20）总理各国事务奕䜣等折》（附章程），载陈学恂：《中国近代教育史资料教学参考资料》上册，人民教育出版社1986年版，第26页。

② 奕䜣：《同治元年七月二十五日（1862.8.20）总理各国事务奕䜣等折》（附章程），载陈学恂：《中国近代教育史资料教学参考资料》上册，人民教育出版社1986年版，第26页。

并照录一通发给同文馆粘贴，俾资一体遵守毋违。特谕”。①

第四次章程修订应该是在戊戌变法运动以后。光绪二十四年（1898），清政府颁布了“续增同文馆条规八条”，重申了同文馆的纪律和要求。

2. 李鸿章申办上海同文馆

京师同文馆成立后，李鸿章也积极筹划设立上海同文馆。同治二年二月初十（1863年3月28日），身为江苏巡抚的李鸿章上奏同治皇帝，提出成立上海同文馆的建议。他的理由主要包括以下几点：第一，各国在华都有自己的翻译官，在外交谈判时难免偏向本国政府。与此相反，清政府缺少自己可靠的外交翻译，需要谈判时只能借助通事沟通。“我官员绅士中绝少通习外国语言文字之人。……中国能通洋语者仅恃通事。”第二，奕䜣创办的京师同文馆是解决这个问题的好方法。一旦培养出优秀的外语人才，就可以把握西方人的核心要义而驾驭他们，从而保护边疆安宁。“京师同文馆之设实为良法，行之既久，必有正人君子、奇尤异敏之士出乎其中，然后尽得西人之要领而思所以驾驭之，绥靖边陲之原本实在于此。”第三，在五口通商之地，上海和广州既是洋人聚集最多的地方，也是种类最多的地方。清政府应该仿照京师同文馆在上海设立上海同文馆。“惟是洋人总汇之地，以上海广东两口为最，种类较多。”“臣拟请仿照同文馆之例，于上海添设外国语言文字学馆。”②

同治二年四月二十九（1863年6月15日），担任南洋通商大臣的李鸿章再次上奏同治皇帝。这一次，李鸿章还与奏折一起提交了《上海初次议立学习外国语言文字同文馆试办章程十二条》③。这是上海同文馆的第一份办学章程。在上海同文馆章程中，李鸿章在学生招考、师资聘任、教学内容、教学管理、课程考试、资金筹措、毕业分配等方面作出了规定，提出了每年所需经费八千元的要求。同治皇帝批准了李鸿章的建议。于是，上海同文馆于同治二年（1863）成立。

除了李鸿章制定的第一份章程以外，上海同文馆后来还两次修订了原来的章程。第一次是上海同文馆与江南机器制造局翻译馆合并时制定的课程与办学规范章程。同治六年（1867），江南机器制造局成立了翻译馆。因为其

---

① 朱有瓛：《中国近代学制史料》第一辑上册，华东师范大学出版社1983年版，第20页。

② 李鸿章：《同治二年二月初十日（1863.3.28）江苏巡抚李鸿章奏》，载朱有瓛：《中国近代学制史料》第一辑上册，华东师范大学出版社1983年版，第214～215页。

③ 李鸿章：《同治二年四月二十九日（1863.6.15）江海关道详南洋通商大臣李鸿章》（附章程），载陈学恂：《中国近代教育史资料教学参考资料》上册，人民教育出版社1986年版，第53～56页。

“译习外国书籍，与广方言馆事属相类，自应归并一处，以期一气贯串”[①]。也就是说，由于上海同文馆培养翻译人才职能与其相似，江南机器制造局将上海同文馆纳入同一场所办公，但仍允许其保留独立地位。同治九年三月初三（1870 年 4 月 3 日），江南机器制造局总办冯焌光、郑藻如在汇报这两个附属机构合并事宜时提出了“酌拟广方言馆课程十条”和“拟开办学馆事宜章程十六条”，对合并后的上海同文馆提出了新的要求。在 19 世纪 70、80 年代直至 90 年代初期，上海同文馆一直都在沿用这些章程。第二次是江南机器制造局总办根据形势变化进行调整的变通章程。光绪二十年四月二十三（1894 年 5 月 27 日），江海关道聂缉椝提出了“附录近年变通从前办法，酌立简明条规十则”，对原来的章程进行了修改，以便适应当时的新形势。

3. 奕䜣和李鸿章建议设立广东同文馆

京师同文馆和上海同文馆成立以后，同治皇帝接受了奕䜣和李鸿章的建议，要求广东地方官员在广东成立类似机构。同治二年二月初十（1863 年 3 月 28 日），同治皇帝给广州将军下达圣旨，要求广东官员照章办理。

同治皇帝在圣旨中表达了以下几层意思：第一，总理各国事务衙门提出设立京师同文馆，现在已经批准。“前据总理各国事务衙门奏，遵议设立学习外国语言文字学馆为同文馆，当经照所议行，该衙门已行知该将军等遵照矣。”第二，虽然总理衙门统揽全国外交事务，但具体处理外交事务的地方却集中在广东、上海。既然奕䜣、李鸿章已经创办京师同文馆、上海同文馆，那么，广东也应该仿照先例成立广东同文馆。“因思总理衙门固为通商纲领，而中外交涉事件，则广东上海为总汇之所。现据李鸿章奏称，上海已议设立外国语言文字学馆；而广东事同一例，亦应仿照办理。”第三，办学是当前头等大事，广州将军必须全力以赴，不得儿戏。否则，如果将来办学没有成效，就要拿广州将军是问。“此事为当今要务，该将军等务当实心办理，不得视为具文；倘将来日久无效，惟该将军等是问!”第四，广东同文馆的一切章程和办学经费等问题都可以向李鸿章咨询和商讨，并参照总理衙门的建议从海关税收中获取。具体措施商定后提交皇帝裁决。“所有一切章程与薪资工食、各项经费，著即咨商李鸿章，并参以总理衙门原议，或酌提船钞妥为办理。议

① 涂宗瀛：《同治八年十月（1869.11）江海关道涂上督抚宪通商大臣禀》，载朱有瓛：《中国近代学制史料》第一辑上册，华东师范大学出版社 1983 年版，第 220 页。

定后即行具奏，候旨裁定施行。”①

同日，同治皇帝下达旨意：“李鸿章另折奏，请饬广东仿照同文馆设立学馆，学习外国语言文字等语，已谕令广州将军等查照办理。”②

在皇帝旨意面前，广东地方官员自然不敢怠慢。他们火速行动，赶紧回复。同治二年五月初八（1863 年 6 月 23 日），两广总督都察院左副都御史晏端书、广东巡抚黄赞汤上奏同治皇帝，提出：“臣与库克吉泰会商，拟即修筑馆舍，订延英法国人，教习外国语言文字。……奏请圣裁，钦遵办理。”③

同治二年五月十八（1863 年 7 月 3 日），广州将军库克吉泰上奏同治皇帝：“奴才当即知会署督臣晏端书，一体钦遵办理；并咨行江苏抚臣李鸿章将上海办理一切章程迅速详为移复，以便会同商办。”④

同治三年六月初十（1864 年 7 月 13 日），两广总督毛鸿宾“经前署督臣晏端书咨商李鸿章钞录上海设馆开办章程，并将粤省拟办大概情形，于上年四月十三日附片奏报”。“谨将广东省开设教习外国语言文字学馆，拟议章程，及需支经费各数，缮具清单，恭呈御览。”⑤ 在奏折中，毛鸿宾仿照上海同文馆办学章程提出了广东同文馆办学章程十五条。

从同文三馆的设立过程来看，每一所同文馆都受到了极大的重视。由中央机关外交负责人或地方政府最高机关负责人亲自过问、论证一所外语学校的设立，考察一所学校的建设、师资聘任、学生管理、毕业分配等问题，并由皇帝作出最后的决策，这种做法恐怕在中外历史上都不多见。这足以表明国家高层对此事的重视程度。正因为国家高度重视，所以同文三馆的新学制才为其他新式学堂产生了示范效应。

（二）同文三馆培养了大量的翻译人才

在人才培养方面，同文三馆为晚清和民国初期培养了大量了解西方文化

---

① 上谕：《同治二年二月初十日（1863. 3. 28）上谕》，载朱有瓛：《中国近代学制史料》第一辑上册，华东师范大学出版社 1983 年版，第 256 页。

② 上谕：《同治二年二月初十日（1863. 3. 28）上谕》，载朱有瓛：《中国近代学制史料》第一辑上册，华东师范大学出版社 1983 年版，第 256 页。

③ 晏端书、黄赞汤：《同治二年五月初八日（1863. 6. 23）署两广总督都察院左副都御史晏端书广东巡抚黄赞汤奏》，载朱有瓛：《中国近代学制史料》第一辑上册，华东师范大学出版社 1983 年版，第 257 页。

④ 库克吉泰：《同治二年五月十八日（1863. 7. 3）署广州将军库克吉泰奏》，载朱有瓛：《中国近代学制史料》第一辑上册，华东师范大学出版社 1983 年版，第 258 页。

⑤ 毛鸿宾：《同治三年六月初十日（1864. 7. 13）两广总督毛鸿宾折》（附章程），载陈学恂：《中国近代教育史资料教学参考资料》上册，人民教育出版社 1986 年版，第 59～60 页。

的人才，尤其是外交人才。曾经长期担任京师同文馆总教习的丁韪良说："同文馆最初的目的是在养成翻译人才。"[①] 作为培养翻译人才的官办外语学校，从培养翻译人才这一点上看，同文三馆是合格的。它们培养的学生在各行各业的工作中表现良好，经受住了国外和国内的考验，对晚清和民国初期的发展功不可没。田正平、肖朗（1998）认为同文馆"培养外交和外语人才的基本目标应该说大致实现了"[②]。

当然，同文三馆的人才培养也经历了调整和变化。最初，奕䜣和李鸿章等人只是打算培养一些能够应付外交事务的翻译人才，避免无耻通事的欺骗。然而，随着社会发展，办学者对学校教育的认识在不断地加深。同文三馆的教学目标也从单纯培养翻译人才发展到培养外交、科技等复合型人才。光绪二十一年十二月二十四（1896 年 2 月 7 日），总理各国事务衙门奏："现在各馆学生于语言文字逐渐精通，天文、化学、格致、算学各馆课程，亦均有进益。"[③] 事实上，中国近代的第一批外交人才大多来自于同文三馆，为晚清时期的中国外交事业作出了重要贡献。

在中国近代外交上，光绪二年（1876）是一个分界点。在这个时间点以前，清政府出使国外大多是临时任务。派遣的外交人员都是科举正途出身的官员，自身不懂外语。他们往往安排同文三馆学生作为最可靠的随身翻译人员。1876 年 9 月，《出使章程》正式颁布，意味着清政府派驻出国人员有了制度规范。在这个时间点以后，既懂外语又会外交的同文三馆毕业生便逐渐成为中国驻外使团主力军和国内各类机构涉外人员骨干。光绪十一年十一月初十（1885 年 12 月 15 日），总理各国事务奕劻等奏："历年以来，洋教习等均能始终不懈，各学生等因而日起有功，或随带出洋充作翻译，或升迁外省及调赴沿海各处差委者已不乏人，实属著有成效。"[④]

同文三馆的教育质量是由它们培养的学生质量来体现的。在这方面，同文三馆都经历了多次考验。京师同文馆多次派遣学生担任翻译跟随政府官员短期出国考察，后来还组织学生到英国、法国、俄国和德国长期留学，显示

---

① 丁韪良：《同文馆记》，傅任敢译，载朱有瓛：《中国近代学制史料》第一辑上册，华东师范大学出版社 1983 年版，第 183 页。

② 田正平、肖朗：《论中国教育近代化起步阶段的成就、特点与问题》，载《教育研究》1998 年第 10 期。

③ 朱有瓛：《中国近代学制史料》第一辑上册，华东师范大学出版社 1983 年版，第 592 页。

④ 奕劻：《光绪十一年十一月初十日（1885.12.15）总理各国事务奕劻等奏》，载朱有瓛：《中国近代学制史料》第一辑上册，华东师范大学出版社 1983 年版，第 152 页。

了清政府对该校学生的信任和期待。上海同文馆和广东同文馆各自选派学生五次进京考试，表现良好，也向世人展示了其人才培养质量。担任京师同文馆总教习长达25年的丁韪良说：“中国学生了解力强，不求急效，对于科学很有成就。”“我们从来不要他们学习一种以上的外国文字，他们能精通一种已很难能可贵了。因此，英、法、俄、德四馆的学生，各不相混。”①

1. 京师同文馆派遣学生出国

同治五年正月初六（1866年2月20日），也就是京师同文馆设立四年之后，总理各国事务衙门奕䜣提出应该找个时机派人了解西方列强的真实情况，同时检验一下外语人才培养效果。他指出，自《天津条约》《北京条约》签订以后，外国人在中国很多地方长驱直入，对于中国各地的情况越来越熟悉。但中国并不了解国外形势，所以在外交谈判时总有些隔靴搔痒之感，应该“派员前往各国探其利弊，以期稍识端倪，借资筹计”②。

在此之前，清政府并没有安排过人员出国。之所以不安排出国，主要是因为清政府对西方世界缺乏了解，盲目派遣中国使节到各个国家会涉及国格尊严、外交礼节等多种问题。主管外交的奕䜣担心稍有不慎就可能惹出大麻烦，也不敢轻易操作出国事宜。

当时有一件事情恰好帮助奕䜣解决了这个烦恼。同治五年（1866），总税务司赫德准备回英国度假结婚。他建议清政府可以派几个政府官员和同文馆学生跟随他到英国去看一看，了解一下这个国家的风土人情。这样做有两大好处：第一，行程简单。这不是两国之间正式的外交活动，既避免了许多外交上的繁文缛节，又可以减轻政治经济负担。第二，考察直观。这是一次半公半私的旅行。随行人员不但可以体验英国丰富的城市生活和发达的工业生产，而且可以深入了解英国社会各个阶层的真实情况，可谓一举多得。

奕䜣马上接受了赫德的建议并在奏折中向同治皇帝提出，应该利用这次机会派人考察一下英国。派出的人员不能太年轻，应该选老成可靠之人，否则由于社会经验不足，他可能在外交场合失去礼数被人耻笑。他建议选派63岁的内务府正白旗汉军善禄管领下人斌椿出行。该人曾任山西襄陵县知县，于咸丰七年在捐输助赈案内加捐副护军参领衔。斌椿“前年五月间经总税务

① 丁韪良：《同文馆记》，傅任敢译，载朱有瓛：《中国近代学制史料》第一辑上册，华东师范大学出版社1983年版，第180页。

② 奕䜣：《同治五年正月初六日（1866.2.20）总理各国事务奕䜣等折》，载朱有瓛：《中国近代学制史料》第一辑上册，华东师范大学出版社1983年版，第43页。

司赫德延请办理文案，并伊子笔帖式广英襄办，年余以来，均尚妥洽。拟令臣衙门札会该员及伊子笔贴式广英同该学生等，与赫德前往，即令其沿途留心，将该国一切山川形势，风土人情，随时记载，带回中国，以资印证”①。为了让此次出国人员符合外派身份，奕䜣还建议给他们授予一定官职。“惟该官生等远涉重洋，所有副护军参领衔前襄陵县知县斌椿，可否赏给三品衔，作为臣衙门副总办官，及伊子笔帖式广英，并考取八九品官之同文馆学生凤仪、德明二名，均赏给六品顶戴，其未经授官之彦慧一名，赏给七品顶戴，以壮观瞻。”②

就这样，同治五年（1866），清政府总税务司赫德回英国结婚时，德明（张德彝）、彦慧、凤仪三名京师同文馆学生随斌椿等人一起前往英国考察。清政府第一次官派学生就以这种形式走出了国门。

同治六年（1867），为了与英法等国重新修订《天津条约》，清政府派志刚等前往欧洲，随行的翻译人员包括俄文馆学生塔克什纳、桂荣，法文馆学生联芳、廷俊。这是清政府第二次官派学生出国。

同治九年（1870），天津发生了教案。中法之间引发了严重的外交危机。教案发生后，法国人除了要求经济补偿以外，还要求中国必须派高官到法国道歉。为了平息事态，清政府特派北洋通商大臣崇厚前往法国，并安排法文馆学生庆常作为随行翻译一起前往。这是清政府第三次官派学生出国。

通过这三次出国活动，清政府初步掌握了欧洲的历史、地理状况，了解了西方诸国的风土人情，学会了西方组织外交活动的基本礼仪和谈判常识，为清政府以后对外派遣常驻外国使节提供了宝贵的经验。

尽管上述三次出国任务中的主角都不是京师同文馆的学生，但正是这三次出国经历，让京师同文馆的众多学生树立了信心，增长了见识，锻炼了外语应用能力。例如，第一批随行出国的张德彝回国后根据亲身经历撰写了八部《航海述奇》，详细介绍了西方的风土人情和地理风貌，为晚清时期的中国人了解西方世界提供了真实的参考资料。他后来又被推荐担任光绪皇帝的英文老师。据《同文馆题名录》关于学生进内备差记载，光绪十七年十一月初一（1891 年 12 月 1 日），总理各国事务衙门“王大臣面奉谕旨，传翻译官张

① 奕䜣：《同治五年正月初六日（1866. 2. 20）总理各国事务奕䜣等折》，载朱有瓛：《中国近代学制史料》第一辑上册，华东师范大学出版社 1983 年版，第 43 页。

② 奕䜣：《同治五年正月初六日（1866. 2. 20）总理各国事务奕䜣等折》，载朱有瓛：《中国近代学制史料》第一辑上册，华东师范大学出版社 1983 年版，第 44 页。

德彝、沈铎进内备差，每员间日恭讲英文”[①]。

上述三次出国都是偶然的临时活动。真正有意识的出国留学是随后发生的事情。同治六年（1867），容闳提出：“政府宜选派颖秀青年，送之出洋留学，以为国家储蓄人材。”[②] 由于三批出国官员的乐观描述和容闳的大力宣传，清政府开始启动晚清时期的官方留学活动。这也是洋务运动开展的自强救国措施之一。从同治十年（1871）到光绪七年（1881），清政府陆续向海外派出了 4 批 120 名幼童赴美留学。这是近代中国第一代大规模的官费留美学生。不过，非常可惜的是，清政府因为种种原因撤销了海外留学生计划，导致全体留学生被迫半途而废，从而延缓了中国教育现代化的步伐。虽然留学活动终止了，但出国留学的火种却保存了下来。这为甲午战争后的大规模出国留学、救亡图存运动提供了借鉴。

1894～1895 年，中日甲午战争以中国失败告终。昔日的蕞尔小国居然打败了它的巨人邻居，这个事件令全体中国人民深受刺激。康有为、梁启超等人呼吁中国应该总结失败的教训，努力向西方学习。从此，社会各界学习西学的热情高涨，很多地区掀起了出国留学高潮。在这种情况下，京师同文馆先后两次“奏派学生出洋肄业”并获得批准。田正平、肖朗（1998）认为，开办新式学堂和派遣留学生“既是中国教育近代化起步的重要标志和主要内容，更为中国教育近代化的推进奠定了基础”[③]。

在第一批出国留学生出国之前，光绪二十二年（1896）四月奉堂谕指出：“此次出洋不惮烦难，不惜经费，专为讲求实学，磨砺真才，广见闻而开风气。诸生到洋后各宜束身自爱，专意讲求，毋慕浮华，毋沾习气，三年期满，果有成效，定邀嘉奖。”[④]

根据“光绪二十二年（1896）四月奉堂谕”统计，京师同文馆第一批出国留学生情况见表 4-4。

---

① 朱有瓛：《中国近代学制史料》第一辑上册，华东师范大学出版社 1983 年版，第 53 页。

② 容闳：《予之教育计划》，载璩鑫圭、童富勇：《中国近代教育史资料汇编》（教育思想），上海教育出版社 1997 年版，第 42 页。

③ 田正平、肖朗：《论中国教育近代化起步阶段的成就、特点与问题》，载《教育研究》1998 年第 10 期。

④ 朱有瓛：《中国近代学制史料》第一辑上册，华东师范大学出版社 1983 年版，第 144 页。

表 4-4　　京师同文馆第一批出国留学生统计表

	来源	姓名
1	英文馆	丁永焜、陈贻范、王汝淮、朱敬彝
2	法文馆	世敏、伊里布、双苐、汇谦
3	俄文馆	邵恒浚、桂芳、陈嘉驹、李鸿谟
4	德文馆	杨晟、治格、黄允中、金大敏

资料来源：光绪二十二年（1896）四月奉堂谕，载朱有瓛：《中国近代学制史料》第一辑上册，华东师范大学出版社 1983 年版，第 144 页。

光绪二十一年十二月二十四（1896 年 2 月 7 日），总理衙门奏派学生出洋片提出："拟于英法俄德四使馆，各拨学生四名，分往学习语言文字算法，以三年为期，责成出使大臣，严为稽核。"这是京师同文馆派出的第二批出国留学生。此次安排出国的原因是："溯自开馆以来，学有成就者尚不乏人，第恐限于见闻，未能曲尽其妙。"① 清政府希望留学生们能够通过在西方国家实地操练成为真正的外语人才。

根据《京师同文馆学友会第一次报告书》统计，京师同文馆第二批出国留学生情况见表 4-5。

表 4-5　　京师同文馆第二批出国留学生统计表

	来源	姓名
1	英文馆	恩厚（冠姓陈）　六保（更名王念祖） 柏锐（冠姓傅）　国栋（冠姓关）
2	法文馆	唐在复　戴陈霖　文惠　贵和（更名白寿和）
3	俄文馆	张庆桐　付师贤　陈瀚　郝树基
4	德文馆	程经世　唐尔萱　恩祐（更名陈祐）　永祐

资料来源：《京师同文馆学友会第一次报告书》，第 18～20 页，载朱有瓛：《中国近代学制史料》第一辑上册，华东师范大学出版社 1983 年版，第 52 页。

2. 上海同文馆五次送学生进京考试

上海同文馆的学生质量评估方式是把学生送到京师同文馆接受检验。作为学校的管理人员，上海道台与该校董事亲自到上海同文馆面试，选拔该校

① 朱有瓛：《中国近代学制史料》第一辑上册，华东师范大学出版社 1983 年版，第 51 页。

最优秀的学生进京参加考试并争取留京深造。据《上海县续志》记载，上海同文馆“专办英法二馆（最盛时生徒达二百人，毕业后咨送北京同文馆肄业，成就人才甚多）”①。

同治六年十一月十五（1867 年 12 月 10 日），上海通商大臣曾国藩送学生咨文：“兹奉总理衙门奏明，调取自应择尤遴选，以收实效。当经由道督同该馆董事叶承铣选定附监生严良勋、席淦、王宗福、汪凤藻、汪远焜、王文秀等六名，均系肄业有年，翻译洋文已属通顺，外国语言亦能领会，堪以给咨赴京，听候考试。”② 不过，由于父亲病重，王宗福当年未能成行。

吴宗濂在《上海广方言馆始末记》中回忆道：“英文而外，并设算学德文法文三科，盖不仅课方言，亦兼课实学焉。星期休假，仍从事帖括，月试岁试，给以膏火，奖以花红，拔其尤者，致之京师，入同文馆肄业。保送初次为汪君凤藻等五人，二次为杨君兆鋆等七人，三次由沪道刘芝田（瑞芬）制造局总办蔡二源（汇沧）两先生遴选各科及格者逾二十人。而王大臣主持同文馆政者，谓本馆需用祇在法文学生，余俱勿遣。于是仅以鄙人及黄君致尧入选。”③

自同治七年三月初九（1868 年 4 月 1 日）第一次到光绪二十二年（1896）最后一次，上海同文馆先后选派了五批 28 名学生进京考试。根据《京师同文馆学友会第一次报告书》三馆馆员录统计，上海同文馆五次进京学生具体情况见表 4-6。

表 4-6　　上海同文馆五次送京学生统计表表

	人数（人）	时间	姓名
第一次	5	同治七年三月初九 （1868 年 4 月 1 日）	严良勋　席淦　汪凤藻　汪远焜 王文秀
第二次	7	同治十年八月 （1871 年 9 月）	朱格仁　杨兆莹　金仁杰　王宗福 徐广坤　杨兆鋆　黎子祥

① 朱有瓛：《中国近代学制史料》第一辑上册，华东师范大学出版社 1983 年版，第 253～254 页。

② 曾国藩：《同治六年十一月十五日（1867.12.10）上海通商大臣曾国藩送学生咨文》，载朱有瓛：《中国近代学制史料》第一辑上册，华东师范大学出版社 1983 年版，第 248 页。

③ 吴宗濂：《上海广方言馆始末记》，载朱有瓛：《中国近代学制史料》第一辑上册，华东师范大学出版社 1983 年版，第 249～250 页。

续表

	人数（人）	时间	姓名
第三次	2	光绪五年十一月初一（1879 年 12 月 13 日）	吴宗濂　黄致尧
第四次	7	光绪十六年七月（1890 年 8 月）	朱敬彝　陈贻范　杨书雯　陆征祥　刘式训　刘镜人　翟青松
第五次	7	光绪二十二年（1896）	周传经　唐在复　戴陈霖　黄书淦　徐绍甲　方传钦　陈思谦

资料来源：《京师同文馆学友会第一次报告书》，第 16～17 页，载朱有瓛：《中国近代学制史料》第一辑上册，华东师范大学出版社 1983 年版，第 53～54 页。

由于学生普遍优秀且学习用功，上海同文馆的学生培养质量经受住了检验。据《上海县续志》记载，上海同文馆“专办英法二馆（最盛时生徒达二百人，毕业后咨送北京同文馆肄业，成就人才甚多）”①。按照熊月之（1999）的统计，上海同文馆送京考试的学生在 1872 年岁试中获得了英文格致第一名；在 1879 年大考中获得了英文第一名、汉文算学第一名、天文第一名；在 1898 年大考中获得了法文前两名。② 周振鹤认为：“上海广方言馆开办三十来年，为大清帝国培养了五百名以上的外语人才。与北京、广州两地相比，上海毕业生质量最高，他们中的许多人后来都成了驻外使节，位居显要。”③

3. 广东同文馆五次送京学生考试

广东同文馆的学生质量评估方式也是把学生送到京师同文馆接受检验。同治六年十一月十二（1867 年 12 月 7 日），奕䜣在总理各国事务衙门接待了广东同文馆的蔡锡勇等六名学生，“逐日细加考察，并先试以汉文译作洋文，继令将洋文照会译成汉文，嗣又以算法各条令其逐条登答。该学生等文理俱各明顺，登答均无舛错。……该学生等学习有年，均堪造就”④。

根据《京师同文馆学友会第一次报告书》三馆馆员录统计，广东同文馆先后五次把 40 名学生（其中 6 人因故送了两次）选送到京师同文馆。具体送京学生情况见表 4-7。

---

① 朱有瓛：《中国近代学制史料》第一辑上册，华东师范大学出版社 1983 年版，第 254 页。

② 参见熊月之：《上海通史》第 6 卷“晚清文化”，上海人民出版社 1999 年版，第 266 页。

③ 周振鹤：《书同文与广方言》，载《读书》1992 年第 10 期。

④ 奕䜣：《同治六年十二月二十四日（1868.1.18）总理各国事务奕䜣等折》，载朱有瓛：《中国近代学制史料》第一辑上册，华东师范大学出版社 1983 年版，第 263 页。

表 4-7　　　　广东同文馆五次送京学生统计表表

	人数（人）	时间	姓名
第一次	6	同治六年十一月十二（1867 年 12 月 7 日）同治七年三月（1868 年 4 月）全行咨送回广	蔡锡勇　那三　博勒洪武　韩常泰　左秉隆　坤扬
第二次	11	同治十年七月初七（1871 年 8 月 22 日）	博勒洪武　韩常泰　坤扬　杨枢　马呈忠　沈铎　善桐　叶兆仪　王镇贤　左庚　罗谦和
	3	同治十一年九月二十二（1872 年 10 月 23 日）即同治六年因事扣送者 3 人	蔡锡勇　那三　左秉隆
第三次	12	光绪十六年三月（1890 年 4 月）	茂连　齐海　杨福　丁永焜　周自齐　杨晟　联康　元章　马廷亮　王汝淮　李克亨　董鸿钧
第四次	8	光绪二十二年（1896）	多兴　蒋俊　爰存　柏锐　国栋　熙臣　薛永年　毛秉科
第五次	6	光绪二十五年（1899）	李殿璋　窦学光　许国桢　许国梁　谢有熊　柏茎

资料来源：《京师同文馆学友会第一次报告书》，第 16～17 页，载朱有瓛：《中国近代学制史料》第一辑上册，华东师范大学出版社 1983 年版，第 54 页。

在五次选送进京考试的学生当中，广东同文馆第一届毕业生蔡锡勇业绩比较突出。他不仅在京师同文馆深造时表现优异，而且毕业后也作了很多贡献。光绪二年（1876），他奉命担任清政府驻美国大使馆翻译，回国后，受张之洞器重，先后担任广东洋务局总办、湖北铁路局总办等职务。1893 年，张之洞在担任湖广总督期间创立了湖北自强学堂，蔡锡勇参与了制订办学章程等工作并将学堂办成了因外语成绩突出而远近闻名的高等学府。“蔡锡勇还是汉语速记术的创始人和汉字改革运动的先驱者之一。”①

4. 清政府新增了翻译官职位

在学校创办后的最初二十多年里，同文三馆的学生和毕业生参与了大量的外事翻译工作，取得了很好的效果。有些人在总理各国事务衙门担任翻译，还有些人在督抚衙门等地方政府机关和商贸机构担任翻译。冯桂芬说：“遇中

① 周流溪：《介绍三位福建籍的外语教育家》，载《福建外语》1999 年第 2 期。

外交涉事件，有此一种读书明理之人，可以咨访，可以介绍，可从前通事无所施其伎俩，而洋务之大害去矣。”① 李鸿章在创办上海同文馆时也曾说：“三五年后，有此一种读书明理之人，精通番语，凡通商督抚衙门及海关监督应添设翻译官承办洋务，即于学馆中遴选承充，庶关税军需，可期核实，而无赖通事亦敛迹矣。”② 事实上，由于同文三馆培养的翻译人才积极参与各类外交谈判，李鸿章所说的无赖通事再也不能为所欲为了。这一点的确达到了开办同文三馆的最初目的。不过，这些翻译工作似乎都是临时安排的任务，清政府并没有给从事翻译工作的人员一个明确的职位。

随着外交事务数量的增加和外语翻译重要性的提高，有关翻译官职位的事情最终引起了朝廷重视。同治二年二月初十（1863 年 3 月 28 日），时任江苏巡抚的李鸿章曾说：“各国在沪均设立翻译官二员，遇中外大臣会商之事，皆凭外国翻译官传述。”③ 这说明，当时在华西方各国在外交场合都已经配备有专职翻译官，唯独中国没有。不过，李鸿章提出的这个问题并没有引起朝廷重视。在随后的二十多年间，翻译人才并没有得到应有的尊重，始终是召之即来挥之即去的角色。到了光绪十四年六月二十二（1888 年 7 月 30 日），总理各国事务奕劻提出：“至臣衙门办理交涉事务甚繁，翻译尤为紧要，必须于外洋情形阅历较深省方资得力。臣等公同商酌，拟添设英、法、俄、布文翻译官正副各一员，于曾经出洋充当参赞翻译差满回京者拣选派充。……此项翻译官遇有各国使臣到署会晤时，即令随同传宣问答之词，兼充翻订华洋文字之职。”④ 也就是说，由于同文三馆学生的良好表现和外交工作的实际需要，直到这个时候，清政府才开始重视翻译人才的作用，最终作出了合理的安排。

从此以后，清政府特批在原来的政府机关公务人员系列增加了一个新的翻译官编制。这在注重祖宗旧制的清朝并不多见。它意味着清政府已经认可了同文三馆的人才培养质量。

---

① 冯桂芬：《上海设立同文馆议》，载璩鑫圭、童富勇：《中国近代教育史资料汇编》（教育思想），上海教育出版社 1997 年版，第 29 页。

② 李鸿章：《同治二年二月初十日（1863.3.28）江苏巡抚李鸿章奏》，载朱有瓛：《中国近代学制史料》第一辑上册，华东师范大学出版社 1983 年版，第 215 页。

③ 李鸿章：《同治二年二月初十日（1863.3.28）江苏巡抚李鸿章奏》，载朱有瓛：《中国近代学制史料》第一辑上册，华东师范大学出版社 1983 年版，第 214 页。

④ 奕劻：《光绪十四年六月二十二日（1888.7.30）总理各国事务奕劻等片》，载朱有瓛：《中国近代学制史料》第一辑上册，华东师范大学出版社 1983 年版，第 49 页。

光绪十四年（1888），京师同文馆添设了翻译处，由京师同文馆回国人员担任英文、法文、俄文、德文和日文各专业翻译官。具体人员安排见表 4-8。

表 4-8　京师同文馆翻译处翻译官统计表

	项目名称	人员姓名
1	英文翻译官	张德彝、沈铎、马廷亮、斌衡、文祐
2	德文翻译官	恩光
3	俄文翻译官	塔克什讷、巴克他讷、瑞安、庆全
4	法文翻译官	联涌、世增
5	东文翻译官	唐家桢

资料来源：《同文馆题名录》记光绪十四年（1888）添设翻译处。《同文馆题名录》光绪二十四年（1898）刊，第 2 页，载朱有瓛：《中国近代学制史料》第一辑上册，华东师范大学出版社 1983 年版，第 18 页。

5. 同文三馆毕业生遍布社会各界，外交界尤多

同文三馆为中国外交界培养了大批人才，得到了中外知名人士的广泛称赞。

同文三馆毕业生得到了清政府高官的表扬。光绪十四年六月二十二（1888 年 7 月 30 日），总理各国事务奕劻等汇报说："同文馆奏定章程，遴选学生内通晓洋文者作为七、八、九品翻译官，原以资谙习各国语言文字储为舌人之选。比年该翻译等学有成效者颇不乏人，或调往边界，或奏带出洋，均能奉差无误。俾疆吏、使臣各收指臂之益。"①

同文三馆毕业生得到了外国学者的称赞。毕乃德认为："同文馆毕业生在中国外交关系上已占有极重大之地位。"②

同文三馆毕业生得到了学校毕业生的赞扬。吴宗濂在《上海广方言馆始末记》一文中回忆道："故于馆中每期送京学生，率皆甄录任用之，就中荐历升阶，克跻通显，膺受中外要职者，已不乏人。……一馆之中极勋位于首辅，展奇韬于秘府，遍使节于环球，振古以来未有若斯之盛也。"③

① 奕劻：《光绪十四年六月二十二日（1888.7.30）总理各国事务奕劻等片》，载朱有瓛：《中国近代学制史料》第一辑上册，华东师范大学出版社 1983 年版，第 49 页。

② ［美］毕乃德：《同文馆考》，傅任敢译，载朱有瓛：《中国近代学制史料》第一辑上册，华东师范大学出版社 1983 年版，第 205 页。

③ 吴宗濂：《上海广方言馆始末记》，载朱有瓛：《中国近代学制史料》第一辑上册，华东师范大学出版社 1983 年版，第 250 页。

同文三馆毕业生得到了同时代当事人的赞扬。甘作霖说："之数子者，皆一时之使才，类能蜚声于外交界者也。且就公使团及领事团以论，而人才之卓卓可称者已如此。若舍此而推及于其他各界如陆海军等者，则以当日广方言馆之生徒，而据要津膺显职者，尤为不少。"①

同文三馆毕业生得到了研究学者的称赞。熊月之（1999）指出："从1868年开始，广方言馆先后5次共选送28名学生赴京师深造。他们在京师学习大多优良，高出同畴。""送京的28人，后来大多在外交部门工作，其中有8人先后担任过出使大臣或驻外公使。"②

（三）同文三馆传播了西方文化

在西学传播方面，同文三馆同样功不可没。在"西学东渐"过程中，同文三馆是既是西学的接受者，也是西学的传播者。这主要体现在两个方面：一是同文三馆的外语和科学教学。二是同文三馆的书籍翻译。同文三馆教授外国语言和文字，让学生在此基础上去学习西方文化，在教学中引进了许多西方现代科学技术知识，使用了现代科学仪器设备，用看得见的实物和可验证的理论进行了工业革命以来的科学技术发明宣传，培养了一批懂西方文化的年轻人，播下了西学传播的种子。同时，同文三馆还翻译了大量的西方书籍，让更多知识分子和社会大众了解和理解了西方文化，加快了西方文化在中国的普及，促进了晚清社会观念的改变。

在课堂教学和课程内容上，同文三馆率先引进了西方文化。第一，学生学习的外国语言文字本身就是外国文化的组成部分，学习过程就是接受西方文化教育的过程。学会外国语言文字以后，学生必然会在各类场合运用这些知识和技能。这自然就是接受和传播西方文化的经历。第二，除了外国语言文字以外，同文三馆后续在课程内容上增加了天文、算学、地理、医学以及声、光、电等西方现代科学知识。在学习科学知识的同时，学生还可以使用仪器设备动手做实验，重复验证科学理论的正确性。第三，离开学校后，学生会把学习过的科学知识运用到社会中去解决各类问题，让更多的人感受到科学的力量。总之，这些做法都扩大了科学知识的应用范围，进一步传播了西方文化。

---

① 甘作霖：《记广方言馆的教习及毕业生》，载朱有瓛：《中国近代学制史料》第一辑上册，华东师范大学出版社1983年版，第252～253页。

② 熊月之：《上海通史》第6卷"晚清文化"，上海人民出版社1999年版，第266页。

晚清时期，与同文三馆一起存在的官办学校总计约有 40 所，主要分为三类：第一类是与同文三馆相似的外语学校，主要培养外语和翻译人才，例如新疆俄文馆和湖北自强学堂等。第二类是工业学校，主要培养从事生产、制造和使用现代化工业机器的人才，例如学习船舶驾驶的福建船政学堂，学习设计、生产、制造的江南机器制造局附设的工艺学堂，学习远程通信的天津、上海和福州等地的电报学堂等。第三类是军事和军工学校，专门培养近代军事技术人才和近代军事指挥人才，例如天津水师学堂等。这些学校最大的特点是教学和实验当中都加入了西方现代自然科学技术知识，改变了传统中国教育的文科经典著作为主的教学内容，扩大了西学传播范围，促进了中国教育现代化。

除了教学以外，同文三馆还组织教师和学生翻译了一批清政府急需的西方书籍。这些书籍不但为清政府提供了许多急需了解的外交、法律、军事等方面的专业知识，而且对于西方科学技术的传播和社会观念的变化也起到了重要作用。吴宣易在《京师同文馆略史》一文中指出："同文馆对于西洋学术的介绍，也很有贡献。"[①]

吴孟雪（1989）将晚清时期的书籍翻译分为三个时期：海防时期、洋务时期和维新时期。海防时期的书籍翻译源于林则徐。作为中国近代第一批"睁眼看世界"的先进知识分子，林则徐等人在广东禁烟时最早意识到了西方列强正在觊觎中国，由此可能带来大国危机。因此，他们开始了解西方地理、历史、文化、社会等信息，搜集外国企图侵略中国的情报。他们把这些搜集到的信息汇集成册，编译成书。林则徐组织人编译的《四洲志》是"近代中国第一部系统介绍西方各国地理知识的书籍"[②]。他同时代的一些知识分子也编译了一些类似的书籍，如魏源的《海国图志》、徐继畲的《瀛环志略》、梁廷枏的《海国四说》等。这些编译的书籍对于当时的中国人了解世界应该是非常重要的。可惜的是，当时并没有多少中国人关注这些书籍。因为林则徐等人不懂外语，他们了解的信息只是外国传教士和通事等人的道听途说或者外文资料的简单翻译，所以，早期的所谓书籍翻译更多是编译，而且质量不高。"然筚路蓝缕、启后之功，使得后世的思想家受益匪浅，这种深远影响是

① 吴宣易：《京师同文馆略史》，载朱有瓛：《中国近代学制史料》第一辑上册，华东师范大学出版社 1983 年版，第 197 页。

② 吴孟雪：《近代译书的变迁及其影响》，载《江西社会科学》1989 年第 5 期。

可以弥补近代初期译书所不足的。”[1] 当然，到了维新时期，翻译的书籍无论是品种和范围还是数量和质量都比海防时期和洋务时期大大提高了。

陈志勇（2010）将晚清时期的书籍翻译分为鸦片战争前后的译书、19世纪60年代以后的译书和19世纪末开始的译书三个阶段。他认为：“鸦片战争前后的译书，基本上是教会出版机构的天下；19世纪60年代以后，为教会出版机构与官方出版机构并峙，但以官方译书机构为主；19世纪末开始，民间商办出版机构空前兴盛，私人译书成为主体。”[2]

洋务时期的书籍翻译一般有两个特点：一是“西译中述”模式，二是急用先译原则。第一，书籍翻译者大多采用了“西译中述”的中西合作模式。这种模式就是西方人先翻译出原著的基本内容，中国人再根据西方人的翻译整理全篇内容、汉化原理概念、补充完善细节并进行文字润色。当时顶级的翻译大家，如京师同文馆的丁韪良和江南机器制造局的傅兰雅，在翻译各类西方原著时都采用了这个模式。对于书籍翻译者来说，之所以这样做，主要还是因为中外双方译者的外语能力和学术修养有限，不足以独立完成翻译任务。张美平（2020）认为：“一个能够独立翻译的译者至少应具备以下三个条件：一是通晓外文；二是精通母语；三是熟练掌握相关学科的知识。按此条件，在1895年之前，除严复外，几乎没有人能够独立从事翻译工作。”[3] 第二，书籍翻译涉及门类广，采取急用先译原则。晚清时期的书籍翻译主要是服务于洋务运动，满足洋务运动搞外交、办工厂、开矿山、造枪炮等需求。因此，书籍翻译自然也都是围绕着外国法律、西方文化、机械与制造、矿山开采和加工、军事工业生产等学科来进行。由于这些学科大多属于工业革命以来西方出现的新知识，因此，翻译者需要涉足各类新领域，把这些闻所未闻的新发明、新创造转换为中国人能够接受的新概念、新思想、新事物。这是非常大的困难，也是必须克服的困难。熊月之（2010）认为：“在介绍西学过程中，为用而学、急用先学、无用不译的功利主义倾向相当明显。”[4]

在同文三馆的书籍翻译活动中，京师同文馆的翻译成就是最高的。光绪十一年十一月初十（1885年12月15日），总理各国事务奕劻等奏：“查同文馆所有翻

---

① 吴孟雪：《近代译书的变迁及其影响》，载《江西社会科学》1989年第5期。

② 陈志勇：《译书与中国近代化》，载《国学》2010年第3期。

③ 张美平：《江南制造局翻译馆的译书方法——以傅兰雅为中心的考察》，载《浙江树人大学学报》（人文社会科学版）2020年第6期。

④ 熊月之：《晚清西学东渐过程中的价值取向》，载《社会科学》2010年第4期。

译书籍十数种，如万国公法、格物、测算、法国律例、化学指南诸书，均系总教习丁韪良暨化学教习毕利干所译。法文教习华必乐虽未译书，而功课极为认真。”[①]

毫无疑问，丁韪良是京师同文馆的翻译活动推动者，对于翻译工作有很深的认识。他说：“同文馆最初的目的是在养成翻译人才，但是由口语的译述上进一步，转而翻译别国的文献，以为己用，原是一个极自然的，极需有步骤。”1869年，丁韪良被清政府聘请为同文馆总教习。他说：“我一就职就组织一班译员，里面有教授，也有优秀的学生。这个办法是经过总理衙门批准了的，凡用力勤，成绩好的，都有奖励。”[②]

《万国公法》是京师同文馆推出的第一部翻译著作。该书作者是美国人惠顿（Wheaton），译者是总教习丁韪良。通过这部书，清政府开始了解西方现代法律制度和执行程序。因为该书显然有利于清政府知晓国际规则，融入国际社会，因此，这部书的翻译得到了总理事务衙门的支持。梁启超在介绍丁韪良翻译的《万国公法》时说：“西人以比中国《春秋》，盖亦以空文垂教之作。……凡入其会者，皆得受公法管辖，判断而得其利益。……每谓宜法外行权，观是书可知其大概矣。”[③] 邹振环认为：“该书第一次向中国人介绍了西方资本主义国家之间通行的国际关系准则中若干民主与平等交往的原则。”“《万国公法》是从理论上打碎了东北亚三国尊华攘夷的愚昧颟顸的思想观念。该书在中日韩三国的传播，对于东北亚从区域性的东方华夷体系向西方条约体系的转变，对传统的区域朝贡体系向近代的国际外交体制的演变，应该说是有积极作用的。”[④]

除了教师以外，京师同文馆的学生也参加了翻译工作并且表现良好。《同文馆题名录》中指出：“自开馆以来，译书为要务。其初总教习、教习等自译，近来学生颇可襄助。”[⑤] 甘作霖指出：“其所译之书籍，则包赅有专门学术之全部，如医学、化学、算学、天文学、矿学、矿务工程学，地质学、造船

---

① 奕劻：《光绪十一年十一月初十日（1885.12.15）总理各国事务奕劻等奏》，载朱有瓛：《中国近代学制史料》第一辑上册，华东师范大学出版社1983年版，第153页。

② 丁韪良：《同文馆记》，傅任敢译，载朱有瓛：《中国近代学制史料》第一辑上册，华东师范大学出版社1983年版，第183页。

③ 梁启超：《丁韪良译〈万国公法〉》，载朱有瓛：《中国近代学制史料》第一辑上册，华东师范大学出版社1983年版，第154～155页。

④ 邹振环：《丁韪良译述〈万国公法〉在中日韩传播的比较研究》，载复旦大学韩国研究中心编《韩国研究论丛》第七辑，中国社会科学出版社2000年版，第262、272页。

⑤ 朱有瓛：《中国近代学制史料》第一辑上册，华东师范大学出版社1983年版，第153页。

学、陆海军学、药学等是也。”①

根据《同文馆题名录》统计，京师同文馆共翻译书籍 27 部，具体统计数字见表 4-9。

表 4-9　《同文馆题名录》记翻译书籍统计表

	书名	著译者	备注
1	万国公法	总教习丁韪良译	
2	格物入门	总教习丁韪良著	
3	化学指南	化学教习毕利干译	
4	法国律例	化学教习毕利干译	
5	星轺指掌	副教习联芳、庆常译	总教习丁韪良鉴定
6	公法便览	副教习汪凤藻、凤仪等译	总教习丁韪良鉴定
7	英文举隅	副教习汪凤藻译	总教习丁韪良鉴定
8	富国策	副教习汪凤藻译	总教习丁韪良鉴定
9	各国史略	学生长秀、杨枢等译	未完
10	化学阐原	化学教习毕利干译，副教习承霖、王钟祥助译	
11	格物测算	总教习丁韪良口授，副教习席淦、贵荣、胡玉麟等笔述	
12	全体通考	医学教习德贞译	
13	中西合历（戊寅）	天文教习海灵敦辑，学生熙璋等译	
14	中西合历（己卯、庚辰）	天文教习海灵敦、费理饬辑、学生熙璋等译	
15	中西合历（辛巳、壬午、癸未、甲申、乙酉、丙戌、丁亥、戊子、己丑、庚寅、辛卯、壬辰、癸巳、甲午、乙未、丙申、丁酉、戊戌）	天文教习骆三畏辑，副教习熙璋译	

① 甘作霖：《记广方言馆的教习及毕业生》，载朱有瓛：《中国近代学制史料》（第一辑上册），华东师范大学出版社 1983 年版，第 251 页。

续表

	书名	著译者	备注
16	公法会通	总教习丁韪良译，副教习联芳、庆常等助译	
17	算学课艺	副教习席淦、贵荣编辑	算学教习李善兰鉴定
18	中国古世公法论略	总教习丁韪良著，副教习汪凤藻译	
19	星学发轫	副教习熙璋、左庚等译	天文教习骆三畏鉴定
20	新加坡刑律	副教习汪凤藻译	待刊，总教习丁韪良鉴定
21	同文津梁		总教习丁韪良鉴定
22	汉法字汇	化学教习毕利干著	
23	电理测微	总教习欧礼斐著	待刊
24	坤象究原	副教习文祐译	总教习欧礼斐鉴定，待刊
25	药材通考	医学教习德贞著	
26	弧三角阐微	总教习欧礼斐著	
27	分化津梁	化学教习施德明口译	纂修官化学副教习王钟祥笔述

资料来源：《同文馆题名录》光绪二十四年（1898）刊，载朱有瓛：《中国近代学制史料》第一辑上册，华东师范大学出版社1983年版，第153～154页。

与此相对应的是丁韪良自己列出的翻译书籍只有22部。丁韪良指出：京师同文馆“翻译的书籍，简单言之，计有国际公法，经济学，化学，自然，自然地理，历史，法文英文的法典，解剖学，生理学，药物学，外交指南等方面的著作”。“以上各书，多数是由教授与学生合作的。”①

根据丁韪良的统计，京师同文馆师生辑译书籍统计数字见表4-10。

① 丁韪良：《同文馆记》，傅任敢译，载朱有瓛：《中国近代学制史料》第一辑上册，华东师范大学出版社1983年版，第184、167页。

表 4-10　　丁韪良记京师同文馆师生辑译书籍统计表

	译者	书名（中文）	书名（英文）
1	丁韪良博士	《万国公法》	*Wheaton's International Law*
2	丁韪良博士	《格物入门》	*Natural Philosophy*
3	毕利干先生	《化学指南》	*Chemistry for Beginners*
4	毕利干先生	《法国律例》	*Code Napoleon Ibid*
5	联芳、庆常	《星轺指掌》	*Guide Diplomatique*
6	汪凤藻、凤仪	《公法便览》	*Woolsey's Int. Law*
7	汪凤藻	《英文举隅》	*English Grammar*
8	汪凤藻	《富国策》	*Fawcett's Polit，Economy. Ibid*
9	俄文馆学生	《俄国史略》	*History of Russia*
10	杨枢、长秀	《各国史略》	*Outlines of the World's History*
11	毕利干先生	《化学阐原》	*Advanced Chemistry*
12	丁韪良博士	《格物测算》	*Mathematical Physics*
13	德贞博士	《全体通考》	*Physiology*
14	海灵教先生	《中西合历（一八七七）》	*Astronomical Almanac*，1877
15	费礼饬博士	《中西合历（一八七八）》	*Astronomical Almanac*，1878
16	骆三畏先生	《中西合历（一八七九）》	*Astronomical Almanac*，1879
17	联芳、庆常	《公法会通》	*Bluntschli's Int. Law*
18	席淦、贵荣	《算学课艺》	*Mathematical Exercises*
19	丁韪良博士	《中国古世公法论略》	*International Law in Ancient China*
20	骆三畏先生及其学生	《天学发轫》	*Elements of Astronomy*
21	汪凤藻	《新加坡律例》	*Penal Code of Straits Settlements*
22	毕利干先生	《汉法字汇》	*Franco-Chinese Dictionary*

资料来源：丁韪良：《同文馆记》，傅任敢译，载朱有瓛：《中国近代学制史料》第一辑上册，华东师范大学出版社 1983 年版，第 166～167 页。

在这些译著中，丁韪良主译的《万国公法》和《富国策》是影响很大的两本书。《万国公法》受到清政府的推崇和推广，帮助清政府化被动为主动，在与西方列强的外交活动中利用国际法规则争取了很多利益。《富国策》“是中国历史上第一本经济学著述"[1]。该书首次介绍了马尔萨斯人口论，在中国思想界引发了震动和热议，产生了很大影响。

我们将《同文馆题名录》记翻译书籍统计表27种书目与丁韪良记京师同文馆师生辑译书籍统计表22种书目比较之后发现，有21种书籍在两份书单上同时出现，说明两个统计表基本上可以互相印证。前者比后者在数量上要多出5种，而且对译者的解释也更加详细。但《同文馆题名录》记录的翻译书籍中还有《全体通考》《同文津梁》《电理测微》《坤象究原》《药材通考》《弧三角阐微》《分化津梁》等7种书目未在丁韪良的统计表上出现，而丁韪良书目单上的《俄国史略》也未在《同文馆题名录》的统计表上出现。因此，两份统计表相加的结果证明京师同文馆应该总计翻译了29种书籍。另外，丁韪良将 *Elements of Astronomy* 一书的书名称作《天学发轫》，而《同文馆题名录》将该书称为《星学发轫》。显然，两者在此名称上有不同表述，应该是其中有一方出现了失误。

与京师同文馆一样，上海同文馆也积极开展了书籍翻译活动，翻译了一批法律、科技和历法书籍。同治四年（1865），李鸿章在上海开设了江南机器制造局。同治六年（1867），江南机器制造局新成立了翻译馆。江南机器制造局申请将翻译馆与上海同文馆合并办公，双方共同加入了书籍翻译活动中。尽管上海同文馆与江南机器制造局翻译馆是两个不同的机构，两者翻译的书籍无法完全区分，但毫无疑问的是两者共同为西学的传播作出了重要贡献。

根据黎难秋（1982）统计，晚清时期，"1862～1896年的译书是远不止三百种的"。"1904年时译书已比1896年《西学书目表》所录书籍多出近一千五百种了。"[2] 在这些翻译的书籍当中，江南机器制造局翻译的书籍占据了非常大的比例。据魏允恭1905年主编的《江南制造局记》统计，江南机器制造局在晚清时期至少翻译了177种书籍，成为当时全国最大的西学翻译中心。在其出版的译著当中，"明显地用于军事目的的是'兵政'和'兵学'两类，占全部译著的23.5%……与船舰的驾驶和舰只兵器的制造密切相关，有36种，占18%。从上述数据可以看出，翻译馆的译书基本上符合洋务派的建馆宗旨"[3]。"从1871年至1880年间，已刊成书有98种，共计达235本，到1879

① 段琪：《从〈花甲忆记〉看丁韪良在中西文化交流中的作用》，"中国中外关系史学会第六届会员代表大会暨多元视野中的中外关系史学术研讨会"（中国会议），吉林延边，2005年8月。

② 黎难秋：《清末译书数字及有关史实》，载《安徽大学学报》1982年第1期。

③ 张增一：《江南制造局的译书活动》，载《近代史研究》1996年第3期。

年统计已销售出的书达 31111 部，共计 83454 本，刻成地图与海道图共 27 张，已销售共 4774 张。”①

在江南机器制造局组织的书籍翻译中，曾经担任过京师同文馆和上海同文馆英文教习的傅兰雅起到了非常大的作用。张美平（2020）认为：“江南制造局翻译馆是晚清最大的译书重镇之一。英国传教士傅兰雅和徐寿等中国科学才俊合作，以翻译馆为平台，以‘西译中述’为译介模式，翻译了 140 余部涵盖自然科学、应用科学和人文社科领域的西学书籍，为中国早期现代化提供了重要的知识和思想资源。”② “19 世纪一大批活跃在上海的科学家、翻译家、教育家、小说家、画家、名医、编辑，大多来自江、浙、皖三省。这是上海能够成为西学传播中心的一个重要因素。”③

总之，在传播西学方面，从京师同文馆到上海同文馆和广东同文馆都作出了很多努力。同文三馆不仅在教学中接受并传播了西学，而且还翻译了许多西方经典著作，推动了现代观念深入人心，提高了思想认识，继而影响了中国近代发展走向。

二、同文三馆的影响

（一）新教育与旧教育

在中国近现代教育史中，经常会出现新教育、旧教育的说法。《教育大词典》对于这种说法作出了一些解释。

第一个案例是曾经担任中华民国临时政府教育总长的蔡元培作出的解释。蔡元培在 1918 年发表的《旧教育与新教育之歧点》一书中提出：“新教育（资本主义教育）与旧教育（封建主义教育）分歧的焦点，就在于是否让人的个性得到自由发展。封建主义的旧教育束缚人的个性，‘是教者预定一目的，而强受教者以就之’；方法刻板，违背儿童的个性特征。……新教育注重儿童身心发展，‘深知儿童身心发达之程序，而择种种适当之方法以助之’。”④

第二个案例是当时的中华民国首都南京组织的全国性教育组织作出的解

① 傅兰雅：《江南制造局翻译西书事略》，转引自邹振环：《傅兰雅与江南制造局的译书》，载《历史教学》1986 年第 10 期。

② 张美平：《江南制造局翻译馆的译书方法——以傅兰雅为中心的考察》，载《浙江树人大学学报》（人文社会科学）2020 年第 6 期。

③ 熊月之：《1842 年至 1860 年西学在中国的传播》，载《历史研究》1994 年第 4 期。

④ 顾明远：《教育大词典》，上海教育出版社 1998 年版，第 1756 页。

释。1918 年 12 月，中华新教育社在南京成立。1919 年 1 月，该社改名为中华新教育共进社。该社的宗旨是："直接输入东西洋学术，使我国固有之文化受新潮之刺激，而加速其进化率。"[①]

从上述观点我们不难看出，近现代教育家所谓的新教育和旧教育分别指的是资本主义教育和封建主义教育，或者说是西方现代教育和中国传统教育。按照这些专家的观点，新教育是先进的、优秀的，应该大力推广。旧教育是落后的、腐朽的，应该彻底抛弃。这也是五四运动时期"打倒孔家店"、废除汉字、全面西化等反传统思潮的重要思想基础。

由此可见，所谓新教育，是相对于旧教育而言。它是采用西方教育形式，主要讲授西方现代科学文化知识的教育。从这个意义上讲，使用洋教育、西式教育或者其他名称代替新教育这个名词似乎更能够表现出它不同于中国传统文化教育的特点。

其实，旧教育主要是指围绕科举考试而进行的中国传统文化教育。按照清朝士、农、工、商四个阶层的划分标准，士绅阶层是清政府赖以生存的基石之一。中国传统文化教育就是面向士绅阶层的教育。这种教育是晚清时期中国教育的主流，是清政府重点推荐的官办教育。对于这种教育，清政府在财政上给予了支持，在组织上进行了规范。清政府建立了国子监、府学、县学等一系列从上到下的教育管理体制，配备了师资和教学设施，指定了教学内容，限定了招生条件，规定了考试标准，提供了功名等级，目的是通过科举考试从士绅阶层中选拔人才。1905 年，随着科举制的废除，士绅阶层失去了读书求取功名的上升通道。数百万中国最有见识的进士、举人、秀才等读书人从此放弃了与清政府合作，转身加入了反对清政府的队伍。这也是六年后清政府垮掉的重要原因之一。

然而，这种官办主流教育只是中国教育的形式之一，并非代表中国所有的教育形式。除此以外，私立教育也很盛行。私塾、书院等教育形式也非常普及。例如，清朝初期颜元推行的实学教育就是一种脱离了科举考试的实用文化教育。尽管这种教育形式规模较小，影响有限，但它的确在中国主流教育以外开辟了另外一个天地。

（二）同文三馆取得成效的原因

同文三馆的积极作用就是推行了所谓的新教育，即建立了西式学制、培养了翻译人才，传播了西方文化。它们之所以能够取得这样的成绩主要有以

① 顾明远：《教育大词典》，上海教育出版社 1998 年版，第 1755 页。

下几个原因：第一，清政府上层实权人物的支持。同治皇帝、光绪皇帝大力支持奕䜣、李鸿章等洋务派官员举办同文三馆。他们不仅在学校建设、师资招聘、学生招生、毕业分配等政策上支持，而且特准把部分海关税收拨付给学校充当经费，这种支持力度前所未有。丁韪良说："同文馆算是特别的幸运，有总理衙门作背景，有恭亲王作靠山，才能诞生。"[①] 第二，外国势力支持。在同文三馆创办过程中，西方各国政府积极支持。英、法、俄等国公使亲自推荐本国人员担任学校洋教习。英国人赫德担任中国海关总税务司，积极出谋划策，四处奔走，争取支持。"恭亲王是总理衙门的领袖，靠了他的见识好，用意好，一切进步的政策才有实施的可能；但是这种种进步的政策都是他人献议的，其中有不少是赫德的主意。"[②] 丁韪良放弃传教，专职担任京师同文馆总教习。尽管他们的主观目的就是为本国培养中国代理人，但客观上却促进了同文三馆的发展。第三，招聘的中外教师水平较高，教学质量有保证。外国教师一般都有大学本科以上学历，有些还有硕士、博士学位。中国教师也是层层推荐选拔的优秀教师，李善兰还是算学方面造诣很深的学者。第四，清政府通过补贴、奖励和毕业分配当官等优惠政策吸引优秀学生入校，生源质量不断提高。汪凤藻、席淦、蔡锡勇等优秀学生为学校带来了荣誉。这些措施都为同文三馆提供了良好的发展条件。

（三）同文三馆的社会影响

同文三馆推行的新教育在晚清时期产生了很大的社会影响，主要体现在三个方面。第一，同文三馆是清政府倡导兴办的，得到皇帝支持并由政府高官组织安排，具有极大的号召力和示范性。第二，同文三馆是社会关注的焦点，无论是组织形式、招生分配政策还是教学内容改革，一举一动都会受到社会关注，具有很强的影响力和典型性。第三，同文三馆与中国传统学校完全不同，极大冲击了中国传统教育体制，具有很强的时代感和创新性。丁韪良指出："同文馆将来的影响一定是很大很永久的，假如它能成为一个新的转向的肇端，他的影响那就更伟大啊！"[③]

---

① 丁韪良：《同文馆记》，傅任敢译，载朱有瓛：《中国近代学制史料》第一辑上册，华东师范大学出版社1983年版，第159页。

② 丁韪良：《同文馆记》，傅任敢译，载朱有瓛：《中国近代学制史料》第一辑上册，华东师范大学出版社1983年版，第159页。

③ 丁韪良：《同文馆记》，傅任敢译，载朱有瓛：《中国近代学制史料》第一辑上册，华东师范大学出版社1983年版，第189页。

在同文三馆的创办和发展中，有识之士起到了重要作用，也产生了较大影响。在学习西学的过程中，奕䜣等洋务派不仅强调学习基础知识，而且更加强调掌握技术秘诀，做到“知其然知其所以然”。奕䜣提出：“雇买以应其用，计虽便而法终在人；讲求以彻其源，法既明而用将在我。盖一则权宜之策，一则久远之谋，孰得孰失，不待辨而明矣。”① 这就意味着奕䜣等人具有比较长远的战略眼光。他们希望学习者努力掌握核心技术，从而做到以夷之长，制夷之短。这种观点在当时是超乎时代的见识，至今也有借鉴意义。王渝生（1983）认为：“不管洋务派出自何种动机和目的，他们的活动，在客观上推动了近代科学从西方传入中国，在中国近代科技史上产生了积极的影响。”② 田正平、肖朗（1998）认为：“不能说这一时期教育近代化的倡导者们对整个新教育的发展完全胸中无数，如曾国藩、李鸿章关于派遣学生出国留学与国内办学堂二者关系的论述就颇为深刻；李鸿章关于变通科举考试内容，增设洋务进取一格的建议也很有见地。”③

另外，同文三馆倡导中西并重的教育对其他学校也有影响。同文三馆并非只学西学。相反，它在学习西方文化时专门为学生学习中国传统文化作出了严格要求。尽管这种做法加重了学生负担，也引起了很多争议，但它并非一无是处。举例来说，毕业于同文馆的汪凤藻不仅西学成绩优异，中学同样出色。他考中了进士，进入翰林院，后出任中国驻日本大使。这充分说明同文馆中西并重的教育能够培养出学贯中西的人才。

第四节　同文三馆存在的问题和原因分析

一、同文三馆存在的问题

同文三馆虽然对于中国教育现代化具有一定的积极作用，但它们还存在着很多的问题。这些问题在很大程度上都与清政府的决策有关，主要表现为

① 奕䜣：《同治五年十二月二十三日（1867.1.28）总理各国事务奕䜣等折》，载朱有瓛：《中国近代学制史料》第一辑上册，华东师范大学出版社 1983 年版，第 15 页。

② 王渝生：《李善兰：中国近代科学的先驱者》，载《自然辩证法通讯》1983 年第 5 期。

③ 田正平、肖朗：《论中国教育近代化起步阶段的成就、特点与问题》，载《教育研究》1998 年第 10 期。

以下四点：一是急功近利，随意性强，缺乏长远、周密、配套的发展规划；二是固守统治阶级利益，所有发展和改革仅局限在很小的范围，浅尝辄止，缺乏实质性成就。三是缺乏革命的勇气，不敢发动社会民众，教育改革不彻底。四是监督管理不到位。在学校实际运作中，管理人员玩忽职守，放任学生违规违纪，影响学习效果。光绪九年（1883），王韬指出："今也学校虽设而风俗不醇，生徒虽多而材俊不出，若此则学校将何用哉？徒视为粉饰太平之具而已。"[①]

（一）缺乏长远发展规划

在创办京师同文馆之前，奕䜣并没有长期办学的思想。由于国家需求和招生人数的限制，清政府最初只是为了临时应对外交事务。咸丰十年十二月初三（1861 年 1 月 13 日），恭亲王奕䜣在奏折中提出："俟八旗学习之人，于文字言语悉能通晓，即行停止。"[②] 这说明，清政府刚开始并没有长期办学规划，也没有在全国大范围开展外语教育的打算。光绪二十四年（1898）七月，孙家鼐在议复开办京师大学堂折中指出："总署同文馆各省广方言馆之式，斤斤于文字语言，充其量不过得数十翻译人才而止。"[③] 的确，奕䜣最初的想法只是办一个短期培训班，从上海和广州找一些懂外语的人教一些八旗子弟学一学外国话，在与外国人打交道时讲明双方意思就行。由于领导人没有长远战略打算，同文三馆在创办过程中就出现了课程设置急功近利、办学政策忽左忽右的情况。光绪二十二年（1896），梁启超在《学校余论》中指出："军兴以前，中国之学堂，惟有同文馆广方言馆等，所在屈指可数，生徒不满千计，是以梁启超忧之。"[④]

第一，三校之间学科建设缺乏统一规划。由于官僚体制弊病较多，负责管理同文三馆的官员往往放任学校自主发展，专业设置、课程安排等都很混乱，性质相同的三校之间没有统一的规划。例如，京师同文馆在 1862 年创办时只学外语和汉语，没有考虑算学等其他课程。1867 年开设天文算学馆时还

---

① 王韬：《变法中》，载璩鑫圭、童富勇：《中国近代教育史资料汇编》（教育思想），上海教育出版社 1997 年版，第 56 页。

② 奕䜣：《咸丰十年十二月初三日（1861.1.13）恭亲王奕䜣等奏》，载朱有瓛：《中国近代学制史料》第一辑上册，华东师范大学出版社 1983 年版，第 5 页。

③ 孙家鼐：《光绪二十四年（1898）七月孙家鼐议复开办京师大学堂折》，载朱有瓛：《中国近代学制史料》第一辑上册，华东师范大学出版社 1983 年版，第 602 页。

④ 梁启超：《学校余论》，载朱有瓛：《中国近代学制史料》第一辑上册，华东师范大学出版社 1983 年版，第 599 页。

遇到招生风波。上海同文馆虽然认识到了算学的重要性，一开始就开设了算学，但学校只是把它当作一门课程，而不是当成专业开展研究。广东同文馆创办时也是只学外语和汉语，没有自然科学课程规划。

第二，教学不规范，专业和课程调整很随意。由于管理体制僵化，同文三馆在专业设置中呈现了头痛医头、脚痛医脚的奇怪现象。京师同文馆创办之初就开办了英文馆、法文馆、俄文馆，后来又增加了德文馆。上海同文馆和广东同文馆只开办了英文馆。然而，1879 年，随着中法之间宗教冲突的加剧，法语在外交事务中的分量明显上升。清政府紧急命令上海同文馆和广东同文馆增加法语专业。由于临时招生困难，广东同文馆不得不要求一部分英语专业学生转学法语。这种命令式的办学方式显然违背了教育规律，也浪费了人才培养的时间和精力。

第三，学科之间、专业之间缺乏衔接与配套。同文三馆都是在毫无西学基础的情况下创办的，学科之间、专业之间根本无法对接。招收的学生既没有西方中小学的数理化基础，也没有西方社会的人文历史地理知识。在这种没有西方文化背景的情况下，新入校的学生学习母语和外语都比较吃力，更不可能懂西方学科知识和专业技能。而同文三馆学生毕业后，虽然达到了较高的学习程度却没有更高层级的教育机构进行深造，从而造成了人才浪费。正是这种下无支撑、上无拔尖的情况导致同文三馆的教育质量一直难以提高。尽管三校在后来都增加了相当于附属小学的后馆作为后备基地，减缓了中低层教育衔接压力，但后续的人才深造问题却一直没有解决。这种情况直到 20 世纪初京师同文馆合并到京师大学堂以后才逐渐改善。

（二）缺乏实质性成就

19 世纪 60 年代初，在不了解西方社会的情况下，奕䜣等人引洋入华、以洋助华的做法是一条创新之路。这条路虽然得到了皇帝的支持，但反对派势力大，奕䜣等人缺少群众支持，也没有任何经验可以借鉴，只能“摸着石头过河”。这就不可避免地出现各种失误和挫折，与同时代的教会学校相比，同文三馆显然缺乏实质性成就。

同文三馆多次成了反对派攻击的对象，反对派攻击的理由主要集中在四个方面：

第一，耗费巨额钱财，给国家增加很大负担。光绪二十一年十二月初九（1896 年 1 月 23 日），御史陈其璋提出整顿同文馆。他说：“伏思都中同文馆，为讲求西学而设，学生不下百余人，岁费亦需巨万两。”① 光绪十八年（1892），郑观应指出：“广方言馆、同文馆虽罗致英才，聘请教习，要亦不过只学语言文字，若夫天文、舆地、算术、化学直不过初习皮毛而已。”② 光绪二十二年九月二十五（1896年10月31日），盛宣怀奏：“同文馆、广方言馆出洋学生，糜费不少而得人不多。……虽娴熟其语言文字，仅同于小道可观，而不足以致远也。”③

第二，学生学习费时低效，成才率太低。由于清政府政策的限制，同文三馆招生人数少，挑选余地小，而且满族人优先，无法做到优中选优。光绪十年（1884），郑观应指出：“我中国人民土地十倍于日本，而所设西学堂所育人材，尚未及其半，恐他日海军有事，人材不足耳。”④ 光绪九年六月二十一（1883年7月24日），广东道监察御史陈锦提出：“迩来讲求洋务，制造机器，凡海关、粮务、水师、陆队，在在需才，故特开同文馆以肄习之，典至重也。乃行之数年，迄鲜成效。”“同文馆后馆，专调八旗少年子弟在彼学习。乃开馆多年，而通晓洋文、汉文者寥寥无几，殊属有名鲜实。”⑤ 他建议撤销后馆，将该馆学生遣散，各归各旗。光绪二十一年十二月初九（1896年1月23日），御史陈其璋指出：“计自开馆以来，已历三十余年，问有造诣精纯，洞悉时务，卓为有用之才乎？……近年来情弊之多，尤非初设馆时可比。”⑥ 光绪二十二年（1896），孙家鼐评论道：“入馆生徒略有成就，而读书明理之人从事其中者绝少。遂至中外间隔，彼己不知，仓猝应机，动多舛误。”⑦

第三，学习程度太低，难以培养高水平人才。光绪元年二月二十七（1875年4月3日），大理寺少卿王家璧提出：“今之设馆教幼童以洋学者，不

① 陈其璋：《光绪二十一年十二月初九日（1896.1.23）御史陈其璋请整顿同文馆疏》，载朱有瓛：《中国近代学制史料》第一辑上册，华东师范大学出版社1983年版，第590页。

② 郑观应：《西学》，载朱有瓛：《中国近代学制史料》第一辑上册，华东师范大学出版社1983年版，第588～589页。

③ 盛宣怀：《光绪二十二年九月二十五日（1896.10.31）盛宣怀奏》，载朱有瓛：《中国近代学制史料》第一辑上册，华东师范大学出版社1983年版，第593～594页。

④ 郑观应：《考试》，载璩鑫圭、童富勇：《中国近代教育史资料汇编》（教育思想），上海教育出版社1997年版，第76页。

⑤ 陈锦：《光绪九年六月二十一日（1883.7.24）掌广东道监察御史陈锦奏》，载朱有瓛：《中国近代学制史料》第一辑上册，华东师范大学出版社1983年版，第583～585页。

⑥ 陈其璋：《光绪二十一年十二月初九日（1896.1.23）御史陈其璋请整顿同文馆疏》，载朱有瓛：《中国近代学制史料》第一辑上册，华东师范大学出版社1983年版，第590页。

⑦ 孙家鼐：《光绪二十二年（1896）工部尚书孙家鼐开办官书局章程折》，载朱有瓛：《中国近代学制史料》第一辑上册，华东师范大学出版社1983年版，第598页。

过欲备他日船主、通事及匠作之用，非谓体国经野之才皆在此中，此外更无人也。”[①] 光绪十年（1884）郑观应在《考试》一文中提出：“查各国京师，俱有大学堂，各精一艺，各专一业者，非比我国同文馆教习，只通算学、天文、地理、各国语言文字而已。或谓同文馆如外国小中学塾，非大学堂也。”[②] 光绪二十一年十二月初九（1896年1月23日），御史陈其璋提出：“所学者只算术、天文及各国语言文字。在外洋只称为小中学塾，不得称为大学堂。”[③]

第四，学生偏离国家教育目标，不学无术，滋生崇洋媚外习气。光绪十八年（1892），郑观应指出：“世家子弟皆不屑就，恒招募窭人子弟及舆台贱役之子弟入充学生。况督理非人，教习充数，专精研习曾无一人，何得有杰出之士，成非常之才耶?”[④] 由此可见，以这样的生源要想培养出优秀的人才和社会精英确实很难。当然，学生智商不高顶多是学习知识比较缓慢而已，这种情况并不可怕。可怕的是国家花重金培养出一批不学无术、数典忘祖的汉奸。光绪二十二年（1896），湖北通判何熙年记述道：“往者广方言馆学生，逃为买办细崽，出洋学生，背离儒教，见于邸抄者数矣。北洋有以道府大员，闲居宴处，衣食悉效洋人。”[⑤] 这说明，当时的外语学习的确导致了崇洋媚外的结果。很多中国人已经从抵制转向了接受、崇拜西方文化。而这显然违背了清政府的初衷，与同文三馆的办学宗旨是南辕北辙的。

（三）教育改革不彻底

“中学为体，西学为用”是晚清时期教育的重要指导原则。这种指导原则既有进步的一面，又有落后的一面。它既反映了清政府对中国传统文化的坚守，也表现出对西方现代科学技术的有限接受和各种抵制。这种情况主要表现为教育改革不彻底，具体体现在以下三个方面：

第一，从学校体制上看，同文三馆虽然在教学形式和教学内容上有变化，但在性质上仍然是清政府的官办学校，和传统学校并无根本区别。丁韪良指

---

① 王家璧：《光绪元年二月二十七日（1875.4.3）大理寺少卿王家璧奏折》，载朱有瓛：《中国近代学制史料》第一辑上册，华东师范大学出版社1983年版，第579页。

② 郑观应：《考试》，载璩鑫圭、童富勇：《中国近代教育史资料汇编》（教育思想），上海教育出版社1997年版，第76页。

③ 陈其璋：《光绪二十一年十二月初九日（1896.1.23）御史陈其璋请整顿同文馆疏》，载朱有瓛：《中国近代学制史料》第一辑上册，华东师范大学出版社1983年版，第590页。

④ 郑观应：《西学》，载朱有瓛：《中国近代学制史料》第一辑上册，华东师范大学出版社1983年版，第589页。

⑤ 何熙年：《光绪二十二年（1896）湖北何通判熙年上张香帅言武备学堂事宜书》，载朱有瓛：《中国近代学制史料》第一辑上册，华东师范大学出版社1983年版，第596页。

出："原有的俄文馆对于同文馆的贡献也是有名无实的，徒有其名耳。但是中国人最怕的、最反对的是革新，他的有名无实的虚名也未尝没有好处呢。"[①] 田正平、肖朗（1998）认为："对于封建传统教育体制的主体部分，即国子监、太学、八旗官学，各直省、府、州、厅、县的儒学以及社学、义学、私塾等，这一时期未见有大的剔除积弊的政策出台，从制度到教学内容均无实质性的变化。"[②] 这就意味着同文三馆尽管表面上是新式学堂，但根子里还是传统的中国教育体制产物。很多学生看起来是在新式学堂上课，但"身在曹营心在汉"，缺乏学习外语的动力，仍然热衷于科举考试，向往着正途功名。这也是同文三馆教学质量难以提高的因素之一。

第二，从办学目的上看，同文三馆对教育体系有触动，但治标不治本，在思想上坚持"中体西用"，保留很多封建东西，依然是培养清政府统治阶级后备力量的基地。丁韪良指出："同文馆之能有此成绩，是与顽梗的守旧主义多年斗争的结果。日本采用西方教育制度，下起幼稚园，上迄大学，是一脉相承的；中国则不然，安于旧制，从来不想加以大规模的改革或补充。同文馆之设，算是对于新的环境的一种退让，——目的只在养成定量的官吏，并不想把整个的员吏制度加以改革。"[③] 同文三馆只是在局部上作了改动，增加了一些西方办学形式和西学文化内容，并没有根本改变中国的教育根基和传统观念。科举入仕仍然是广大知识分子的梦想。即使像汪凤藻这样学贯中西的优秀毕业生最终也是通过科举考试成为了进士才算真正被社会认可，功成名就。赫德在 1892 年 7 月 17 日给金登干的信中就提到了这个事情。他说："汪凤藻（同文馆的人）刚被任命为驻日公使。他是同文馆学生中第一个获得一个显赫职位的人，但是这主要归功于他曾获得翰林头衔而不是由于他懂英文，虽然他幸而是英文班里最好的学生。"[④]

第三，从办学效果上看，同文三馆的作用并不特别突出。相比其他传统学校，同文三馆虽然在创办学校、培养人才和传播西学等方面有很大进步，

---

① 丁韪良：《同文馆记》，傅任敢译，载朱有瓛：《中国近代学制史料》第一辑上册，华东师范大学出版社 1983 年版，第 169 页。

② 田正平、肖朗：《论中国教育近代化起步阶段的成就、特点与问题》，载《教育研究》1998 年第 10 期。

③ 丁韪良：《同文馆记》，傅任敢译，载朱有瓛：《中国近代学制史料》第一辑上册，华东师范大学出版社 1983 年版，第 189 页。

④ 陈霞飞：《中国海关密档》，转引自贾熟村：《赫德与北京同文馆》，载《东方论坛》2012 年第 6 期。

对于中国教育现代化起到了推动作用，但它并没有达到近代中国教育的最高标准。因为学校培养的人才只为少数人服务，脱离社会大众需求，所以，同文三馆的社会影响力较小。

即使是对中国情况比较了解的西方人，对清政府最高外交机关主办的学校也嗤之以鼻。丁韪良在回忆录中指出："同文馆这个实验的成绩，在外国人看来虽很杳小，但是中国的当局对他已很满意了。"[①] 创立了登州文会馆的美国传教士李提摩太在1899年的在华传教士大会上指出："中国政府认为只要有一个他们的官吏能在其中拾取一些零星知识来对付外国使节的同文书院就够了。"[②] 由此可见，不仅是中国人不认可同文三馆的成绩，外国旁观者也认为同文三馆的办学成绩其实是非常有限的。

（四）监督管理不到位

除了政府决策的诸多问题，同文三馆虽然采用了西方现代学校的形式，但在具体运作时还是有衙门作风、弄虚作假等很多问题。光绪九年六月二十一（1883年7月24日），广东道监察御史陈锦历数了同文馆"考课不真""铨补不公""奖赏不实"和"馆规不严"等四大弊端。第一，学生与副教习串通，学习成绩造假。"无耻之徒，专与副教习联络声气，试则前茅也，食则全俸也，叩以算学则茫然不知也。"第二，有些人利用补缺漏洞，骗取保举名额。"近来补缺之人，非得自贿求，即或由情面，有最后到馆而补者，有不晓算数而补者，并有丁忧回籍而仍补且得优保者；否则虽资格在前，功课勤奋，而无人关照，叙补无期。至保举一节，尤多蒙保、混保之弊。"第三，管理人员巧立名目，敲诈钱财。"名存厨房，实饱私囊。……所扣之银，为数甚巨，不知作何开销?"第四，有关人员管教不严，纪律松懈，导致学生学业荒废。"馆内一切大小事宜，概不管束。……功课之荒，成材之少，职是故耳。"有鉴于此，他提出："与其留馆肄业，误子弟有用之聪明，何如归旗读书，储国家无方之贤俊!"[③] 此事揭露以后，有关人员受到相应惩处。不过，同文馆的这些问题并未完全解决，依然长期存在。这也是同文三馆办学成绩难以提高

① 丁韪良：《同文馆记》，傅任敢译，载朱有瓛：《中国近代学制史料》第一辑上册，华东师范大学出版社1983年版，第164页。

② 李提摩太：《中国的教育问题》，陈景磐译自《中华教育会第三届年会会议记录》，载陈学恂：《中国近代教育史资料教学参考资料》下册，人民教育出版社1987年版，第51页。

③ 陈锦：《光绪九年六月二十一日（1883.7.24）掌广东道监察御史陈锦奏》，载朱有瓛：《中国近代学制史料》第一辑上册，华东师范大学出版社1983年版，第583～585页。

的部分原因。

正因为以上种种问题，同文三馆西学教育成果备受质疑。很多人对于洋务运动倡导学习西方文化的动机与效果都提出了批评的观点。

第一，倡导洋务引发社会问题，异端邪说导致人心惶惶。光绪十五年正月十四（1889 年 2 月 13 日），翰林院掌院学士麟书指出：“今日之患未有如侈谈洋务之大者也。”“彼知中朝士夫之不我瑕疵也，今且馋邪之焰久而愈炽，几有不可复遏之势。夫自同治初年蓄此邪议，浸淫酝酿以至于今，垂三十年而不得一逞者。”“及今不断，则谗焰遂张，及今断之，则邪说亦渐息，举措之几不可不慎。”①

第二，洋人贪图钱财，学生学习目的不纯，学校培养不出为国为民的社会精英。光绪十八年（1892），郑观应指出：“查京都无各艺书院，同文馆只教外国语言、文字、算学，各制造局洋匠纵有精通，然贪恋厚资，未免居奇而靳巧。……教习无法，考察无具，奖劝无方，一旦有事，制造无人。”②

第三，洋务教育事倍功半，耗资巨大，成效甚微。举办洋务之人遇事怯懦，罪责难逃。光绪二十年（1894），陈耀卿指出：“国家费数百万之帑项，数聚千人之精力，竭数十載之经营，不得谓谋之不深，虑之不远。乃一旦与倭人对敌……失地丧师，枪炮轮船全为敌有。所谓洋务出身者或逃避伏法，或战败降倭，或潜亡内地，前功尽弃，莫可挽回。中国遂不得不力主和议。是役也，办理洋务之员实有难逃之罪。”③

二、同文三馆发展缓慢的原因分析

同文三馆的延续时间都是 40 年左右。京师同文馆 1862 年创办，1902 年结束，存续时间 40 年。上海同文馆 1863 年创办，1905 年结束，存续时间 42 年。广东同文馆 1864 年创办，1905 年结束，存续时间 41 年。在同文三馆存续期间，即使在洋务运动蓬勃发展时期，社会上对同文三馆的批评和质疑也没有停止。舆论普遍认为清政府在教育改革中瞻前顾后，难以突破传统束缚。

① 麟书：《光绪十五年正月十四日（1889. 2. 13）翰林院掌院学士麟书等奏》，载朱有瓛：《中国近代学制史料》第一辑上册，华东师范大学出版社 1983 年版，第 587 页。

② 郑观应：《技艺》，载朱有瓛：《中国近代学制史料》第一辑上册，华东师范大学出版社 1983 年版，第 588 页。

③ 陈耀卿：《光绪二十年（1894）后陈耀卿〈富强当求本源论〉》，载朱有瓛：《中国近代学制史料》第一辑上册，华东师范大学出版社 1983 年版，第 589 页。

其实，同文三馆在存续期间一直发展得比较缓慢主要有两个原因，一个是客观原因，另一个是主观原因。客观原因是缺少资金支持，主观原因则非常复杂。

（一）客观原因

同文三馆发展缓慢的客观原因很容易理解，即没有足够的资金支持，学校的发展必然受到限制。造成清政府财政困难的因素有很多，既有国际因素，也有国内因素。

1. 国际因素

造成清政府财政困难的国际因素主要是对外战争。18 世纪英国工业革命以后，西方国家迅速发展起来，随即开始了大规模的海外殖民扩张。19 世纪后，随着西方殖民主义在亚洲的扩张，西方列强对中国的侵略就一直没有停止。侵略者的挑衅自然引发了中外战争。自 19 世纪 40 年代至 20 世纪初，随着外国侵略者侵华，中外双方先后发生了多次大规模的战争，如 1840 年的中英鸦片战争，1858～1860 年英法联军挑起的第二次鸦片战争，1883～1885 年的中法战争，1894～1895 年的中日甲午战争，1900 年的八国联军侵华战争。每一次战争都以外国侵略者的胜利而告终。战后，清政府一次又一次割地赔款，丧权辱国。这样一来，屡次战争成本和战后赔偿导致清政府国库空虚，财政困难，自然也没有足够的资金支持同文三馆的建设和发展。

2. 国内因素

造成清政府财政困难的国内因素主要是镇压国内反抗势力。因为与西方列强的战争失败，为了支付战争赔款，清政府只能大肆搜刮百姓，导致国内民不聊生，阶级矛盾激化。在中国近代史的短短几十年里，先后发生了多次覆盖全国很多地区的农民起义，如太平天国运动、捻军起义和义和团运动等。在农民起义和清政府镇压反抗力量的过程中，中国社会产生激烈动荡，经济遭受了重大的打击，整个社会面临着巨大的灾难。

除此之外，平定国内分裂主义者叛乱也是一笔不小的开销。晚清时期，外国侵略者为了自己的战略利益多次在中国边境地区制造分裂活动。英国除了从海上侵略中国，还在陆地上不断挑唆新疆、西藏分裂分子叛乱。俄国多次侵略中国新疆和蒙古地区。法国唆使中国藩属国越南独立。日本夺取中国藩属国朝鲜的控制权。这些明目张胆的分裂活动是东西方侵略者企图肢解中国的惯用手法，大大增加了中国管控边疆的难度。尤其是 19 世纪 70 年代，受到英国、俄国支持的中亚浩罕汗国阿古柏反动势力侵占了中国新疆部分地区，试图利用清政府的衰落时机霸占新疆，分裂中国。危急关头，民族英雄左宗棠不顾年老体弱，抬棺远征，亲率大军平定了叛乱，维护了国家主权和领土完整。不过，为了支持左宗棠平定叛乱，消除阿古柏分裂势力带来的危害，清政府先后向多国银行借债。这些债务也加重了清政府的财政负担。

3. 资本因素

外部资本没有介入也是同文三馆发展缓慢的客观原因之一。首先，办学校是个赔钱的事情。学校建设维护、教学设备耗材、外籍教师工资、学生补助奖励等都需要大量资金支持。资本都是逐利的，资本家普遍追求短期效益，像清政府这样赔钱办学校的事情资本家自然不愿意投入。其次，中外资本基础不同。外国资本数量庞大，但其目的性很强。对照同时期外国资本投资教会学校和外语培训班的火爆场面，外国资本追求宗教利益和经济效益最大化的目标便一览无余。与此同时，中国民间资本相对较弱，新兴的民族工业刚刚起步，还没有足够的经济实力支持新式学堂的建设。再次，同文三馆是清政府洋务运动的一部分。这一时期，清政府还举办了福建船政学堂等其他西式学校。这些学校主要是解决国家的外交和军事等方面的人才培养问题。人才必须德才兼备，其最重要的品质是忠诚于清政府，然后才是外交和军事才能。出于维护清政府统治的目的，清政府不可能放心把学校交给外国资本或民间资本等其他社会力量去做。在这种情况下，学校发展仅仅靠清政府有限的资金投入是远远不够的。

（二）主观原因

同文三馆发展缓慢的主观原因是清政府的决策不够清晰和坚定。清政府之所以犹豫不决，投鼠忌器，主要是因为它有三个顾虑：一是担心满族政权丧失，二是担心民族矛盾激化，三是担心西方文化入侵。这些才是同文三馆发展缓慢的更深层次原因。

1. 担心满族政权丧失

清朝先天的缺陷就是不具备政权的合法性。它是一个由少数民族满族统治多数民族汉族和其他少数民族的政权，同时，它也是通过军事镇压和武力征服夺取汉族政治权力和生存家园的外来力量。这个政权虽然一直强调其统治基础是满、蒙、汉主体民族的合作，但其骨子里却一直牢记满汉民族总体的关系是征服者与被征服者的关系。清朝 267 年的统治中，清政府采用了极其野蛮的方式迫使汉民族屈服，导致整个汉民族的自由基础和生存家园惨遭破坏，铁血精神和民族气概急剧丧失，文化传统和精神家园几近枯萎。它通过军事占领霸占了汉民族的家园，剥夺了汉民族的生存之地，迫使其卑微地生存；通过“留头不留发，留发不留头”等方式强迫汉人剃发易服，剥夺汉族人的尊严；通过制造“文字狱”控制社会舆论，打压汉民族的精神，摧残其身心健康。这些做法足以说明满族作为一个少数民族政权对于庞大的汉民族崛起的恐惧，对于维护政治权力的焦虑。

正因为担心政权的丧失，清政府统治阶级对于任何新的改变都充满了警惕和排斥。事实上，创办同文三馆，学习西方文化最初并不是清政府的本意。这只不过是洋务派在外国侵略者威逼之下被迫采取的临时应急之策。“清政府最担心的就是所培养的外语人才接受不利于其统治根基的新思想后，成为危及自身统治的掘墓人。”[①] 京师同文馆创办初期，奕䜣反复引用俄罗斯文馆章程，不是因为喜欢这些内容，而是为了表明其办学主张并非要抛弃“祖宗成法”，从而减少朝廷官员的反对阻力。即使如此，洋务派也要面临保守派的诘难和质疑。1867 年，京师同文馆因为增设天文算学馆而采取的招生政策就招来了保守派的猛烈攻击。虽然洋务派因为同治皇帝支持而取得胜利，但这也足以证明教育改革的艰难和代表旧传统的保守势力的顽固与强大。这次争论充分说明了清政府保守势力对于统治政权可能丧失后备力量的担忧。

在具体政策中，清政府对人口占绝大多数的汉民族也充满了戒备、警惕和不信任。例如，在同文三馆学生选拔中，清政府就采取了民族歧视政策。京师同文馆最初只招收八旗子弟，广东同文馆招生中八旗子弟优先。汉族世家子弟一开始极少，后来还被迫取消，普通汉人无资格。只有李鸿章主导的上海同文馆招生不限生源，而且培养的学生最优秀。

2. 担心民族矛盾激化

作为少数民族政权，清朝统治阶级对汉族人民的担心和怀疑远远大于信任。正是担心汉族人民反抗，清政府才更加恶毒地推行愚民政策，压制社会舆论，镇压人民反抗，从而时常激化民族矛盾，形成了恶性循环。而且，清朝虽然推翻了日趋腐败的明朝，却不仅继续横征暴敛、欺压百姓、毁损祖产，而且剃发易服，摧残心灵，制造文字狱，压制言论，腐败残忍程度比明朝统治者有过之无不及。嘉定三日、扬州十日屠城的野蛮行径更是在汉族人民心中留下了残暴印象。

---

① 夏军、余子侠：《困境中的坚守：国家意识形态主导下的晚清外语人才培养研究》，载《教育学术月刊》2018 年第 8 期。

丁韪良在回忆录中曾经记录过一次与农夫的谈话，这次谈话就表现出了强烈的仇恨心理。农夫问："为什么你们外国人不灭我们的国呢?"丁韪良说："你以为我们灭得了吗?"农夫说："当然灭得了。"同时，他手指着山下的一支电线，继续说："发明那电线的人就够灭我们的国。"对此，丁韪良评论道："他的脑筋没有中中国古书的毒；这种人中国很多，可惜的是他们只跟在士大夫的后面走。"① 从这段对话中不难看出，很多汉族人民对满族统治者并无好感。在当时，他们并没有今天的国家概念。他们只是看到朝代的更迭和统治者的更换。由于自身无力反抗，他们多年来只能忍辱负重，苟且偷生。在西方侵略者入侵中国的时候，他们之所以袖手旁观，没有进行积极的抵抗，是因为在他们的认知当中，西方列强和满清统治者都是强盗。西方列强虽然是远道而来的外国强盗，但他们痛打一个欺师灭祖、霸占自己家乡的邻居强盗，也算给自己出了一口恶气。这恐怕就是鲁迅所说的"看客心理"产生的主要原因。

事实上，清政府也曾采取了一些政策笼络人心。不过，在涉及权力和利益分配时，统治阶级对于汉族人民从来都不会心慈手软。长期以来，由于满族统治者实行了各种歧视政策，满汉之间存在着尖锐的民族矛盾，由此导致"驱除鞑虏，恢复中华"的民族主义信念在汉民族心中始终存在，并不时显露出来。从吴三桂造反到白莲教起义，再到晚清太平天国运动、捻军起义和义和团运动，最后到清末华兴会、同盟会等反清团体兴起，直至革命党人发动辛亥革命推翻清政府，所有的政治事件都与民族抗争有关。晚清时期的同盟会革命、戊戌变法运动和各类新教育运动也不排除各种势力"以夷制满，驱除鞑虏"的政治诉求。

3. 担心西方文化入侵

1840 年鸦片战争之后，清政府对于西方列强的入侵一直耿耿于怀，1858～1860 年的第二次鸦片战争更是让清政府颜面尽失。西方列强依靠坚船利炮打开中国大门，通过经商、传教等方式破坏了中国的稳定局面。清政府认为他们掠夺中国资源，垄断中国市场，传播西方文化，毒害中国人心，严重威胁到了自己的统治地位，是中国最大的敌人。

清政府对于西方传教士的行为是非常警惕的。"晚清政府时刻担心学生受

---

① 丁韪良：《同文馆记》，傅任敢译，载朱有瓛：《中国近代学制史料》（第一辑上册），华东师范大学出版社 1983 年版，第 172～173 页。

西方宗教及自由民权等思想影响，从而否定那些被清政府视为立国之本的封建纲常伦理道德，在意识形态上与清王朝统治背道而驰。”① 相较于西方列强的坚船利炮明火执仗的侵略，宗教入侵显得更加隐蔽和恶毒。多年来，西方传教士仇视中国政府，破坏国家稳定。他们通过威逼利诱等手段强迫中国人放弃自己的传统信仰，皈依天主教，造成了非常恶劣的后果。同治六年(1867)，容闳指出：“盖今日外人势力之放恣，已渐有入中国越俎代谋之象……彼天主教士在中国势力，已不仅限于宗教范围，其对于奉教之中国人，几有管辖全权。教徒遇有民刑诉讼事件，竟由教会自由裁判，不经中国法庭讯理。是我自有之主权，已于法律上夺去一部分也。”② 事实上，晚清时期大量的外交案件都与传教士勾结地方黑恶势力欺压百姓有关。义和团运动更是传教士恶行导致中华民族集体反抗的典型例子。然而，对于教会势力在中国的丑陋行径，西方社会常常视而不见，采取选择性失明的双标做法。这也是西方社会多年来一直抹黑义和团运动的主要原因。

同治六年二月十五（1867 年 3 月 20 日），倭仁上书同治皇帝说：“闻夷人传教，常以读书人不肯习教为恨。今令正途从学，恐所习未必能精，而读书人已为所惑，适堕其术中耳。”③ 这就是说，保守派担心中国学生跟着洋人学习，很可能出现一种情况，即洋人的本事没学会，反而被洋人洗脑，受到洋人的蛊惑，做出损害国家利益的事情。倭仁说的话恰恰代表了清政府对西方文化入侵的担心。光绪十二年六月初八（1886 年 7 月 9 日 9），陕西道监察御史朱一新指出：“窃以为出洋一途，流弊滋大。黠者多染夷风，甚或私习洋教，浸假海疆多故，其不为汉奸者几希。”④

为了阻止洋人在京师同文馆传教，防止读书人受到蛊惑，清政府曾采取了一些防范措施。在要求广州将军兴办广东同文馆时，同治皇帝命令：“惟该馆学生专习外国语言文字，不准西人借端影射，将天主教暗中传习。该抚仍

① 夏军、余子侠：《困境中的坚守：国家意识形态主导下的晚清外语人才培养研究》，载《教育学术月刊》2018 年第 8 期。

② 容闳：《予之教育计划》，载璩鑫圭、童富勇：《中国近代教育史资料汇编》（教育思想），上海教育出版社 1997 年版，第 42 页。

③ 倭仁：《同治六年二月十五日（1867.3.20）大学士倭仁折》，载陈学恂：《中国近代教育史资料教学参考资料》上册，人民教育出版社 1986 年版，第 188 页。

④ 朱一新：《光绪十二年六月初八日（1886.7.9）陕西道监察御史朱一新奏》，载朱有瓛：《中国近代学制史料》第一辑上册，华东师范大学出版社 1983 年版，第 586 页。

当随时稽察，毋令滋弊。”① 在京师同文馆招收第一位英文教习包尔腾时，奕䜣与英国公使威妥玛事先作了约定。双方商量好包尔腾可以教书，但不许传教，而且派汉人徐澍琳暗中监视。“并与威妥玛豫为言明，祇学语言文字，不准传教；仍另请汉人徐澍琳教习汉文，并令暗为稽察。”② 在招收第一位法语教习时，奕䜣也遇到同样的问题。因为司默灵是法国传教士，奕䜣最初坚决拒绝法国公使哥士耆的推荐。“查司默灵本系法国传教士，臣等闻哥士耆之荐，颇不谓然，当即力却。”不过，由于缺少招聘外籍教师渠道，奕䜣还是考虑了法国公使的建议。“经哥士耆再三剖辨，据称司默灵虽属教士，现在并不传教，且其人尚诚朴可充斯席。”在这种情况下，奕䜣也不便驳回法国公使的面子，只能严加审查，同时约法三章，讲明传教即辞退的后果。“臣等令其来署面见，尚无传教士习气，因与切实言定，若到同文馆，断不准其传教，一涉此弊，立即辞回。”③ 除此以外，很多官员也对西方文化入侵表示警惕，希望严厉整顿崇洋媚外的社会风气。光绪十二年六月初八日（1886 年 7 月 9 日），陕西道监察御史朱一新提出：“此后出洋学习之例，拟请普行停止，专以实力整顿学堂。”“无论水手、弁兵，敢染夷风，即按军法，严惩一二，以厉其余，人心既正，人才自出矣。”④

清政府对西方传教士的担忧并非庸人自扰。事实上，有实例证明传教士一直在阳奉阴违地做坏事。例如，原来在宁波、北京传教的美国传教士丁韪良摇身一变成为京师同文馆总教习后，就曾经把清政府的禁令抛在一边，利用自己的职务传播宗教。他在回忆录中说：“以同文馆的性质而论，正式讲授宗教本是不许的，但是我却常常和学生谈到宗教问题，并且要求别的教授，如教本中遇到有关于宗教的课文时，尽可不必删去。”⑤ 这说明，清政府的担心并非多余。传教士的本性并未改变。他们做梦都想改变中国人的理想和信仰。

---

① 同治皇帝：《同治二年二月初十日（1863.3.28）上谕》，载朱有瓛：《中国近代学制史料》第一辑上册，华东师范大学出版社 1983 年版，第 256～257 页。

② 奕䜣：《同治元年七月二十五日（1862.8.20）总理各国事务奕䜣等折》（附章程），载陈学恂：《中国近代教育史资料教学参考资料》上册，人民教育出版社 1986 年版，第 26 页。

③ 奕䜣：《同治二年三月十九日（1863.5.6）总理各国事务奕䜣等奏》，载朱有瓛：《中国近代学制史料》第一辑上册，华东师范大学出版社 1983 年版，第 9～10 页。

④ 朱一新：《光绪十二年六月初八日（1886.7.9）陕西道监察御史朱一新奏》，载朱有瓛：《中国近代学制史料》第一辑上册，华东师范大学出版社 1983 年版，第 586～587 页。

⑤ 丁韪良：《同文馆记》，傅任敢译，载朱有瓛：《中国近代学制史料》第一辑上册，华东师范大学出版社 1983 年版，第 188 页。

考虑到以上种种令人担忧的情况，清政府在决策中自然会因循守旧，犹豫不决。它在推动同文三馆学习西方文化时采取保守的做法就不难理解了。

综上所述，同文三馆的问题是制度性问题，与国家命运紧紧联系在一起，不是某个个体或组织想改就能够改变的。事实上，同文三馆的每一次改革都会涉及祖宗旧制的问题。当事人稍有不慎就会遭到猛烈攻击。例如，同治六年（1867）京师同文馆增设天文算学馆引发的争议就说明了这个问题。处在改革漩涡当中，不仅是改革者战战兢兢，就是旁观者也会担惊受怕。因此，晚清时期的中国教育现代化不仅受到清政府保守派的各种阻挠，而且更因当时的国际形势和清朝的社会矛盾等因素而长期延误。为此，吴宗濂在《上海广方言馆始末记》一文中感慨道："惟庚子以还，京师同文馆改为译学馆，而斯馆亦改为兵工学堂，今则并此而无之，馆之兴废随国运为转移。"①

---

① 吴宗濂：《上海广方言馆始末记》，载朱有瓛：《中国近代学制史料》第一辑上册，华东师范大学出版社1983年版，第250页。

结　语

同文三馆在中国教育史上具有非常特殊的地位。作为中国近代第一批尝试西式教育的官办学校，同文三馆是中国教育现代化的先行者。事实证明：第一，京师同文馆是中国近代新教育的开端。第二，京师同文馆是最早讲授西学的官办学校，但不是最好的外语学校。第三，同文三馆对于推动中国教育现代化有贡献，但不要过于夸大。

与此同时，同文三馆的经验教训也值得认真反思和借鉴。教育者和管理者必须做好顶层设计，遵循教育规律，培养爱国人才。

一、同文三馆是中国教育现代化的先行者

（一）京师同文馆是中国近代新教育的开端

京师同文馆是中国近代第一所讲授西学的官办学校。它最早引入外籍教师，最早进行规范化外语教学，最早开始有意识地引进自然科学知识，最早把外语教学与公文翻译、书籍翻译联系起来，培养了中国最早的一批外交官和懂外语的各级官员。京师同文馆的创立既是洋务运动开始的标志，也是中国官办教育主动学习西方文化的开端。吴宣易指出："同文馆可以说是中国新教育的始祖。"①

同文三馆的创办具有开拓性。作为第一批尝试西式教育的官办学校，学校的西方教习、教学内容、教学形式、教学目标和教育目的都截然不同于同时期其他各类官办学校。这是独立于中国传统官办教育以外的全新教育形式。"它冲破了中国文化封闭的藩篱，既是中国人觉醒的表现，又为中国人进一步觉醒创造了条件。"② 同文三馆的创办对于中国接受国际规则、融入国际社会、参与国际竞争具有里程碑式的意义。作为当事人和见证人，担任京师同文馆

---

① 吴宣易：《京师同文馆略史》，载朱有瓛：《中国近代学制史料》第一辑上册，华东师范大学出版社 1983 年版，第 197 页。

② 王艳玲：《奕䜣与清政府对外开放的蹒跚步履》，载《长沙电力学院学报》（社会科学版）2002 年第 3 期。

总教习25年的丁韪良指出："有希望革新这古老的帝国的是新教育，新教育的肇端是同文馆。新教育潮流之所以日臻蓬勃，来源虽多，但其最初的源泉却是五十年前在北京设立的一个研究外国语文的小学校——同文馆。"①

从世界范围来看，教育是学习古今中外知识、培养各类人才的事业，绝不能够画地为牢，自我封闭，应该兼收并蓄，海纳百川。事实上，中国新旧教育的划分本身就导致了非常严重的社会问题。光绪二十二年（1896），梁启超在《学校余论》一文中指出："抑欲为艺学者，奉一专门名家之西人以为师，虽于中国之学不识一字可也。"② 光绪二十四年（1898）五月，军机大臣总理衙门在《筹议京师大学堂章程》一文中指出："考东西各国，无论何等学校，断未有尽舍本国之学而能讲他国之学者；亦未有绝不通本国之学而能通他国之学者。中国学人之大弊，治中学者则绝口不言西学，治西学者亦绝口不言中学，此两学所以终不能合，徒互相诟病若水火不相入也。夫中学体也，西学用也，二者相需，缺一不可，体用不备，安能成才。"③

（二）京师同文馆是最早的但不是最好的外语学校

同文三馆虽然是最早开办外国语言文字的官办学校，但它们并不是最好的外语学校。这主要表现在以下几个方面：第一，档次和水平不高。按照陈其璋所说，"所学者只算术、天文及各国语言文字。在外洋只称为小中学塾，不得称为大学堂"④。第二，人数不多，影响不大。梁启超指出："所在屈指可数，生徒不满千计。"⑤ 这样的学校受益群体非常小，对中国教育没有根本性推动作用。第三，清政府无心也无力办好这些学校。当时，清政府面临着外有西方列强步步紧逼、内有农民起义此起彼伏的困境，财政困难，人才短缺，自然也没有更多的精力关心和支持同文三馆。在这种情况下，要求同文三馆教学质量达到很高的水平确实有些勉为其难。

与此相反，1840年以后，随着西方列强通过战争迫使清政府签订的各种

① 丁韪良：《同文馆记》，傅任敢译，载朱有瓛：《中国近代学制史料》第一辑上册，华东师范大学出版社1983年版，第158页。

② 梁启超：《学校余论》，载朱有瓛：《中国近代学制史料》第一辑上册，华东师范大学出版社1983年版，第599～601页。

③ 朱有瓛：《中国近代学制史料》第一辑上册，华东师范大学出版社1983年版，第602页。

④ 陈其璋：《光绪二十一年十二月初九日（1896.1.23）御史陈其璋请整顿同文馆疏》，载朱有瓛：《中国近代学制史料》第一辑上册，华东师范大学出版社1983年版，第590页。

⑤ 梁启超：《学校余论》，载朱有瓛：《中国近代学制史料》第一辑上册，华东师范大学出版社1983年版，第599～601页。

条约陆续生效，外国商业、工业、宗教等势力日益增加，外国在华教会势力增加得尤其显著。在这种情况下，同时期的很多教会机构利用自己的语言和文化优势，在西方语言教学、西方书籍翻译、西方科学技术传播等方面比同文三馆做得更加出色。这是不可否认的事实。仅以上海为例，教授西方语言文化的英华书院，翻译并出版西方书籍的墨海书馆，依托教会兴办的圣约翰大学等，在西学教育方面都达到了较高的水平。许多具有教会背景的外资学校依靠资本运作和扶持发展更快，竞争力更强，吸引力更大。邵建、吕凌峰指出："1842 年至 1860 年，全国共有教会学堂 50 所，学生仅有 1000 人；到 70 年代末教会学堂增加到 800 所，学生增至 20000 人；90 年代末教会学堂逾 2000 所，学生多达 40000 人。"[①] 1890 年，李承恩（Nathan J. Plumb）指出："自从 1877 年基督教在华传教士会议报告发表以来，学校和学生数翻了一番多。以男女走读学校为例，1877 年的报告是 259 所学校，4602 名学生；我从 25 个差会和教会所在地得到的学校总数超过 500 所，学生数 8000 名以上。""只是一个差会，走读学校就有 75 所，学生近千人。"[②] 桑兵指出：事实上，到了 1889 年，在华教会学堂已经达到 1086 所，学生有 16836 人；1895 年更增加到 21353 人。[③] 李华兴指出："到 19 世纪末，中国已有了十几所所谓的教会大学或学院，但据杰西·格·卢茨判断：'在 1900 年前没有一所真正达到大学水平'，'而且许多学校最后解散或改为中学或初级学院'。"[④]

（三）同文三馆对于推动中国教育现代化有贡献，但不要过于夸大

在同文三馆存在的四十年左右的时间里，广大师生克服了种种困难，在对西方文化一无所知的情况下逐渐掌握了西方现代科学文化基础，取得了一定的成绩，这是非常不容易的。同文三馆的贡献主要有三点：第一，确立了新的学校制度，为后续西式学堂的建立提供了范本。在晚清时期的大约 40 所官办西式学堂中，京师同文馆是第一所由皇亲贵族组织、皇帝亲自批准的学校。它为其他学校提供了办学章程、学校管理、教学组织、经费筹措、师资聘任、招生政策、毕业分配等标准，是真正的官办教育引领者。第二，培养了大批翻译人才，基本满足了外交翻译需求，达到了办学最初目的。同文三

① 邵建、吕凌峰：《晚清 70 年人才的流向》，载《科学·经济·社会》2004 年第 1 期。

② 李承恩：《教会学校的历史、现状与展望》，载陈学恂：《中国近代教育史教学参考资料》下册，人民教育出版社 1987 年版，第 41 页。

③ 参见桑兵：《晚清学堂学生与社会变迁》，学林出版社 1995 年版，第 37 页。

④ 李华兴等：《民国教育史》，上海教育出版社 1997 年版，第 762 页。

馆的学生大部分进入了外交领域，少部分人从事各级管理或成了学校教师等。他们都在各自的岗位上兢兢业业工作。田正平、肖朗认为："同文馆的毕业生提供了最早一批受过专业训练的近代外交人才。"[①] 这些人提高了中国外交官员的素质，为中国的外交事业作出了贡献。第三，课堂教学中引入了西方外语和科技知识，翻译了大量西方书籍，让更多的人了解了西方现代科学文化知识，促进了西方文化的广泛传播，推动了西学东渐运动和中国教育现代化。因此，同文三馆在中国教育现代化过程中作出了贡献，这一点是毋庸置疑的。

由于各种主客观原因，同文三馆取得的成绩是有限的。但是，毕竟它们都是清政府的官办学校，管理和教学等工作要服从于政府的指挥。学校的很多做法都是为了满足政府需要，而不是遵循教育规律，由此也带来了许多弊端。因此，夸大同文三馆的首创性、唯一性，把它们拔高到引领中国教育现代化的高度是不合适的。但是，如果把同文三馆贬低得一无是处，指责其毫无用处，显然也有失公允。

二、同文三馆的经验教训值得反思和借鉴

同文三馆是清政府在西方列强步步紧逼的情况下匆忙成立的学校，目的是应对当时的外交困境。因此，它们的创办和发展具有先天的缺陷。熊月之认为："同文馆之创办，江南制造局翻译馆之设立，都是在外交屡次受挫、军事方面屡吃败仗的情况下才起步的，既无通盘之设计、长远之考虑，亦无人才之储备，仓促上马，政府投入的经费也相当有限。"[②] 这种缺陷导致其缺乏长远规划，强调实用主义，决策畏首畏尾，做事保守固执，成效难以扩大。

其实，当时的奕䜣、曾国藩、李鸿章、左宗棠等很多有识之士已经认识到了这个缺陷，可惜他们提出的很多意见始终没有得到采纳。这也导致同文三馆的办学成效比较有限。由此，教育管理者应该反思同文三馆的经验教训，从中得到一些启迪和借鉴。

(一)居安思危，统筹兼顾

教育者和管理者必须居安思危，不但要有超前的战略思维，而且要做好顶层设计。奕䜣和李鸿章等人思想比较开放，眼光更加长远。例如，京师同

① 田正平、肖朗：《论中国教育近代化起步阶段的成就、特点与问题》，载《教育研究》1998年第10期。

② 熊月之：《晚清西学东渐过程中的价值取向》，载《社会科学》2010年第4期。

文馆在创办初期只教外语和汉文，没有任何科学内容。同治五年十二月二十三日（1867 年 1 月 28 日）总理各国事务衙门奕䜣强烈要求开设天文算学馆，增加西方科学文化知识。他说："若夫以师法西人为耻者，此其说尤谬。夫天下之耻，莫耻于不若人。……若夫日本，蕞尔国耳，尚知发愤为雄，独中国狃于因循积习，不思振作，耻孰甚焉！今不以不如人为耻，转因蕲至其人，将来或可突过其人，而独以学其人为耻，将安于不如而终不学，遂可雪其耻乎！"[①] 这说明奕䜣既有强烈的忧患意识，有"知耻而后勇"的决心，也明确预测到了中国故步自封可能会被日本超越的结果。可惜他的顾虑没有得到足够的重视，导致他的预测不幸而言中。丁韪良对于奕䜣等人的奏折给予了很高的评价，认为"他们在两次奏章中所显示的深谋远虑，都极堪钦佩；可惜举国昏昏，坚拒西方文化，此等明敏特达的人，反遭压抑，是可悲耳！"[②]

（二）遵循规律，循序渐进

教育是百年大计，绝不能违背教学规律。同文三馆创办初期，中国人面对的是陌生的西方语言和文化，一切都要从零开始。因为在工业革命中获得先机，所以，西方各国属于现代科学知识输出端。而中国则需向他们学习，属于知识输入端。从学习新知识到消化吸收新知识，再到灵活运用新知识，这是一个漫长的过程。在下面没有小学基础、上面缺乏大学衔接的情况下，同文三馆的教学质量只能维持在较低的水平，难以取得大的成效。田正平、肖朗认为："绝大部分新教育机构属于中等专门教育性质，下面既无相应的新式初等教育作基础，上面也无相应的高等教育机构与之衔接。"[③] 由此可见，遵循教学规律，健全大中小学的教学体系才是解决同文三馆教学质量问题的关键。任何一厢情愿、急功近利的做法都会造成拔苗助长或事倍功半的结果。

（三）学业精进，爱国为先

教育必须培养爱国人才，要强调德才兼备，以德为先。光绪二十四年（1898）七月，孙家鼐谈及西式学堂时说，有些学生"即稍有成就，多不明大体，先厌华风。故办理垂数十年，欲求一缓急可持之才而竟不可得者，所以

---

① 奕䜣：《同治五年十二月二十三日（1867.1.28）总理各国事务奕䜣等折》，载朱有瓛：《中国近代学制史料》第一辑上册，华东师范大学出版社 1983 年版，第 15 页。

② 丁韪良：《同文馆记》，傅任敢译，载朱有瓛：《中国近代学制史料》第一辑上册，华东师范大学出版社 1983 年版，第 173 页。

③ 田正平、肖朗：《论中国教育近代化起步阶段的成就、特点与问题》，载《教育研究》1998 年第 10 期。

教之之道固有未尽也”[①]。其实，同文三馆倡导外语优先，引进西方科技知识，让学生直观看到西方工业革命的先进成果，难免会导致部分学生产生崇洋媚外的心理，引发中西对立情绪。在这种情况下，教育者和管理者适时而正确的引导就显得非常重要。这也是清政府安排徐继畬担任总管同文馆事务大臣的最初设想。不过，由于种种原因，这个安排很快就名存实亡了。光绪二十四年（1898），梁启超在《戊戌政变记》一文中指出：“学堂之中不事德育，不讲爱国，故堂中生徒，但染欧西下等人之恶风，不复知有本国。贤者则为洋佣以求衣食，不肖者且为汉奸以倾国基，如是则有学堂反不如无学堂。”[②] 120多年后的今天，我们重读这些话仍觉振聋发聩。当年的警世名言并没有成为过时的废话，同样的历史今天还在重复。

常言道：“弱国无外交。”各级领导者和广大群众只有居安思危、脚踏实地、眼光长远、措施得当，才能保证国家的长治久安。教育者要让学生明白，爱国是每个人的责任，个人和集体的发展是国家繁荣的基石，国家强盛才能让国民拥有坚强的脊梁。事实上，学生都具有很强的可塑性，在学习上暂时落后并不可怕，毕竟“尺短寸长”“勤能补拙”。可怕的是国家花重金培养的人变成了“精致的利己主义者”，不但不感恩社会、报效祖国，反而为了个人名利投敌卖友、背叛国家。因此，教育者要制定适当的人才培养政策，既要培养学生成为中国文化的继承者和接班人，又要鼓励他们掌握国际最新科技成果，还要防止他们崇洋媚外，变成数典忘祖的汉奸。这非常考验教育者和管理者的领导素质和平衡能力。

---

① 孙家鼐：《光绪二十四年（1898）七月孙家鼐议复开办京师大学堂折》，载朱有瓛：《中国近代学制史料》第一辑上册，华东师范大学出版社1983年版，第603页。

② 梁启超：《戊戌政变记》，载朱有瓛：《中国近代学制史料》第一辑上册，华东师范大学出版社1983年版，第603页。

参考文献

一、著作

1. ［美］毕乃德（Knight Biggerstaff）：《洋务学堂》，曾钜生译，杭州大学出版社 1993 年版。

2. 曹欣欣：《奕䜣与京师同文馆》，载《中国紫禁城学会论文集》第二辑，紫禁城出版社 1997 年版。

3. 陈科美、金林祥：《上海近代教育史》，上海教育出版社 2003 年版。

4. 陈向阳：《晚清京师同文馆组织研究》，广东高等教育出版社 2004 年。

5. 陈学恂：《中国近代教育史资料教学参考资料》上册，人民教育出版社 1986 年版。

6. 陈学恂：《中国近代教育史资料教学参考资料》下册，人民教育出版社 1987 年版。

7. 费正清：《剑桥中国晚清史 1800～1911 年》上、下册，中国社会科学院历史研究所编译室译，中国社会科学出版社 1985 年版。

8. 付克：《中国外语教育史》，上海外语教育出版社 1986 年版。

9. 顾明远：《教育大词典》，上海教育出版社 1998 年版。

10. 顾卫民：《基督教与近代中国社会》，上海人民出版社 1996 年版。

11. 霍益萍：《近代中国的高等教育》，华东师范大学出版社 1999 年版。

12. 璩鑫圭、童富勇：《中国近代教育史资料汇编》（教育思想），上海教育出版社 1997 年版。

13. 李材栋等：《中国教育管理制度史》，江西教育出版社 1996 年版。

14. 李华兴等：《民国教育史》，上海教育出版社 1997 年版。

15. 李良佑、张日升、刘犁：《中国英语教学史》，上海外语教育出版社 1988 年版。

16. 罗冠宗：《前事不忘后事之师》，宗教文化出版社 2003 年版。

17. 桑兵：《晚清学堂学生与社会变迁》，学林出版社 1995 年版。

18. 盛华：《论清政府对基督教在公立学校传播的政策》，载习五一：《马克思主义无神论研究》第二辑·2012（中国会议），中国社会科学出版社 2015 年版。

19. 舒新城：《近代中国教育史料》，中华书局 1928 年版。

20. 苏精：《清季同文馆及其师生》，福建教育出版社 2018 年版。

21. 孙修福：《近代中国华洋机构译名大全》，中国海关出版社 2003 年版。

22. 王铁崖：《中外旧约章汇编》，三联书店 1957 年版。

23. 熊月之：《上海广方言馆史略》，载《上海史研究》（第 2 编），学林出版社 1988 年版。

24. 熊月之：《上海通史》第 6 卷“晚清文化”，上海人民出版社 1999 年版。

25. 邹振环：《丁韪良译述〈万国公法〉在中日韩传播的比较研究》，载复旦大学韩国研究中心编《韩国研究论丛》第七辑，中国社会科学出版社 2000 年版。

26. 张静庐：《中国近代出版史料》（初编），群联出版社 1954 年版。

27. 赵尔巽：《清史稿》，中华书局 1977 年版。

28. 赵鲁平：《解读上海外语教育：历史与文化语境的嬗变》，山东人民出版社 2016 年版。

29. 朱有瓛：《中国近代学制史料》第一辑上册，华东师范大学出版社 1983 年版。

二、期刊论文

1. 阿涛、祝环：《清末法学输入及其历史作用》，载《政法论坛》1990 年第 6 期。

2. 白燕：《从“洋教习”到“外国专家”——北京大学聘请外籍教师百年回顾》，载《北京大学学报》（哲学社会科学版）2001 年第 5 期。

3. 毕娜娜：《洋务学堂传播西学的方式》，载《商业文化》（上半月）2011 年第 11 期。

4. ［俄］波兹德涅耶夫、张梦玲：《〈蒙古及蒙古人〉第二卷前言》，载《内蒙师院学报》（哲学社会科学版）1980 年第 1 期。

5. 曹东义：《“孔家店”的被废、被打与后果》，载《太原师范学院学报》（社会科学版）2012 年第 1 期。

6. 曹磊：《同文异彩，百年沧桑——广州同文馆创建 150 周年纪念》，载《岭南文史》2014 年第 2 期。

7. 曹大臣：《从同文馆看现代教育体制的艰难嬗变》，载《安徽决策咨询》2000 年第 4 期。

8. 曹瑞涛：《从天下中心到世界一隅——近代中华世界观地理坐标之变迁》，载《华南农业大学学报》（社会科学版）2015 年第 1 期。

9. ［韩］曹世铉：《最近五年来关于晚清时期西学东渐问题的研究略述》，载《近代史研究》1998 年第 1 期。

10. 曹欣欣：《昔日同文馆》，载《文物天地》1996 年第 1 期。

11. 常嘉林：《珲春俄文书院》，载《历史档案》2005 年第 4 期。

12. 陈秉仁：《〈辞海〉中三个中国近代人物释文订讹》，载《图书馆杂志》1987 年第 6 期。

13. 陈岑：《洋务学堂成效欠佳原因剖析》，载《宜春学院学报》2010 年第 11 期。

14. 陈东：《我国近代出版事业初探》，载《出版发行研究》1990 年第 2 期。

15. 陈福康：《蔡元培的译学论述》，载《中国翻译》1997 年第 1 期。

16. 陈冠商：《略谈我国外语教学的历史》，载《外语界》1981 年第 2 期。

17. 陈海燕：《晚清同文馆从“西文”向“西学”的转变——晚清同文馆设立天文算学馆的争议》，载《昆明学院学报》2015 年第 1 期。

18. 陈辉：《论近代初期我国普通中学历史课程设置》，载《四川师范大学学报》（社会科学版）1993 年第 1 期。

19. 陈建、魏志侠：《试析 19 世纪末 20 世纪初我国学校化学教育》，载《淮北煤炭师范学院学报》（自然科学版）2005 年第 3 期。

20. 陈绛：《洋务运动与儒学传统》，载《复旦学报》（社会科学版）1986 年第 4 期。

21. 陈绛：《在华西人与中国早期近代化》，载《近代史研究》1991 年第 2 期。

22. 陈麦青：《惠氏〈万国公法〉的由来及其历史作用》，载《法学》1982 年第 1 期。

23. 陈月清：《洋务运动时期与明治维新时期教育改革之比较》，载《文史哲》1983 年第 3 期。

24. 陈诗启：《中国近代海关海务部门的设立和海务工作的设施》，载《近代史研究》1986 年第 6 期。

25. 陈叶祥、萧文强：《“马尔法蒂问题”在 19 世纪的中国：一则中国人学习西学的小故事》，载《自然科学史研究》2014 年第 1 期。

26. 陈艳君：《丁韪良在华英语教学活动及其对英语教学法的探索》，载《兰台世界》2020 年第 6 期。

27. 陈向阳：《论京师同文馆的洋教习》，载《重庆社会科学》2007 年第10 期。

28. 陈志勇：《译书与中国近代化》，载《国学》2010 年第 3 期。

29. 崔波、康建强：《政治与知识之间》，载《编辑之友》2010 年第 10 期。

30. 崔禄春：《近代中国官员的首次出国考察》，载《百年潮》2005 年第7 期。

31. 崔跃峰：《近代学科引入中国的历程（1862～1922)》，载《周口师范学院学报》2010 年第 4 期。

32. 代诗宝：《京师同文馆天文学教育探析——兼论近代中国高等教育初期的基本特征》，载《法制与社会》2008 第 29 期。

33. 戴金珊：《〈富国策〉的版本》，载《读书》1984 年第 4 期。

34. 戴念祖：《20 世纪上半世纪中国力学概况》，载《力学与实践》2001 年第 5 期。

35. 戴宁：《向东看、向西看——“两个世界”碰撞中的包腊与张德彝》，载《西北师大学报》(社会科学版）2018 年第 6 期。

36. 邓爱英：《洋务运动与中国科技教育近代化》，载《沧桑》2004 年第3 期。

37. 邓凤瑶：《俄罗斯馆》，载《黑龙江史志》2013 年第 23 期。

38. 邓辉、俞国：《试论奕䜣的自强思想与实践》，载《中南民族学院学报》(人文社会科学版）2001 年第 3 期。

39. 丁钢：《早期教育现代化的选择与失落：一个比较视角》，载《高等教育研究》2004 年第 3 期。

40. 丁光泮：《试论北京同文馆对近代国际法的翻译与教学》，载《西华师范大学学报》(哲学社会科学版）2005 年第 4 期。

41. 丁伟志：《〈校邠庐抗议〉与中国文化近代化》，载《历史研究》1993 年第 5 期。

42. 丁伟：《晚清上海同文馆职业英语教育初探及其重要启示》，载《中国电力教育》2009 年第 11 期。

43. 丁伟、刘海龙：《我国英语教学本土化的探索者丁韪良与京师同文馆》，载《文教资料》2007 年第 9 期。

44. 丁英顺：《中国近代高等教育开端探究——赫德与同文馆》，载《黑龙江教育（高教研究与评估）》2013 年第 9 期。

45. 董贵成：《中国传统观念对近代科学技术的“排异”反应》，载《自然辩证法通讯》2011 年第 5 期。

46. 董守义：《奕䜣是第一次近代化运动的倡导者》，载《社会科学战线》1990 年第 4 期。

47. 董卓然：《浅析清末三次新政的教育改革》，载《新疆地方志》2011 年第 2 期。

48. 杜家骥、秦贤宝：《清代八旗学校中的外语教育》，载《满族研究》2007 年第 1 期。

49. 杜文铟：《洋务运动与教育改革》，载《求是学刊》1997 年第 3 期。

50. 段琦：《丁韪良与西学东渐》，载《世界宗教研究》2006 年第 1 期。

51. 段治文：《试论中国近代科技教育的体制化历程》，载《浙江社会科学》1995 年第 5 期。

52. 范立彬、王春侠：《从京师同文馆看中国近代外语教育的发端》，载《兰台世界》2011 年第 5 期。

53. 范亚伶：《浅析洋务运动时期的新式学堂》，载《连云港师范高等专科学校学报》2006 年第 4 期。

54. 范延妮：《试述晚清英语教学方法及其启示》，载《山东师大外国语学院学报》（基础英语教育）2003 年第 2 期。

55. 樊艳平、王白英：《浅析京师同文馆的办学模式及其特点》，载《山西高等学校社会科学学报》2006 年第 11 期。

56. 方家峰、吴洪成：《论洋务学堂中工业科技教育的弥散性》，载《广州大学学报》（社会科学版）2012 年第 5 期。

57. 方维规：《“夷”“洋”“西”“外”及其相关概念——论 19 世纪汉语涉外词汇和概念的演变》，载《北京师范大学学报》（社会科学版）2013 年第 4 期。

58. 房正：《洋务运动与中国近代工程学的发端》，载《兰州学刊》2011 年第 10 期。

59. 冯君：《洋务派的近代人才观》，载《广西社会科学》2004 年第 12 期。

60. 冯志阳：《庚子国变期间北京德界的华人翻译——以程遵尧为例》，载《史林》2020 年第 5 期。

61. 傅德元：《〈星轺指掌〉与晚清外交的近代化》，载《北京师范大学学报（社会科学版）》2006 年第 6 期。

62. 傅德元：《〈富国策〉的翻译与西方经济学在华的早期传播》，载《社会科学战线》2010 年第 2 期。

63. 高芳卉：《洋务学堂英语教学与晚清西学东渐关系研究》，载《兰州教育学院学报》2016 年第 5 期。

64. 高红成：《吴嘉善与洋务教育革新》，载《中国科技史杂志》2007 年第 1 期。

65. 高黎平：《晚清翻译机构与在华美国传教士》，载《德州学院学报》（哲学社会科学版）2005 年第 1 期。

66. 高晞：《京师同文馆的医学讲座》，载《中国科技史料》1990 年第 4 期。

67. 高晞：《晚清政府对西医学的认知过程》，载《自然辩证法通讯》1994 年第 5 期。

68. 高晞：《德贞的西医学译著》，载《中华医史杂志》1995 年第 4 期。

69. 高晞：《"解剖学"中文译名的由来与确定——以德贞〈全体通考〉为中心》，载《历史研究》2008 年第 6 期。

70. 高晞：《德贞：东西方医学文化的交流使者》，载《自然辩证法通讯》2011 年第 4 期。

71. 高晓芳、李开拓：《洋务运动时期的外语教育规划得失谈》，载《北华大学学报》（社会科学版）2009 年第 4 期。

72. 高燕燕：《传教士与晚清中国现代化——十九世纪六十年代至九十年代在华传教士与西学传播》，载《法制与社会》2008 年第 34 期。

73. 关威：《近代教育救国思想述论》，载《晋阳学刊》1999 年第 4 期。

74. 关威：《教育救国思潮与近代社会变迁》，载《历史档案》2002 年第 3 期。

75. 龚艺群：《中国留洋建筑师的优秀代表——傅佰锐——写在北京动物园建园 110 周年及傅佰锐逝世 90 周年之际》，载《建筑》2016 年第 11 期。

76. 郭金海：《王季同与〈四元函数的微分法〉》，载《中国科技史料》2002 年第 3 期。

77. 郭京红：《晚清洋务派外语教育举措略考》，载《兰台世界》2011 年第 25 期。

78. 郭琪：《同文馆"天文算学"招生事件》，载《中国档案》2018 年第 4 期。

79. 郭琪：《光绪朝同文馆教员学生考叙档案》，载《历史档案》2020 年第 1 期。

80. 郭蔚然：《东鸣西应：新史学与晚清历史教科书的发展》，载《甘肃社会科学》2017 年第 6 期。

81. 郭维勇：《广州同文馆的历史作用》，载《岭南文史》1985 年第 2 期。

82. 郭永芳：《中国近代科学落后与科举制的关系》，载《科研管理》1983 年第 1 期。

83. 顾卫星：《同文馆创办前的中国学校英语教学》，载《解放军外国语学院学报》2003 年第 3 期。

84. 顾卫星：《京师同文馆英语教学历史研究》，载《外语与外语教学》2004 年第 5 期。

85. 韩莉：《清代中国俄语教育述评》，载《西伯利亚研究》2010 年第 1 期。

86. 郝淑霞：《晚清中俄外交与京师同文馆俄文教育》，载《教育评论》2012 年第 4 期。

87. 郝淑霞：《浅析晚清俄语专业教学中的翻译教学及其启示》，载《中国俄语教学》2014 年第 2 期。

88. 郝维钢：《早期出洋官员对中西文化的认识》，载《历史教学》2004 年第 11 期。

89. 郝晏荣：《洋务运动与儒学未来》，载《中国哲学史》1996 年第 4 期。

90. 郝悦如：《中国最早的俄语教学机构考试制度演变之探》，载《中国俄语教学》2014 年第 4 期。

91. 何安华：《物理与格致》，载《纺织基础科学学报》1991 年第 2 期。

92. 何成刚、王慧：《回忆录与中学历史教学》，载《基础教育课程》2018 年第 18 期。

93. 何大进：《丁韪良与京师同文馆》，载《北方论丛》2005 年第 4 期。

94. 何茂广：《我国高校教师职称的历史沿革》，载《昌潍师专学报》1997 年第 4 期。

95. 侯耀先：《洋务运动时期洋务派对富国强兵道路的探索》，载《宝鸡文理学院学报》（社会科学版）2007 年第 4 期。

96. 胡代聪：《中国近代第一所外语外事学校同文馆——兼论围绕它的文化、政治冲突》，载《外交学院学报》1997 年第 4 期。

97. 胡浩宇：《京师同文馆与西方科技知识在华传播》，载《学术界》2010 年第2期。

98. 胡莉芳：《清末官办高等教育课程体系的转型与失范（1862～1911）》，载《复旦教育论坛》2021年第2期。

99. 胡霄：《晚清教育家冯桂芬对外语教育的贡献》，载《兰台世界》2014年第28期。

100. 胡思庸：《西方传教士与晚清的格致学》，载《近代史研究》1985年第6期。

101. 胡卫清：《美国监理会在华教育事业研究》，载《近代史研究》1999年第2期。

102. 胡咏梅：《中国英语教学之历史溯源》，载《吉林广播电视大学学报》2010年第4期。

103. 胡勇：《晚清民初英语在中国的传播》，载《广西社会科学》2008年第11期。

104. 胡忠明：《文祥略论》，载《安徽史学》1998年第4期。

105. 胡志良：《近代中国地理学科高等教育的萌芽与发展》，载《自然辩证法通讯》2016年第4期。

106. 黄定天：《关于19世纪中叶中俄两国互赠图书问题》，载《北方文物》1994年第3期。

107. 黄路阳：《中国近现代高等学校章程述略》，载《安康学院学报》2007年第1期。

108. 黄书光：《论中国早期教育现代化的艰难探索》，载《社会科学战线》2001年第6期。

109. 黄新宪：《传教士与洋务运动时期的同文三馆》，载《河南师范大学学报》（自然科学版）1996年第4期。

110. 黄怡俐：《我国英语教育历史的反思》，载《许昌学院学报》2006年第1期。

111. 黄燕妮：《中国高校课程考试历史概述》，载《中南林业科技大学学报》（社会科学版）2008年第3期。

112. 黄忠：《同文馆述评》，载《西南民族学院学报》（哲学社会科学版）1990年第1期。

113. 江家发、陈波：《中国近代化学课程始端——“京师同文馆化学科”体系溯探》，载《化学教育》2008年第12期。

114. 蒋兵：《传教士与中国近代思想文化转型》，载《淮北煤炭师范学院学报》（哲学社会科学版）2009 年第 6 期。

115. 蒋立文、胡维革：《在文化立体网络中不能搞单层次嫁接——洋务运动失败原因新探》，载《长白学刊》1989 年第 1 期。

116. 蒋林：《论翻译与晚清社会变革思潮的契合》，载《国外理论动态》2009 年第 4 期。

117. 姜红：《京师同文馆壬申岁物理试题探析》，载《湖南中学物理》2009 年第 4 期。

118. 姜朋：《中国近代法学教育的源起》，载《中国法律评论》2014 年第4 期。

119. 姜鸣：《难与运相争》，载《领导文萃》2000 年第 7 期。

120. 姜艳艳、张志勇：《赫德与近代翻译》，载《兰州学刊》2015 年第8 期。

121. 冀满红、吕霞：《革新与图治：略论总理衙门时期的徐继畬（1865～1869）》，载《甘肃社会科学》2009 年第 5 期。

122. 贾熟村：《翁同龢笔下的同文馆》，载《北京社会科学》2006 年第5 期。

123. 贾熟村：《赫德与北京同文馆》，载《东方论坛》2012 年第 6 期。

124. 贾永堂：《我国教育改革中教育观转变难的文化原因探析》，载《现代大学教育》2001 年第 2 期。

125. 金福：《京师同文馆开设天文算学始末》，载《自然辩证法通讯》1992 年第 6 期。

126. 金丽雪：《简析京师同文馆增设天文算学馆的艰辛之路》，载《世纪桥》2010 年第 7 期。

127. 金满楼：《倭仁谏阻同文馆》，载《中国报道》2010 年第 11 期。

128. 景秀辉：《近代中国英语教学对当今双语教学的启示》，载《安徽工业大学学报》（社会科学版）2006 年第 1 期。

129. 康小莉、苏肖：《浅论清末同文馆英语教学方法》，载《理论界》2006 年第 1 期。

130. 孔海彬：《试论冯桂芬采西学教育思想的内容及特征》，载《学理论》2011 年第 2 期。

131. 孔丽霞：《我国早期英语教学的主要特点》，载《商丘师范学院学报》

2004 年第 6 期。

132. 赖某深、蒋浩：《晚清外交官对俄国的考察》（上），载《世界文化》2020 年第 8 期。

133. 赖某深、蒋浩：《晚清外交官对俄国的考察》（下），载《世界文化》2020 年第 9 期。

134. 赖茂功：《最早参观西方机器制币的中国人》，载《中国钱币》1993 年第 3 期。

135. 雷雨田、陈建林：《广州同文馆探源》，载《五邑大学学报》2009 年第 1 期。

136. 李彬：《洋务运动与中国教育近代化》，载《江西师范大学学报》1996 年第 4 期。

137. 李丹：《西学东渐与晚清高等学堂经济学课程的设置》，载《历史教学》（下半月刊）2011 年第 11 期。

138. 李长莉：《晚清同文三馆对人材的培养》，载《河北师范大学学报》（社会科学版）1987 年第 1 期。

139. 李贵连：《〈法国民法典〉的三个中文译本》，载《比较法研究》1993 年第 1 期。

140. 李贵连：《二十世纪初期的中国法学》，载《中外法学》1997 年第 2 期。

141. 李贵连：《二十世纪初期的中国法学（续）》，载《中外法学》1997 年第 5 期。

142. 李剑：《论晚清时期传教士西书编译工作对洋务教育的促进》，载《唐山师范学院学报》2009 年第 4 期。

143. 李介：《论洋务派的教育改革》，载《庆阳师专学报》（社会科学版）1996 年第 2 期。

144. 李俊香：《开启中国的新式教育——文祥与京师同文馆》，载《开封教育学院学报》2008 年第 1 期。

145. 李木洲：《京师同文馆的课程与考试及其启示》，载《湖北招生考试》2011 年第 24 期。

146. 李薇：《浅谈晚清驻外使官张德彝与华侨华人——以七部航海〈述奇〉为中心》，载《黑龙江史志》2015 年第 13 期。

147. 李文杰：《总理衙门的翻译官》，载《历史档案》2011 年第 2 期。

148. 李文杰：《继承与开新之间——清末民初外务（交）部的人事嬗替与结构变迁》，载《社会科学》2014 年第 6 期。

149. 李雁冰、邹逸：《我国化学学科的诞生与早期发展：历史经验及当下意义》，载《全球教育展望》2013 年第 5 期。

150. 李扬帆：《张德彝：在“自卑”中发现西方》，载《世界知识》2006 年第 5 期。

151. 李扬帆：《捍卫与排外：倭仁的卫道之苦》，载《世界知识》2006 年第 18 期。

152. 李昕辉：《我国英语教育史初探》，载《青岛远洋船员学院学报》2001 年第 3 期。

153. 李霞：《张德彝和德国》，载《杭州大学学报》（哲学社会科学版）1992 年第 3 期。

154. 李喜所：《洋务运动时期的翻译》，载《史学月刊》1987 年第 3 期。

155. 李欣然：《争于庙堂的道器与中西——同治五、六年间的天文算学馆之争》，载《社会科学研究》2015 年第 4 期。

156. 李彦荣：《我国近代中学行政职官沿革》，载《教学与管理》1997 年第 Z2 期。

157. 李彦荣：《中国近代中学的师资管理问题》，载《教学与管理》1998 年第 5 期。

158. 李烨：《晚清外语翻译人才培养的途径和特点——以京师同文馆为中心的考察》，载《渭南师范学院学报》2017 年第 2 期。

159. 李瑛：《郭嵩焘对英语教育思想的刍议》，载《兰台世界》2014 年第31 期。

160. 李昱：《洋务运动时期西方科技书籍的译介出版》，载《淮北师范大学学报》（哲学社会科学版）2012 年第 2 期。

161. 李朝晖、张伟：《清末的数学教科书》，载《内蒙古师范大学学报》（自然科学汉文版）2009 年第 5 期。

162. 李泽彧：《中国高等教育近代化历程及其发展迟缓原因分析》，载《福建学刊》1988 年第 6 期。

163. 李泽彧：《简论近代中国高等学校的历史地位》，载《江苏高教》1993 年第 6 期。

164. 理钊：《同治中兴时期的三个外国人》，载《民主与科学》2017 年第 6 期。

165. 黎难秋：《清末译学馆与翻译人才》，载《中国翻译》1996 年第 3 期。

166. 黎难秋：《近代教育与科学翻译》，载《教育与现代化》1992 年第 4 期。

167. 黎难秋：《清末科技文献翻译大事举要》，载《情报科学》1984 年第 6 期。

168. 黎难秋：《我国早期的兵工专业情报翻译机构——江南制造局翻译馆》，载《情报科学》1982 年第 3 期。

169. 黎难秋：《中国双语词典史话》，载《辞书研究》1982 年第 1 期。

170. 黎难秋：《我国国外科技情报工作渊源初探》，载《情报科学》1981 年第 2 期。

171. 黎难秋：《清末科技资料翻译初探》，载《中国翻译》1981 年第 2 期。

172. 黎难秋：《清末译书数字及有关史实》，载《安徽大学学报》1982 年第 1 期。

173. 梁碧莹：《美国传教士与近代中西文化交流》，载《中山大学学报》（哲学社会科学版）1989 年第 3 期。

174. 梁冰：《晚清驻外公使群体的出洋阅历述论》，载《暨南学报》（哲学社会科学版）2017 年第 9 期。

175. 梁捷：《西方经济学在中国的早期传播》，载《博览群书》2008 年第3 期。

176. 梁燕：《齐如山戏剧学研究的国际视野》，载《艺术学界》2009 年第12 期。

177. 梁玉莲：《从历史档案中的“学而优则仕”看清末科举的变革》，载《兰台世界》2012 年第 22 期。

178. 林健、顾卫星：《京师同文馆增设天文算学馆评析——中外英（外）语教学首次改革研究》，载《苏州大学学报》2008 年第 3 期。

179. 林庆元：《简论西学传入中国的社会环境及其媒体》，载《海交史研究》1993 年第 2 期。

180. 刘宝东：《近代西法东渐的进路、特点及影响》，载《长白学刊》2008 年第 4 期。

181. 刘超、梁程宏：《近代士人对西方世界的观感探微——以清人张德彝八部〈航海述奇〉的女性观察为视点》，载《宁波大学学报》（人文科学版）2021 年第 2 期。

182. 刘钝：《中国首批驻外使节眼中的科学实验》，载《科学文化评论》2010 年第 4 期。

183. 刘纯：《洋务运动时期的外国语学堂与世界意识的开启》，载《大学教育科学》2013 年第 2 期。

184. 刘广京：《一八六七年同文馆的争议——洋务运动专题研究之一》，载《复旦学报》（社会科学版）1982 年第 5 期。

185. 刘含力：《张德彝笔下的英国形象——以〈航海述奇〉〈再述奇〉〈三述奇〉为中心》，载《福建论坛》（人文社会科学版）2011 年第 9 期。

186. 刘虹：《试析中国近代课程从“西文”到“西艺”的历史跨越》，载《课程·教材·教法》2006 年第 12 期。

187. 刘庆宇：《我国中学英语课程探源》，载《四川外语学院学报》1993 年第 S1 期。

188. 刘纬毅：《徐继畬〈瀛环志略〉和早期中美友谊》，载《沧桑》1999 年第 1 期。

189. 刘微：《晚清英语在华传播及其对中国近代化的影响》，载《当代教育实践与教学研究》2019 年第 11 期。

190. 刘绍春：《中国近代科技教育和人文教育的撞击与融合》，载《清华大学教育研究》1998 年第 3 期。

191. 刘晓峰：《汪凤藻的译者惯习和资本及其在晚清翻译场域的轨迹》，载《外国语文研究》2018 年第 3 期。

192. 刘晓峰：《〈富国策〉译者及翻译模式重考——兼与张登德等先生商榷》，载《中国翻译》2020 年第 1 期。

193. 刘晓琴：《晚清归国留英生的奖励与任用》（上），载《徐州师范大学学报》2004 年第 1 期。

194. 刘晓琴：《晚清归国留英生的奖励与任用》（下），载《徐州师范大学学报》2004 年第 2 期。

195. 刘晓琴：《同文馆与晚清留英教育》，载《史学月刊》2004 年第 8 期。

196. 刘晓琴：《出身与出路：晚清上海广方言馆学生述论》，载《安徽史学》2020 年第 1 期。

197. 刘晓宇：《纵观“同治新政”》，载《文史月刊》2005 年第 4 期。

198. 刘秀娇：《论奕䜣与晚清外交》，载《哈尔滨学院学报》2017 年第 11 期。

199. 刘玉琪：《晚清官员不愿意出国》，载《文史博览》2015 年第 1 期。

200. 刘云波：《近代中国西学输入特点初探》，载《福建论坛》（文史哲版）1994 年第 3 期。

201. 刘悦斌：《中国第一所近代化学校——同文馆》，载《刊授党校》1999 年第 3 期。

202. 刘泽生：《哈巴在广州》，载《广东史志》2002 年第 4 期。

203. 刘志学、陈云奔：《丁韪良编译物理教科书评析》，载《自然辩证法通讯》2018 年第 5 期。

204. 刘中猛：《论万木草堂的外国历史教育》，载《黑河学刊》2004 年第2 期。

205. 卢华萍：《论洋务运动时期政治因素对翻译选材的影响》，载《陕西教育》（高教版）2011 年第 4 期。

206. 逯慧娟：《同文馆与中国文官制的近代化》，载《兰州学刊》2006 年第 3 期。

207. 逯慧娟：《中国近代早期新式知识分子的职业生涯分析》，载《石家庄学院学报》2012 年第 4 期。

208. 罗教论、丁银燕：《洋务运动对中国文化的影响》，载《图书与情报》2003 年第 6 期。

209. 罗苏文：《论圣约翰模式》，载《上海社会科学院学术季刊》1988 年第 3 期。

210. 罗艳霞：《清末京师同文馆的英语教学及其启示》，载《河北学刊》2006 年第 4 期。

211. 吕达：《京师同文馆与我国近代课程的萌芽》，载《教育评论》1988 年第 6 期。

212. 吕肖奂：《试官们的生活与视界——〈同文馆唱和诗〉研究系列四》，载《广州大学学报》（社会科学版）2013 年第 11 期。

213. 吕景琳：《同文馆述评》，载《东岳论丛》1985 年第 1 期。

214. 吕景琳、张德信：《略论京师同文馆与人才培养》，载《近代史研究》1988 年第 5 期。

215. 茅家琦：《可贵的“追求”与“兼容”传统》，载《江海学刊》1997 年第 4 期。

216. 马树德：《洋务运动与中西文化交流》，载《中国文化研究》2001 年第 1 期。

217. 马彦丽：《洋务运动与近代中国外交》，载《辽宁行政学院学报》2013 年第 3 期。

218. 马燕敏：《中国近代反帝精神在歌谣中的体现》，载《兰台世界》2014 年第 10 期。

219. 马一：《晚清八旗子弟出身的驻外公使群体述略》，载《大庆师范学院学报》2015 年第 1 期。

220. 马一：《晚清留洋出身的驻外公使知识结构述论》，载《三峡大学学报》（人文社会科学版）2014 年第 3 期。

221. 马执斌：《中国历史教材近代化概述》，载《历史教学》1997 年第 12 期。

222. 毛琼：《浅析福建船政学堂的教学和管理特点》，载《出国与就业》（就业版）2011 年第 5 期。

223. 蒙生儒、刘刚：《清末同文馆留英教育体制及影响考究》，载《兰台世界》2015 年第 28 期。

224. 蒙文彪：《传教士丁韪良所编〈格物入门〉中的摄影之理》，载《戏剧之家》2016 年第 5 期。

225. 苗懿明：《近代中国洋务教育的理论与实践——对改良主义新式教育的再审视》，载《学习与探索》2006 年第 3 期。

226. 穆凤良：《四夷馆与同文馆名称考》，载《清华大学学报》（哲学社会科学版）2004 年第 4 期。

227. 聂馥玲：《〈算学课艺〉的力学问题与京师同文馆数学教育》，载《长沙理工大学学报》（社会科学版）2013 年第 2 期。

228. 摩罗：《“五四”精英群体的教育改造》，载《社会科学论坛》（学术评论卷）2009 年第 10 期。

229. 欧阳恩良、翟巍巍：《从“鴃舌之音”到京师同文馆的建立——由近代中西语言接触看清廷观念的转变》，载《甘肃社会科学》2008 年第 1 期。

230. 欧阳跃峰、胡雁：《京师同文馆与晚清西法东渐》，载《长白学刊》2016 年第 3 期。

231. 欧阳哲生：《北大历史传统与人文精神》，载《关东学刊》2020 年第3 期。

232. 潘吉星：《谈“化学”一词在中国和日本的由来》，载《情报学刊》1981 年第 1 期。

233. 潘吉星：《明清时期（1640～1910）化学译作书目考》，载《中国科技史料》1984 年第 1 期。

234. 潘懋元：《福建船政学堂的历史地位及其影响》，载《教育研究》

1998 年第 8 期。

235. 潘懋元：《船政学堂的历史地位与中西文化交流——福建船政学堂创办 140 周年纪念》，载《中国大学教学》2006 年第 7 期。

236. 潘懋元、刘海峰：《中国近代教育史资料汇编》（高等教育），上海教育出版社 1993 年版。

237. 钱存训：《近世译书对中国现代化的影响》，载《文献》1986 年第 2 期。

238. 钱建状、杨唐衍：《考官的雅集——〈同文馆唱和诗〉发覆》，载《教育与考试》2009 年第 4 期。

239. 钱远镕：《奕䜣与倭仁围绕同文馆问题的一场斗争》，载《青海社会科学》1983 年第 3 期。

240. 钱锺书：《汉译第一首英语诗〈人生颂〉及有关二三事》，载《国外文学》1982 年第 1 期。

241. 邱克：《试评汪敬虞先生的〈赫德与近代中西关系〉》，载《近代史研究》1989 年第 3 期。

242. 邱培磊：《基于翻译和外交人才培养的洋务英语教育小议》，载《兰台世界》2015 年第 27 期。

243. 邱巍：《清末教育变革中的奖励出身制度》，载《教育评论》1999 年第 2 期。

244. 邱雁：《京师同文馆》，载《历史教学》1981 年第 2 期。

245. 邱志红：《〈英文举隅〉与〈英文话规〉——同文馆毕业生编译的早期英语文法书》，载《寻根》2008 年第 5 期。

246. 仇云龙、张绍杰：《晚清外语人才培养特色及其当下启示》，载《外语教学与研究》2011 年第 2 期。

247. 群懿：《京师同文馆——我国最早的外国语学校》，载《外国语文教学》1982 年第 2 期。

248. 任复兴：《晚清士大夫对华夷观念的突破与近代爱国主义》，载《社会科学战线》1992 年第 3 期。

249. 任复兴：《热心引入西方文化的清末巡抚徐继畬》，载《炎黄春秋》1995 年第 9 期。

250. 任利华、陈韵：《清代京师同文馆外语教育概览》，载《兰台世界》2012 年第 34 期。

251. 任云仙：《晚清驻外使臣的群体构成与知识结构》，载《贵州社会科学》2005 年第 3 期。

252. 任云仙：《试析晚清驻外公使群体构成与知识结构》，载《历史档案》2007 年第 4 期。

253. 桑兵：《文化分层与西学东渐的开端进程——以新式教育为中心》，载《中山大学学报》（社会科学版）1991 年第 1 期。

254. 邵建、吕凌峰：《晚清 70 年人才的流向》，载《科学・经济・社会》2004 年第 1 期。

255. 申志华、孙国玲：《清朝时期旗人教育中的外语教育》，载《兰台世界》2015 年第 6 期。

256. 尚明霞：《清末民初时期俄语教育在中国的发展初探》，载《学理论》2014 年第 30 期。

257. 商丽浩：《晚清中国教习在新式高等教育机构的薪酬》，载《近代史研究》2007 年第 2 期。

258. 佘烨：《中国专业英语教学之历史溯源》，载《长沙铁道学院学报》（社会科学版）2007 年第 1 期。

259. 沈红：《晚清官办英语教育中的商务英语教学》，载《兰台世界》2015 年第 10 期。

260. 沈潜：《翁同龢与洋务运动述论——以同文馆风波为中心》，载《常熟理工学院学报》2015 年第 1 期。

261. 石不易：《职业官迷荫昌的纷乱人生》，载《文史天地》2011 年第 3 期。

262. 石建国：《刘式训：上海广方言馆出身的新式外交官》，载《世界知识》2010 年第 15 期。

263. 史革新：《十九世纪六十至九十年代西学在中国的传播》，载《北京师范大学学报》1985 年第 5 期。

264. 史革新：《倭仁与晚清理学》，载《中州学刊》1997 年第 4 期。

265. 史涅：《试论吴汝纶对西学的认识》，载《安徽史学》2001 年第 4 期。

266. 司洪昌：《晚清新式学堂的组织架构——从同文馆看 19 世纪中后期的新式学堂》，载《国家教育行政学院学报》2006 年第 11 期。

267. 司佳：《从“通事”到“翻译官”——论近代中外语言接触史上的主、被动角色的转移》，载《复旦学报》（社会科学版）2002 年第 3 期。

268. 宋丽萍：《清代中国英语教育及其当代启示》，载《兰台世界》2013年第19期。

269. 宋苗：《晚清总理各国事务衙门的建立》，载《天中学刊》1998年第3期。

270. 宋艳玲、汤建华：《清末时期西方法律翻译成就考析》，载《兰台世界》2015年第24期。

271. 宋忠民：《洋务运动期间的新式学堂》，载《历史教学》1987年第7期。

272. 苏全有、楚聪聪：《晚清同文馆研究述评》，载《商丘职业技术学院学报》2013年第1期。

273. 苏渭昌：《也评京师同文馆——兼与郑登云同志商榷》，载《华东师范大学学报》（自然科学版）1980年第4期。

274. 苏肖、席建涛：《清末同文馆英语师资状况及存在的问题》，载《石家庄学院学报》2005年第2期。

275. 苏肖：《论清末同文馆英语教育课程设置》，载《石家庄学院学报》2008年第1期。

276. 苏肖：《海关税收在清末同文馆办学过程中的作用》，载《兰台世界》2011年第13期。

277. 苏肖：《简论清末同文馆的教学与管理》，载《教学与管理》2011年第21期。

278. 苏肖：《京师同文馆的建立及发展》，载《兰台世界》2010年第23期。

279. 孙凤娟、姜伟宏：《京师同文馆办学模式对当今教学的启示》，载《现代语文》2008年第8期。

280. 孙建昌：《寻道图强：近代翻译的政治功用》，载《理论学刊》2010年第10期。

281. 孙淑丽：《清代学者冯桂芬的外语教育思想》，载《兰台世界》2013年第16期。

282. 孙玉祥：《丁韪良与〈万国公法〉》，载《新闻出版交流》2003年第2期。

283. 孙展：《同文馆与洋泾浜走向未来的人》，载《国学》2011年第3期。

284. 谈宏慧：《晚清时期教会学校与洋务学堂的语言传播》，载《咸宁学院学报》2010年第9期。

285. 汤才伯：《近代上海教育的兴起和发展》，载《上海师范大学学报》（哲学社会科学版）1983年第3期。

286. 汤霞、宋以丰：《晚清政府与官书局的西学翻译》，载《石家庄铁道大学学报》（社会科学版）2016 年第 2 期。

287. 唐兴萍：《近代中国大学英语教育特色及其现实意义》，载《兰台世界》2013 年第 10 期。

288. 唐燕：《洋务运动与中国近代职业教育的兴起》，载《职教论坛》2006 年第 9 期。

289. 田大山、李艳平：《洋务运动时期的科技教育》，载《理论学刊》2006 年第 1 期。

290. 田淼：《清末数学教师的构成特点》，载《中国科技史料》1998 年第 4 期。

291. 田涛：《丁韪良与〈万国公法〉》，载《社会科学研究》1999 年第 5 期。

292. 田涛：《晚清国际法输入述论》，载《天津社会科学》1999 年第 6 期。

293. 田涛：《洋务时期天津的新知识群体》，载《天津师范大学学报》（社会科学版）2016 年第 1 期。

294. 田小亮：《上海广方言馆》，载《黑龙江史志》2008 年第 16 期。

295. 田正平、李笑贤：《论中国近代留学教育的兴起》，载《教育研究》1994 年第 5 期。

296. 田正平、李笑贤：《论中国近代留学教育的兴起（续完）》，载《教育研究》1994 年第 6 期。

297. 田正平、肖朗：《论中国教育近代化起步阶段的成就、特点与问题》，载《教育研究》1998 年第 10 期。

298. 田正平、肖朗：《中国近代教育家群体特征综论》，载《教育研究》1999 年第 11 期。

299. 田正平、杨云兰：《李鸿章与中国近代科学技术教育》，载《复旦教育论坛》2004 年第 1 期。

300. 铁建晓：《谁人为解绿丝绦？——谈徐继畬及〈瀛寰志略〉》，载《书屋》2004 年第 12 期。

301. 宛金章：《西学东渐中日近代初期官办的外国语教育》，载《比较教育研究》2000 年第 S1 期。

302. 万安伦、曹培培：《洋务派翻译出版活动再认识》，载《出版发行研究》2016 年第 2 期。

303. 万齐洲：《京师同文馆与〈万国公法〉研究述评》，载《惠州学院学报》2010 年第 4 期。

304. 王大明：《京师同文馆及其历史地位》，载《中国科技史料》1987 年第 4 期。

305. 王冬凌：《中国近代科学教育的文化审视》，载《大连理工大学学报》（社会科学版）2004 年第 1 期。

306. 王涤庸：《近代中国派遣首批官费留学生情况浅析》，载《南充师院学报》（哲学社会科学版）1982 年第 2 期。

307. 王国贤：《论晚清皇族的改革意识——以奕䜣为中心的探究》，载《鸡西大学学报》2012 年第 2 期。

308. 王金容、夏宏钟、杨德洪：《中国清代俄语教育与人才培养》，载《四川理工学院学报》（社会科学版）2013 年第 6 期。

309. 王京波：《丁韪良与洋务运动时期西式教育的发展》，载《聊城大学学报》（社会科学版）2008 年第 2 期。

310. 王静：《宋代中央客馆制度》，载《史学月刊》2003 年第 4 期。

311. 王兰顺：《东堂子胡同的文化乡愁》，载《北京规划建设》2019 年第 11 期。

312. 王露芳：《晚清京师同文馆与近代官办英语教学》，载《兰台世界》2014 年第 22 期。

313. 王盟：《李鸿章与同文馆创办始末》，载《兰台世界》2014 年第 15 期。

314. 王铭三：《北京土话里的英语“份儿”》，载《文史博览》2012 年第 2 期。

315. 王琪：《清末民初北京地区的风云人物——丁韪良》，载《北京档案》2013 年第 11 期。

316. 王淑君：《近代数学家李善兰的辉煌成就》，载《兰台世界》2013 年第 24 期。

317. 王铁牛、吕凤林：《中国旧民主主义革命的先驱徐继畬》，载《五台山研究》2003 年第 2 期。

318. 王升远：《中国近代外语观之嬗变——对清末同文馆之争的反思》，载《上海师范大学学报》（哲学社会科学版）2008 年第 5 期。

319. 王秀芳：《从〈乘槎笔记〉试论斌椿欧洲之旅》，载《兰台世界》2015 年第 10 期。

320. 王先明：《洋务运动与传统中学的近代转型》，载《天津社会科学》2004 年第 2 期。

321. 王晓红：《晚清时期我国的西语教育学堂概述》，载《兰台世界》2011 年第 22 期。

322. 王小静：《试论科举废除之前的学堂毕业奖励制度》，载《兰州学刊》2008 年第 8 期。

323. 王晓元：《晚清社会转型中的“西学”话语策略》，载《上海翻译》2011 年第 2 期。

324. 王骁勇：《京师同文馆的创立与中国早期的自然科学教育》，载《涪陵师范学院学报》2002 年第 5 期。

325. 王燮山：《我国近代早期的力学家及其著作》，载《力学与实践》1989 年第 4 期。

326. 王燮山、刘宗德：《我国近代最早的科技教育及其贡献》，载《华北电力大学学报》（社会科学版）2000 年第 2 期。

327. 王学太：《中国第一所官办的外国语学校——同文馆》，载《国际人才交流》1996 年第 4 期。

328. 王学泰：《“老新党”齐如山》，载《读书》1997 年第 7 期。

329. 王艳玲：《奕䜣与清政府对外开放的蹒跚步履》，载《长沙电力学院学报》（社会科学版）2002 年第 3 期。

330. 王艳萍：《浅析京师同文馆的英文课程设置》，载《兰台世界》2013 年第 22 期。

331. 王毅：《告别科举的曲折》，载《炎黄春秋》2006 年第 1 期。

332. 王韵秋：《论洋务运动中的实科教学》，载《西北师大学报》（社会科学版）1996 年第 6 期。

333. 王韵秋：《论洋务教育对中国教育近代化的贡献》，载《西北师大学报》（社会科学版）1999 年第 6 期。

334. 王余光：《浅论中国近代书史研究中的几个问题》，载《图书情报知识》1984 年第 2 期。

335. 王余光：《近代前期我国出版机构略考》，载《四川图书馆学报》1985 年第 5 期。

336. 王渝生：《李善兰：中国近代科学的先驱者》，载《自然辩证法通讯》1983 年第 5 期。

337. 王媛媛：《京师同文馆里的考试》，载《教育测量与评价》2008 年第 4 期。

338. 王作仁：《洋务运动时期的教育》，载《青海社会科学》1989 年第 1 期。

339. 王祖陶：《中国近代学制变革与早期化学教育的发展》，载《化学通报》1987 年第 1 期。

340. 王祖陶：《中国近代的化学教育》，载《中国科技史料》1984 年第 2 期。

341. 汪家熔：《同文馆与丁韪良——同文馆出版物》，载《黑龙江图书馆》1988 年第 6 期。

342. 汪玲：《历史上的职业教育摭谈》，载《天津成人高等学校联合学报》2000 年第 2 期。

343. 汪帅东：《中国近代初期外语译才培养策略考探》，载《外语教育研究》2016 年第 3 期。

344. 汪帅东：《洋务运动时期外语教育模式研究》，载《北京第二外国语学院学报》2016 年第 6 期。

345. 汪帅东：《晚清日语译才培养机构研究——京师同文馆之东文馆新考》，载《日语学习与研究》2017 年第 1 期。

346. 魏开肇：《慈禧太后和古都北京早期现代化》，载《北京社会科学》1995 年第 3 期。

347. 魏开肇：《论 19 世纪下半叶和 20 世纪上半叶的北京现代化进程》，载《城市问题》1997 年第 4 期。

348. 魏兴才：《京师同文馆的英语教育探源》，载《兰台世界》2013 年第 7 期。

349. 文松：《关于赫德评价问题》，载《历史教学》2005 年第 1 期。

350. 吴碧宇：《论传教士在中国英语教学史上的作用》，载《乌鲁木齐职业大学学报》2004 年第 4 期。

351. 吴洪成：《传教士与中国教育的近代化》，载《高等师范教育研究》1997 年第 2 期。

352. 吴洪成：《试论洋务派教师聘任的思想》，载《现代大学教育》2009 年第 2 期。

353. 吴洪成、王蒙：《试论美国传教士狄考文创办登州文会馆的缘由》，载《华东师范大学学报》（教育科学版）2013 年第 1 期。

354. 吴建章：《试论同文三馆洋教习与中国教育近代化的关系》，东华大学 2005 年硕士研究生论文。

355. 吴孟雪：《近代译书的变迁及其影响》，载《江西社会科学》1989 年第 5 期。

356. 吴晞：《论中国图书馆的产生》，载《图书馆工作与研究》1992 年第 2 期。

357. 吴双艳、赵岩：《清朝末期的洋务教育》，载《辽宁行政学院学报》2002 年第 4 期。

358. 吴义雄：《晚清时期西方人体生理知识在华传播与本土化》，载《中山大学学报》（社会科学版）2009 年第 3 期。

359. 吴宇：《近代中国大学英语课程变迁及其启示——以京师同文馆和圣约翰大学为例》，载《兰台世界》2013 年第 22 期。

360. 吴振明：《前事不忘　后事之师——从中国英语教学史的角度看素质教育》，载《苏州教育学院学报》1999 年第 3 期。

361. 吴振清：《黄遵宪致王韬手札》，载《文献》2004 年第 4 期。

362. 乌尔沁：《京城学堂回眸》，载《中国对外服务》1999 年第 5 期。

363. 肖晓：《说说恭亲王奕䜣》，载《读书》1989 年第 11 期。

364. 熊越：《西方法文化在近代中国的早期传播及其效应》，载《东南文化》1992 年第 2 期。

365. 熊月之：《1842 年至 1860 年西学在中国的传播》，载《历史研究》1994 年第 4 期。

366. 熊月之：《晚清西学东渐过程中的价值取向》，载《社会科学》2010 年第 4 期。

367. 夏红卫：《跨文化传播视野下的晚清同文馆》，载《北京大学学报》（哲学社会科学版）2007 年第 6 期。

368. 夏军、肖家燕：《取材本土：晚清中国外语教师培养的历史考察与启示——以京师同文馆为例》，载《江汉大学学报》（社会科学版）2019 年第 6 期。

369. 夏军、余文都：《“同文三馆”外语人才培养的经验与启示》，载《教育研究与实验》2019 年第 3 期。

370. 夏军、余子侠：《困境中的坚守：国家意识形态主导下的晚清外语人才培养研究》，载《教育学术月刊》2018 年第 8 期。

371. 夏丽萍：《中国近代史上第一所培养外交人才的学校——京师同文馆》，载《历史教学》1998 年第 6 期。

372. 徐百康：《从教学资料和教材看我国法语教学历史》，载《外语界》1983 年第 1 期。

373. 徐锋：《中国教学实验发展的启示》，载《湖南教育学院学报》2001 年第 6 期。

374. 徐开峦：《奕䜣洋务教育活动的历史考察》，载《和田师范专科学校学报》2009 年第 2 期。

375. 徐宁：《洋务学堂与近代高等职业教育》，载《兰台世界》2013 年第 16 期。

376. 徐启彤：《洋务教育与“中体西用”》，载《苏州大学学报》1988 年第 4 期。

377. 徐松荣：《晚清改革：从“借法”到“变法”》，载《湖南第一师范学院学报》2016 年第 1 期。

378. 徐婷：《晚清官方对西方知识的接受与京师同文馆的西学翻译》，载《东方翻译》2017 年第 1 期。

379. 徐阳：《以同文馆、贵州大学堂为例透视晚清高等教育机构》，载《教育与职业》2007 年第 18 期。

380. 徐英：《同文馆的翻译考试》，载《上海科技翻译》1986 年第 1 期。

381. 徐永军、付秀荣：《洋务学堂中洋教习选拔与激励机制》，载《兰台世界》2014 年第 31 期。

382. 徐友春：《晚清政府机构改革述评》，载《学海》1993 年第 6 期。

383. 徐兆强：《简析洋务运动时期的新式学堂》，载《怀化学院学报》2008 年第 5 期。

384. 许海华：《近代中国日语教育之发端——同文馆东文馆》，载《日语学习与研究》2008 年第 1 期。

385. 许晓慧：《清朝社会英语歧视心理分析》，载《兰台世界》2015 年第 24 期。

386. 阎广芬：《中国近代学校课程发展述评》，载《河北大学学报》（哲学社会科学版）1991 年第 3 期。

387. 阎莉、朱梅红：《上海广方言馆教学发端及特色探源》，载《兰台世界》2015 年第 7 期。

388. 杨丹丹：《论清代英文教习的文化素养》，载《兰台世界》2012 年第 21 期。

389. 杨芳：《近代数学家李善兰》，载《国学》2010 年第 11 期。

390. 杨国强：《洋务事业中的西方人》，载《探索与争鸣》2009 年第 4 期。

391. 杨红军：《京师同文馆旧闻》，载《北京档案》2002 年第 4 期。

392. 杨华：《“入国问俗”：张德彝对西方民俗的心态、体验与认识》，载《民俗研究》2020 年第 6 期。

393. 杨怀荣：《洋务教育对近代社会的影响》，载《云南师范大学学报》（哲学社会科学版）2004 年第 1 期。

394. 杨敏：《世纪回眸：中国英语教学百年史观》，载《江苏外语教学研究》1999 年第 1 期。

395. 杨齐福：《洋务学堂的兴起与科举制度的解体》，载《福建省社会主义学院学报》2001 年第 4 期。

396. 杨天地、张建波：《中国近代英语教学的发展阶段及主要特点》，载《兰台世界》2017 年第 4 期。

397. 杨文瑨、罗列：《论晚清洋务派的翻译政策与京师同文馆翻译人才培养模式》，载《北京第二外国语学院学报》2014 年第 12 期。

398. 杨小明、庞雪晨：《论郭嵩焘与近代天文算学教育的引入》，载《自然辩证法通讯》2018 年第 12 期。

399. 杨智友：《清廷同文馆的背后推手》，载《文史博览》2015 年第 11 期。

400. 杨智友：《洋客卿与京师同文馆》，载《档案春秋》2018 年第 9 期。

401. 姚武：《〈海国图志〉中“夷”的套话的近代裂变》，载《学海》2019 年第 6 期。

402. 叶德明：《寡断与掣肘：朝廷决策视角下的同文馆之争》，载《常州大学学报》（社会科学版）2018 年第 3 期。

403. 叶隽：《早期中国德语文学学科史的若干史实问题》，载《博览群书》2006 年第 2 期。

404. 叶坦：《“经济”补考》，载《读书》1997 年第 11 期。

405. 叶坦：《中国经济史学的新发展——以 1896 年的经济学术公案为中心》，载《贵州社会科学》2016 年第 9 期。

406. 叶晓青：《近代西方科技的引进及其影响》，载《历史研究》1982 年第 1 期。

407. 叶晓青：《西学输入和中国传统文化》，载《历史研究》1983 年第 1 期。

408. 叶小青：《京师同文馆与晚清外交近代化》，载《甘肃联合大学学报》2006 年第 1 期。

409. 殷俊玲：《〈瀛寰志略〉二题》，载《山西大学师范学院学报》（综合版）1992 年第 2 期。

410. 羽离子：《俄罗斯首次对清政府赠书始末》，载《近代史研究》1991 年第 4 期。

411. 喻军：《中体西用与洋务运动时期的法制教育》，载《求索》2009 年第 4 期。

412. 喻世华：《党争夹缝中士人的命运浮沉——以蔡肇为例》，载《江苏科技大学学报》（社会科学版）2017 年第 2 期。

413. 袁荻涌：《曾朴与法国文学》，载《文史杂志》1987 年第 3 期。

414. 袁荻涌：《曾朴对法国文学的接受与翻译》，载《贵州师范大学学报》（社会科学版）2001 年第 4 期。

415. 袁浪华：《算学何以成为洋务时期教育与科举改革的突破口》，载《教育与考试》2021 年第 3 期。

416. 袁玲丽：《桐城派经世致用思想与近代中国外语教育启蒙研究》，载《教育文化论坛》2012 年第 2 期。

417. 袁南生：《似曾相识的倭仁现象》，载《民主》1992 年第 5 期。

418. 曾钜生：《中国最早的海军技术学校——福州船政学堂》，载《杭州大学学报》（哲学社会科学版）1983 年第 2 期。

419. 曾钜生：《略论上海广方言馆》，载《杭州大学学报》（哲学社会科学版）1986 年第 1 期。

420. 曾祥波：《宋代同文馆考》，载《中国青年政治学院学报》2013 年第 3 期。

421. 查继望：《黔人李端棻与中国近代教育》，载《贵阳文史》2002 年第 2 期。

422. 翟莲：《清政府机关中的通事与职业外语翻译的兴起》，载《兰台世界》2014 年第 6 期。

423. 詹庆华：《略论近代中国海关与早期高等教育》，载《上海海关学院学报》2009 年第 1 期。

424. 詹于虹：《中国现代化发展第一次机遇丧失原因探讨》，载《杭州电子科技大学学报》（社会科学版）2010 年第 2 期。

425. 章朝红：《洋务运动时期上海广方言馆外语教学考论》，载《兰台世界》2015 年第 25 期。

426. 章鸣九：《海关总税务司赫德与洋务运动》，载《上海社会科学院学术季刊》1989 年第 3 期。

427. 章清：《“采西学”：学科次第之论辩及其意义——略论晚清对“西学门径”的探讨》，载《历史研究》2007 年第 3 期。

428. 章银杰、李峰：《上海租界移民功能略析》，载《安阳工学院学报》2005 年第 5 期。

429. 张蓓：《明清图书翻译的特征、种类及作用》，载《浙江工业大学学报》（社科版）2007 年第 2 期。

430. 张必胜：《李善兰的学术人生及教育思想研究》，载《高教探索》2019 年第 4 期。

431. 张必胜：《李善兰的数学译著及对清末教育的影响》，载《中国科技翻译》2019 年第 1 期。

432. 张斌：《〈同文馆算学课艺〉中的三角学内容》，载《内蒙古医科大学学报》2017 年第 S1 期。

433. 张冰清：《论邓忠臣的锁院诗》，载《皖西学院学报》2018 年第 4 期。

434. 张晨怡：《清同治年间理学士人在京交游述论》，载《兰台世界》2017 年第 8 期。

435. 张大庸：《清末马克思主义在我国东北的传播》，载《党史纵横》2006 年第 9 期。

436. 张德让：《清代的翻译会通思想》，载《安徽师范大学学报》（人文社会科学版）2011 年第 2 期。

437. 张登德：《晚清〈富国策〉的译刊与传播》，载《广西社会科学》2003 年第 3 期。

438. 张登德：《〈富国须知〉与〈富国策〉关系考述》，载《安徽史学》2005 年第 2 期。

439. 张登德：《〈富国策〉著译者考释》，载《安徽史学》2006 年第 6 期。

440. 张登德：《〈富国策〉与〈重译富国策〉关系研究》，载《鲁东大学学报》（哲学社会科学版）2009 年第 4 期。

441. 张登德：《汪凤藻与〈富国策〉的翻译》，载《苏州科技学院学报》

（社会科学版）2010年第5期。

442. 张冬梅：《对清末英语教学方法的反思与借鉴》，载《科技信息》（学术研究）2008年第16期。

443. 张放：《法语教学在中国》，载《外语教学与研究》1992年第1期。

444. 张国昌：《满族教育在清代》，载《满族研究》1986年第3期。

445. 张慧玉、杨晰雯：《众包翻译平台的伦理问题及其对策：多案例对比研究》，载《中国翻译》2020年第4期。

446. 张华、杨静：《晚清时期西方语言在殖民文化中的传播》，载《兰台世界》2009年第16期。

447. 张惠、刘学忠：《从奕䜣〈请开设算学馆折〉透视近代数学教育的发展历程》，载《兰台世界》2016年第21期。

448. 张慧丽：《京师同文馆的翻译出版活动及其贡献》，载《山东图书馆学刊》2010年第5期。

449. 张季：《取士与取官：以筹办洋务时期同文馆学生奖励为例》，载《史学月刊》2008年第4期。

450. 张静：《洋务教育研究》，《南开史学》1991年第2期。

451. 张荔涓：《清朝末期的洋务教育》，载《刊授党校》2000年第4期。

452. 张路莹：《试析丁韪良与京师同文馆的创办》，载《黑龙江教育学院学报》2009年第5期。

453. 张美平：《略论京师同文馆的英语教学特色》，载《广西社会科学》2009年第1期。

454. 张美平：《翻译一事，系制造之根本——江南制造局的翻译及其影响》，载《中国翻译》2010年第6期。

455. 张美平：《略论上海广方言馆的翻译教学》，载《浙江树人大学学报》（人文社会科学版）2014年第1期。

456. 张美平：《试论京师同文馆的生源选拔机制》，载《湖北第二师范学院学报》2015年第1期。

457. 张美平：《京师同文馆创办之前士大夫阶层对外语学习及西方的认知》，载《浙江外国语学院学报》2015年第2期。

458. 张美平：《江南制造局翻译馆的译书方法——以傅兰雅为中心的考察》，载《浙江树人大学学报》（人文社会科学）2020年第6期。

459. 张鸣：《同文馆风波》，载《江淮文史》2013年第6期。

460. 张南侠：《浅析曾纪泽外交思想》，载《湖南人文科技学院学报》2019 年第 4 期。

461. 张伟：《清末数学教育之变迁》，载《三峡大学学报》（人文社会科学版）2007 年第 S1 期。

462. 张涌：《晚清来华传教士对西法的译介研究》，载《湖南工业大学学报》（社会科学版）2015 年第 1 期。

463. 张献臣：《读〈英语教育在中国：历史与现状〉一书有感》，载《课程·教材·教法》2015 年第 8 期。

464. 张晓艳：《近代中国西学传播中的外部因素》，载《晋中学院学报》2020 年第 4 期。

465. 张秀燕：《清朝时期的翻译学校——京师同文馆》，载《福建论坛》（社科教育版）2008 年第 S2 期。

466. 张雪峰：《近代海关与海务》，载《大经贸》2011 年第 7 期。

467. 张雪峰：《近代海关助推新式教育》，载《大经贸》2011 年第 2 期。

468. 张雪蓉、周武：《论洋务教育及其历史命运》，载《上海社会科学院学术季刊》1992 年第 2 期。

469. 张学强：《政治性保护政策的确立及其衰退——清代高等教育少数民族招生政策分析》，载《西北师大学报》（社会科学版）2015 年第 6 期。

470. 张易：《中国清末的政治思潮与西学翻译》，载《贵州民族研究》2005 年第 3 期。

471. 张以诚：《近代地质舶自欧罗巴——漫话近代地质科学在中国的早期传播》，载《国土资源》2003 年第 1 期。

472. 张增一：《江南制造局的译书活动》，载《近代史研究》1996 年第 3 期。

473. 张中行：《张庆桐》，载《读书》1989 年第 12 期。

474. 张子荣：《西方传教士对近代中国教育的影响》，载《晋阳学刊》1986 年第 3 期。

475. 赵光文：《同文馆学生崭露头角者简介》，载《益阳师专学报》1986 年第 4 期。

476. 赵凯华：《中国物理教育从无到有并达到国际水平的历程》（上），载《物理与工程》2017 年第 1 期。

477. 赵靖：《经济学译名的由来》，载《教学与研究》1980 年第 2 期。

478. 赵林凤：《从同文馆中走出的使日大臣——汪凤藻》，载《广西社会科学》2006 年第 5 期。

479. 赵旻：《京师同文馆的发展历史及其贡献》，载《中国文化研究》2000 年第 3 期。

480. 赵旻：《近代西学输入对社会变革的影响》，载《中国文化研究》2008 年第 2 期。

481. 赵浦根：《洋务运动与中国教育近代化》，载《苏州大学学报》1999 年第 4 期。

482. 赵少峰：《京师同文馆与西方历史图书编译出版》，载《聊城大学学报》（社会科学版）2020 年第 6 期。

483. 赵贤德：《洋务运动是中国语文现代化的发端》，载《北华大学学报》（社会科学版）2013 年第 1 期。

484. 赵香：《试论中国外语教育的发展及其近代化历程》，载《宁夏师范学院学报》2019 年第 12 期。

485. 赵晓芬：《德国对华政策与晚清变局中的荫昌》，载《德国研究》2020 年第 4 期。

486. 赵雨田：《三十年来国内关于中国近代海关总税务司赫德研究成果综述》，载《海关与经贸研究》2014 年第 2 期。

487. 赵炎才：《论晚清政体近代转型的基本特点》，载《桂海论丛》2001 年第 2 期。

488. 郑登云：《我国历代授课形式考索》，载《教育评论》1986 年第 4 期。

489. 郑登云：《同文馆与京师大学堂——我国近代高等教育的发轫与确立》，载《上海高教研究》1986 年第 4 期。

490. 郑权：《简述近代中国的“西学东渐”历程》，载《延安大学学报》（社会科学版）2004 年第 3 期。

491. 郑晓容：《试论科举制度在近代的衰废》，载《湖北民族学院学报》（社会科学版）1996 年第 1 期。

492. 郑颖慧：《中国近代法学教育肇兴及反思》，“大学的兴起与法律教育”——全国外国法制史研究会第 26 届年会（中国会议），2013 年 9 月 21 日。

493. 郑颖慧：《中国近代法学教育肇兴及反思》，载《保定学院学报》2014 年第 3 期。

494. 郑永福：《晚清近代自然科学的输入及其影响》，载《河南大学学报》

（哲学社会科学版）1989 年第 1 期。

495. 钟华、王小敏：《同文馆设立与留英教育影响考究》，载《兰台世界》2015 年第 31 期。

496. 钟平艳：《从京师同文馆之创设看西学东渐在中国》，载《湖北广播电视大学学报》2005 年第 1 期。

497. 钟玉明：《我国教育目的和内容的演变与发展》，载《云南高教研究》2001 年第 2 期。

498. 周德昌：《近代广东的洋务学堂》，载《岭南文史》1995 年第 1 期。

499. 周辉湘：《洋务思潮对中国传统文化的冲击》，载《湖南师范大学社会科学学报》1987 年第 1 期。

500. 周建高：《晚清癸卯学制之前学校中的世界史教育》，载《青岛大学师范学院学报》2004 年第 4 期。

501. 周俐玲、段怀清：《京师同文馆与晚清"学生—译员计划"》，载《北京化工大学学报》（社会科学版）2006 年第 2 期。

502. 周流溪：《介绍三位福建籍的外语教育家》，载《福建外语》1999 年第 2 期。

503. 周溯源：《洋务运动给近代中国提供了哪些新的东西》，载《社会科学研究》1993 年第 1 期。

504. 周文宣：《总理衙门的历史地位述评》，载《重庆师院学报》（哲学社会科学版）1998 年第 1 期。

505. 周晓楠：《同治年间的广州教育及影响》，载《广州社会主义学院学报》2018 年第 2 期。

506. 周玉萍：《试论清末民初外语教育的教学模式》，载《黑龙江史志》2014 年第 17 期。

507. 周振鹤：《书中自有富强术？》，载《读书》1992 年第 12 期。

508. 周振鹤：《京都书市行》，载《中国典籍与文化》2000 年第 3 期。

509. 周振鹤：《书同文与广方言》，载《读书》1992 年第 10 期。

510. 朱杰勤：《〈新加坡风土记〉的作者李锺珏》，载《暨南学报》（哲学社会科学）1986 年第 3 期。

511. 朱溢：《北宋外交机构的形成与演变——以官僚体制和周边局势的变动为线索》，载《史学月刊》2013 年第 12 期。

512. 邹海英：《略论洋务运动时期的三次论争及其启示》，载《辽东学院学报》2006年第4期。

513. 邹红霞：《试论京师同文馆的历史地位和作用》，载《益阳师专学报》1992年第4期。

514. 邹振环：《傅兰雅与江南制造局的译书》，载《历史教学》1986年第10期。

515. 邹振环：《晚清同文馆外语教学与外语教科书的编纂》，载《学术研究》2004年第12期。

516. 邹振环：《20世纪中国翻译教学史研究简评》，载《东方翻译》2017年第4期。

517. 祖广安：《历史必须尊重事实》，载《编辑学报》2000年第3期。

三、其他

1. 百度百科："总理各国事务衙门"词条，https://baike.baidu.com/item [引用日期2021-7-14]。

2. 白新萍：《晚清士大夫的英国观》，山东师范大学硕士学位论文，2014年。

3. 陈冠英、刘发强：《从回回国子学到京师同文馆》，《教育史研究》创刊二十周年暨中国教育史研究六十年学术研讨会（中国会议），北京，2009年9月。

4. 陈海燕：《晚清同文馆从"西文"向"西学"的转变——晚清同文馆设立天文算学馆的争议》，中国中外关系史学会第八届会员代表大会暨"历史上中外文化的和谐与共生"学术研讨会（中国会议），河北石家庄，2013年10月19日。

5. 陈海燕：《同文馆外语人才培养困境与破解途径的研究》，北京外国语大学博士学位论文，2015年。

6. 陈江：《洋务教育再思考——从中学历史教材的叙述论起》，贵州师范大学硕士学位论文，2007年。

7. 陈向阳：《京师同文馆制度分析》，《教育史研究》创刊二十周年暨中国教育史研究六十年学术研讨会（中国会议），北京，2009年9月。

8. 陈媛媛：《同文馆的翻译教学及其对MTI教学的启示》，上海外国语大学硕士学位论文，2012年。

9. 崔跃峰：《西学东渐与中国高等教育中近代学科的设立》，河南大学硕士学位论文，2002年。

10. 戴东阳：《关于晚清驻外使臣出身的地域分布问题》，中国社会科学院近代史研究所青年学术论坛（中国会议），北京，2001 年。

11. 邓夏妍：《洋务运动时期的英语教学研究》，西南大学硕士学位论文，2013 年。

12. 段琪：《从〈花甲忆记〉看丁韪良在中西文化交流中的作用》，中国中外关系史学会第六届会员代表大会暨多元视野中的中外关系史学术研讨会（中国会议），吉林延边，2005 年 8 月。

13. 傅海伦：《李善兰与中国数学教育近代化》，《教育史研究》创刊二十周年暨中国教育史研究六十年学术研讨会（中国会议），北京，2009 年 9 月。

14. 高慧斌：《京师同文馆“馆政”与“掌教”制度研究》，《教育史研究》创刊二十周年暨中国教育史研究六十年学术研讨会（中国会议），北京，2009 年 9 月。

15. 高瑞泉：《近代价值观变革与晚清知识分子》，第一届中国近代思想史国际学术研讨会，湖南湘西，2004 年 8 月。

16. 顾卫星：《晚清学校英语教学研究》，苏州大学博士学位论文，2001 年。

17. 韩礼刚：《〈格物入门〉和〈格物测算〉的物理学内容分析》，内蒙古师范大学硕士学位论文，2006 年。

18. 何琳：《民国初年中国英语教学的历史考察》，吉林大学硕士学位论文，2008 年。

19. 胡宗仁：《变迁社会中的晚清教育——学校化转向的困局》，南京师范大学博士学位论文，2007 年。

20. 科普中国：《李善兰》，百度百科，https：//baike. baidu. com/ [引用日期 2021-7-14]。

21. 赖铮：《从历史的观点看中国的英语教育》，福建省外国语文学会 2002 年会（中国会议），福建福州，2002 年。

22. 李桂琴：《晚清译著〈化学入门〉研究》，内蒙古师范大学硕士学位论文，2010 年。

23. 李青：《综论洋务派的法律思想与实践》，中国政法大学博士学位论文，2001 年。

24. 李悦民：《晚清学堂洋教习探析》，河北师范大学硕士学位论文，2010 年。

25. 李亦婷：《晚清上海的外语培训班——以英华书馆和上海同文馆为个案的研究》，载《都市文化研究》（第8辑）——城市史与城市社会学（中国会议），上海，2013年7月1日。

26. 林家有：《辛亥革命与中国教育的近代化》，纪念辛亥革命九十周年国际学术讨论会，湖北武汉，2001年10月。

27. 林友华：《船政学堂历史地位再认识》，船政文化研究（中国会议），福建福州，2003年。

28. 刘清华：《试论传教士对晚清教育改革的参与及影响》，《教育史研究》创刊二十周年暨中国教育史研究六十年学术研讨会（中国会议），北京，2009年9月。

29. 刘学礼：《中国近代生物学教育的萌芽与发展》，2006年上海市科学技术史学术年会（中国会议），上海，2006年12月。

30. 刘中猛：《晚清新学堂与中学堂历史教育研究》，南京师范大学硕士学位论文，2003年。

31. 罗获发、叶按：《略论京师同文馆》，中国近现代史史料学学会学术会议（中国会议），新疆石河子，2002年。

32. 欧阳艳：《清末民初双语教学研究》，湖南师范大学硕士学位论文，2003年。

33. 潘懋元、刘海峰：《同文馆与中国近代海关的关系》，《教育史研究》创刊二十周年暨中国教育史研究六十年学术研讨会（中国会议），北京，2009年9月。

34. 邱志红：《京师译学馆英语教育初探——兼论清末民初国人英语观的嬗变》，中国社会科学院近代史研究所青年学术论坛2010年卷（中国会议），北京，2011年12月1日。

35. 任天豪：《清季使臣群体的变迁及其历史意义》，“近代中国、东亚与世界”国际学术讨论会，山东日照，2006年8月。

36. 任智勇：《三成船钞与同文馆》，中国社会科学院近代史研究所青年学术论坛（2008年卷）（中国会议），北京，2009年12月1日。

37. 石明利：《京师同文馆译书活动研究》，西南大学硕士学位论文，2012年。

38. 苏肖：《清末同文馆英语教育之研究》，河北师范大学硕士学位论文，2004年。

39. 孙青：《晚清之“西政”东渐及本土回应——中国现代“政治学”形成的前史研究》，复旦大学博士学位论文，2005 年。

40. 索晓晨：《洋务运动时期英语课程研究——以圣约翰大学和京师同文馆为例》，西安外国语大学硕士学位论文，2011 年。

41. 唐燕：《洋务运动与中国近代职业教育的兴起》，《教育史研究》创刊二十周年暨中国教育史研究六十年学术研讨会（中国会议），北京，2009 年 9 月。

42. 王栋栋：《京师同文馆与近代中国科学建制化》，南京信息工程大学硕士学位论文，2016 年。

43. 王全来：《同文馆毕业生杨兆鋆及其数学工作》，天津师范大学硕士学位论文，2001 年。

44. 王文宾：《宋代外事馆驿考》，陕西师范大学硕士学位论文，2012 年。

45. 王颖琴：《中法文化交流视域下的晚清洋务学堂》，上海外国语大学博士学位论文，2019 年。

46. 王正宇：《晚清化学教育管理述论》，四川师范大学硕士学位论文，2020 年。

47. 汪莹：《福建船政学堂洋教习的聘用与管理研究》，福建师范大学硕士学位论文，2014 年。

48. 魏开肇：《晚清北京城市发展中几个新型项目的基本特点与启示》，北京历史与现实研究学术研讨会（中国会议），北京，1989 年。

49. 魏开肇：《慈禧太后和古都北京早期现代化》，中国古都学会第十一届年会（中国会议），陕西西安，1993 年。

50. 吴艺：《京师同文馆海关洋员研究初探》，第二届海峡两岸海洋文化研讨会（中国会议），福建福州，2011 年 10 月 28 日。

51. 吴玉亚：《宋朝接待高丽使臣之流变》，载《韩国研究》（第七辑）（中国会议），浙江杭州，2004 年 9 月 1 日。

52. 熊月之：《晚清西学东渐过程中的价值取向》，第三届近代中国与世界国际学术研讨会，北京，2010 年 5 月 23 日。

53. 夏辉映：《论洋务运动时期西学的演进》，《教育史研究》创刊二十周年暨中国教育史研究六十年学术研讨会（中国会议），北京，2009 年 9 月。

54. 徐保安：《清末开官智问题研究》，山东师范大学硕士学位论文，2004 年。

55. 徐兆强：《丁韪良对京师同文馆发展的贡献》，西北师范大学硕士学位论文，2009 年。

56. 许海华：《清末官办日语教育之研究》，浙江大学硕士学位论文，2007 年。

57. 杨文瑁：《论晚清洋务派的翻译政策与京师同文馆的翻译活动》，中国翻译学学科建设高层论坛（中国会议），重庆，2013 年 10 月 19 日。

58. 云利英：《〈弧三角阐微〉的数学内容与意义》，内蒙古师范大学硕士学位论文，2011 年。

59. 张国柱：《洋务运动时期新式教育的萌芽与初步发展》，内蒙古大学硕士学位论文，2004 年。

60. 张路莹：《洋教习与晚清新式学堂的建立》，哈尔滨师范大学硕士学位论文，2010 年。

61. 张美平：《京师同文馆与晚清翻译事业》，第十四届全国科技翻译研讨会（中国会议），广东广州，2011 年 11 月 18 日。

62. 张晓洪：《清朝末年高等教育改革的历史窥探》，《教育史研究》创刊二十周年暨中国教育史研究六十年学术研讨会（中国会议），北京，2009 年 9 月。

63. 张艳：《晚清出使日记对西学的记载与传播（1875～1895）》，安徽师范大学硕士学位论文，2012 年。

64. 张彦芝：《晚清洋务学堂（1862～1901）教育经费研究》，西北师范大学硕士学位论文，2011 年。

65. 张以诚、胡红拴：《中国近代矿学之父和中国近代矿学的开山之作——关于王汝淮及其所著〈矿学真诠〉的评论》，中国区域地质调查历史的回顾暨纪念丁文江先生 120 周年诞辰学术研讨会（中国会议），北京，2007 年 12 月 8 日。

66. 张哲慧：《传教士与洋务运动时期科学建制萌芽》，山西大学硕士学位论文，2010 年。

67. 赵凤霞：《清末民初（1902～1922 年）英语教育研究——以〈东方杂志〉为切入点》，河南师范大学硕士学位论文，2011 年。

68. 赵海亮：《京师同文馆与中国近代化》，山西大学硕士学位论文，2004 年。

69. 赵蕙蓉：《百年前北京中西文化的一场冲突对我们的启示》，北京历史与现实研究学术研讨会（中国会议），北京，1989 年。

70. 钟孝贤：《晚清外语教育与学制管理述论》，四川师范大学硕士学位论文，2018 年。

71. 周萍萍：《近代来华传教士丁韪良与宁波——读〈花甲记忆〉》，宁波与“海上丝绸之路”国际学术研讨会，浙江宁波，2005 年 12 月。

72. 邹小站：《自由主义若干思想观念的早期输入》，“自由主义与近代中国（1840～1949）”学术研讨会（中国会议），山东聊城，2007 年 11 月。

73. 左玉河：《移植与转化：晚清中国现代学术门类的初建》，第二届近代中国与世界学术讨论会，北京，2000 年 9 月。

后 记

重阳节来临的时候，我的书稿终于完成了。回想两年来的酸甜苦辣，不禁感慨万千。

之所以选择这个专题进行研究，主要是因为几年前出版的专著涉及这个问题而没有展开讨论，总觉得有点言犹未尽。于是，就有了这次专项研究。

学术探索注定是一场自我修行的过程，亦即搜集整理资料，思考探索真相，写作表达观点；从浩瀚无垠的学海里发现真相，在杂乱无章的史料中寻找规律。

学术研究中，寂寞是一种真实的生活常态。研究者常常无暇看花开叶落，无心听蝉噪虫鸣。每天下班以后，我坐在电脑前阅读和写作，与群书为邻，和孤灯做伴，审视和思考着历史的真实。身边没有灯红酒绿、莺歌燕舞，只有枯燥的历史文献无声地诉说着曾经发生的一切，期盼着后人的倾听和解读。

两年来，我经历了研究者的诸多磨难。感悟时的兴奋，碰壁时的失落，困惑时的无助，极大地考验着我的耐心和毅力。写书毕竟是一件自讨苦吃的事情，写自己感兴趣的书更需要有苦中作乐的心态。从选题、构思、查阅资料到动笔写作，无人督促也无人关注，一切都靠自律。令人欣慰的是，辛勤的努力没有白费。白日的思考最终变成了黑夜的文字，模糊的历史片段逐渐重现了清晰的痕迹。

感谢逝去的父母，感谢远方的妻儿，感谢所有关心和支持我的亲朋好友。每一句暖心的叮咛都充满了浓浓的爱意，每一段幸福的回忆都成为激励我继续前进的动力。我愿把美好的祝愿和感谢献给我所有的亲人和朋友。

赵鲁平

2021 年秋于泉城济南